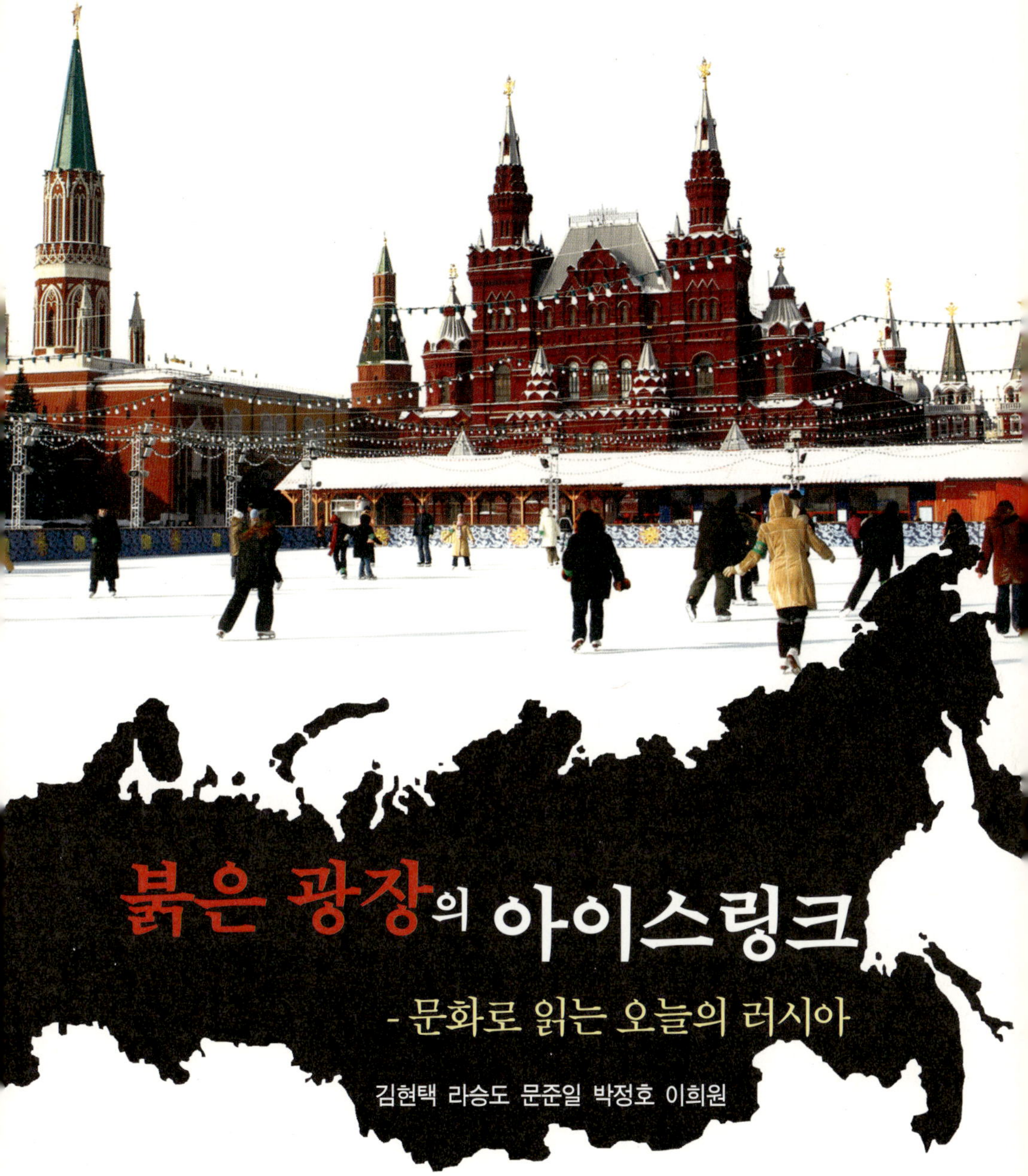

붉은 광장의 아이스링크

- 문화로 읽는 오늘의 러시아

김현택 라승도 문준일 박정호 이희원

머리말

러시아와 관련하여 공부하는 사람들끼리 모이면 곧잘 화제로 등장하는 것이 이 나라에 불고 있는 변화의 바람이다. 최근 현지에 다녀온 동료의 말을 귀담아 듣다보면 몇 달 전 내가 경험한 것은 옛날 얘기에 불과하다는 느낌을 받는 일이 허다하다. 역사의 가속화 과정이 시작된 러시아 사회 전체가 변화로 요동치고 있기 때문이다.

현지 특파원들이 보내오는 기사나 한때 유행하던 각종 러시아 방문 인상기들도 특정 영역에 초점을 맞추고 있어 사회 전반의 모습을 그려보기에는 미흡하다. 러시아 사회의 포괄적 변화 양상을 포착하고, 그 움직임의 방향성을 가늠하는 일이 지난한 작업이라는 것은 어느 러시아 연구자나 인정하는 사실이다. 러시아 사람들이 즐겨 인용하는 쿠즈마-프루트코프의 재치 있는 표현대로 '껴안아지지 않는 것을 껴안는 것은 불가능하기' 때문이다. 소련 붕괴 이후 17년 동안 역사상 유례없는 급격한 변화의 격랑을 헤쳐 나온 오늘의 러시아는 몇 명의 러시아 연구자가 제 아무리 팔을 뻗어보아도 껴안을 수 없는 엄청난 거목이다.

이 무모한 일을 그래도 한번 시도해 보자고 몇몇 사람이 의기를 투합했고, 그것이 이 책의 탄생 배경이다. 애초 목표는 나름의 안목을 가진 여러 분야의 러시아 전공자들이 문화적 맥락을 바탕으로 일반 독자들에게 최근 러시아에서 일어나고 있는 일련의 변화 추이와 그 의미를 쉽게 전달할 수 있는 멋진 책을 내는 것이었다. 그리고 가장 먼저 시작한 일이 체제 변화 이후 러시아 사회에 나타난 특징적 징후들과 지칭 개념들을 수집하고 정리하는 작업이었다.

여기까지는 그나마 순조로웠지만 소위 말하는 키워드들을 영역별로 분류하고 논리적으로 배치하는 단계에서는 다섯 명 집필자의 견해가 서로 엇갈리는 문제점이 나타났다. 학술 서적이 아닌 일반 독자를 대상으로 하는 '현대 러시아 사회 입문서' 발간이 원래 취지라는 것을 구실삼아 통일된 시각의 부재 문제를 덮어 둔 채 등장한 골격이 현재 이 책의 모습이다.

정치 경제 분야를 다룬 제1부 "넘치는 자신감: 푸틴 신드롬"은 최근 러시아 정치 경제 흐름의 변화를 세밀하게 관찰해온 박정호 박사가 담당했고, 러시아 사람들의 의식구조와 정체성 문제에 관한 제2부 "흔들리는 경계와 정체성의 혼란"은 현지 감각이 탁월한 문준일 박사가 맡았다. 모스크바에서 상트 페테르부르크를 거쳐 지방 도시로 확산되는 삶의 변화 양식은 러시아 문화 연구에 조예가 있는 라승도 박사가 제3부 "포스트소비에트 공간의 풍경"에서 면밀하게 추적했으며, 후기 산업사회에 특징적인 소비문화가 러시아 땅에 갑자기 상륙하면서 나타난 변화무쌍한 현상들은 현대 대중문화에 관심이 많은 이희원 박사가 제4부 "소비하는 러시아"라는 제목으로 다루었다. 그리고 전체 원고를 읽고 수정 보완하는 작업과 몇몇 장의 집필에는 필자가 직접 참여했다.

이 책을 출판하기로 한 것은 넓은 독자층을 대상으로 하는 새로운 형태의 러시아 입문서 발간 작업에 전공자들이 보다 적극적으로 참여할 필요가 있다는 판단 때문이었다. 한-러 수교를 기점으로 일기 시작한 우리의 러시아에 대한 관심의 열기가 시들해진 지금 두 나라 사이의 다방면에 걸친 교류와 협력은 상호 탐색과 조정 단계를 거쳐 본격적 궤도에 진입하고 있다. 러시아의 역동적인 현재 모습을 조명한 이 책이 우리에게 이 나라가 갖는 구체적, 잠재적 의미들을 다시 생각해보게 하는데 기여했으면 하는 바람이다.

이 책이 나오기까지에는 여러 사람의 도움과 격려가 큰 힘이 되었다. 러시아 사회의 최근 변화에 대해 해박한 지식을 갖고 있는 김정기 박사와 서동주 박사 두 분은 집필진 토론회에 참가하여 책의 구성 틀을 구체화하는 작업에 많은 도움을 주었으며, 러시아 관련 실무에 밝은 강현진, 정혜숙 두 분은 해당 분야의 최신 정보를 제공함으로써 책 내용의 현장감을 보완하는데 기여했다. 집필 작업에 대한 격려와 함께 이 책에 관심을 보여주신 필자의 은사 한국외국어대학교 기연수 교수님께도 감사의 말씀을 드린다.

기획에서 출판까지 전 과정의 실무 작업을 총괄한 라승도 박사의 노력이 없었다면 이 책은 나오지 못했을 것이다. 꼼꼼하고 진지한 자세로 수고를 아끼지 않은 라 박사와 필자들의 까다로운 주문들을 늘 웃으면서 받아준 한국외국어대학교 출판부의 탁경구 선생께는 특별한 감사의 말씀을 전하고 싶다.

2007년 12월

집필자 대표 **김현택**

차 례

서 론

이제는 서울에서 비행기로 9시간 남짓이면 모스크바나 상트 페테르부르크에 도착해서 관광을 하거나 업무를 보는 세상이 되었지만, 사실 러시아는 오랫동안 우리에게 간접 체험을 통해 상상할 수밖에 없는 낯설고, 수수께끼 같은 나라였다. 구한말 일시적으로 외교관계를 유지하던 때를 제외하고 우리와 러시아 두 나라는 지리적 인접성에도 불구하고 오랫동안 먼 이웃으로 남아있었다. 특히 냉전 시기 서로 적대 진영에 속해 있던 두 나라에서 상대방을 바라보는 시각은 더욱 굴절되고 왜곡되었음은 말할 나위가 없다.

1990년 한-러 수교 이전 러시아, 당시의 소련에 대한 우리의 인식은 상당히 복합적이었다. 이데올로기의 대치 상태에서 우리는 '붉은 것'은 모두 금기시하고 두려움의 대상으로 여겼다. 따라서 적국인 소련에 대해 어떤 형태의 관심을 갖는 일도 의심을 받았다. '빨간 색' 언어인 러시아어를 공부하는 사람도 이상한 눈초리로 바라보던 때였다. 한편 권위주의적 국내 정치 상황에 반대하던 운동권에서는 러시아 혁명사와 마르크스-레닌주의를 사유와 행동 양식의 금과옥조로 받아들이는 대조적인 상황이 전개되었다. 대학가의 문화로 자리 잡은 MT, 농촌봉사, 플래카드 등도 이러한 영향의 흔적들이다.

소련을 보는 이 같은 상반된 두 개의 시각 이외에 러시아의 유구한 문화와 예술에 매력을 느끼는 정서도 존재했다. 우리 대표급 작가들 중 상당수가 러시아 문학의 세례를 받았다고 고백하고 있는 것이나 러시아 고전음악이 한국에서 유난히 많은 팬들을 확보하고 있는 것이 이를 증명한다. 소비에트 시대의 음악가라는 이유로 과거에 금지되던 쇼스타코비치의 교향곡을 남몰래 듣는 것은 당시 국내 음악 애호가들에게는 짜릿한 체험이기도 했다. 대륙과 해양을 연결하는 교차 지점에 위치해 있으면서도 바다 건너편의 미국과 일본에 일방적으로 경도되던 대외 교류에 대한 심리적 반작용이었던 '북방을 향한 동경'도 러시아 문화에 대한 이 같은 관심의 배경이 되었을 것이다.

1983년 앵커리지를 경유 서울로 향하던 뉴욕 발 대한항공 007편이 사할린 인근 해역에서 소련 요격기의 공격을 받아 탑승자 전원이 사망한 비극적 사건은 우리에게 다시 소련에 대한 경각심과 공포심을 불러일으켰다. 1978년 파리 오를리 공항을 떠나 서울로 비행 중 항로를 이탈하여 소련 무르만스크 부근 호수 위에 강제 불시착한 동일 항공사 여객기의 승객과 승무원들이 오랜 협상 절차를 거쳐 귀국한 것과는 분위기가 완전히 달랐기 때문이었다.

1987년 국가대표 농구단을 이끌고 전지훈련 차 미국 대학을 순회하던 소련 팀 감독이 그 무렵에 미국 유학 중이던 필자에게 서울에 갈 경우 소련 선수들의 안전 문제에 대해 꼬치꼬치 물었던 것에서도 당시의 경직된 분위기를 읽을 수 있다. 그런데 1988년 서울올림픽에 참가한 소련 선수단은 미국 선수들보다 많은 박수를 받으며 메인 스타디움에 당당히 입장했다. 소련에 대한 우리의 인식이 마치 마술을 통해 하루아침에 변한 것 같았다.

그 후 북방외교 추진과 함께 갑자기 러시아 붐이 일기 시작했다. 국내 여러 대학에 러시아 관련 학과가 신설되고, 러시아어는 인기 외국어가 되었다. 미리 허가를 받으면 러시아를 방문할 수 있게 되었으며, 1990년 국교 수립 이후에는 원하는 사람은 누구나 러시아에 갈 수 있는 시대가 열렸다. 한국 러시아 어문학계의 태두로 필자의 은사인 고 동완 교수님께서 전해주시던 1973년 모스크바 유니버시아드 대회 참가 당시 경험담 한마디 한마디가 신기하게 들리던 시절이 언제인가 싶다. 역시 고인이 되신 김학수 교수님이 부러 모스크바를 경유하는 일본 항공기에 탑승하셔서 찍은 시베리아 설경 사진을 보고 가슴 설레던 기억도 이제는 아스라하다.

우리의 러시아에 대한 관심이 고조되고 또 직접 러시아 땅을 밟아볼 수 있었던 시기는 우연히도 소련 붕괴와 러시아 연방의 탄생으로 이어지는 러시아 사회의 변혁기, 즉 극심한 혼란의 시기와 일치한다. 따라서 러시아를 보는 우리의 일반적 시각 또한 이러한 환경의 영향을 받지 않을 수 없었다. 모스크바에 가보니 말보로 담배 한 갑이나 여성용 스타킹 한 켤레로 모든 일이 해결되더라는 초창기 소문부터 마피아들이 널려있어 제대로 걸어 다닐 수도 없는 위험한 곳이라는 겁나는 얘기까지 러시아를 둘러보고 온 사람들의 견해는 너무나 다양하고 서로 달랐다. 최근 들어서는 모스크바와 상트 페테르부르크 같은 도시들의 상상을 초월하는 물가와 사치스런 소비문화에 관한 소식들이 심심찮게 들려와 도대체 러시아가 어떤 상황에 있는지 궁금증을 더해준다.

1990년대 초반 이후 러시아를 방문한 사람들이 발간한 여행 인상기와 각종 편람들은 러시아 현실을 부분적으로 보여주는 데는 기여했지만, 워낙 빠른 속도로 변화하는 러시아 사회의 모습을 따라잡기에는 역부족이었다. 우리 주요 일간지에 실린 러시아 관련 기사의 헤드라인도 "러시아 핵연료 밀매, 식량난 극복 위해 탱크도 팔아넘겨,"(1992) "러시아, 춥고 긴 겨울… 보드카 냄새 진동,"(1993) "러시아 자본 도피 급증, 월 10억~20억불,"(1994) "한국 기업인 러시아서 피살,"(1995) "나라야 파산이 나거나 말거나 러시아 부유층 '묻지마 해외관광',"(1998) "러시아 극장가 '시베리아 이발사' 열풍,"(1999) "푸틴 시대의 한-러 관계, '강한 러시아' 기치 한반도에 파장,"(2003) "러시아 자원은 해외 진출 '기회의 땅'," (2004) "러시아 마음 뺏은 삼성 휴대전화… 시장점유율 1위," (2005) "국립극장서 만나는 러시아 대문호 고골," (2007) 등등 각양각색이어서 쉽사리 가닥이 잡히지 않는다.

오늘의 러시아를 이해하는 것은 참으로 버거운 과제이다. 모스크바와 상트 페테르부르크를 보고 내린 판단이 다른 지방 도시에 가면 바뀌기 마련이고, 심지어는 같은 도시에서도 어디서 누구를 만나느냐에 따라 사는 모습이 천양지판 달라 보인다. 시장경제체제가 활발히 작동하는 것 같은 표면의 모습과 달리 다른 한편에서는 전에 사유화된 기업들을 다시 국유화하는 상황이 진행되고 있다. 또 정치적으로는 서구의 민주주의적 가치 대신 과거 소비에트의 권위주의적 통치로 복귀하는 움직임도 곳곳에서 포착된다.

서구식 삶을 모방하는 분위기가 러시아 사회에 확산되나 싶더니 또 다른 한편에서는 러시아의 전통적 삶이 으뜸이라는 강한 민족주의적 목소리도 높아가고 있다. 정통 기독교 교회를 자부하는 러시아 정교회는 개방의 시대를 맞아서도 러시아로 유입되는 여러 종교들에 대해 철저히 배타적이며, 일부 이슬람 국가까지 방문한 가톨릭 교황의 러시아 방문을 일관되게 외면하고 있다. 소련 붕괴 후 문호를 개방한지 17년이 지난 오늘의 러시아는 우리에게 아직도 풀리지 않은 수수께끼이다.

그런데 문제는 러시아가 더 이상 멀리 있는 단순한 호기심의 대상이 아니라 우리와 여러 분야에서 구체적으로 협력하고 교류하는 가까운 이웃이 되었다는 점이다. 우리 기업이 생산하는 전자제품, 자동차, 식료품 등의 주요 수출시장인 동시에 원자재 수입원으로서의 위상이 증대되고 있는 러시아는 정치적으로도 우리 미래를 설계하는데 반드시 고려해야 할 중요한 나라이다. 매년 6만여 명의 우리 국민이 여행, 비즈니스, 교육 및 연구, 과학기술 협력, 문화예술 교류 등을 목적으로 러시아를 방문하는 시대에 접어들면서 사회 각 분야에서 러시아에 대한 체계적인 이해의 필요성도 증대되고 있다.

장기적으로는 에너지 자원 분야의 협력과 시베리아 횡단철도를 중심

축으로 하는 인적 물적 교류 채널의 구축 같은 굵직한 사업들이 우리를 기다리고 있다. 그리고 문화예술 분야에서는 두 나라 문화 상호간의 정서적 친화성을 바탕으로 양국 고유 전통을 더욱 풍요롭게 할 수 있는 가능성도 활짝 열려있다. 러시아를 이해하고 상호 의사소통에 필요한 공통의 언어를 찾기 위해 우리가 노력해야 할 까닭이 여기에 있다.

오늘의 러시아를 이해하기 위해서는 사회현상을 꼼꼼히 관찰하는 안목과 함께 지난 17년 동안 숨 가쁘게 진행된 변화가 러시아 사람들에게 미친 엄청난 충격의 규모와 그 파장을 이해하려는 노력도 필요하다. 소련의 붕괴는 러시아 전체를 뒤흔든 하나의 혁명적 사건이었다. 공간적으로 러시아는 구소련 소속 공화국들의 독립과 함께 영토의 상당 부분을 상실하면서 러시아 역사상 유례없는 작은 나라가 되었다. 시간적으로는 공산사회 건설을 목표로 삼던 1917년 이후 70여 년의 기간이 갑자기 공백상태로 사라지는 기이한 현상이 벌어졌다.

경제적으로는 과거 비난의 대상이었던 자본주의 시장경제체제가 들어서고, 정치적으로는 서구식 민주주의 원리가 도입되었다. 문화적으로는 이전에 '천박한 서구의 상업주의 문화'라고 폄하되던 사조가 물밀듯 밀려왔다. 게다가 중산층 개념은 취약하고, 빈부 격차의 심각성은 유례를 찾기 힘들 정도이다. 여간 강심장을 가진 사람이 아니고서는 견디기 힘든 이 같은 놀라운 변화들이 단기간에 러시아 전역을 휩쓸었다. 러시아 성인의 평균 수명이 급감하고 각종 사회병리 현상이 만연하게 된 것도 급격한 변화의 소용돌이 상태에서 발생한 정신적 공황 상태 때문이었다.

민주주의와 시장경제체제의 급격한 도입으로 인한 부작용과 폐해가 위험 수준에 도달한 시점에서 옐친은 푸틴을 후계자로 발탁하고 대통령직에서 물러났다. 특별한 정치적 색채가 없는 것으로 알려졌던 푸틴 대통령은 시간이 지나면서 '강한 러시아' 건설을 목표로 권위주의적이고 강력한 중앙집권적 권력을 행사하기 시작했다. 서구와 러시아내 일부 민주 세력에서는 러시아에 뿌리 내리기 시작한 민주주의 원칙에 역행하는 소비에트 권력으로의 복귀 현상이라고 푸틴에 대한 비난의 목소리가 높다. 하지만 러시아 국민들 사이에서 푸틴의 인기도는 여전히 고공 비행 중이다. 되살아난 경제력을 바탕으로 러시아가 국제적 위상을 회복하고, 혼란을 거듭하던 옐친 시대와 달리 국가의 기강이 잡혔다고 여기는 국민들의 심리적 안정감 덕택일 것이다. 최근 푸틴이 오랫동안 자신을 지근거리에서 보좌해온 드미트리 메드베데프 제1부총리를 차기 대통령 후보로 지명하고 나선 것은 이 같은 대중적 인기를 등에 업고 향후 지속적으로 그가 러시아 정치에 막강한 영향력을 행사하려는 포석으로 해석된다.

이 책은 다양한 분야에서 러시아를 연구하는 다섯 명의 전공자가 공동 작업을 통해 변화의 소용돌이 속에 위치한 러시아 사회의 현재 모습을 우리의 시각에서 포착하고 설명하려는 시도를 담고 있다. 현재 러시아에서 전개되는 현상을 포괄적으로 이해하기 위해서는 러시아 고유의 역사적, 문화적 맥락에 대한 고려가 필수적이다. 이런 공통의 인식에서 출발하여 각 집필자는 해당 주제를 다루면서 현재 상황과 유사한 역사적, 문화적 패턴을 파악하는 작업에 특별한 노력을 기울였다. 그렇게 함으로써 변혁기의 러시아에서 나타나는 현상의 전체적 방향성을 가늠할 수 있다고 생각했기 때문이다.

소련 붕괴 이후 극도의 혼란을 거쳐 상대적 안정 상태에 도달한 러시아 사회의 현재 모습을 정치와 경제, 의식구조와 정체성, 수도와 지방 도시에서의 삶과 공간 풍경, 소비문화, 이렇게 네 가지 영역으로 분류하여 다루는 것이 이 책의 주요 내용이다. 사회주의 붕괴 이후 러시아와 동유럽 여러 나라의 변화를 설명하기 위해 '이행기(transition),' '구조조정(restructuring),' '개혁(reformation),' '변형(transformation)' 등 다양한 개념이 도입되었다.

이중에서 '이행기'는 변화 결과 성취 가능한 목표를 미리 상정하고 있기 때문에 종국적으로 어디로 향할지 모르는 러시아 사회의 변화를 설명하기에 적절하지 않고, '구조조정'은 경제나 기업 경영 차원에서 사용하는 용어로 제한적이며, '개혁'은 예측 가능한 목표 달성을 위해 단일 형태의 혁신적 조치를 일관성 있게 적용하는 것을 뜻하는 개념으로 이질적 요소들의 공존상태에서 변화하는 러시아 사회를 설명하기에는 적합하지 않아 보인다. 한편 '변형'은 사회 구조 전반에 걸쳐 근본적으로, 그리고 빠른 속도로 진행되는 다차원의 목표점을 지향하는 체제 변화를 의미한다. 소련 붕괴 이후 도입된 민주주의와 시장경제 원칙이 러시아 사회의 전통적 유산과 결합하면서 결국에는 독특한 형태의 러시아 사회가 태동될 것이며 현 러시아 사회의 역동적 상황은 이 같은 '변형' 과정 중에 있다는 것이 필자들의 인식이다.

책의 제목으로 정한 "붉은 광장의 아이스링크"는 러시아 사회의 이 같은 변형 과정을 상징한다. 2006년 겨울 붉은 광장의 국영백화점(GUM) 앞에 문을 연 아이스링크는 러시아적 전통에서 보면 분명 파격적 사건이다. 모스크바 시내의 유휴 공간들이 온통 상업 공간으로 용도 변경되고 있는 것이 추세라고는 하지만, 크렘린 궁의 중심 건물과 레닌묘가 정면으로 보이는, 이전 같으면 성역이나 다름없는 공간에서 러시아 청소년들이 입장료를 내고 즐거운 표정으로 스케이팅을 즐길 수 있다는 것은 러시아 사회의 근본적 변화의 흐름을 읽을 수 있는 흥미로운 척도이다. 입장료를 지불하고 받아서 팔에 거는 아이스링크 이용 패스도 색깔에 따라 입장 시간을 구별하는 시간제 방식을 도입하고 있으니 더욱 놀라운 일이다.

러시아 사회 전반에서 발견되는 이와 같은 변화의 징후들을 분야별로 파악한 다음, 토의를 거쳐 선정된 주요 현상들에 대해 그 등장 배경과 통시적, 공시적 의미를 설명하는 것을 집필 전략으로 정한 이 책은 총 4개의 영역으로 구성되어 있다. 각 영역은 다시 몇 개의 장으로, 그리고 각 장은 몇 개의 키워드로 이루어져 있다. 최소 구성단위인 키워드는 현대 러시아 사회의 특징을 함축하는 개념들이다. 집필 과정에서 러시아 사회의 변화 수준과 템포, 그리고 그 지향점에 대해서는 필자들 사이에 의견이 다른 경우가 있었지만 가능한 각자의 입장을 인정하기로 했다. 이 책의 주요 목적이 러시아 사회에 대한 일관된 시각에서의 분석보다는 독자들에게 참고가 되는 다양한 해석의 틀을 제공하는데 있기 때문이다.

최근 러시아 정치 경제 상황을 다루고 있는 제1부 "넘치는 자신감: 푸틴 신드롬"은 국영 기업 사유화 과정에서 불법적 방법으로 막대한 부를 축적한 옐친 시대의 올리가르키 권력 집단과 푸틴의 등장 이후 파워엘리트로 급부상하여 정치권력과 경제를 동시에 주무르고 있는 정보기관 출신의 실로비키 세력의 등장 배경과 상호 역학관계를 설명하고 있다. 벼락부자 또는 유력인사로 등극하는 과정에서 주요 변수로 작용하는 인맥 형성 과정과 결혼 풍속도에 관한 사례들도 제시되고 있으며, 최근에 발생한 일련의 정치적 탄압이나 테러 사건의 배후로 추정되는 정보기관의 활발한 움직임들이 옛 KGB가 구사하던 무소불위의 권력을 연상케 한다는 내용도 들어 있다.

아직도 심각한 상태인 러시아의 부패 문제를 현지 언론 보도를 인용하여 구체적으로 설명한 내용도 흥미를 끈다. 최근 몇 년 간의 기록적인 경제 성장 덕택에 탄력을 받은 러시아 루블화가 국제 기축통화의 지위를 넘보는 상황이 되었다는 것은 1990년대 러시아 화폐의 초라한 위상과 비교하면 격세지감을 느끼게 한다.

제2부 "흔들리는 경계와 정체성의 혼란"은 소련 붕괴 이후 러시아 인들이 경험한 정신적 충격의 여파와 정체성의 위기를 다양한 시각에서 살피고 있다. 이상사회 건설이라는 거대 담론에 함몰되어 있던 러시아 사람들이 소련 붕괴 이후 전면적으로 접하게 된 시장경제와 민주주의 원칙은 긍정적 측면과 함께 혼란을 야기시키는 원인이라는 부정적 인식도 심어주게 되었다.

자부심 강한 세계적 강국의 시민에서 경제적으로 낙후되고 정치적으로 부패한 무력한 나라의 초라한 시민으로 전락한 러시아 사람들에게 정신적 안식처 역할을 한 것은 러시아 국교나 다름없는 정교회였으며, 혼란기에 으레 등장하는 분파적 유사 종교 집단들도 상당수 등장했다. 체제 변혁의 충격에서 어느 정도 벗어난 2000년 초부터는 기억 속에서 일시 지워졌던 소비에트 시대에 대한 노스탤지어도 등장하기 시작했으며, 순수 러시아인 우월주의에 입각한 인종차별주의도 러시아 주요 도시를 중심으로 조직화되는 경향을 보이고 있다.

포스트소비에트 사회의 변화를 가장 선명하게 보여주는 것은 다름 아닌 건축과 도시계획이다. 제3부 "포스트소비에트 공간의 풍경"은 수도 모스크바와 러시아에서 가장 서구적인 도시 상트 페테르부르크의 외관 변화를 중심으로 글로벌 거대 도시를 지향하는 러시아 양대 도시의 역동적 변화 모습을 그리고 있다. 루쉬코프 시장이 야심차게 추진 중인 모스크바 시의 초고층 랜드마크 건설 사업은 설계 방식이나 규모면에서 스탈린 시대의 고층건물 건설사업과 상당한 유사성을 보인다는 흥미로운 관찰도 등장한다.

소박한 형태의 실용적인 교외 다차(dacha) 대신 미국식 교외 주택을 본뜬 호화판 타운하우스를 선호하는 상류층의 거주문화는 가진 자들의 무분별한 사치와 서구식 생활양식에 대한 맹목적 모방 심리를 잘 드러내 준다. 자원개발 붐과 함께 오랜 동면에서 깨어나 산업도시로 탈바꿈하고 있는 시베리아 도시들의 활기 찬 모습에서는 유럽 지역 러시아에서 시작된 변화의 물결이 지방 도시로 점차 확산되어 가고 있음을 확인할 수 있다.

최근 모스크바를 방문하는 사람들을 가장 놀라게 하는 것은 세계 명품시장의 메카로 변한 이 도시의 휘황찬란한 상가 모습들이다. 러시아에 언제 경제위기가 있었냐는 듯이 싹쓸이 명품구매를 일삼는 러시아 신흥 부호들의 소비행태와 전통적 여성미 대신 상품화된 성문화가 활개를 치는 현란한 변화는 제4부 "소비하는 러시아"에서 집중 조명되고 있다.

서구 소비문화의 유입 결과 러시아 사람들의 음주와 음식 문화에도 변화가 일기 시작하여 국민 주 보드카는 맥주의 강력한 도전에 직면해 있으며, 이국적 분위기의 식당에서 맛볼 수 있는 일본 스시는 이제는 러시아의 보통 사람들까지 즐겨 찾는 메뉴로 자리 잡게 되었다. 순수예술과 본격문학을 소중히 여기는 과거의 전통을 자랑하던 러시아 사람들의 기호도 바뀌어서 베스트셀러나 TV 인기 연속극에 더 많은 관심을 쏟는 문화의 상업화 현상도 빠르게 전개되고 있다.

포스트소비에트 러시아 사회에서 시간을 압축하면서 진행되는 일련의 변화는 현기증이 날 정도이다. 모스크바 최고의 식당은 한 달 주기로 바뀌고, 현지에 진출한 주요 기업들이 마케팅 전략을 두세 달 단위로 새로 세워야한다는 사실은 가속이 붙은 러시아 사회의 변화 리듬을 가늠하게 한다.

문헌연구와 인터넷 검색, 현지 체험 등을 바탕으로 다섯 명의 러시아 연구자가 이 책에서 제시하고 있는 오늘의 러시아 모습 역시 부분적일 수밖에 없다. 또 지나친 일반화, 서로 상충되는 견해, 주관적 해석 등과 같은 약점들도 지니고 있다. 기존의 고정관념에서 벗어나 새로운 시각에서 변화하는 러시아를 바라보려는 노력의 시급성을 강조하다 보니 나타난 현상이다. 이점은 추후에 보다 정교한 연구 작업을 통해 보완되어야 할 것이다.

제1부

넘치는 자신감: 푸틴 신드롬

제1장 _ 올리가르키와 실로비키

제2장 _ 사업가로 변신한 마피아

제3장 _ KGB의 어두운 그림자

제4장 _ 커져가는 루블의 힘

제1장

올리가르키와 실로비키

새로운 노멘클라투라의 출현

1991년 소연방이 해체됨에 따라 15개 연방공화국 가운데 하나였던 러시아 공화국도 새로운 주권국가로 등장하게 되었다. 곧이어 러시아 연방 초대 대통령 옐친은 소비에트 체제와의 완전한 결별을 선언하며 전면적인 과거청산 절차에 착수했다. 그 일환으로 옐친 집권 초기에는 사회주의 계획경제에서 자본주의 시장경제로의 급속한 체제이행 작업이 진행되었다.

특히 옐친 정부는 서방국가들로부터 경제개혁에 필요한 재정적 지원을 얻기 위해 강력한 체제개혁 의지를 천명하면서 수많은 국영 기업들을 민영화시켰다. 이 과정에서 정치권력과 결탁하여 엄청난 규모의 국부를 챙길 수 있었던 새로운 특권계층, 일명 금융산업집단(Financial Industrial Group)이 탄생했다. 이때 민영화 문제를 집중 조명하던 러시아 언론매체들이 이 세력집단을 가리켜 올리가르키(oligarch)라고 부르기 시작하면서 이들에 대한 세간의 관심도 크게 고조되었다.

올리가르키란 원래 그리스어에서 파생된 용어로서 과두정치를 의미한다. 하지만 포스트소비에트 러시아 사회와 문화에서 올리가르키는 다른 의미로 사용되고 있다. 물론 올리가르키라는 단어는 레닌의 제국주의론이나 소비에트 대백과사전에서도 그 흔적을 찾아볼 수 있지만, 옐친 정권 초기에 실시한 사유화 과정에서 그 기원을 찾는 것이 보다 합당할 것이다.

러시아에서 올리가르키란 용어는 정경유착이라는 편법을 통해서 뿐만 아니라, 여타의 부정한 수단들까지 거리낌 없이 동원하여 급성장한 러시아판 재벌 세력을 가리킨다. 이러한 재벌들은 옐친 정부가 중요한 경제정책을 도입할 때마다 정치권력과 은밀한 거래를 통해서 자신들의 정치적 영향력과 경제적 이권을 지속적으로 확대시켰고, 그럼으로써 사실상 권력의 막후실세로 급부상했다.

그러나 2000년 1월 1일자로 푸틴이 권좌에 오른 이후 얼마 지나지 않아 예기치 않은 돌발 사태가 벌어졌다. 푸틴과 올리가르키 집단 사이에 암묵적으로 체결된 일종의 신사협정이 파기되었기 때문이다. 2000년 4월 대통령 취임 직후 신흥 재벌들과의 회동자리에서 푸틴은 '재벌들은 앞으로 정치에 절대 관여하지 말라! 그러면 과거의 일은 무엇이든 다 눈감아 줄 것이다' 라는 경고성 메시지를 전달했다. 그럼에도 불구하고 일부 재벌들이 푸틴의 경고를 무시하고 정경분리 원칙을 위반하자, 푸틴 정부는 당시 러시아 최대 석유 기업 유코스(Yukos)의 회장이자 대표적인 올리가르키였던

미하일 호도르코프스키

미하일 호도르코프스키를 횡령혐의로 전격 체포, 구속하면서 '재벌 길들이기' 작업에 착수한다.

이것은 강력한 중앙권력을 확립하기 위한 푸틴 정부의 정치적 포석이었는데, 국민 절대다수의 지지가 있었기에 가능한 일이었다. 그 결과 푸틴 시기 올리가르키의 정치적 입지는 과거와 비교할 수 없을 정도로 대폭 축소되었다. 올리가르키 집단의 좌장 자격으로 러시아 정재계에서 막강한 영향력을 행사해 왔던 로고바즈(LogoVAZ) 그룹 회장 베레조프스키와 NTV 방송 소유주 구신스키는 해외 망명길에 올랐다. 호도르코프스키는 체포와 구속 이후 2005년 5월 10년 형을 선고받고 현재 시베리아 감옥에서 영어 생활을 하고 있다. 또한 2007년 8월에는 민간 석유기업 루스네프트(Russneft)의 소유주였던 구체리예프도 회장직을 사임하고 영국으로 긴급 도피했다.

KGB 출신 푸틴의 집권은 통치 권력의 지형도도 완전히 바꾸어 놓았다. 푸틴 휘하에 실로비키(siloviki)로 불리는 새로운 권력집단이 형성되었기 때문이다. 실로비키란 '제복을 입은 사람' 혹은 '힘이 센 사람'을 의미하는 러시아 말로 군부, 경찰, 내무부, 정보기관 출신의 파워 엘리트를 통칭한다. 현재 러시아 정관계와 주요 국영 기업의 요직 대부분을 장악하고 있을 정도로 실로비키 집단의 영향력은 실로 대단하다. 그래서 푸틴 시기 러시아 정가에서 '올리가르키는 지는 해이고, 실로비키가 뜨는 해'라는 소리가 자주 들리곤 한다.

이처럼 최근 러시아에서는 양대 권력 집단 사이에 정치적 영향력의 정도 차이가 분명하게 드러나고 있다. 하지만 올리가르키와 실로비키가 사실상 러시아 정재계를 대표하는 핵심 권력집단이라는 점에는 누구도 이견을 달기 어려울 것이다. 옐친 시기에 올리가르키 세력은 사유화 과정에서 취득한 엄청난 재력을 바탕으로 무소불위의 정치적 영향력을 행사하고, 이를 통해 권력집단의 막후실세가 될 수 있었다. 따라서 이들은 급진 시장개혁정책의 최대 수혜계층이라 할 수 있다.

그러나 푸틴 시대의 도래와 함께 등장한 실로비키 집단은 그 등장 배경과 역할에서 올리가르키 세력과 본질적으로 다르다. 이들은 푸틴 사단의 최정예 행동대원일 뿐만 아니라, 21세기 러시아 강성 국가 건설의 핵심 첨병으로 등용되었다. 푸틴은 국가주의와 애국주의로 중무장한 실로비키 집단을 적극 활용하여 국가적 위기상황, 즉 옐친 시기의 급진 개혁이 초래한 사회적 혼란과 무질서, 경제적 침체상태를 극복하는데 총력을 기울였다. 결국 실로비키는 이러한 막중한 국가적 사명을 부여받은 권력 엘리트라고 할 수 있다.

이렇게 올리가르키와 실로비키 집단은 태동 배경과 담당하는 역할에서 근본적인 차이점을 보여주고 있다. 하지만 이들은 모두 과거 소비에트 시절에 공산당 일당지배와 명령경제체제의 최고 수혜계층이었던 노멘클라투라와 마찬가지로 포스트소비에트 시대 최고의 통치권력 집단이자 특권계급으로 부상하여 러시아 정재계를 주름잡고 있다.

젊은 벼락부자들의 천국

2002년에 나온 파벨 룬긴의 영화 『올리가르키』에도 흥미롭게 묘사되고 있는 러시아 신흥 재벌들은 대부분 서방 기업가들과는 전혀 다른 방법을 통해서 막대한 부를 축적해 왔다. 문제는 이들이 스스로의 땀과 노력을 통해 자신들의 기업을 수립하거나 성장시켜 온 것이 아니라는 사실이다. 그보다 이들은 1992년 사유화 조치 이후 국가의 핵심 자산들, 즉 알짜배기 국영 기업들을 약탈하다시피 손에 넣으면서 급속하게 성장해 왔다고 보는 게 더 타당하다. 이 과정에서 신흥 재벌들은 정치권력과 유착관계를 적극 활용한다든지 아니면 내부자 거래를 통해서 엄청난 규모의 재산을 모을 수 있었다.

이렇게 남다른 재산증식 과정도 아주 흥미롭지만, 민영화 과실의 수혜자들인 신흥 재벌들이 공산당 고위 간부 출신들이 아니라 그 당시 대학을 갓 졸업한 20대 청년들이었다는 점도 매우 이채롭다. 이는 청년들이 그 누구보다도 자본주의 체제에 재빨리 적응할 수 있었기에 가능한 일이었다. 이들은 정부 고위관료들을 매수하거나 협박하면서까지 민영화 정책의 혜택을 거의 독식하다시피 했다. 이와 더불어, 이 청년 기업가들은 막대한 경제적 자산을 발판으로 직접 정계에 진출하거나 정부의 정책 결정과정에도 큰 영향력을 행사했다.

특히 선거 때마다 정치자금과 기업의 특혜를 맞교환하면서 이들은 시장경제의 작동원리인 공정경쟁원칙을 초월한 독점적 시장 지배자로 부상할 수 있었을 뿐 아니라, 정관계 핵심 요직을 독차지하면서 정치권력까지 거머쥘 수 있게 되었다. 이렇게 시장화와 민주화 과정이 정경유착의 틀 속에서 진행됨에 따라 러시아 경제는 올리가르키 자본주의라는 불명예를 안게 되었고, 그래서 올리가르키들은 러시아 일반 대중에게 매우 부정적인 존재로 인식될 수밖에 없었다. 더구나 이들 중 상당수는 러시아 사람들이 결코 좋게 보지 않는 유태인이라는 혈연적 공통점을 갖고 있었다.

이처럼 러시아 재벌들은 국민들 사이에서 곱지 않은 시선을 받고 있다. 또한 푸틴 시대에 들어와서는 일종의 정치적 탄압까지 받았다. 그럼에도 불구하고 현재 올리가르키들의 재산 규모만큼은 나날이 커져가고 있는 추세이다. 미국의 경제전문지 〈포브스〉가 발표한 2007년 세계 억만장자 리스트에 따르면, 러시아는 1위 미국(415명)과 2위 독일(55명) 다음으로 많은 수(53명)의 억만장자를 보유한 나라이다. 하지만 러시아 부호들은 재산증식 과정에서 다른 나라 부호들과 뚜렷이 다른 내용을 갖고 있다. 다른 나라 억만장자들은 평균 연령이 약 60세로 60% 정도가 자수성가형 갑부들이다.

반면 러시아 억만장자들의 평균 연령은 40대 중반 정도로 이들은 국영 기업을 헐값으로 불하받아 세계 수준의 갑부대열에 합류한 젊은 벼락부자들이다. 더구나 러시아 올리가르키들은 자신들의 전체 재산을 불과 10여 년이라는 짧은 기간에 형성했다는 특징이 있는데, 그 전에 이들은 크게 내세울 만한 사회적 이력을 전혀 갖고 있지 않았다. 그들은 정치적 연출과 사유화 바람의 순풍을 타고 세계적 수준의 갑부가 되는 행운을 안게 된 것이다.

이 올리가르키들은 세계적 이슈 메이커로서도 유명하다. 특히 이들의 통 큰 씀씀이와 사생활은 세계의 이목을 집중시킨다. 이와 관련하여 옥사나 로프스키는 2005년 출간한 소설 『캐주얼』에서 올리가르키들과 그 주변 사람들의 은밀한 사생활을 적나라하게 까발려 큰 화제가 되기도 했다.

러시아 최고 부자인 로만 아브라모비치는 2003년에 영국 프리미어리그 축구단 첼시를 1억 4,000만 달러에 매입했다. 이런 점에서 어쩌면 그는 세계에 가장 잘 알려져 있는 올리가르키일지 모른다. 그는 미국 대통령 전용기에 버금가는 시설을 갖춘 5,600만 달러짜리 보잉767 전용기와 대당 3,500만 달러에 달하는 전용 헬기 2대, 6,000만 달러에 해당하는 초호화 요트도 3척이나 갖고 있다. 이 전용기를 이용하여 아브라모비치는 영국과 러시아를 오가지만, 그가 주로 머물고 있는 곳은 영국이다. 이 밖에 그는 영국과 프랑스에 시가 1,000~3,000만 달러의 고급 저택과 별장을 7채나 소유하고 있다. 얼마 전에는 15년 동안 함께 살아온 두 번째 부인과 이혼에 합의하면서 그는 사상 최고액인 100억 달러의 위자료를 지불할 것으로 알려졌다.

러시아 최대의 니켈 생산 기업 노릴스크 니켈(Norilsk Nickel) 사의 공동소유주 블라디미르 포타닌은 2006년 말 크렘린 궁에서 송년 파티를 개최했는데, 이때 영국의 유명 팝가수 조지 마이클을 330만 달러를 들여 깜짝 초청하여 연회 참석자들에게 큰 즐거움을 선사했다. 또한 포타닌은 스키를 좋아하는 자기 딸을 위해서 1,500만 달러를 들여 자택에 실내 스키점프장을 만들어 주기도 했으며, 딸이 러시아 최대의 스포츠 전문용품 회사를 설립하여 운영하는데 엄청난 재정적 지원을 아끼지 않은 것으로 세간의 화제가 되었다.

포타닌의 동업자로 세계적 금속 재벌인 미하일 프로호로프는 러시아 올리가르키들 중에서 기행을 일삼는 것으로 특히 유명하다. 얼마 전에

미하일 프로호로프

그는 친구와의 내기에서 지지 않기 위해 1,000만 달러를 들여 5일 간의 계약결혼을 공개 발표하고 신부를 공모하기도 했다. 물론, 5일 동안만 유효한 시한부 결혼으로 그 이후에는 반드시 이혼한다는 단서가 붙어 있었다. 그런데 그는 신부가 결정되지도 않은 상태에서 친구들을 모아 베네수엘라의 마르가리타 섬으로 여행을 다녀오기도 했다. 결혼을 앞둔 신랑이 총각 시절의 친구들을 초대해 풍성한 대접을 베푸는 '말치쉬닉' 이라는 러시아 전통을 지키기 위해서였던 것이다. 이 여행에 젊은 미녀들이 동행했음은 두말하면 잔소리다.

이보다 약간 전인 2007년 1월 프로호로프는 알프스의 한 스키 리조트에서 열린 파티에서 매춘을 벌였다는 혐의로 프랑스 검찰 당국에 억류되어 조사를 받기도 했다. 그와 함께 억류된 사람들 중에는 그의 측근과 직원 4명 외에 10명의 여성이 포함되어 있었다. 프랑스 검찰 관계자가 리조트 호텔의 파티 장을 급습할 당시 현장에서는 현금 64,000달러가 발견되었다. 며칠 동안 조사가 이어졌지만, 결국 프로호로프는 무혐의로 풀려났다. 하지만 각종 기행을 일삼는 그의 주변에서는 지금도 숱한 추문들이 끊이지 않고 있어 프로호로프는 러시아 사람들 사이에서 '타락한 올리가르키' 이자 '추한 러시아인' (khamskii russkii)의 대명사로 통한다. 이런 그의 부적절한 처신을 두고 어떤 사람은 우리말로 '프로호로프주의' 쯤으로 번역할 수 있는 '프로호로프시치나' (prokhorovshchina)라는 용어를 만들어 내기도 했다. 물론 여기에는 도덕적으로 아주 부정적인 의미가 들어 있다.

최근에는 모스크바 외곽 이스타라 지역에 '부자들만의 유토피아' 를 표방하는 초호화 주택 단지가 조성되고 있다. 이 주택 단지 안에는 2009

년까지 150~200채의 대저택이 들어설 예정인데, 집 한 채의 규모가 약 2,000제곱미터 정도이고 가격은 2,000~3,000만 달러에 이른다. 단지 내에는 최고급 골프장을 비롯한 각종 스포츠 레저 시설, 세계적인 명품 상점과 레스토랑, 귀족형 사립학교는 물론이고 인공호수와 해변 리조트까지 들어선다. 이 같은 프리미엄 주택 단지를 구상한 사람은 러시아 부동산 개발업자 아라스 아가라로프로, 그는 자신의 부동산 개발 프로젝트가 원유와 천연가스 사업으로 큰돈을 번 신흥 재벌들을 겨냥한 것임을 분명히 했다. 그는 '모스크바에 살고 싶은 부호라면 당연히 이곳에서 살아야 할 것' 이라고 강조했다.

혼맥과 인맥은 출세의 지름길

러시아 신흥 재벌 중에는 결혼을 통해서 가파른 신분상승과 인생역전의 성공신화를 이룩한 인물들이 있다. 로만 아브라모비치와 올레그 데리파스카가 그런 부류의 대표적 인물이다. 이 중에서 아브라모비치는 최근 에너지 가격이 지속적으로 상승하고 있는 덕분에 급격히 재산을 불릴 수 있었다. 그래서 그는 현재 187억 달러에 달하는 막대한 재산을 보유하고 있는 러시아 제일의 갑부이고 영국에서도 두 번째 부자로 손꼽힌다. 2000년 12월 24일에 그는 러시아 극동지역 추코트 자치관구의 주지사로 선출되기도 했고, 러시아 석유 회사 시브네프트(Sibneft)의 회장을 역임했으며 현재는 우리나라에서도 큰 인기를 끌고 있는 영국 프리미어리그 축구단 첼시의 구단주이다. 이렇게 그는 정치, 경제, 체육, 사회문화 등 다양한 분야에서 국내외적으로 왕성한 활동을 하고 있다.

아브라모비치는 그의 어머니의 고향 러시아 남부 사라토프 출신이다. 하지만 네 살 때 부모님이 일찍 돌아가시는 바람에 아브라모비치는 어린 나이에 고아 신세가 되고 말았다. 이후 그는 모스크바의 둘째 숙부 밑에서 불우한 유년과 청년 시절을 보내게 되었다. 하지만 모스크바 생

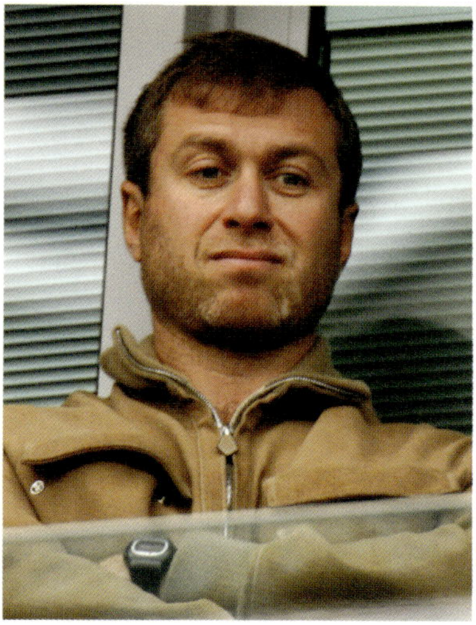

로만 아브라모비치

활은 아브라모비치에게 오히려 전화위복의 기회가 될 수 있었던 것 같다. 모스크바의 고등학교 시절 그는 러시아 부호의 외동딸 엘리스를 우연히 만나게 되었고, 대학졸업과 함께 그녀와 결혼할 수 있었기 때문이다. 그에게 첫눈에 반한 순간부터 그녀는 보잘 것 없는 신세였던 아브라모비치의 열렬한 후원자가 되어주었다. 장인 역시 1990년대 초반 석유 중개인으로 일하고 있던 그에게 보다 큰 사업적 혜택을 주기 위해 적극적인 로비와 후원 작업을 마다하지 않았다.

이 과정에서 아브라모비치는 추코트 지역의 석유 채굴권을 확보할 수 있었다. 이후 그는 이 채굴권을 당시 러시아 정재계의 실력자였던 베레조프스키에게 넘겨주면서 그와 돈독한 동업자 관계를 맺게 되었다. 이런 식으로 옐친 시기 막후 권력의 최고 실세였던 베레조프스키의 총애를 한 몸에 받게 되면서 아브라모비치는 러시아 재계의 총아로 급부상했다. 그는 베레조프스키와 공동으로 1995~96년에 민영화된 석유 기업 시브네프트를 인수하는 등 적극적인 기업 인수 작업을 펼쳐 나갔다. 뿐만 아니라, 베레조프스키의 소개로 옐친의 둘째 딸 타티야나와 교분을 다지게 되면서 옐친 패밀리의 일원이자 금고지기로서 자신의 위상을 한껏 높이게 되었다. 이런 정치적 배경을 바탕으로 옐친 시기에 아브라모비치는 베레조프스키 사단의 실질적인 2인자로 군림하며 러시아 정재계에서 막강한 영향력을 행사할 수 있는 거물 올리가르키로 성장할 수 있었다.

아브라모비치는 다른 러시아 재벌들과 마찬가지로 천문학적인 돈을 벌어들인 후에 정치일선에 뛰어들었다. 1999년에 하원의원이 된 그는 2000년 12월에 91%라는 압도적인 지지율을 기록하며 추코트 자치관구의 주지사로 선출되었다. 이때 그는 자신의 사재까지 털어가며 러시아에서 가장 가난한 지역 가운데 하나인 추코트 자치관구에서 대대적인 지역발전 사업을 추진해 나갔다. 이 과정에서 아브라모비치는 호텔과 영화관 등을 짓고 대규모 자선사업도 벌이는 등 주민의 편의시설과 생활수준을 향상시킨 공로를 인정받아 푸틴 대통령으로부터도 좋은 평판을 얻게 되었다.

그런데 푸틴 정권이 베레조프스키와 구신스키 등을 제거하면서 올리가르키 숙청 작업에 본격적으로 착수하자, 위기감을 느낀 아브라모비치는 자신의 소유 재산 전부를 안전한 해외로 재빨리 빼돌려 버렸다. 이 때문에 그는 푸틴 정부와 심각한 갈등관계에 빠지기도 했다. 그래서 2005년 시브네프트를 가즈프롬에 매각하면서 한때 그의 영국 망명설이 나돌기도 했다. 하지만 그는 아직도 러시아 국적을 보유하고 있는 상태이다.

최근 아브라모비치는 이혼합의 과정에서 천문학적인 위자료 지급설로 장안에 큰 화제를 뿌리기도 했다. 이혼의 원인은 그가 미모의 패션모델 다리야 주코바와 벌인 애정행각 때문이었다. 그런데 더욱 흥미로운 사실은 주코바는 러시아 석유 기업 신테즈 홀딩(Sintez Holding) 사의 소유주 알렉산드르 주코프의 딸로 아버지의 후광에 힘입어 러시아 패션업계에서 성공한 커리어 우먼이라는 점이다. 만일 이들이 결혼에 성공할 경우, 이는 러시아 역사상 가장 부유한 남녀 간의 혼사 가운데 하나로 기록될 것이다.

한편, 올레그 데리파스카는 벨라루스 계로 1968년에 러시아 남부지방에서 태어났고 모스크바대학교 물리학부를 우등으로 졸업했다. 대학재학시절부터 러시아 원자력 연료시장의 브로커로 활동했던 데리파스카는 대학졸업 직후 1990년대 러시아 정부의 국유재산 민영화 과정에서 알루미늄 거래시장에 본격적으로 뛰어들었다. 특히 그는 1990년대 후반 영국계 금속 기업 트랜스월드그룹(TWG)과 러시아 알루미늄 기업들 사이에서 벌어진 소유권 분쟁, 일명 '알루미늄 전쟁'에서 탁월한 사업 수완을 발휘하여 승리를 거뒀다. 그 결과 데리파스카는 알루미늄 기업 연합체 루살(Rusal)을 설립할 수 있었고, 러시아 알루미늄 산업계의 실질적인 황제로 등극하게 되었다.

데리파스카는 세계 최고의 알루미늄 기업으로 성장한 루살과 경차 전문 생산 기업 가즈(Gaz)의 소유주이기도 하다. 그는 알루미늄 회사 루살을 2007년 말이나 2008년 초쯤 런던증권거래소에 상장하려는 프로젝트를 한창 진행 중인데, 상장 가격은 약 90억 달러에 이를 전망이다. 특히 2006년 11월 소치 공항 매입에도 적극 참여하여 55억 루블에 낙찰을 받았던 데리파스카는 앞으로 소치 공항 현대화와 동계 올림픽 선수촌 시설 건설 등에 15억 달러 가량을 투자할 계획이다. 이것은 러시아의 동계 올림픽 유치를 적극 지원함으로써 푸틴의 신임을 확보하려는 정치적 포석에서 추진된 것이다.

이 밖에도, 데리파스카는 GM의 지분 4.9%를 9억 달러에 매입하고, 러시아 7위의 석유 기업 루스네프트의 경영권을 확보하는 등 푸틴 시기에도 맹활약 중인 올리가르키의 대표 주자이다. 2007년 기준으로 그의 재산은 약 168억 달러에 이르며, 러시아 재계 순위에서도 아브라모비치에 이어 현재 2위를 달리고 있다.

하지만 이런 데리파스카의 화려한 출세가도에도 결혼을 통한 인맥 형성이 무엇보다도 중요하게 작용했다. 2001년에 그는 옐친의 최측근이었던 발렌틴 유마쉐프의 딸과 재혼했는데, 이것이 그의 인생성공 가도에서 큰 전환점이 되었다. 옐친의 딸 타티야나와 재혼한 장인 유마쉐프 덕분에 그도 옐친 가문의 로열패밀리에 가담할 수 있었기 때문이다. 이 과정에서 그는 강력한 정치적 보호막을 얻게 되었고, 이를 발판으로 사업을 계속 확장

푸틴과 데리파스카

해 나갈 수 있었다. 옐친 가계의 구성원으로 정부에 협조적인 태도를 취하고 있었던 까닭에 데리파스카는 푸틴 정권에서도 계속 승승장구하고 있는 대표적인 재벌이다. 이처럼 오늘날 러시아에서는 혈연과 지연, 학연을 통한 인맥형성과 유대관계 확립이 사업성패의 중요한 변수로 작용하고 있다.

올리가르키 집단의 양대 산맥

러시아 신흥 재벌들을 보다 객관적으로 이해하기 위해서는 러시아 재계에서 가장 큰 비중을 차지하고 있는 두 거대 집단을 살펴보지 않으면 안 된다. 러시아 재계에서는 전문 관료출신인 러시아계 집단과 세계적 규모의 유태인 네트워크를 통해서 성장한 유태계 집단이 올리가르키 세력의 양대 산맥을 형성한다. 이들은 사실상 옐친의 체제이행 시기부터 푸틴의 '국가 자본주의' 시기까지 러시아 경제의 상당 부분을 장악하고 있으며, 현재 이들 간에는 다소 불안정한 상태이기는 하지만, 전략적 평화관계 내지는 암묵적 경쟁관계가 유지되고 있는 상황이다.

그럼에도 불구하고 푸틴 정부가 야심차게 추진 중인 '국가 자본주의' 체제의 확립과 '재벌 길들이기' 작업 과정에서 러시아 자본과 유태계 자본 간의 충돌 가능성도 결코 배제할 수 없다고 볼 수 있다. 물론 이 두 세력을 단순화시켜서 러시아 경제구조의 틀 안에 대립구도로 집어넣는 것은 다소 무리한 시도일지도 모른다. 하지만 중요한 사실은 올리가르키로 분류되는 신흥 재벌들의 상당수가 옐친 시기부터 러시아 경제를 실질적으로 움직여 왔던 유태계 출신의 러시아인들이라는 점을 기억해야 한다.

그 동안 유태계 자본과 밀접하게 연관된 기업가들이 러시아 정재계 분야에서 막강한 권력을 행사해 왔지만, 푸틴 시기에 들어서 이들의 정치적 영향력은 과거에 비해 상당히 축소되고 있다. 유태계 출신 올리가르키들이 제거되는 사태도 이런 상황에 주된 원인이 되었다. 옐친의 재선과 푸틴의 대통령 당선에 결정적인 공로자이자 막후의 권력실세로서 무소불위의 영향력을 행사했던 베레조프스키와 구신스키가 제거되어 해외로 망명한 것이 단적인 예이다. 이런 이유로 현재 러시아 유태계 자본과 기업가들은 푸틴 정부의 권력 집중화 작업에 큰 불안감을 느끼고 있으며, 소비에트 시절로 돌아가는 회귀현상 같은 정치적 변동여부에 촉각을 곤두세우고 있다.

소련 시절 유태계 러시아인들은 정치 활동이나 관직 진출에서 큰 제약을 받았다. 당시 유태계 러시아인들은 주로 교사나 작가, 예술가, 과학자 등과 같은 교육과 학술 계통의 직업 분야들을 선호했다. 유태계 러시아인들은 차별을 덜 받는 이런 분야에 비교적 무난하게 진출할 수 있었기 때문이다. 그래서 학계에 명망 있는 유태계 러시아인들이 많이 포진하고 있었던 것과는 달리, 정치나 관료계층에서 이들의 모습을 찾아보기란 사실상 거의 불가능한 일이었다. 비록 소비에트 제국이 사회주의 국가로서 만인 평등을 주창하고는 있었지만, 실제적으로는 소수민족에 대한 차별이 분명하게 존재했기 때문이다. 특히 스탈린은 강압적인 러시아 동화정책을 실시하여 강제이주 등 소수민족에 대해 상상할 수 없을 정도의 박해를 가했다. 물론 스탈린 시기 이후에도 사실상 유태인들은 큰 차별을 받으며 살아 갈 수밖에 없는 소수민족 집단이었다.

그러나 옐친 시기 체제이행 과정에서 유태계 러시아인들은 올리가르키 세력으로 급부상하면서 새로운 특권계급의 위치를 차지하게 되었다. 물론 푸틴 시기에 일반 대중들의 곱지 않은 시선과 정권 차원의 견제 여파로 이들의 정치적 위상은 실추되었지만, 역설적이게도 이들의 경제적 능력은 더욱 증가하고 있는 추세이다. 특히, 세계화와 개방화 시대에 러시아가 세계경제체제의 일원으로 참여하기 위해서 총력을 기울이고 있다는 사실을 감안한다면, 푸틴 대통령도 유태계 자본을 바탕으로 한 거대 국제금융자본과 그를 뒷받침하고 있는 미국의 배후 역할을 고려하지 않을 수 없는 입장이다.

푸틴 정부는 21세기 러시아의 강대국 건설과 지속적인 경제성장을 달성하려면 외국자본의 투자유치를 보다 활성화시킬 필요가 있다. 그렇게 하기 위해서는 무엇보다도 시장개방의 폭을 확대하고 법률 제도를 보완하는 투자환경 개선이 시급히 요구되며, 넘쳐나는 오일 머니와 외자를 적극 활용하여 러시아 산업의 다각화를 꾀하는 작업도 절실히 요구된다. 이런 점에서 현 푸틴 정부나 차기 정부도 앞으로 올리가르키들과의 새롭고 건설적인 관계정립에 관심을 기울이지 않을 수 없을 것이다.

'국가 올리가르키' 세력의 출현

2003년 10월 베레조프스키가 유코스 사태에 대한 공식 논평을 발표하면서, '푸틴의 재벌 길들이기 방침은 지난 2000년 5월 권력 수직화 작업에 착수할 때부터 이미 결정된 사안이었고, 집권 1기 처음 3년 동안 연방과 지방 정부, 언론매체를 완전 장악한 푸틴은 이제 재벌마저 휘어잡으려 할 것' 이라고 주장했다. 실제로 푸틴 대통령은 유코스 사태를 전후하여 올리가르키들에게 강경책을 구사하고 있다. 2000년에 체결된 신사협약을 재벌들이 위반한 것이 직접적인 이유이다. '재벌들이 불법으로 축적한 돈을 눈감아 줄 테니 앞으로는 정치에 일절 관여하지 말고 깨끗이 기업운영에만 전념하라' 는 푸틴의 제안을 재벌들이 파기하면서 반 푸틴 행보를 펼쳐 나갔기 때문이다.

이에 대해 푸틴 대통령은 재벌들에게 강력한 대응작전을 펼치면서 정국을 자신의 의도대로 주도해 나가고 있다. 크렘린은 정치권력뿐만 아니라, 경제계 전반까지도 완벽하게 장악함으로써 정국안정과 경제발전, 강국건설을 위한 초석을 세우기 위해 노력 중이다. 푸틴은 더 이상 권력이 재벌과 유착하는 일은 없을 것이라고 수차례 공언한 바 있는데, 이는 옐친 시기처럼 재벌들이 정치에 적극적으로 관여하여 정국을 자신들의 입맛대로 요리하는 것을 절대로 용납하지 않겠다는 강력한 정치적 경고였다.

국가 올리가르키 메드베데프(가운데)의 지방 출장

이러한 맥락에서 푸틴 대통령은 국가의 주요 기업들을 다시 국유화하는 조치를 취했고, 이들 기업의 수장 자리에 자신의 측근들을 채워나갔다. 다시 말해서, 국유화된 기업들에 소위 말하는 '낙하산 인사'를 단행하여 국가 공직과 기업 회장직을 겸직시켰다. 이것은 민주주의를 표방하는 국가에서는 좀처럼 찾아보기 힘든 모습이라 할 수 있는데, 옐친 시대의 '민간 올리가르키'(civil oligarch)가 푸틴 시대에 와서는 '국가 올리가르키'(state oligarch)로 대체된 것에 다름 아니다.

러시아의 대표적인 국가 올리가르키로는 푸틴의 최측근 드미트리 메드베데프와 이고리 세친을 들 수 있다. 메드베데프는 제1부총리로서 러시아 최대 국영 석유가스 기업 가즈프롬(Gazprom)의 이사회 의장을 겸임하고 있으며, 세친은 크렘린 행정부실장으로 러시아 2위 석유 기업 로스네프트(Rosneft)의 회장직을 수행하고 있다. 특히 메드베데프는 2007년 12월 10일 푸틴 대통령에 의해 차기 대통령 후보로 지명되어 세계의 이목을 집중시켰다. 상트 페테르부르크에서 태어나 페테르부르크 국립대를 졸업한 43세의 메드베데프는 법대 교수 출신으로 1991년 페테르부르크 시 정부에서 일할 때 푸틴을 처음 만났다. 2000년 푸틴의 대선 캠프를 이끌면서 급부상한 그는 KGB 출신이 아니면서 정권 핵심에 진출한 거의 유일한 인물이다. 이들 외에도 푸틴 대통령의 측근들 중에서 11명이 6개의 핵심 국영 기업(석유, 천연가스, 원자력, 다이아몬드, 금속, 무기, 항공 등 국부 관련 사업 분야)을 관할하고 있을 뿐만 아니라, 연방정부의 고위 관료 15명이 6개 핵심 기업의 회장직을 겸임하고 있다.

국가 자본주의와 러시아 기업 세계화 프로젝트

국가 자본주의란 중앙정부가 국가의 모든 자본을 통제하는 체제, 즉 시장이 아닌 국가의 강력한 개입을 통해 관리되는 독특한 형태의 자본주의 체제를 의미한다. 푸틴 정부는 강력한 통치 권력을 바탕으로 국가 발전을 위한 정치 및 경제정책을 설정했고, 이를 실현하기 위해 권위주의적이고 강압적인 정책 수단까지 서슴지 않고 동원하고 있다.

물론 국가 자본주의 역시 공식적으로는 사유재산을 인정할 뿐만 아니라, 개방경제를 표방하는 등 자본주의의 주요 원칙들을 고수하는 체제이다. 그렇지만 자국의 대내외적인 경제상황을 시장의 흐름에 전적으로 맡겨놓기보다는 오히려 국가의 강력한 개입을 통해 통제, 관리한다는 점에서 서방의 고전적인 자본주의 체제와는 분명한 차이가 있다. 하지만 이러한 통치방식의 실행과 적용 과정에서는 불가피하게도 시민사회의 약화, 민주 원칙의 훼손, 정권의 권위주의 성향 강화 등과 같은 상당한 부작용들이 따르기 마련이다.

다른 한편으로, 국가 자본주의는 국가적 혼란이나 위기 상황에서만큼은 예외적으로 국가의 통치능력 강화를 위한 대의명분을 확보할 수도 있다. 거대한 영토와 다양한 민족구성, 연방구성 지역 사이의 상이한 사회경제 상황 등은 러시아 연방의 부정할 수 없는 현실적 특수성들이다. 따라서 러시아와 같은 국가에서 최단 시간 안에 정치적 안정과 경제적 고도성장을 이룰 수 있는 가장 효율적인 통치방식이 바로 국가 자본주의라고 푸틴은 공공연하게 설파하고 있다. 이렇게 러시아의 집권세력들은 국가 자본주의의 합리성과 효율성만을 굳게 신봉하고 있는 것처럼 보인다.

이러한 국가 자본주의 체제의 추진 배경에는 소수 과두재벌에 의한 약탈경제가 러시아의 국가 재건을 위한 최소한의 경제적 기반마저도 붕괴시켜버릴지 모른다는 심각한 우려가 깔려있었다. 그래서 푸틴 정부는 에너지, 철강, 자동차, 원자력, 항공 등 21세기 국가경쟁력의 핵심 자산이라고 할 수 있는 주요 기간산업들에 대해서만큼은 국유화 정책을 강력하게 밀고나갔다. 이는 1990년대 초반 민영화 과정에서 정경유착을 통해 헐값에 민간에 넘어간 핵심 기업들을 러시아 정부가 강압적 수단으로 되찾아온 것에 다름 아니다.

서구 사회에서 도저히 상상할 수도 없는 이러한 독특한 상황은 러시아 역사발전 과정에서 형성된 국가주의 정치문화에 핵심 근거를 두고 있다. 사회로부터 시작해서 국가로 발전해 나갔던 서방세계와는 달리, 러시아에서는 사회가 국가의 후견 아래 성장해 왔다. 러시아 국민들에게 국가란 사회 발전의 견인차이자, 모든 개혁의 선도자로 인식되고 있다. 그래서 러시아 사회에서는 국가 관료의 정치적인 역할 증시, 온정주의와 비공식 채널 활용, 시민들의 수동적이고 비활동적 정치성향, 국가나 최고 권력자의 가부장적 역할 수행에 대한 큰 기대 등이 보편적인 현상으로 자리 잡고 있다.

현재 푸틴 정부는 고유가 시대에 쏟아져 들어오는 막대한 오일 머니를 활용하여 러시아 기업들의 국제경쟁력 강화 작업을 서두르고 있다. 이는 러시아 기업들의 규모를 키워 세계 수준의 기업을 만들어 보겠다는 야심찬 '러시아 기업 세계화 프로젝트'라고 할 수 있다. 그리하여 러시아의 주요 기업들은 지금까지 축적한 노하우를 바탕으로 다른 기업들에 대한 인수합병을 보다 공격적으로 추진함은 물론이고, 해외의 기업 사냥에도 적극 나서면서 자신들의 몸집을 한껏 불려나가고 있다. 이 가운데 국영 기업 가즈프롬이 러시아 기업 세계화 프로젝트의 전위대로 나서 활동 영역을 계속 확장 중이다.

가즈프롬은 2005년 5월 민간 석유 기업 시브네프트를 인수함에 따라서 기업 규모가 비약적으로 확장되었고, 이를 통해서 시가총액 기준으로 엑손모빌과 제너럴 일렉트릭에 이어 세계 3위 기업에 등극했다. 이 밖에도 러시아 1위의 알루미늄 민간 기업 루살은 동종업체 2위 수알(Sual)을 이미 합병했고, 스위스의 금속 기업 글렌코어(Glencore)의 알루미늄 사업부를 인수했다. 또한 철강 회사 세베르스탈(Severstal)은 미국 5위 철강업체와 이탈리아 2위 철강업체를 합병했을 뿐만 아니라, 다른 업체의 추가 인수 작업에도 적극 나서고 있다. 고도성장의 러시아 경제를 책임지고 있는 러시아 대표 기업들이 앞으로 어느 정도까지 몸집을 불려가면서 세계화 프로젝트를 완성할 수 있을지 귀추가 주목된다.

가즈프롬 왕국

가즈프롬은 세계 가스 매장량의 약 20%를 보유하고 있는 세계 최대 가스 생산 기업이다. 가즈프롬은 유럽 전체 가스 수입량의 50%와 소비량의 25%를 충당해 주고 있으며, 2006년 기준으로 순이익만 무려 183억 유로(약 22조 8,000억)를 벌어들였다. 175개의 자회사에 직원만 33만 명을 보유하고 있는 가즈프롬은 러시아 연방 세수의 25%를 납부하는 공룡기업으로, 푸틴 사단의 일원인 메드베데프 제1부총리가 이사회 의장, 알렉세이 밀러가 회장을 맡고 있는 등 '주식회사 크렘린' 으로 불린다. 이처럼 가스가 러시아를 먹여 살리고 있다고 해도 과언이 아닐 정도로 가즈프롬은 러시아 경제에서 가장 큰 비중을 차지한다. 특히 연일 계속되고 있는 유가의 급등세 속에서 러시아 기업의 자존심이기도 한 가즈프롬에 대해 세계의 이목이 집중되고 있는 것도 이런 이유 때문일 것이다.

2006년 들어서 가즈프롬은 사업 다각화 일환으로 가스 소매업 진출을 위해 유럽연합 내 에너지 회사 인수를 시도하고 나섰다. 소매업 진출은 도매업에 치중하고 있는 가즈프롬에 새로운 수익원을 창출해 줄 수 있기 때문이다. 비록 실패로 끝나긴 했지만, 영국 가스업체 센트리카(Centrica)에 대한 인수 시도가 대표적인 사례이다. 당시 영국 정치권이 에너지 안보 위기론을 제기하며 제동을 걸면서 한때 영국과 러시아 사이에서는 외교적 마찰이 발생하기도 했다.

여기서 짐작할 수 있듯이 유럽 국가들은 가즈프롬의 유럽 진출에 대해 깊은 우려감을 표시하며 가즈프롬의 유럽 기업 인수 작업을 막기 위해 촉각을 곤두세우고 있다. 반면 가즈프롬은 유럽 국가들에 대해 가스 공급을 중단할 것이라는 위협까지 해가며 맹공을 퍼붓고 있다. 이는 에너지 강대국 러시아 기업만이 보여 줄 수 있는 강력한 파워에 다름 아니다.

러시아 연방 정부 청사 옆의 가즈프롬 광고탑

2007년 초 메드베데프 의장은 러시아 경제의 넘치는 자신감에 힘입어 '가즈프롬을 세계 최초로 시가 총액 1조 달러를 돌파하는 기업으로 만들 계획' 이라고 공식 천명했다. 그는 '1조 달러는 단순한 수치에 불과한 게 아니다' 라면서 '러시아 내에서 가스가격 규제 철폐, 가즈프롬 보유자원에 대한 서방 자본시장의 재평가, 비용절감 및 사업 다각화 프로그램 등이 뒷받침된다면 충분히 도달 가능한 목표' 라고 단언했다. 1조 달러는 현재 전 세계 시가총액 1위 기업 엑손모빌의 두 배에 달하는 금액이며, 가즈프롬의 현 시가총액(약 2,500억 달러)에 비해서도 4배나 많은 수치로, 우리나라 전체 상장기업의 시가총액과 거의 비슷한 수준이다.

가즈프롬의 막강한 힘은 2007년 여름 러시아 소치가 한국의 평창을 제치고 2014년 동계올림픽 유치에 성공한 원동력이었다. 물론 푸틴 대통령의 연설과 카리스마가 큰 몫을 담당했음은 자명한 사실이다. 하지만 푸틴 대통령의 자신감은 막강한 자금력과 로비력을 겸비한 가즈프롬이 배후에 있었기에 가능한 일이었다. 가즈프롬은 특히 2007년 7월 14일 러시아 하원으로부터 역사상 최초로 사병 조직의 보유를 허가받음에 따라 '돈' 과 '무력' 을 동시에 거머쥔 무소불위의 파워집단으로 거듭났다.

이런 가즈프롬의 사병조직 보유는 러시아의 대규모 가스전과 유전, 에너지 수송망을 테러 집단의 공격으로부터 보호하여 에너지 안보를 강화하려는 목표에서 승인된 것이다. 하지만 동시에 이것은 에너지 안보를 둘러싼 러시아와 서방의 경쟁이 빚어낸 산물이기도 하다. 최근 나토가 서방 에너지 기업들에게 무장세력의 공격과 납치 등으로부터 보호막이 될 수 있는 해상신속기동군을 배치해 주겠다는 제안을 한데서 비롯된 것이기 때문이다.

가즈프롬은 세계 1위 천연가스 보유국의 독점적 에너지 기업이자 세계 최대 규모의 가스 회사라는 사실 자체만으로도 충분히 위압적인데, 여기에다 군대까지 보유할 수 있게 되어 가히 러시아 제도권 최고의 마피아 조직이라고 해도 과언이 아니다. 요즘 이런 흐름을 반영하여 러시아 사회와 언론매체에서 가즈피아(gazpia)나 가조비키(gazoviki)라는 용어가 자주 사용되는데, 전자는 가즈프롬 마피아의 약자로 푸틴 제국을 지탱하는 막강 파워집단, 다시 말해 가즈프롬을 지배하는 푸틴의 핵심 측근들을 가리킨다. 후자는 가스업계 종사자들을 지칭하는 것으로, 이들은 러시아에서는 석유보다는 가스가 최고라고 주장한다. 가조비키는 석유업계 종사자들을 지칭하는 네프차니키(nevchaniki)를 다소 무시하는 태도를 보이면서 마치 자신들이 러시아의 최고 애국자인양 행세하고 있다.

실로비키의 나라

푸틴 집권 이후 통치권력 측면에서 가장 주목할 만한 특징 중 하나가 실로비키들이 정부 요직에 대거 임명되었다는 점이다. 그래서 전직군인, 정보요원, 비밀경찰들이 정부의 각료, 주지사, 대통령 특사, 대통령 행정실 같은 국가 핵심 요직들을 독차지하는 등 푸틴의 러시아는 사실상 '경찰국가화' 되어 가고 있다. 러시아 과학 아카데미 소속 사회학자 올가 크리쉬타노프스카야의 조사에 따르면, 전국 고위 관료의 1/4 정도가 실로비키로 충원되었다. 이는 소련의 마지막 지도자 고르바초프 대통령 시절의 3%는 물론이고 전임 옐친 정부 때의 11%에 비해서도 두 배 이상이나 높은 수치이다. 이제 국가의 중대사는 푸틴의 옛 KGB 동료와 그의 고향 페테르부르크 출신들로 구성된 실로비키가 좌우한다고 해도 지나친 말이 아니다.

실제로 실로비키 집단의 구성을 자세히 들여다보면, 주요 요직의 대략 35% 정도를 KGB 인맥이 장악하고 있음을 알 수 있다. 더욱이 푸틴은 국내 주요 업무를 담당할 대통령 전권대표 7명 중 5명, 대통령 비서진 가운데 약 70% 정도를 KGB 관련 인맥으로 채웠을 정도로 KGB 출신자들을 특별 우대하고 있다. 이처럼 푸틴이 KGB 인맥들을 적극 활용하는 이유는 이들이 러시아 국가재건, 부정부패 척결을 통한 국가기강 확립에서 가장 신뢰할 수 있는 집단이기 때문이다.

KGB로 대변되는 실로비키 출신들은 애국주의 뿐 아니라, 청렴성과 정보력을 바탕으로 푸틴의 강력한 리더십을 일사분란하게 뒷받침하면서 부정부패와의 전쟁에서 큰 역할을 수행했다. 또한 이들은 강력한 국가권력에 의한 통치만이 강대국 러시아를 건설할 수 있는 유일한 방안이라고 주장하는 등 국가주의적 사고를 견지한다. 그러나 푸틴 정부의 KGB 인맥 활용을 바라보는 서방측 시선은 따갑기만 하다. 그것이 소련 시절로의 후퇴, 경찰국가나 통제국가로의 복귀에 대한 우려를 낳고 있기 때문이다.

푸틴 사단 풍자화

현재 러시아에서 실로비키는 사실상 '국가 그 자체' 라고 해도 과언이 아니다. 과거 KGB가 오로지 정치권력에만 열중했던데 반해, 오늘날의 실로비키는 정치와 경제 권력을 동시에 장악함으로써 거의 무제한적인 영향력을 행사할 수 있는 특권집단이다. 2007년 8월 23일 영국의 〈이코노미스트〉 기사에서 KGB 출신 연방의원 알렉세이 콘다우로프는 푸틴을 제외하고 이들에게 '아니요' 라고 말할 수 있는 사람은 아무도 없을 것이라고 말한 바 있다.

이들은 자신의 존재를 드러내지 않으면서도 막강한 실권을 휘두르는 것이 주요 특징인데, 민족주의와 애국주의를 근간으로 국가 안팎의 '적' 들을 제압하는 일이 자신들의 절대 절명의 사명이라고 믿는다. 그러나 이들은 과거 KGB 시절과는 달리 반자본주의 사상을 고집하지 않고 시장경제질서를 인정한다. 특히 이들은 국가의 이익을 위해서라면 법률도 넘어설 수 있다고 생각하면서, 러시아 국가에 대한 최대 위협은 바로 미국을 필두로 하는 서방국가들이라고 보고 있다.

그런데 실로비키의 권한이 막강해지면서 그 조직은 한층 더 폐쇄적으로 변해가고 있다. 국가정보요원 양성학교인 KGB 아카데미는 'KGB 혈통' 의 자녀들을 특별히 우대할 정도이다. 이곳에서도 '무엇을 배우느냐' 보다는 '누구를 알고 있는가' 라는 인맥의 중요성이 특히 강조된다. 실로비키 가문 간에 혼맥 쌓기도 성행한다. 현 법무부장관 블라디미르 우스티노프의 아들 드미트리 우스티노프가 대표적인 경우이다. 그는 푸틴의 최측근 실세이자 대통령 행정부실장 이고르 세친의 사위로 대통령부에서 장인을 모시고 함께 근무하고 있다.

러시아의 권력 지형도

2007년 7월 27일 러시아 여론조사기관 "유리 네바다 센터"는 '현재 러시아에서 가장 영향력 있는 통치 집단은 누가인가?' 라는 여론조사를 실시한 바 있다. 이 결과에 따르면, 푸틴 대통령, KGB 출신 실로비키, 올리가르키 등이 각각 1, 2, 3위를 기록했다. 문제는 러시아 국민들이 여전히 자유 민주주의의 기본적인 작동원리인 삼권분립의 원칙을 제대로 이해하고 있지 못하거나, 아니면 무관심하다는 데에 있다. 입법부와 사법부에 관련된 인사들은 10위권 밖으로 멀찌감치 밀려나 있었기 때문이다. 게다가, 이들이 러시아의 권력 지형도를 판단하는 기준에서 첫 번째 요인으로 작용했던 것은 '힘' 또는 '권력' 이었고, 두 번째가 '재력' 이었다. 이것은 어떻게 보면 러시아 고유의 국가주의적이고 권위주의적인 정치문화의 산물로서 뿐 아니라, 러시아식 민주주의에 대한 일반적 가치기준으로도 볼 수 있다.

"유리 네바다 센터" 부소장 알렉세이 그라즈단킨은 푸틴 집권 기간 동안 상기 설문에 대해 실시된 모든 여론조사 결과를 종합하여 발표했다. 특히 그는 푸틴 시기 정치적 영향력 평가에서 다음의 두 가지 사실이 매우 특징적이라는 점을 강조했다. 여론조사 기간 내내 푸틴 대통령과 실로비키 세력들은 줄곧 정치적 영향력이 상승한 반면, 올리가르키, 주지사, 지방정부 수장, 기업 책임자, 지식인 계층, 정당인들의 사회적 위상은 상당히 하락했다. 이것은 옐친 시기에 실시된 여론조사 결과와 비교할 때 눈에 띄게 달라진 대목이다. 결국 러시아 국민들은 강력한 카리스마를 바탕으로 정치적 안정과 경제적 발전을 이룩하면서, 21세기 강대국 러시아 건설을 목표로 매진해 나가고 있는 푸틴 대통령과 그의 최측근 사단인 실로비키들에게 절대적인 믿음과 지지를 보내고 있는 것이다. 이것은 최근 푸틴 대통령에 의해 차기 대통령 후보로 지명된 메드베데프에게 러시아 국민들이 푸틴에 버금가는 지지를 보내고 있다는 사실에서도 그대로 확인된다.

발렌틴 칼리닌스키의 그래픽 풍자화: 푸틴의 품에 안겨있는 메드베데프

박정호

제 2 장

사업가로 변신한 마피아

러시아 마피아의 정체

마피아란 말은 원래 1865년경 이탈리아 남부 시칠리아 지방에서 유래한 것이다. 이때 마피아는 폭력을 동원하여 범죄활동을 벌이면서, 지역 사회와 경제계에도 큰 영향력을 행사했던 사람들의 집단이나 특정 가문을 지칭하는 말이었다. 그래서 현재 마피아란 말은 모든 종류의 부패 집단이나 범죄 집단을 일컫는데 주로 사용된다.

하지만 러시아에서 마피아란 말은 좀 더 모호하고 포괄적인 성격을 띤다. 마피아란 말이 협의적으로는 작은 동네와 개별 지역단위에서 활동하고 있는 불량배들이나 조직 폭력배들로부터 광의적으로는 중앙정부의 고위관료, 지방정부의 지도자, KGB 출신과 군부세력, 재계 인사들에게까지 예외 없이 광범위하게 사용되고 있기 때문이다. 이는 서방세계에서처럼 마피아 집단을 행동적이고 사법적인 측면에서만 고찰하는 것이 아니라, 사적 이익을 추구하는 조직 개념으로도 분석하고 있는 것과 일맥상통한다.

예를 들면, 푸틴을 정점으로 정부 고위직 대부분을 장악하고 있는 통치권력 집단은 '페테르부르크 마피아' 내지는 'KGB 마피아'로 부른다. 모스크바 시장으로 오랫동안 재직하면서 자신의 측근들로 철옹성을 구축하여 모스크바에서 막강한 정치·경제적 영향력을 행사하고 있는 권력집단은 '루쉬코프 마피아'로 부른다. 사회적 혼란 시기를 틈타 시민들로부터 뇌물을 얻기 위해 거리를 활보했던 부패한 경찰들은 '경찰 마피아'로, 체첸 사람들로 구성된 가장 강력한 조직폭력 집단은 '체첸 마피아'로 불린다.

이처럼 현대 러시아에서는 사회 계층과 구조 전반에 걸쳐 마피아로 상징되는 일종의 검은 커넥션이 강하게 작동하고 있다. 이런 이유로 러시아 사회에서는 법률과 규정에 기초한 공식 절차와 상식이 무시되는 경우가 빈번하게 발생하며, 학연, 지연, 혈연 등과 같은 온정주의 내지는 부정부패와 밀접하게 관련된 비공식 채널이 오히려 중시되곤 한다. 그래서 서방의 러시아 전문가들은 옐친 시기 러시아에서 전격적으로 추진된 시장경제정책, 즉 정경유착에 입각한 민영화 과정을 '약탈 자본주의' 내지는 '마피아 자본주의'라고 정의하기도 한다.

'붉은 마피아'라는 별칭으로 세계에 널리 알려진 러시아 마피아는 소비에트 사회주의 체제 속에서도 사라지지 않은 채 그 명맥을 유지해 왔다. 하지만 러시아 마피아는 1990년대 체제전환 과정에서 자신들끼리 대통합 작업을 통해서 더욱 거대한 규모의 조직으로 비약적인 발전을 했다. 특히 이들은 옐친 시기에 국영 기업의 대대적인 사유화 과정이 진행되자 마약과 주류 유통, 무기 암거래, 매춘 등 기존의 사업영역을 넘어서서, 기업 인수와 경영에까지 손을 뻗치게 되었다. 게다가 러시아 마피아 집단은 정치에도 적극 참여하여 정치 테러에도 깊이 관여하는가 하면, 그 과정에서 정부 고위관료, 유력 정치가, 경찰 간부들과도 긴밀한 유대관계를 형성했다.

서방 전문가들은 러시아 마피아 집단만큼 우수한 인재들로 구성된 조직범죄 단체들은 전 세계를 통틀어서도 찾아보기 힘들다고 지적한다. 러시아 마피아 조직을 이끄는 보스들과 핵심 간부들은 단순한 건달 출신들이 아니다. 이들 대다수는 소련 제국 해체와 냉전 종식, 그리고 1993년부터 본격적으로 시작된 인원감축 작업으로 실직한 소련군이나 KGB 출신 엘리트 장교들이다. 이 밖에도 마피아 조직의 행동대원들 중에는 잔혹성과 무자비함으로 세계적으로 악명이 높은 러시아 특수부대 출신들이 많은 수를 차지한다. 심지어 러시아 마피아 조직은 청부살인을 위해 올림픽에 참가했던 유도와 사격대표 선수까지 충원한 사례도 있었다.

물론 외형적인 측면에서만 보자면, 러시아 마피아 역시 이탈리아 마피아와 같은 형태나 방식으로 조직되었다. 하지만 이탈리아 마피아 조직과 달리 러시아 마피아 집단은 '비밀스러움'과 '눈에 잘 띄지 않는 행동방식'으로 더욱 유명세를 얻고 있다. 이것은 분명 소비에트 통치체제의 주요 특징이 되었던 공산당 일당독재의 산물일 뿐 아니라, 조직을 이끌고 있는 전직 소련군과 KGB 출신 장교들의 일반적인 지도 성향과도 깊은 연관성을 갖는다.

옐친 시기 러시아에서는 조직범죄와 더불어, 부패문제가 러시아 경제의 가장 심각한 아킬레스건으로 등장했다. 그러나 이러한 사회악들이 그 당시 공권력에 의해 신속히 제거되기는커녕, 오히려 공권력의 묵인 아래 더욱 공고하게 자리를 잡아갔다는 데에 큰 문제가 있었다. 그래서 러시아에서는 '설령 경찰의 보호를 받는다손 치더라도 마피아의 도움이 없다면, 모든 종류의 사업과 상행위 자체가 거의 불가능하다'는 속설이 상식처럼 퍼져있다.

마피아 관련 만평: '장소를 옮겨야지. 마피아 때문에 살 수가 있나...'

이런 까닭에 러시아에

서 자영업을 하는 사람들의 경우 '크리샤'(krysha)라는 말에 가장 민감한 반응을 보이곤 한다. 이 단어는 러시아 사회에서 널리 유행되고 있는 속어 중 하나인데, 사전적 의미로는 '지붕' 이라는 뜻이다. 비가 오거나 눈이 올 때 지붕 아래 있으면 비나 눈을 쉽게 피할 수 있듯이, 누구든 사업상이나 일신상의 문제가 발생하면 그것을 해결해 줄 수 있는 지붕과 같은 보호막을 필요로 한다. 이와 같이 크리샤는 일정 액수의 돈을 받고서 수요자들의 각종 민원사항들을 처리해 줄 수 있는 개인이나 집단(조직범죄단체, 군대, 경찰, 세무공무원, 정부관료 등)을 의미한다.

최근 러시아의 경제상황이 눈에 띄게 좋아지자, 독립국가연합(CIS) 출신 불법체류자들이 돈을 벌기 위해 모스크바로 계속 모여들고 있다. 이들 가운데 남성들은 주로 일용직 노동자로 일하고, 여성들은 보통 술집 종업원으로 근무한다. 한편, 러시아 경찰들은 거리와 지하철역 등지에서 불법체류자들을 단속하기 위해 항상 불심검문을 실시한다. 이때 불법체류자들이 경찰의 단속에 걸린다면, 원리원칙대로 벌금을 부과 받거나 추방까지도 당할 수 있다. 그런데 일부 몰지각한 경찰들은 단속에 걸린 예쁜 아가씨들한테 종종 추파를 던지면서 은밀한 거래를 제의하기도 한다. 그러면서 이들은 아가씨들에게 '앞으로 내 말을 잘 듣고 내가 하자는 대로만 해라. 그러면 내가 너의 크리샤가 되어 너를 지켜주겠다'고 속삭인다.

오늘날 러시아에서 사업가와 마피아 사이에는 개념 차이가 사실상 분명치 않다. 이는 무엇보다도 러시아 사회에 체계적인 법률제도가 부재했던 현실에서 기인한다. 소련 붕괴와 함께 새로운 러시아가 출범한 이후 신헌법이 1993년 12월이 되어서야 마련되었을 뿐 아니라, 그에 따른 구체적 시행 세칙이나 하위 법률들이 제도적으로 명확하게 뒷받침되지 않았다. 특히 옐친 시기 동안 소유권에 관한 명확한 법률 규정의 부재, 상거래 관행의 혼란, 치안당국의 무관심과 무능력 등은 사업가와 마피아 사이의 구별을 어렵게 만드는 가장 주된 요인들이었다. 사실 정부당국이 정당한 사업가가 마피아로 변모하는 것을 방지하고자 했다면,

무엇이 적법이고 무엇이 불법인지를 명확하게 구분해서 제시해 주었어야 했다. 하지만 옐친 정권은 구체적인 법률 규정을 알려주기는커녕 그것을 마련하기 위해 필요한 노력조차 기울이지 않았다.

그러나 푸틴 집권 이후 러시아의 정치와 경제상황은 크게 변화되었다. 푸틴 대통령은 '권력의 수직화 작업'을 통해 강력한 중앙권력을 확립하면서 법의 독재를 설파하며 경제 마피아들을 척결하기 시작했다. 이에 따라 마피아 세력들도 생존을 위해 새로운 자구책을 모색하고 있는 상황이다.

마피아와 경찰의 공존 법칙

러시아 시민들은 '러시아 마피아 집단을 제대로 이해하지 못한다면, 러시아 사회를 이해하는데 큰 한계를 지닐 수밖에 없다'고 자주 말하곤 한다. 아마도 러시아에서 생활해 본 경험이 있는 사람이라면 이 말에 대해 누구든 쉽게 공감을 표시할 수 있을 것이다. 그런데 러시아 마피아를 언급할 때마다 항상 경찰도 한 묶음으로 등장한다는 점이 특히 이채롭다. 체제 전환기의 혼란한 사회 경제적 상황 속에서 경찰들도 마피아와 같이 불법적인 행위들을 암암리에 저질러 왔기 때문이다. 그래서 어떤 사람이 러시아에서 사업을 추진하는 경우, 경찰과 마피아와 관계설정을 어떻게 하느냐에 따라 그 사업의 성패가 갈린다고까지 말할 정도이다.

소련 제국 붕괴의 도화선이 되었던 8인 위원회의 쿠데타 실패 이후 새로운 러시아가 본격 출항하면서 소비에트 시대 권력의 최고 정점에 위치해 있었던 소련 공산당과 KGB 조직은 해체의 위기를 겪게 되었다. 이 과정에서 공산당은 불법화되었고 모든 재산을 송두리째 몰수당했다. 그리하여 공산당은 과거의 강력한 세력을 거의 상실하게 되었다. KGB는 해외 공작부서를 포함한 일부 부서만 남게 되었고 국내 공작부서는 와해됐다. 이처럼 조직의 절반 정도가 축소됨에 따라서 KGB도 과거와 같은 막강한 영향력을 발휘할 수 없게 되었다.

러시아 마피아 조직은 이 당시 조직의 구조조정 여파로 퇴출된 공산당 관료와 KGB 요원들이 주축이 되어 만들어졌다. 바꾸어 말하면, 러시아 마피아는 이탈리아 마피아나 미국의 갱단과 달리 공산당 관료나 국가정보부 출신 엘리트들이 주축을 형성하고 있다. 특히 이들은 자신들의 기존 인맥을 활용하여 현직 관료나 정보기관 인사들로부터 다양한 사업 정보들을 입수할 수 있었다. 이를 바탕으로 소련 붕괴 이후의 혼란상을 교묘히 이용하면서 러시아 마피아는 국부를 약탈하거나 유출했다. 이와 같이 러시아 마피아 집단은 인맥과 정보력을 동원하여 지하경제 영역을 장악해 나갔다는 이유로 '경제 마피아' 로도 불린다. 사실, 막강한 경제적 영향력을 행사한다는 측면에서 러시아 마피아는 서구의 다른 마피아 집단과 확연하게 구별된다.

1990년대 초반 전직 KGB 요원들을 모체로 하는 경제 마피아들은 모스크바를 동서남북으로 구분하여 영역별 책임 관리를 실시했다. 그 이후 이들이 러시아의 정치와 경제 부문을 동시에 장악해 나가면서 무소불위의 영향력을 행사함에 따라 체제전환기 러시아에서 경제 마피아는 사실상 '그림자 정부' 혹은 '밤의 정부' 로 불렸을 정도였다. 러시아 마피아 세력들은 국가의 자산을 대거 약탈하여 거대 자본을 형성했을 뿐 아니라, 국가의 기간산업에까지 적극 개입하여 막대한 부를 차지했기 때문이다. 특히 이들은 1990년대 전반기 1,500여 개에 달하는 상업 은행들을 조직의 활동거점으로 삼아 자신들의 정치 · 경제적 위상과 영향력을 급속하게 키워왔지만, 2000년 푸틴 정권의 등장 이후부터 표면적이나마 보다 합법적인 금융활동을 시작하게 되었다.

현재 러시아의 경제 마피아 집단은 상당 부분 합법적인 틀 안에서 기업을 경영하고 있으며, 금융계 전반에도 적지 않은 영향력을 발휘하고 있다. 최근에 이들을 가리켜서 마피아라는 용어 대신에 경제인, 비즈니스맨, 은행가, 과두독점세력 등으로 부르는 것도 이런 맥락에서이다.

이와 함께 러시아에서는 경찰 집단이 마피아와 유사한 역할을 종종 담당하기도 한다. 1990년대 전반기 마피아가 시장과 경제영역을 확실하게 장악하고 있었을 당시 경찰은 거의 힘을 쓰지 못하던 미약한 존재였다. 그러다가 1990년대 후반기 마피아 세력이 에너지와 지하자원 등을 관리하는 산업의 지배계급으로 변신함에 따라 경찰들이 하부 경제의 공백을 메우기 시작했고 마피아와 비슷한 역할을 대신하게 되었다. 현재 러시아 소매시장과 상행위 분야에서 경찰이 가장 강력한 제재수단을 보유하고 있는 집단이라고 보면 거의 정확하다.

러시아 경찰은 크게 연방 경찰과 지역 경찰로 이원화되어 있는데, 연방 경찰조직 내부에는 미국의 FBI와 유사한 역할을 담당하는 조직범죄 수사국과 경제범죄 수사국이 공존한다. 이것은 러시아의 국방부와 내무부가 소속 군대를 따로 유지하고 있는 것과 같은 맥락에서 이해할 수 있다. '어느 한 기구에 권력의 독점을 허용해서는 안 된다' 라는 러시아 국가의 전통적인 통치기법이 여기에도 작용하고 있음을 알 수 있다.

푸틴 시기에 들어와서 러시아 정부는 테러 예방과 치안 유지라는 명목 아래 경찰에게 막강한 권한을 부여했다. 하지만 경찰은 이런 막강한 권한을 악용하여 범죄를 종종 일으키기도 했다. 특히 살인강도와 같은 강력범죄들의 경우, 일반 시민들보다는 오히려 경찰들에 의해 더 많이 자행되는 것 같다는 지적들도 나온다. 게다가 경찰조직 자체도 조직범죄와 연결되어 있을 것이라는 소문들이 들린다.

일례로 2000년에는 모스크바 시경에서 근무하는 고위 장성이 자신의 아들 결혼식에 많은 경찰병력을 동원하여 결혼식이 끝날 때까지 교통을 통제하고 경비를 서도록 지시하기도 했다. 더구나 신랑과 친구들이 모스크바 시내 한복판에서 결혼축하를 빙자하여 자동소총과 권총을 난사하는 등 결코 있어서는 안 되는 추태를 부렸는데도 이들은 경찰로부터 그 어떤 제지도 받지 않았다.

이처럼 러시아 경찰은 시민들의 생명과 안전, 인권을 누구보다 잘 보호해 주어야 함에도 불구하고 그와 정반대로 불법과 전횡을 앞장서서 일삼기도 한다. 이에 따라 2003년 푸틴 정부는 경찰조직 내에 만연한 부정부패를 일소하기 위해 일련의 조치를 취하고 나섰지만, 먹이사슬로 긴밀히 연결돼 있는 '경찰 커넥션'을 아직까지 완전히 척결하지는 못하고 있다.

트베르스카야 거리의 경찰

현재 러시아에서 경찰은 국민 1만 명당 500명 정도 수준으로 복지국가의 기준선을 이미 넘어선 상태이다. 물론 대다수의 경찰들은 맡은 바 임무를 충실히 수행하고 있다. 하지만 경찰직이 여전히 박봉인 탓에 이들은 범죄의 검은 유혹에 쉽게 빠져들기도 한다. 2006년 기준으로 경찰의 평균 봉급은 대략 250달러 수준이고, 장기 근속자의 경우에도 400달러 정도 밖에 되지 않는다. 그래서 경찰들은 가외수입을 올리기 위해서 시장 근처나 지하철역 부근에서 일반시민들을 대상으로 불심검문을 벌이곤 한다. 이때 혹시라도 모스크바 거주 증명서를 제시하지 못할 경우에도 그다지 큰 문제가 되지 않는다. 경찰들이 즉석에서 뇌물을 받고 아무 일도 없는 것처럼 풀어주기 때문이다.

특히 이들에게 외국인들은 가장 좋은 먹잇감이 되고 있다. 당연히 한국 사람들도 예외가 아니다. 이들은 무조건 이유도 없이 붙잡고 있으면 귀찮아서라도 돈으로 빨리 해결하려는 한국인의 습성을 알고서는 더욱 노골적으로 돈을 요구한다. 이렇기 때문에 모스크바 경찰들은 박봉을 받으면서도 불철주야 쉬지 않고 가장 열심히 일하는 사람들이라는 조롱을 듣는다. 그들이 오직 뇌물을 뜯기 위해서 야심한 밤에도 눈을 부릅뜬 채 누구보다 열심히 일하고 있기에 더욱 그러하다. '러시아 경찰들의 월급 액수는 매우 적을지 모른다. 하지만 3년 안에 아파트 한 채는 충분히

지하철 역 근처에서 불심검문 중인 경찰

마련할 수 있다'는 속설이 러시아 사회에서는 공공연한 비밀이 된지 이미 오래이다.

과거에는 시장으로 상품을 공급하거나 창고에서 창고로 물건을 이송할 때 기본적으로 필요한 서류를 다 갖추고 있음에도 불구하고, 무조건 통행세를 내야만 하던 시절이 있었다. 이 당시 경찰들은 지나가는 화물차란 화물차는 전부 세우고서 관련 서류를 점검한다는 핑계 아래 지나칠 정도로 많은 시간을 질질 끌었다. 빨리 통과하고 싶다면 뇌물을 자진 상납하라는 무언의 요구였던 것이다. 때때로 운이 나쁜 경우 차량 전체를 압류당하는 사태도 빈번하게 발생했지만, 현재는 과거에 비해 상당히 많이 개선된 상황이다.

이와 관련한 재미있는 일화가 있다. 과거에 한국의 한 사업가는 통관에서 운송까지 필요한 서류를 제대로 다 갖추고 있었지만, 러시아 경찰의 방해로 운송 중인 물건을 전량 압류당한 적이 있었다. 그래서 한국인 사업가는 다음날 아침 서류 일체를 완벽하게 구비한 다음 변호사와 함께 경찰서로 찾아가서 공식적으로 항의했다. 그러자 담당 경찰이 대수롭지 않다는 표정으로 서류를 쭉 한번 살펴보고 나서 서류상에는 별 문제가 없는 것 같으니 차를 가져가라고 말했다. 그런데 경찰은 물건을 실은 차량이 주차장을 하루 동안이나 사용했다고 말하면서 주차비로 2,500루블(대략 100달러)을 요구했다.

만일 한국인 사업가가 검문 당시 현장에서 200루블 정도만 넌지시 경찰들에게 건네주었더라면 일은 훨씬 수월하게 해결되었을 것이다. 그렇지만 준비된 서류를 근거로 뇌물을 제공하지 않고 끝까지 버텼던 관계로 오히려 그는 비용 측면에서만 보더라도 적지 않은 손해를 입게 되었다. 변호사 비용, 시간 낭비, 뇌물 액수의 10배에 해당하는 주차비 지불 등이 손실의 주된 내용이었다.

최근 푸틴 정부가 경찰 공무원의 처우를 상당히 개선하면서 불법 관행에 대한 처벌을 강화하고는 있지만, 러시아어를 제대로 구사하지 못하는 외국인과 불법체류자들의 경우에는 아직까지도 불편과 불이익을 종종 당하고 있는 실정이다.

팔색조 마피아

러시아 국민들은 일반적으로 탈법, 무질서, 혼란, 폭력, 부정, 부패 등이 있는 곳이라면, 거기가 어디든지 간에 항시 마피아가 개입하고 있을 것이라고 생각한다. 본래 조직범죄 집단을 의미하는 마피아란 말이 러시아에서만큼은 모든 사회병리 현상의 주요인으로 간주되고 있기 때문이다. 다른 사회들과 비교할 때, 이것은 러시아 사회에서는 유례를 찾아보기 힘들 정도로 많은 종류의 마피아 집단이 있다는 사실을 반증해준다. 통상적인 폭력조직을 상징하는 '거리 마피아'에서부터 각 분야의 실질적인 권력집단을 지칭하는 '경제 마피아,' '관료 마피아,' '정치 마피아'까지 러시아 마피아 조직은 그 폭이 상당히 넓은 편이다.

특히 1990년대 초반 체제전환과 새로운 국가형성 과정에서 러시아 마피아 조직은 엄청난 변화를 겪었다. 특히 마피아 조직의 규모가 이전과는 비교할 수 없을 정도로 커졌을 뿐만 아니라, 사업 영역의 다각화와 사업 형태의 기업화도 본격적으로 이루어졌다. 이는 다음의 몇 가지 요인들이 복합적으로 작용한 결과였다.

먼저, 시장경제정책이 추진됨에 따라 과거와는 달리 정부의 역할이 크게 약화되었다. 따라서 민간 기업체들은 정부의 보호와 지원을 더 이상 받을 수 없게 되었다. 둘째, 법률과 제도상의 허점이 적지 않게 존재했다. 당시 러시아에서 '돈세탁' 행위는 중대한 경제 범죄로 인정되지 않았으며, 단순히 대출금을 착복했다는 이유만으로 기소되는 경우도 거의 드물었다. 셋째, 중앙정부의 무능력과 통치력 약화로 사회경제적 혼란상황이 발생하면서 무기 소지와 거래에 대한 정부기관의 통제 수준이 상당히 약화되었다. 이로 인해 조직범죄 집단은 큰 어려움 없이 고성능 무기와 장비로 무장할 수 있었다. 마지막으로, 과도기에 사기업 활동이 자유화됨에 따라서 돈세탁을 통해 국가재산의 해외유출과 자본도피가 가능해졌다.

러시아의 경제 마피아는 서구의 경우와 비교할 때 출발 과정 자체가 전혀 다르다. 서구의 경제 마피아가 일반적인 비즈니스 체제가 확립된 연후에야 비즈니스 분야에 진입을 시도했던데 반해, 러시아에서 비즈니스 분야는 출발부터 폭력과 세금포탈을 바탕으로 하는 마피아적 행태로 운영되었다. 이 점에서 러시아 경제 분석가 야코프 길린스키의 다음과 같은 지적은 특히 의미심장하다.

동료 마피아의 장례식 이후

러시아에서 활동하는 대부분의 기업들과 사업가들은 세금을 의도적으로 회피할 목적으로 자신들의 실제 소득을 숨긴다. 따라서 사기업이든 공기업이든 간에 모든 기업들은 사실상 조직범죄와 한 지붕 아래 있는 셈이다. 러시아에서는 법을 지키면서 일하는 것이 불가능하며, 한마디로 바보 같은 짓이라고 생각한다. 이러한 경제범죄의 일상화는 어찌 보면 국가 자체의 억압적인 활동의 결과일 수 있다.

실제로 아직도 취약한 상황에 놓여 있는 러시아 세금체계에 따라 기업을 운영하다보면 거의 파산하기 십상이다. 그와 반대로 제대로 된 세무 신고만 하지 않는다면, 기업은 분명 성공하거나 최소한 성공할 가능성이 훨씬 커진다. 기업 범죄를 다루어 본 경험이 일천한 러시아 국세청의 실력으로는 불성실 세무 신고를 적발하기 어려울뿐더러, 설령 적발된다 하더라도 영향력 있는 인사들의 도움을 받거나 아니면 뇌물을 공여하여 충분히 살 길을 모색할 수 있기 때문이다.

또한 러시아의 기업 환경은 정부의 경제정책을 믿고 따라 하기에는 너무나 많은 불안 요인들이 존재한다. 예를 들어 러시아에서 상품의 가격이 자유화되었다고는 하지만, 이것을 뒷받침해주는 법적, 제도적 보완 장치가 부재했던 관계로 기업들은 불법적인 행동을 하지 않을 수 없었다.

이 밖에 소비에트 시기부터 관료주의의 병폐를 뼈저리게 경험했던 러시아 사람들에게 '관료 마피아' 라는 표현은 아무런 부담 없이 자연스럽게 받아들여지고 있다. 관료 마피아란 관료들이 국가에 충성을 다하기보다는 오히려 자신과 자신이 속한 이너서클의 이해에만 몰두하는 사람과 집단을 의미한다. 이는 본질상 소비에트 시기의 '노멘클라투라 사회주의' 체제가 현대 러시아에서 '노멘클라투라 자본주의' 체제로 전환된 것이라고 볼 수 있다. 러시아 정부에 의해 추진된 급진적 경제개혁 정책은 실제적으로 지방 관료들의 배만 부르게 해주었던 것이다. 소련 시기에 지방은 중앙정부로부터 엄격한 감독과 통제를 받아왔었지만, 체제전환기 지방 관료들은 봉건시대의 영주들처럼 자신의 관할지역에서 만큼은 권력을 마음껏 행사할 수 있었다. 이것은 결국 지역적 혹은 지방적 차원에서 조직범죄가 확산되는데 상당히 큰 영향을 미쳤다.

러시아에서는 '정치 마피아' 라는 개념도 존재한다. 이것은 어떤 구체적 대상에 대한 표현이라기보다는 주로 정적에 대한 비난 차원에서 일종의 '레토릭' 으로 많이 사용된다. 물론 정치권력을 얻기 위해 형성된 정치집단이나 정당들을 단지 폐쇄성을 갖고 있다는 이유 하나만으로 정치 마피아라고 부르기는 사실상 어렵다. 그러나 옐친과 푸틴의 정적들은 자주 옐친과 푸틴, 그 측근들까지 싸잡아서 '예카테린부르크 마피

푸틴 사단의 '페테르 마피아'

아' 나 '페테르부르크 마피아' 라고 부른다. 이렇게 러시아에서 마피아라는 개념은 특히 부정적이고 나쁜 의미를 내포하고 있기 때문에 경쟁 집단이 상대편을 비난하는 최고의 표현 수단이 될 수 있다.

이처럼 러시아에서 마피아 개념은 불명확성, 모호성, 다양성 등을 포함하고 있으며, 수사학적으로도 마구 남용된다. 어떤 사람이 마피아 집단의 일원인지를 판가름하는 기준은 본질적으로 어떤 집단의 존재 조건에 의해 결정되는 것이 아니다. 그보다는 오히려 특정인이 자신의 이익을 실현해 나가는 행동 방식에서 기인한다. 따라서 개인이나 집단의 행동 방법이 법률에 기초하고 있을 뿐 아니라, 사회적 관례에도 대체적으로 어긋나지만 않는다면 그들을 마피아라고 부를 수 없다. 반면, 개인 또는 집단이 법률에 근거를 두지 않은 채, 다른 사회 구성원의 이해를 폭력과 공갈 등의 방법으로 침해한다면, 이는 분명 마피아적인 행동이다. 이렇게 볼 때 러시아 마피아 집단은 '특정한 권력과 자원을 독점하기 위해 내부 공모자들이 불법적인 방법을 동원하여 유지되는 조직' 이라는 정의가 가능하다.

러시아에는 '부패시장' 이 있다?

2000년 푸틴 정권 출범 이후 현재까지 국제 원자재 가격이 상승한 덕택에 러시아 경제가 급속하게 회복되고 있다. 그래서 최근 러시아에서 비즈니스를 수행하고 있거나 앞으로 투자를 계획하고 있는 국내외 기업들이 매년 증가하고 있는 추세이다. 이는 21세기의 미래시장이자 황금

시장으로 주목받고 있는 러시아의 투자가치가 그만큼 높아졌다는 사실을 잘 반영하고 있다.

하지만 이렇게 긍정적인 상황 전개에도 불구하고, 러시아에 진출해서 사업을 추진하는 것은 결코 쉽지 않은 일이다. 고수익 창출의 가능성이 크다고 볼 수 있지만, 이에 비례해서 사업의 장애 요인들 또한 도처에 널려 있기 때문에 그렇다. 이 가운데 가장 심각한 문제가 바로 관료들의 부정부패와 마피아 집단의 암약이다. 러시아에서 활동 중인 외국계 기업들은 관료주의와 관청의 행정장벽 뿐 아니라, 각종 부패로부터 직접적인 영향을 받고 있다. 기업인들은 러시아에서 부패가 가장 심한 곳으로 세무당국, 교통경찰, 입법과 사법기관, 관세당국, 연방과 지방의 인허가 관련기관들을 지목하고 있다.

오늘날 러시아 비즈니스 종사자들은 러시아 정부에 정상적으로 세금을 납부하고 있을 뿐 아니라, 두 가지의 별도 세금을 추가로 지불하고 있다. 그 중 하나는 중앙정부나 지역 혹은 지방 관료들에게 상납하는 뇌물이고, 다른 하나는 '보호비' 명목으로 조직범죄 집단이 사업체들로부터 강제로 징수해 가는 상납금이다. 이처럼 러시아 사회에서는 관료들의 부정부패와 조직범죄 집단이 성행하고 있다. 그래서 기업체들이 지불해야만 하는 경제적 부대비용, 즉 부패와 범죄시장의 규모는 상상을 초월할 정도로 크다.

뇌물상납 풍자 사진

러시아에서는 비즈니스에 종사하는 사람들의 대략 80% 이상이 사업의 인허가 취득, 각종 행정기관과 관련된 서비스를 제공받기 위해 담당 공무원들에게 뇌물을 공여하고 있다고 밝히고 있다. 이는 러시아에서 뇌물을 제공하지 않고 비즈니스를 한다는 것은 거의 불가능하다는 사실을

확실하게 보여주는 것이다. 특히 뇌물수수는 대기업과 은행들이 집중되어 있는 대도시에서 더욱 공공연하게 나타난다. 인허가 관련 부서 공무원들의 부정부패를 부추기는 가장 중요한 요인으로는 낮은 임금과 퇴직 이후의 노후대비 등을 들 수 있다.

노벨 경제학상 수상자인 미국 시카고대학의 게리 베커 교수는 '부정부패는 정부의 경제에 대한 간섭의 결과로 나타난다. 어느 나라에서나 부패는 규제가 심할수록 늘어나기 마련이다' 라고 강조한 바 있다. 즉 규제가 심하면 이해 당사자들은 그것을 보다 쉽게 해결하기 위해서 뇌물을 제공하게 된다. 마찬가지로 규제와 관련된 권한을 보유한 관료들 역시 뇌물을 요구한다. 실제로 러시아 행정제도의 가장 중대한 문제점은 인허가를 받기 위한 각 단계마다 독점적 권한을 지닌 관료들이 지나치게 많다는 사실에 있다.

일례로 소형 체인점을 개설하기 위해서는 140여 개에 이르는 관료들의 확인 날인이 필요하다. 이를 위해 정상적으로 행정절차를 밟을 경우 대략 6개월에서 1년 이상의 긴 시간이 소요될 수도 있다. 따라서 신속한 행정 처리를 위해서는 이들에게 뇌물을 제공하지 않을 수 없는 구조이다. 그래서인지 모스크바 시 소속 세관과 검찰 공무원, 교통경찰관 가운데 적지 않은 수가 월급여가 몇 백 달러에 불과한데도 5만 달러가 넘는 고급외제 승용차와 30만 달러가 넘는 아파트를 소유하고 있을 정도이다. 게다가 이들은 모스크바 근교에 50만 달러가 넘는 고급 별장을 보유하고 있을뿐더러, 심지어 자녀들을 유럽이나 미국 대학에 유학을 보내기도 한다.

뇌물을 받는 공무원 업종별 순위

특히 러시아 시사주간지 〈논거와 사실〉은 뇌물을 받는 공무원 조직들의 규모를 손의 크기를 통해 잘 보여주었다. 이를 좀 더 구체적으로 살펴본다면, 러시아에서 뇌

물수수에 가장 적극적인 공무원들로는 교통경찰이 부동의 1위를 차지하고 있으며, 그 다음으로 대학입학 담당자, 판사, 거주등록 담당 공무원 등이 순위를 다투고 있다. 여기서 중요한 사실은 2001년부터 2005년까지 최근 5년 동안 공무원들의 뇌물수수 액수가 대략 10배 이상이나 증가했다는 점이다.

이 밖에도, 러시아의 부패시장에서 아주 흥미로운 사실 중 하나는 정부의 고위관직까지도 그 직책에 합당한 돈을 지불할 수만 있다면, 누구든지 사회적 신분상승을 경험할 수도 있다는 점이다. 2006년 1월 30일자 러시아 경제 전문지 〈콤파니아〉가 이런 사실을 아주 자세하게 보도했는데, 그 기사에 따르면 아래에 책정되어 있는 금액이 사실상 관직의 비공식 가격이라고 말할 수 있다.

행정부 관직 별 최소 가격 리스트

1. 연방 정부 장관: 최소 1,000만 달러 이상
2. 연방 주체 담당 주지사: 최소 800만 달러 이상
3. 연방 상원의원(연방회의): 최소 200만 달러 이상
4. 연방 하원의원(국가두마): 대략 200만 달러
5. 연방 하원 위원회 위원장: 대략 100만 달러
6. 국세청 차장: 대략 100만 달러
7. 관세청 차장: 최소 50만 달러 이상
8. 통합기업 관리자: 대략 100만 달러
9. 지방법원 판사: 최소 20만 달러 이상

행정부 서비스 최소 가격 리스트

1. 부가적인 수출 쿼터 허용: 시장가격의 10% 이상
2. 예산의 이월: 이월 예산총액의 5% 이상
3. 가스 주문 계약: 총액의 20% 이상
4. 저렴한 가스 공급계약: 시장가격과 약정가격 차이의 50% 금액

입법부 서비스 최소 가격 리스트

1. 법 개정안 제출: 20만 달러 이상
2. 조세 및 관세에 관한 법안 승인: 예상 수익의 약 10%
3. 검찰총장에 대한 문의: 5만 달러 이상

사법부 서비스 최소 가격 리스트

1. 경쟁자에 대한 고발 진행: 10만 달러 이상
2. 재산 압류 해결: 5만 달러 이상
3. 은행계좌 압류 및 해제: 총액의 30% 이상
4. 중재 재판소에서 승소: 5만 달러 이상
5. 주식 및 재산 압류: 3만 달러 이상

국세청 서비스 최소 가격 리스트

1. 경쟁회사에 대한 압수수색과 세무조사: 5만 달러 이상
2. 청구된 세금 조정: 조정금액의 10% 이상
3. 부가가치세의 신속한 환불: 환불총액의 10% 이상

마피아는 변신 중

푸틴은 정권을 잡은 이후 부정부패 문제를 해결하기 위해 많은 노력을 기울여 왔다. 먼저 부패의 온상이자 거리의 무법자로 통하는 경찰기관에 대해 사정의 칼을 빼어 들었다. 그래서 2002년에만 21,000명의 경찰이 범죄와 기타 법률 위반으로 견책을 받았고, 그 당시 89개 행정지역(현재는 85개) 중 10개 지역담당 경찰서장을 포함하여 17,000명이 해고를 당했다.

하지만 이 같은 사정당국의 끈질긴 노력이 있었음에도 러시아 사회 전반에 만연한 부정부패의 규모는 크게 줄어들었다고 보기 힘들다. 그래서 푸틴 대통령은 2008년 전반기로 예상되는 러시아의 WTO 가입을

앞두고 국가경쟁력 강화 차원에서 부정부패 척결에 더욱 박차를 가하고 있다. 이러한 행보는 러시아 경제의 고도성장 목표를 달성하기 위한 당연한 수순이며, 국제기준에 부합하는 투자환경 구축이 시급하다는 인식에 기초한다.

이러한 맥락에서 푸틴은 연방 금융위원회에서 부정부패 문제를 전담해 왔던 주코프를 신임 총리로 지명했다는 사실을 기억해야 한다. 그렇다면 푸틴 정부와 그 후계자가 앞으로 부정부패 해소에 최우선적 관심사를 둘 것이라는 점을 어렵지 않게 유추해 볼 수 있다. 특히 푸틴 집권 시기 동안 추진되고 있는 올리가르키에 대한 압박 정책, 국가 자본주의 체제 구축, 국가 전반에 걸쳐 KGB 출신 인사들의 대거 등용, 법의 독재 천명 등이 그 단적인 증거들이다.

이처럼 푸틴 대통령이 강력한 중앙권력의 확립을 바탕으로 법의 독재를 내세우자 마피아 세력들도 생존을 위해 새로운 변화를 모색하게 되었다. 그래서 옐친 시기에 주로 비공식적 영역에 속해 있었던 마피아 집단들까지도 현재는 공식적 영역인 비즈니스 무대로 진입하여 기업가로 대변신 작업을 진행 중이다. 특히 이 과정에서 경제 마피아 집단을 대표했던 올리가르키들의 변신 행보가 가장 눈길을 끈다. 지난 8년 동안 1세대 핵심 올리가르키들이 푸틴과의 투쟁에서 패해 물러남에 따라 자연스럽게 세대교체가 이루어지고 있다. 이전 세대와는 달리 2세대 올리가르키들(알파그룹의 미하일 프리드만과 러시아 알루미늄의 올레그 데리파스카 등)은 기업의 사회적 책무를 유독 강조하면서 자신의 사업에만 몰두하고 있는 상황이다.

단적인 예로 이들은 동계올림픽 유치과정에서 푸틴 정부와 일사불란하게 호흡을 맞추었다. 올리가르키들은 소치의 약점으로 지적되었던 시설 인프라를 보완하기 위해 거액의 투자를 약속했고 세계를 누비며 득표활동에도 최선의 노력을 다했다. 세계 최대 니켈 업체인 노릴스크 니켈 사의 포타닌 회장은 소치 인근 리조트에 2억 6,200만 달러를 투자해 3개의 곤돌라와 5개의 레스토랑, 20개의 도로를 만들고 있다. 가즈프롬도 3억 7,500만 달러를 투자해 소치에 대대적인 부대시설 공사를 벌일 계획이다. 또한 알루미늄 기업 루살의 데리파스카 회장은 지난해 매입한 소치공항과 선수촌 시설 등에 약 15억 달러를 투자한다. 이처럼 2세대 러시아 재벌들은 푸틴의 든든한 후원자를 자처하며 국가와 사회를 위한 활동에 열성을 보이고 있다.

푸틴 통치시기에 러시아 비즈니스 분야에서도 새로운 변화의 물결이 도래하고 있다. 사업의 신속한 진행과 성공을 위한 불가피한 관행이었던 뇌물공여를 대신해서 새로운 사업진행 방법이 조금씩 자리를 잡아가고 있는 추세이다. 물론 뇌물공여가 완전히 사라진 것은 아니다. 하지만 '컨설팅 업체 활용' 이라는 공식적이고 합법적인 비즈니스 방법들이 국내외 기업인들의 큰 관심을 끌고 있다. 현재 러시아 시장에서는 세계적인 컨설팅 업체들이 대거 상륙하여 활동하고 있을 뿐만 아니라, 유수의 러시아 컨설팅 업체들도 속속 생겨나고 있다. 특히 권력 실세들의 측근들이나 친인척들이 컨설팅 업체를 수립하여 운영하는 경우가 많다.

컨설팅 업체들은 수요자와 공식적인 계약을 통해 비즈니스 업무를 대행해준다. 시장조사와 인허가 대행 서비스, 러시아 기업들과의 사업 계약 체결은 물론이고, 성공보수를 지불한다면 누구든 사후 관리 서비스까지 일괄적인 사업 서비스를 제공받을 수 있다. 현재 러시아에서 사업을 진행하고 있는 한국인 사업가는 '비용은 들지만 러시아 비즈니스에서 컨설팅 업체를 이용하는 편이 훨씬 바람직하다' 고 강조한다. 컨설팅 업체와 손을 잡는다면, 신속한 일처리는 기본이고 뇌물과 관료주의를 염려할 필요가 없으며, 정확한 시장 및 기업정보를 얻을 수 있기 때문이다.

끝으로, 2008년 상반기에는 러시아의 WTO 가입이 현실화되어 투자환경이 국제적 수준으로 개선될 가능성이 있다. 그렇게 된다면 2세대 러시아 재벌들은 과거의 불명예스러웠던 경제 마피아라는 낙인 대신에 기업인이라는 새로운 직함을 갖게 될 것이다.

박정호

제 3 장

KGB의 어두운 그림자

체카의 화려한 부활

1917년 10월 혁명 직후 소비에트 당국은 체카(cheka), 즉 반혁명과 사보타주 단속을 위한 비상위원회를 수립했다. 이것은 근대적 의미의 정보기관이라고 말할 수 있는데, 이 조직의 설립 목적은 크게 두 가지였다. 하나는 국내 반혁명 세력들의 반발을 억제하는데 있었고, 다른 하나는 주변 국가들의 내정간섭에 강력하게 대응하는 것이었다.

체카의 창시자인 펠릭스 제르진스키는 폴란드 태생으로 볼셰비키 혁명에 참여하여 레닌을 열성적으로 지지했던 인물이다. 그는 러시아에서 발생한 사회주의 혁명을 기필코 수호해야 한다고 주창하면서 체카 조직에 정당성을 부여했다. 그는 특히 반체제 인사들을 처단하고 사보타주를 진압하는 일 등에 체카 조직을 적극 동원했다. 당시 내전과 전시공산주의로 대변되는 국가적 혼란 상황과 강압적 사회 분위기 속에서 체카의 존재 이유는 더욱 빛을 발했다.

체포와 수사, 즉결 심판권 등과 같은 초법적 권한까지 갖게 되면서 체카는 막강한 권력을 행사할 수 있게 되었다. 이런 이유로 일반 시민들에게 체카와 그 조직원들은 공포의 대상 자체였고, 심지어 '저승사자'로까지 불리기도 했다. 물론 다소 과장된 표현이기는 하지만, 그 시절 '단 한번이라도 체카 건물에 불려 들어간 사람은 다시 살아 나오기 힘들다' 라는 속설까지 생겨났을 정도였다.

이 당시 러시아 시민들은 한밤중에 들리는 노크 소리를 가장 두려워했다고 한다. 혹시 체카의 비밀요원들이 대문 앞에 서서 자신을 찾고 있을지도 모른다는 생각 때문이었다. 이에 관련된 웃지 못할 에피소드가 하나 있다. 어느 날 밤 잠결에 이반 데니소비치는 노크 소리를 듣고 공포에 질린 얼굴로 현관문을 열었다. 이때 한 체카 요원이 '당신이 이반 니콜라예비치요?' 라고 물었다. 그러자 그는 '아닙니다! 나는 이반 데니소비치입니다! 이반 니콜라예비치는 위층에 삽니다' 라고 안도의 한숨을 쉬며 답했다. 그는 체카 요원들이 돌아간 후에 현관문을 닫으며 기쁨의 눈물까지 흘렸다고 한다.

KGB는 이런 체카 조직을 모태로 하여 만들어졌다. 소비에트 시절 KGB는 전신인 체카처럼 정보기관으로서 대외정찰과 비밀경찰 활동을 동시에 수행하면서 러시아 국민들에게 악명을 떨쳤던 조직이었다. KGB 조직원들은 공산당의 권력 독점과 사회주의 체제 유지라는 핵심 활동 목표를 달성하기 위해서 가능한 한 모든 수단과 방법을 총동원했다. 이들은 국민 개개인의 사생활을 구석구석 철저하게 감시 감독했으며, 불법적인 폭력과 고문, 심지어 정치공작까지 마다하지 않았다.

이런 광범위한 업무수행을 위해 KGB 조직은 상상을 초월할 만큼 큰 규모를 갖추고 있었다. 당시 KGB 정식요원들만 하더라도 대략 70여 만 명 선이었고, 연간 예산도 49억 루블(22조 700억 원)에 달할 정도로 막대한 금액을 사용했다. 특히 KGB는 공산당 다음으로 거의 무제한적인 권한을 행사할 수 있는 유일한 조직이었던 까닭에 '국가 속의 국가' 라고까지 불렸다.

그러나 이처럼 강력한 위세를 떨쳐 왔던 KGB 세력도 고르바초프 시대에 들어와서 명운을 달리하는 결과를 맞이하게 된다. 당시 고르바초프의 개혁과 개방 정책에 큰 불만을 품고 있었던 보수파 세력들은 비밀리에 힘을 모아 1991년 8월 전격적으로 쿠데타를 단행했다. 이때 KGB 세력들도 쿠데타에 주도적으로 참여했다. 하지만 삼일천하로 보수파의 쿠데타가 실패로 돌아감에 따라 KGB의 위상도 크게 실추되었다. 더구나 성난 모스크바 시민들이 KGB 본부 건물 앞으로 몰려가서 제르진스키의 동상을 끌어내려 부수는 일까지 발생했다. 결국 KGB는 1991년 12월 전격 폐지되면서 역사의 뒤안길로 조용히 사라졌다.

제르진스키 포스터

옐친의 통치 초기에 KGB의 옛 조직은 당연하게도 권력의 뒷전으로 멀찌감치 밀려나 있을 수밖에 없었다. 하지만 곧이어 체첸 사태 등이 발생하면서 국가의 정보력을 강화해야 한다는 필요성이 긴급히 대두되자 KGB 조직은 1995년 현재의 FSB(연방보안국)로 부활하게 되었고, 담당 역할과 위상도 어느 정도 강화되었다. 그렇다고 이것이 과거 소비에트 시기에서처럼 막강한 역할과 권한 행사를 의미한 것은 결코 아니었다.

소비에트 체제의 특별 보안관이자 모든 범죄행위의 원흉으로 지탄을 받아왔던 KGB와 그 조직원들은 특히 2000년 푸틴 정부 출범 이후에 화려하게 부활의 날개를 펼치고 있다. 이러한 KGB 조직의 화려한 비상은 KGB 출신 푸틴 대통령의 등장과 밀접한 연관성을 갖는다. 영국에 망명 중인 베레조프스키의 증언에 의하면, 푸틴은 연방보안국 국장과 총리로 연속 등용되면서 승승장구하던 시절에 자신의 집무실 한 쪽 벽면에다 언제나 체카의 창시자인 제르진스키의 초상화를 걸어 놓고 있었다고 한다. 푸틴은 당연히 이 그림을 매일 감상하면서 집무를 보았을 것이다. 이런 사실을 기억한다면, KGB 조직과 활동에 대한 푸틴의 애정과 신념이 얼마나 각별했는지를 미루어 짐작해 볼 수 있다.

푸틴은 중앙정계 진출 이후부터 과거 자신이 몸담았던 KGB 출신들을 중심으로 일종의 이너서클을 구성해 왔다. 최근에는 KGB 후신인 FSB 출신까지 합세해 대통령의 최측근 권력실세인 실로비키 집단을 형성했다. 현재 이들은 정관계 고위직의 대부분을 차지하는 것에 만족하지 않고 경제계로까지 자신들의 활동영역을 급속하게 넓혀가고 있는 중이다.

크렘린에서 푸틴 대통령을 지근거리에서 보좌하고 있는 대통령 행정부실장 이고리 세친이 가장 대표적인 경우라고 할 수 있다. KGB 출신 세친 부실장은 푸틴 대통령에게 올라오는 모든 문서를 사전에 검토하며, 사실상 크렘린 내부에서 경제문제를 총괄하고 있는 실세 중의 실세이다. 이와 함께 그는 현재 러시아 2위 국영 석유 회사 로스네프트의 회장직을 겸임하고 있다.

이처럼 푸틴 집권 1, 2기 동안 정권의 주요 실세들은 대부분 '체키스트' (chekist) 출신, 즉 정보기관 출신의 파워 엘리트들로 충원되었다. 여기서 체키스트란 체카의 구성원을 가리키는 말로 과거 '철의 독재자' 였던 스탈린의 잔혹한 하수인들을 의미한다. 당시 스탈린은 소수의 혁명 동지들과 힘을 합쳐서 권력을 장악할 수는 있었다. 하지만 집권 기반이 여전히 취약했기 때문에 스탈린은 입지를 강화하기 위해서 개인적 선호도에 따라 입맛에 맞는 사람들을 충원할 수밖에 없었다.

그래서 스탈린은 정보기구이자 비밀경찰조직이었던 체카와 그 조직원인 체키스트를 동원하여 자신의 권력에 반대하는 모든 사회 정치세력들을 무자비하게 제거하면서, 폭압적인 공포통치를 펼치게 되었다. 이러한 역사적 사실을 바탕으로 만들어진 개념이 바로 체키스트인 것이다.

스탈린 시대의 체키스트들이 무자비한 철권통치를 확고하게 뒷받침해주는 정치적 악역을 주로 담당했던 것과 마찬가지로, 푸틴 시기 체키스트들도 현 정권의 비판세력이나 잠재적 반발세력들을 모두 평정해 주고 있다. 이들은 강력한 통치를 펼치기 위한 푸틴의 최정예 지원부대이지만, 보다 근원적으로는 러시아 역사발전 과정에서 자연스럽게 형성된 권위주의와 국가주의 정치문화의 산물이기도 하다.

KGB가 꿈꾸는 세상

집권 2기 푸틴 정부는 국가통치의 효율성 확보와 국부유출의 위험성을 예방한다는 대의명분 아래 시장의 운영원리가 아니라 국가의 관리와 감독에 의해 작동되는 일명 '국가 자본주의' 체제를 야심차게 구축해 나가고 있다. 이로 인해 옐친 시기 권력의 중심부에서 멀리 벗어나 있었던 KGB 출신 인사들이 다시 권좌로 하나둘씩 집결하게 되었다. 현재 이들은 대통령 행정실, 각종 정부기관, 사법기관, 주요 국영 언론매체, 주지사, 대통령 권한 대표자, 핵심 국영 기업 등 국가의 거의 모든 분야에서 활발하게 업무를 수행해 나가고 있다.

특히 이들은 정치권력을 장악하는 데에만 모든 관심과 노력을 집중했었던 지난 시절과는 달리, 지금에 와서는 사실상 정치권력과 경제적 부를 동시에 주무르고 있는 실정이다. 예를 들자면, 푸틴 시기에 들어와서 KGB 출신 예비역 장교들이 국영 기업들에 상당히 많이 파견되고 있는데, 이들은 거액의 연봉을 받으면서 회사의 의사결정이 국가의 이익과 일치하는지 여부를 면밀히 감독하는 역할을 담당한다. 어떤 측면에서 보든지 간에 푸틴의 러시아에서만큼은 KGB 조직이 '국가 속의 국가' 가 아니라, 이미 '국가 그 자체' 로 격상된 느낌이다.

푸틴과 KGB 출신 권력 집단이 추구하는 국가의 최우선 운영목표는 아주 명확하다. 간단히 말해서, 21세기 강대국 러시아를 건설하여 과거 찬란했던 제국의 영광을 회복하자는 것이다. 이들은 소련 제국 해체 이후 체제전환 과정에서 발생했던 국가적 혼란과 경제적 실정을 두 번 다시 경험해서는 안 되며, 하루속히 러시아 국민들에게 새로운 희망의 메시지를 불어넣어 줄 필요가 있다고 역설한다. 그래서 실로비키 집단의 구성원들은 21세기 강대국 러시아 건설을 위해서라면, 그 어떤 것이든 과감하게 추진할 수 있다는 비장한 각오를 항상 내비치고 있다. 하지만 이들은 어디까지나 서구식이 아닌 러시아식 방안을 선호하며, 특히 KGB에 근무할 때 온 몸으로 체득한 애국주의 철학과 국가중심주의 세계관을 적극 신봉하고 있다.

오늘날 KGB 출신 인사들은 과거처럼 공산주의 혹은 사회주의 이념을 절대 가치로 추종하지 않는다. 기본적으로 이들은 자본주의 체제에 반대하고 있지 않지만, 옐친 시기 정치적 혼란만을 초래했던 서구식 자유민주주의 체제에 대해서는 상당한 거리감을 느낀다. 오히려 제정 러시아의 황제처럼 강력한 통치자가 나타나서 흐트러진 사회 질서를 회복해 주고 정치적 안정을 찾아주기를 희망한다. 아마도 이들에게 가장 중요한 판단 기준은 역시 '국가지상주의' 내지는 '국가우선주의' 원칙임에 틀림이 없다.

KGB 후신인 FSB 본부

특히 현대판 체키스트들은 민족주의와 애국주의를 절대 선으로 신봉하고 있고, 러시아 사회와 국가에 대한 최대 위협이 반드시 미국을 비롯한 서방세계로부터 나올 것이라고 생각한다. 이들의 견해에 따르면, 미국 대외정책의 핵심 목표 가운데 하나가 러시아 사회에서 무질서와 혼란을 조장하는 것이고, 이를 통해 러시아의 국력과 대외 위상을 크게 약화시키는 데에 있다고 본다. 그래서 이들은 러시아 사회에서 그 누구든지 간에 서방의 의도에 맞춰 행동하는 사람이나 단체가 있다면, 그들이 바로 조국의 적이자, 서방의 스파이라고 주저 없이 말한다.

폐쇄적인 소련 사회를 개혁과 개방으로 이끌었고 독일의 통일에도 크게 이바지하여 노벨 평화상을 수상했던 고르바초프의 경우가 단적인 예이다. 그는 미국을 위시한 서방 세계에서 아직까지 각종 찬사와 존경을 한 몸에 받고 있는 위대한 정치 지도자일지 모른다. 하지만 러시아 시민들의 고르바초프에 대한 평가는 전혀 다르다. 소비에트 제국을 붕괴시킨 장본인이라는 이유 때문에 현재 그는 러시아 사람들에게 인기를 얻지 못하고 있고, 사실상 무능했던 정치가로 치부되고 있다. 게다가, 서구에서와는 달리 러시아 사람들은 고르바초프 시기 소련의 대외관계를 그다지 높게 평가하지 않는다.

러시아 사람들은 소련과 서방 국가들이 그 당시에 대체적으로 좋은 관계를 유지하고는 있었지만, 결국 소련만 손해를 보았다고 불평한다. 소련 정부가 서방세계에 동부 유럽, 우크라이나, 그루지야 등을 넘겨주었을 뿐만 아니라, 나토까지 소련 국경 부근에 접근할 수 있도록 허락해주었다고 생각하기 때문이다. 이러한 반서방주의 기조는 푸틴과 KGB 출신 권력집단들의 전반적인 국가운영 철학이 되고 있는데, 이는 러시아 국민들의 일반적인 정서에도 매우 잘 부합하는 대외정책 방향이라고 볼 수 있다.

최근 들어서 푸틴 정부가 더더욱 미국과 서방세계에 대해 소련 시기의 냉전적 사고방식으로 맞서고 있는 것도 바로 이런 맥락에서 유추해볼 수 있다. 핵무기 탑재 전략 폭격기의 장거리 비행훈련, 북극해 영유권 선점을 위한 러시아 잠수함의 심해 탐사, 첨단 무기개발을 위한 군사비 대폭 증액, 독립국가연합 지역에서 러시아의 배타적 영향력 복원작업, 국제회의에서 부시 정권에 대한 원색적인 비난 성명 발표, 미국의 입장을 무시한 채 이란과의 관계 협력 추진 등이 대표적인 사례라고 할 수 있다.

또한 KGB 출신 통치 엘리트들은 신자유주의 세계화에 대한 러시아식 대처방안을 강하게 주창한다. 특히 이들은 '경제 민족주의'나 '자원 민족주의'를 가장 선호하고 있다. 이러한 연장선상에서 푸틴 대통령도 재벌(베레조프스키, 구신스키, 호도르코프스키 등) 길들이기 작전에 본격적으로 착수한 것이었다. 2003년 유코스 사건을 처리하는 과정에서 푸틴은 올리가르키 집단에 대해 러시아의 핵심 자산을 외국에 팔아먹은 민족 배신자이자 반드시 제거해야 할 악덕 자본가라는 신랄한 비판까지도 서슴지 않았다. 이와 동시에 푸틴은 핵심 기간산업체들에 대한 전면적인 재국유화 정책을 과감하게 실시했다.

그는 에너지와 광물자원 같은 천연자원이 러시아 제일의 국부라는 민족주의 논리를 앞세워 외국의 투자와 지분참여를 제한하거나 값비싼 로열티를 부과하는 등의 제재 조치를 강구하고 있다. 이와 같이 푸틴 사단은 계속되는 고유가 행진 속에서 에너지 자원대국이라는 러시아의 국가경쟁력을 적극 활용하고 있을 뿐 아니라, 최근에는 자원 민족주의 방안까지도 적극 모색해 나가고 있는 상황이다. 이러한 러시아의 움직임에 대해 서방세계, 특히 유럽연합은 상당한 긴장감을 감추지 못하고 있으며, 심지어 '에너지 파시즘'이라고까지 말하며 맹렬히 비난하고 있다.

KGB 공화국의 빛과 그림자

'러시아는 이미 KGB가 접수했다.' '러시아에 스탈린의 얼굴을 한 자본주의가 탄생했다.' 러시아 자유주의 야당세력을 대표하는 야블로코(Yabloko) 당의 지도자 그리고리 야블린스키는 2007년 초 한 공개석상에서 푸틴 정부의 독단적 국정운영에 대해 이런 직설적 발언도 마다하지 않았다. 그는 KGB 출신 측근들을 국가 전반에 배치하여 이른바 스탈린식 권력독점을 획책하고 있는 푸틴 정부에 대해 강경한 비판을 가했는데, 어떤 면에서 이것은 러시아의 현 정치상황을 단적으로 설명해 주는 가장 신랄한 표현이다.

2000년 푸틴이 집권한 이후 러시아의 전반적인 사회정치 상황은 이전 시기에 비해 획기적으로 개선되었다. 정치적 안정과 비약적 경제성장을 바탕으로 러시아의 대내외 국가위상과 정치적 영향력이 크게 회복된 것만큼은 그 누구도 부인할 수 없는 분명한 사실이다. 그러나 다른 한편에서 보자면, 푸틴 시기 러시아의 놀랄만한 성공신화 이면에는 유감스럽게도 비민주성, 강압성, 권위주의, 국가중심주의, 애국주의, 온정주의 등으로 대변되는 소비에트 통치의 부정적 유산들이 여전히 자리를 잡고 있다.

현재 푸틴 대통령은 자신과 같이 과거 소비에트 체제수호의 비밀경찰요원으로 맹활약을 펼쳐왔던 KGB 출신 인사들과 함께 국가를 운영해 나가고 있다. 특히 이들이 국가의 핵심 요직을 장악하여 거의 모든 업무를 담당함에 따라서 푸틴의 러시아는 사실상 'KGB 공화국'으로 확실하게 탈바꿈했다. 이 때문에 러시아에서는 중대한 사회적, 정치적 문제들이 연이어 발생하고 있다.

진압 작전 지휘 중인 FSB 요원

KGB 출신 인사들이 국가요직의 대부분을 차지한 이후에 사법기관의 독립성 훼손, 강력한 언론 통폐합과 검열, NGO 단체들에 대한 감시와 억압, 인권 탄압, 모스크바와 영국에서 벌어진 일련의 암살사건에 대한 연루설 등과 같은 비

민주적이고 권위주의적인 행태들이 러시아 사회에서 일상화되는 추세이다. 그래서인지 21세기 러시아에서 스탈린 시대의 역사적 망령이 다시금 되살아나고 있는 것은 아닌가 하는 일부의 우려 섞인 전망들도 나오고 있다.

전임 옐친 대통령의 집권 시기에는 체제이행이라는 매우 혼란한 사회정치적 상황 속에서도 불구하고, 언론매체들이 보도와 비판의 자유를 비교적 폭넓게 보장받았다. 그런데 푸틴이 집권한 이후 언론에 대한 정부당국의 태도가 급변했다. 푸틴은 자기 자신과 정부의 정책에 대해 비판적인 논조를 보이는 언론매체들에 대해서만큼은 강력한 통제와 탄압을 가했던 것이다. 그는 주요 언론매체들에 대한 검열강화와 언론사 통폐합 작업 등을 통해서 사실상 전체 언론에 대해서 재갈을 물렸다.

언론자유 보장과 민주주의 제도 정착이라는 측면에서 볼 때, 현재 러시아 사회에는 큰 암운이 드리워지고 있는 상황이다. 이에 대해 2006년 심층보도에서 영국의 BBC 방송은 '러시아 정보기관 출신 인사들의 정치적 영향력이 아무런 견제도 없이 계속 확대되고 있는 것이 가장 중요한 요인' 이라고 지적하면서, '이는 결국 러시아에서 그 나름대로 기반을 다져왔던 민주주의 제도 자체를 근본적으로 훼손하게 될 것' 이라고 강력히 강고하고 나섰다.

러시아에서는 '러시아식 민주주의' 가 최고!

푸틴 시기 러시아에서는 다소 역설적이게도 민주주의를 바라보는 두 개의 상반된 시선이 존재한다. 이는 실제적으로 러시아 사회의 성숙도, 즉 민주주의의 현주소를 가장 잘 나타내 주는 상징적인 풍향계라고도 볼 수 있다. 그 중에서 하나가 KGB 출신 권력집단들이 줄기차게 내세우고 있는 '국가 중심적 입장' 이라면, 다른 하나는 시민사회단체들이 강조하는 '개인 중심적 견해' 이다. 전자가 러시아식 민주주의 코드를 표방하고 있는 반면에, 후자는 서구식 민주주의 가치와 그 맥락을 같이 한다.

'국가 중심적 입장'은 현재 러시아 국민들의 전폭적인 지지에 힘입어 대세를 형성해 나가고 있다. 러시아에서 서구식 민주주의 제도는 아직까지 다소 낯선 형태로 여겨지는 까닭에 그것이 어느 정도 정착되기까지는 상당한 시간과 노력을 필요로 한다. 그래서 지금 러시아 정부가 해야 할 일은 러시아 현실에 가장 적합한 형태의 '러시아식 민주주의' 체제를 추구함과 동시에, 온 힘을 다해 그것을 건설하는데 집중해야 한다고 주장한다.

권력 수직화를 상징하는 '대통령 전권 대표부' 간판

이와는 다른 후자의 견해에 따르면, 21세기 국제정치와 경제무대의 진정한 동반자로 자리매김하기 위해서라도 러시아 국가는 지금보다 훨씬 더 투명하고 개방된 사회로 발전해 나가야만 한다. 개방화 시대 러시아만 나 홀로 살아 갈 수는 없는 법이기 때문이다. 그래서 이들은 민주주의 발전의 핵심 척도가 되는 언론과 집회결사의 자유, 인권도 폭넓게 보장되어야 한다는 점을 특히 강조하고 있다.

여기서 이 두 집단들 사이의 근본적인 입장 차이들을 자세하게 살펴보아야 한다. 그래야만 푸틴 시대에 발현되고 있는 '러시아적 현상' 혹은 '러시아적 특수성'을 보다 객관적으로 이해할 수 있을 것이다. 따라서 '러시아식 민주주의' 대 '서구식 민주주의'로 대변되는 두 집단의 특성과 지향점들을 다음의 3가지 기준을 토대로 설명해 보도록 한다.

먼저, 국가이익에 대해서 양자 간에는 뚜렷한 관점의 차이가 존재한다. 전자(KGB 출신 권력집단)는 '상징적 가치'를 우선시하는 국가정책에 대한 선호도가 보다 강한 편이다. 당연히 이들도 실질적 측면의 이익 역시 중요하게 생각한다. 그렇지만 이들은 국가적 자부심 회복과 애국주의 정서 고양에 보다 큰 관심과 노력을 기울인다. 따라서 이들은 러시아 국가와 정부에 대한 지나친 비난이나 반국가적 행위 자체를 결코 용인하지 못한다. 동시에 이들은 러시아 민족주의를 지나칠 정도로 강조하면서, 반미와 반서구적 경향을 종종 표출하곤 한다.

그러나 후자(시민사회단체)의 경우에는 세계화 과정의 큰 흐름 속에서 '실질적 가치' 를 보다 중요한 것으로 간주하고 있다. 이들은 근래에 들어 러시아 사회에서 발생한 언론 검열과 통제, 암살 내지는 청부살인과 같은 인권침해 사태에 대해서 깊은 우려감을 표시하고 있으며, 장기적인 측면에서 러시아 국가와 사회의 발전은 민주주의 제도의 확립과 밀접한 연관성을 갖는다고 주장한다.

둘째, 통치방법에 있어서도 이들 사이에 분명한 입장 차이가 있다. 전자는 국가통치의 효율성을 가장 중요한 가치 기준으로 신봉한다. 이들은 광활한 영토, 다양한 민족 구성, 지역간 사회, 경제적 격차 등 수많은 변수들이 존재한다는 이유를 들어, 러시아에서 강력한 중앙권력의 확립이 강대국 건설을 위해 절대적으로 필요한 국정과제라고 생각한다. 그래서 러시아 사회의 대내적 안정이나 러시아 국가의 대외적 안보를 위협하는 개인 혹은 집단들이 등장하는 경우에 합법적인 수단을 사용할 뿐 아니라, 심지어 물리적 수단까지 동원해서라도 그것을 제거시킬 방안을 찾는다.

이와는 다르게 후자는 상당히 장기적인 시간을 필요로 하고 비효율적인 방법이라고 판단될 시에도 여전히 민주주의적 가치와 방식을 더욱 선호한다. 특히 이들은 합리적인 의사결정 과정을 보다 중시하는 경향이 강하다. 이들은 상당히 큰 사회적 비용과 갈등을 감수하더라도 인간의 권리와 존엄성만은 최대한으로 보호되어야 한다고 생각한다.

끝으로, 도덕성에 대한 가치 기준에 있어서도 둘 사이에 명확한 입장 차이가 존재한다. 전자는 보편적인 판단 기준에서 볼 때, 개인의 이익이나 자유, 인권의 중요성을 서구 사회에서만큼 중요하게 여기지 않는다. 그보다 오히려 국가와 공공이익을 우선시하는 경향이 일반적이다. 그래서 이들은 국가안보를 심각하게 위협하거나 국가 이익을 침해하는 대내외 적들이 출현할 경우에 국가가 모든 수단과 방법을 동원해서라도 이를 단호하게 척결해야 하고, 가능한 한 빠른 시간 안에 사회적 안정과 내부질서를 확립해야만 한다고 주장한다.

KGB 출신 권력집단은 러시아 사회의 혼란과 무질서를 예방하고 국민적 고통을 해소시키는 일을 오직 국가만이 담당할 수 있는 신성한 책무라고 여긴다. 바로 이런 점에서 이들은 국가 중심적 사고를 최우선적 판단 기준으로 설정하고 있으며, 이것이야말로 가장 도덕적인 가치 기준이자 절대 선이라고까지 칭송한다. 이에 비해서 시민사회단체들은 개인의 자유와 권리를 최대한 보장한 상태에서 국가의 이익을 추구해야 한다고 본다. 따라서 국가는 사회를 구성하고 있는 개인의 이익과 권리를 누구보다 잘 보호해 주어야 마땅하다고 주장한다.

이상에서 러시아식 민주주의 주창자들과 서구식 민주주의 추종자들 사이에 민주주의 가치 기준에 대한 인식의 차이가 상당히 크다는 사실을 분명하게 알 수 있다. 여기서 중요한 사실은 전자가 국민들의 광범위한 지지를 받고 있는 것과는 달리, 후자의 주장은 아직까지 러시아 국민들에게 그다지 의미 있는 반향을 일으키지 못하고 있다는 점이다. 이는 러시아의 오랜 역사발전 과정에서 형성된 독특한 성격의 권위주의 내지는 국가주의 정치문화가 오늘날 러시아 사회에서도 여전히 작동하고 있음을 여실히 보여준다.

1990년대에 러시아 시민들은 체제전환 과정에서 발생한 극심한 사회, 정치적 혼란과 경제적 어려움들을 온 몸으로 경험하게 되었다. 따라서 이들은 체제개혁과 민주화라는 멀고도 험난한 여정을 선택하기보다는 오히려 정치적 안정과 경제적 성장을 담보해 낼 수 있는 강한 국가를 더 염원하고 있다. 이처럼 알게 모르게 러시아인들의 마음 한 편에는 과거 소비에트 제국의 찬란한 영광을 회복해야 한다는 강한 열망이 자리잡고 있다. 다시 말해서, 21세기 강대국 러시아를 건설하기 위해서라면 한 개인의 자유나 권리쯤은 별다른 이유 없이 제한될 수도 있을뿐더러,

설령 무시된다손 치더라도 러시아인들은 이를 충분히 참아낼 수 있다고 공공연하게 이야기한다. 실제로 이들이 바라는 최고의 가치는 강한 러시아 국가를 건설하는 것이다. 그들은 이것을 바탕으로 상실된 러시아 민족의 자존심이 회복될 수 있다고 믿는다.

이러한 러시아인들의 기본 정서는 니키타 미할코프의 영화 『시베리아의 이발사』(1998)에서도 분명하게 나타나 있다. 주인공이었던 사관생도 안드레이 톨스토이를 통해 러시아 제국의 위대성, 러시아 문화의 찬란함, 러시아인들의 순수성과 낭만, 국가주의 사고까지도 드러난다. 또한 영화 촬영 당시 러시아 정부는 외환위기 상황에 처해 있었음에도 불구하고 1천만 달러를 이 영화에 직접 투자했으며, 촬영장으로 크렘린 궁이 사용되는 것에도 흔쾌하게 동의해 주었다.

여기에는 의기소침해진 러시아 국민들에게 영광스러운 과거에 대한 향수와 미래에 대한 희망을 보여주려는 정치적 의도가 다분히 깔려 있었다. 개봉 당시 러시아인들이 보여준 관심과 반응도 대단했다. 개봉 당시 영화는 할리우드 블록버스터들을 가볍게 누름으로써 일상에 지쳐 있던 사람들에게 국가적 자긍심을 느끼게 해주었다. 영화의 엄청난 인기에 힘입어 미할코프 감독이 졸지에 유력한 차기 대선후보로까지 부상했을 정도였다.

영화에서 황제로 등장한 미할코프 감독

러시아 사람들의 국가 중심적 사고는 개인적 가치를 우선시하는 서구인들에게는 상당히 낯설고 분명 이해하기 어려운 것이다. 하지만 러시아 역사 과정 전체를 돌이켜 생각해 본다면, 충분히 설명이 가능한 역사적 상황과 증거들이 적지 않게 존재한다. 자연 방어선이 없는 대초원 지역에 위치한 점, 도시국가 키예프 루스 창건 전까지 무수한 이민족의 침략과 수탈, 제정 러시아 역사 전반에 걸친 전제정치와 농노제, 240년 동안 계속된 몽고-타타르의 지배, 그리스 정교회의 황제교황주의, 농촌공동체 '미르,' 사회주의 체제의 실험 등은 러시아의 전통적인 정치문화, 다시 말해 권위주의, 집단주의, 국가주의 성향의 정치문화를 태동시켰던 주요 동인들이었다.

이 때문에 서구세계에서와는 달리, 러시아에서 국가는 항상 사회 발전을 추동하는 견인차이자 모든 사회개혁의 선도자로서 인정받아왔다. 따라서 푸틴은 21세기 강대국 건설을 갈망하는 러시아 국민들의 보편적인 정서를 적극 반영하여 권좌에 오를 수 있었고, 이러한 연장선상에서 푸틴 사단 역시 국가 중심의 러시아식 민주주의를 추구해 나가고 있는 상황이다.

언론 통제와 암살 정치

러시아는 2000년 이후 세계에서 가장 눈부신 경제성장을 이룩한 국가 가운데 하나이다. 현재 러시아는 21세기 세계경제 무대를 선도하게 될 신흥 경제대국 브릭스(BRICs)의 핵심 구성원으로 각광받고 있다. 또한 세계 최고의 첨단과학기술과 무궁무진한 천연자원 등을 보유하고 있기 때문에 최근 러시아는 유망한 투자시장으로까지 급부상했다.

그럼에도 불구하고 어떻게 된 일인지 일반적으로 러시아하면 아직도 상당히 부정적인 단어들이 더 많이 떠오르곤 한다. 전제군주, 레닌, 스탈린, 공산주의, 인권 탄압, 반체제 인사, KGB, 냉전, 핵무기 대국, 전쟁, 혹독한 추위, 인터걸, 체첸 사태, 폭탄 테러, 암살 등이 사실상 러시아를 직간접적으로 연상시키는 표현들이라고 말할 수 있을 것이다.

1991년 소연방 체제가 해체된 이후 러시아는 소비에트 제국의 공식 계승자로서 역사무대에 등장했고, 민주적인 연방 국가를 표방한 러시아가 출범한지도 이미 16년이라는 짧지 않은 세월이 흘러갔다. 그러나 75년 동안에 걸쳐 진행된 사회주의 혁명의 실험 과정과 대략 40여 년에 가까운 냉전 시기의 어두운 형상들만이 어쩌면 우리 마음속 깊이 더 강하게 자리 잡고 있을지도 모른다.

이와 같은 러시아의 암울하고 삭막한 이미지는 크게 변화되지 않았고, 여전히 장막을 겹겹이 쳐 놓고 있는 듯하다. 최근 푸틴 정부가 추진 중인 자원 민족주의 노선과 에너지 무기화 정책, 강력한 중앙집권화 정책, KGB 출신 인사들의 전면배치, 언론 통제와 암살 의혹, 푸틴의 장기 집권 기도 등은 서방국가들에게 과거 소련의 악몽을 떠오르기에 충분할 만큼 부정적 이미지를 한층 확산시키고 있다.

특히 이 가운데 가장 큰 문제가 되는 것은 바로 암살 의혹에 관한 것이다. 그래서 소비에트 시대의 전통적인 통치기술인 암살과 테러의 공포가 현재 러시아 국가와 사회에서 다시금 부활하고 있는 것은 아닌가 하는 지적들이 서방 언론들과 국제 인권단체들로부터 공식적으로 제기되고 있다. 게다가 푸틴 정부를 비판했던 인사들에 대한 정치적 테러와 암살사건이 종종 발생해서 이러한 의혹은 더욱 증폭되고 있다.

2006년 10월 7일 모스크바의 한 아파트 엘리베이터 안에서 여기자 안나 폴리트코프스카야가 살해되는 사건이 일어났다. 이것은 그 동안 러시아에서 수없이 자행돼 왔던 청부살인사건과는 성격이 전혀 다른 것이었다. 그녀는 〈노바야 가제타〉 신문사의 현직 기자로서 전 세계와 러시아인들에게 체첸에서 벌어지고 있는 러시아 정부군의 반인권적 행위나 만행, 체첸 전쟁의 참혹상을 있는 그대로 보도했다. 당연히 그녀는 푸틴 정부에 대해서도 상당히 비판적인 논조를 견지했다.

폴리트코프스카야를 추모하는 사람들

이러한 공정한 언론활동의 결과로 폴리트코프스카야는 2001년 엠네스티 국제인권 보도상을 받았을 뿐 아니라, 서방의 유수 언

론매체에서 '올해의 인물'로 선정되는 등 국제적인 관심을 받아왔던 대표적인 러시아 언론인이었다. 하지만 그녀가 살해되자 푸틴 정부는 서방언론으로부터 인권탄압 문제와 관련하여 강도 높은 비난에 시달리게 되었다.

또한 영국에 망명 중이던 전직 KGB 요원 알렉산드르 리트비넨코 독살사건이 연이어 발생하여 전 세계에 엄청난 충격을 안겨 주었다. 특히 이때 살해도구로 사용된 '폴로늄 210'이 매우 희귀한 방사선 물질이었던 관계로 당시 큰 화제를 몰고 왔다. 일반인들이 '폴로늄 210'을 구한다는 것은 사실상 불가능했고, 이 물질은 병원의 정밀진단에서조차 확인되지 않는 특수 물질이었기 때문이다. 그런 이유로 서방의 정보 전문가들은 러시아 정보 당국의 개입 가능성을 공공연하게 제기하고 나섰다.

2000년 연방보안국 대령으로 재직하던 시절 리트비넨코는 푸틴 정권에 강력하게 반발하고 있었던 올리가르키 보리스 베레조프스키(2001년 영국 망명)를 암살하라는 지령을 받았다. 하지만 그는 상부의 명령을 단호히 거부하고 관련 사실을 폭로한 직후 영국으로 망명했다. 2002년 리트비넨코는 『러시아 폭파하기: 자작 테러』란 책을 집필했는데, 이 책에서 그는 '많은 인명 사상이 있었던 1999년 모스크바 아파트 폭발 테러사건은 사실상 연방보안국이 꾸민 자작극'이라고 주장했다. 최근에는 폴리트코프스카야의 피살 배후에 크렘린이 개입되었을 거라는 심증을 가지고 이와 관련된 증거를 계속해서 수집해 오다가 결국 변을 당하고 말았다.

리트비넨코의 생전 모습

여기서 보다 중요한 문제는 푸틴 시기에 발생한 일련의 암살사건들이 언론 통

제와 탄압 정책의 연장선상에서 일어났다는 사실이다. 옐친과는 달리, 푸틴은 언론의 사회적 영향력과 여론 형성의 중요성을 그 누구보다도 잘 인식하고 있다. 그래서 푸틴 정부는 집권 초기부터 언론 통제를 강화할 목적으로 언론 통폐합 작업을 본격적으로 추진해 나갔다. 먼저 푸틴은 러시아의 대표적인 언론재벌이자 옐친 시기 막후실세로서 막강한 권력을 행사했던 구신스키와 베레조프스키를 동시에 제거했고, 이들 소유의 TV 방송국과 신문사를 전격적으로 폐쇄하거나 국영체제로 전환시켜 버렸다.

뿐만 아니라, 푸틴은 정부 자체 내에 미디어 관련 부서를 설치했고, 이를 통해서 러시아 전역에 퍼져있는 모든 언론매체들을 감독하도록 지시했다. 더욱이 푸틴 정부는 언론을 통제하는 관련 법안까지 제정함으로써 러시아 헌법에 보장된 언론의 자유는 사실상 그 존재의미를 상실하게 되었다. 오직 국가안보와 국가이익을 사수한다는 미명 하에서 러시아의 언론매체는 당연히 통제되고 제한되어야 할 대상으로 여겨졌을 뿐이었다. 특히 2006년 6월에 발의된 법률 개정안에서 언론에 대한 통제 강도는 더욱 심해졌다. 이 법안의 내용에 따르면, 러시아의 국가안보를 위협하는 중대 사안들 가운데는 정부에 비판적인 러시아 언론매체들의 활동도 당연히 포함되어 있다.

결국 푸틴 시기에 강력한 언론 통제와 탄압정책의 진행 과정에서 일련의 암살사건이 발생했다는 점을 감안한다면, 사건 직후 KGB 출신 권력집단의 개입설이 불거진 것은 어쩌 보면 당연한 추론이라고 볼 수 있다.

박정호

제 4 장

커져가는 루블의 힘

루블화의 화려한 변신

현대 러시아 출범 이후 옐친 정부 시대에는 새로운 국가건설 과정에서 엄청난 사회적 혼란이 일어났다. 정치적으로는 체제개혁을 둘러싼 정치 집단들, 즉 개혁파 행정부와 보수파 의회 세력들이 첨예한 주도권 경쟁을 벌였다. 또한 중앙과 지방 정부들 사이에 첨예한 갈등이 빚어졌으며, 지역주의와 분리주의 운동 역시 만연했다. 두 차례에 걸쳐 체첸전쟁이 터졌고 여기에 옐친의 와병까지 겹쳐 당시 러시아 정국은 한치 앞도 내다 볼 수 없는 불안정한 상태에 놓여 있었다.

경제적 측면에서도 러시아의 현실은 암담하기 짝이 없었다. 만성적인 재정적자와 매년 수백 퍼센트에 달하는 하이퍼인플레이션이 발생했고, 마이너스 경제성장이 지속됐으며, 막대한 자본이 해외로 빠져나갔다. 게다가 러시아가 세계 최대의 채무 국가 중 하나로 전락하면서 루블화와 주가지수가 폭락했고 국가 신용등급도 나락으로 떨어졌다. 마침내 1998년에 러시아는 채무지불유예를 선언할 정도로 그야말로 절대 절명의 체제 위기에 직면해 있었다.

그러나 2000년에 푸틴이 대통령에 취임하면서 사회 상황이 전반적으로 호전되기 시작했다. 푸틴은 21세기 강대국 러시아 건설을 국정의 제일 과제로 내세우면서 정치 안정과 경제 발전에 박차를 가하고 나섰기 때문이다. 특히 푸틴의 러시아는 중국, 브라질, 인도 등과 함께 21세기 세계경제의 새로운 핵심 축으로 평가받고 있는 브릭스의 일원이 되었을 정도이다. 이를 입증이라도 하듯이 최근 러시아 경제는 남다른 성장 추세를 보이고 있다.

2006년 말 러시아는 1990년 소련 붕괴 직전의 GDP 수준을 넘어섰으며, 2007년 상반기에 유입된 외국인 투자자금은 1년 전 같은 기간에 비해 360%나 급증했다. 이 같은 달러 공급의 확대는 러시아 외환보유액의 증가로 이어져 2007년 10월 말 기준으로 러시아 외환보유액은 4,469억 달러로 1년 전 2,506억 달러에 비해 무려 78% 급증했다. 이는 중국과 일본에 이어 세계에서 세 번째로 많은 액수이다.

이런 점 때문에 세계 유수의 기업들도 유망 투자시장이자 소비시장인 러시아에 눈독을 들이기 시작했다. 러시아 정부도 자국의 급속한 경제발전 속도에 상당히 고무되어 있을 뿐 아니라, 넘치는 경제적 자신감으로 충만한 상태이다. 이를 바탕으로 러시아는 유엔 안보리 상임이사국이자 G8의 공식 회원국으로 국제무대에서 상당히 큰 정치적 영향력을 행사하고 있다.

이뿐만 아니다. 에너지 자원 확보를 위한 무한경쟁 시대에 무궁무진한 에너지 자원을 활용하여 러시아는 2006년 GDP 기준 세계 11위권 경제대국으로 자리매김했다. 이것은 무엇보다도 2000년 이후 국제원자재 가격의 지속적인 상승 덕분에 푸틴 정부가 1999년 말부터 2005년까지 거의 4배에 이르는 전무후무한 GDP 성장을 이룩했기에 가능한 것이었다.

이처럼 러시아는 21세기 들어서서 현재까지 연평균 7%에 가까운 놀라운 고도 성장세를 지속적으로 유지하면서 신흥 경제강국으로 힘차게 도약하고 있다. 이러한 괄목상대한 국력 신장을 바탕으로 러시아 정부는 세계화 시기 국제 외환 및 자본시장에서 자국의 경제력과 향후 발전

잠재력에 상응하는 국제적 위상을 확립하기 위해 총력을 기울이고 있다. 하지만 이를 위해서 푸틴 정부는 러시아 경제의 핵심 지표라고 할 수 있는 자국 통화에 대한 안정성 확보, 다시 말해 루블화의 대내외 신인도 회복에 가능한 한 많은 정책적 지원을 집중해야 할 뿐만 아니라, 그에 대한 세부적인 추진전략도 마련하지 않으면 안 될 것이다. 그 이유는 다음과 같은 두 가지 측면에서 설명할 수 있다.

먼저, 2000년 푸틴 집권 이후 현재까지 러시아 경제는 지속적인 고도성장 추세를 유지하고 있는 중이다. 이와 더불어 세계경제체제에서 기축통화로 통용되는 미 달러화의 약세가 여전히 계속되고 있다. 하지만 이런 상황이 전개되고 있음에도 불구하고, 루블화에 대한 외국인과 자국민의 신뢰도는 여전히 높지 않은 수준이기 때문이다. 다음으로, 현재까지 루블화는 세계 경제무대에서 뿐만 아니라, 자국 내에서조차 러시아의 비약적인 경제성장에 상응하는 대접을 제대로 받지 못하고 있다. 근본적인 이유는 루블화에 대한 뿌리 깊은 불신감과 부정적 인식이 아직까지도 러시아 사회 전반과 러시아 국민들의 마음속에 폭넓게 자리잡고 있기 때문이다.

그러나 최근 들어서 푸틴 정부는 국가발전 가능성에 대한 넘치는 자신감을 바탕으로 과거 휴지조각이나 다름없었던 루블화의 화려한 변신과 세계무대로의 힘찬 비상을 준비 중이다.

러시아인의 외화 집착증

옐친 대통령은 집권 초기 체제이행 작업과 급진적 경제개혁 정책을 전면적으로 실시했다. 그러나 옐친의 과감한 변혁시도가 참담한 실패로 돌아가자 러시아 사회에서는 대혼란이 일어났다. 그로 인해 루블화의 가치도 상상할 수도 없을 정도로 폭락했다. 반면에 달러화에 대한 매입 행렬은 끝없이 이어졌다. 이때 러시아 시민들은 월급날이 되면 언제나 만사를 제쳐 놓고 달려가는 곳이 있었다. 바로 환전소 내지는 암시장 같은 달러를 매입할 수 있는 장소였다. 당연히 언제 폭락할지 모르는 불안한 루블화 대신에 가능한 한 빨리 안정적인 달러화로 바꾸어 보관하기 위해서였다. 이처럼 당시 러시아 사람들은 달러화가 있는 곳이라면 어디든 달려갈 준비가 항상 되어 있었다. 이것이 아마도 당시 러시아 사회의 현실상황을 가장 잘 보여주는 일상적인 풍경이었다.

러시아 사람들의 달러화 집착은 국가형성 초기 단계부터 자국의 공식화폐인 루블화가 사실상 국민에게서 철저히 외면당함으로써 신뢰를 상실한데서 기인한다. 이에 대해 국내외 러시아 경제 전문가들 사이에서 루블화의 신뢰상실에 대한 다양한 원인 분석들이 제기되었다. 가장 직접적인 계기로 작용했던 것은 물론 공산주의 계획경제에서 자본주의 시장경제로 체제가 바뀌는 과정에서 발생하게 된 옐친 정부의 무계획적인 화폐개혁 정책, 다시 말해 마구잡이식 화폐발행이었다.

여기서 보다 구체적인 역사적 정황 증거들을 통해서 살펴본다면, 러시아 국민들의 루블화 불신은 다음의 두 가지 결정적 사건들에 의해 발생하기 시작했다.

첫째, 1992년 전면적인 가격 자유화 조치가 시행됨에 따라서 상상을 초월하는 엄청난 수준의 하이퍼인플레이션이 발생했다는 사실이다. 옐친 정부는 1992년 1월 사회주의 계획경제에서 자본주의 시장경제로의 체제전환을 위해 우선적으로 가격자유화 정책을 전격적으로 단행했다. 이것은 곧바로 도소매 상품 가격에 엄청난 충격파를 던졌고 그래서 상품 가격이 순식간에 4~5배 이상 폭등하는 결과를 초래했다.

둘째, 러시아 정부는 재정적자를 충당할 목적으로 대대적으로 통화를 발행하게 되었다. 하지만 이러한 무분별한 통화발행은 사실상 루블화 폭락 사태의 직접적 원인이 되었다. 급진 경제개혁정책의 추진과정에서 심각한 경기침체 현상이 지속되었고 산업생산량이 급속하게 경감했다. 이에 따라 러시아 기업들의 채무 또한 기하급수적으로 늘어나게 되면서 기업들은 연쇄도산 위험에 직면할 수밖에 없었다. 따라서 임시 방안이기는 했지만, 이를 막기 위해 어쩔 수 없이 러시아 정부는 무분별하게 화폐를 발행하지 않을 수 없었다.

그렇지만 이러한 무계획적인 화폐남발은 물가상승에 날개를 달아준 꼴이 되고 말았다. 그 이후 1994년 10월 11일 '검은 화요일'을 거치면서 루블화는 회복이 거의 불가능할 정도로 치명상을 입게 되었다. 이에 더하여 가장 결정적인 계기로 작용한 사건이 1998년 8월 17일 러시아 정부의 모라토리엄 선언이었다. 그 결과 루블화는 화폐로서 가치를 상실하여 거의 휴지조각과 다를 바 없는 비참한 처지로 전락하고 말았다.

이 같은 과정을 거치는 동안 러시아 국민들의 루블화에 대한 신뢰도는 거의 밑바닥까지 추락하게 되었다. 특히 소비에트 시절에는 전혀 경험해 보지 못했던 하이퍼인플레이션의 발생이 무엇보다도 중요한 문제였다. 루블화의 가치가 큰 폭으로 하락하면서 러시아 국민들은 실질소득과 구매력의 대폭적인 감소를 뼈저리게 체감했기 때문이다. 그래서 사람들은 자신들이 보유하고 있던 자산의 가치하락을 최대한 예방하기 위해서 자구책을 강구하고 나섰다.

그런데 가장 큰 문제는 그들에게 루블화는 화폐라기보다는 종이쪽지나 휴지조각에 다름없었다는 점이다. 때문에 바보가 아닌 이상 은행에 저축을 하는 사람들은 거의 없었다. 하이퍼인플레이션 상태에서 개인이 루블을 은행에 저축해 두는 것은 재산 손실만을 의미할 뿐이었다.

1998년 경제위기 당시 무료 급식 모습

따라서 남녀노소 가릴 것 없이 모든 러시아 국민들은 먹거나 입는 것을 제외하고 자신의 집에서 돈이 될 수 있는

물건이라면 어떤 것이라도 판매할 요량으로 거리로 직접 나서게 되었다. 그래서 이 당시 러시아 노천시장이나 전철역 부근의 거리들에는 판매할 물건을 들고 서 있는 러시아 시민들을 어렵지 않게 목격할 수 있었다. 또한 이들은 물건을 팔아서 마련한 자금으로 미국 달러화나 독일 마르크화를 매입하거나 귀금속 등을 사 모으는데 모든 관심을 집중하게 되었다.

그러자 1997년 11월 1일 러시아 정부는 자국 내에서 이루어지는 모든 상거래에 대해서 외화 표시와 지불을 금지하는 조치를 단행했다. 하지만 이런 제반 조치에도 불구하고 실제적으로 당시 러시아 사회와 경제생활에서 달러 통용은 너무도 일상화된 현상이었다. 1998년 외환위기 당시 피자헛을 포함한 모든 다국적 유통업체들과 레스토랑, 가전, 전자, 가구제품 등의 수입업자들은 상품을 판매할 때 오로지 달러화만을 사용했다. 이와 함께 국영 상점을 제외한 일반 상점에서도 달러화가 루블화보다 더 우선적으로 통용되었다. 이런 가운데 맥도날드만이 예외적으로 루블을 받았던 거의 유일한 외국 기업이었다.

이러한 사실을 고려한다면, 당시 루블화에 대한 러시아 국민들의 불신과 부정적 인식은 아주 뿌리 깊었지만 달러에 대한 애정은 그만큼 대단했다는 것을 충분히 알 수 있다. 수치상으로 판단해 볼 때도, 1991년 12월부터 2001년 12월까지 10년 동안 루블화는 달러화에 대비해서 평가가치가 무려 100% 정도 하락할 정도로 비참한 시련을 겪었다.

푸틴의 힘과 루블화의 기사회생

20세기 말 옐친 대통령의 돌발적인 사임 여파는 러시아 정국을 더 큰 혼돈 속으로 몰아넣는 것처럼 보였다. 그러나 일반적인 예상과는 전혀 다른 상황이 전개되었다. 푸틴은 크렘린의 공식 후보자로 지명되기 전까지 사실상 무명용사나 다름없었다. 하지만 대통령 권한대행 시절에 체첸전쟁을 통해 강인함과 단호함을 선명하게 각인시키는데 성공하면서 그는 일약 국민의 영웅으로 떠올랐다. 특히 늙고 병약했던 옐친과는 달리, 푸틴의 젊고 수수한 인상은 러시아 국민들의 마음을 단번에 사로잡을 수 있게 해주었다. 이 덕분에 푸틴은 2000년 대선에서 경쟁자들을 어렵지 않게 물리치고 권좌에 오를 수 있었다.

푸틴 정권은 출범 직후부터 21세기 강대국 러시아 건설을 적극 주창하면서 러시아와 소비에트 제국의 영광 재현을 국정의 최우선 목표로 설정했다. 이를 추진하기 위한 사전 정지 작업의 일환으로 푸틴은 권력 수직화 작업을 적극 시행하여 강력한 중앙권력을 건설할 수 있었으며, 이를 근간으로 사회적 혼란을 일소하고 정치적 안정을 이룩해 나가고 있다.

여기서 더 중요한 사실은 푸틴 정권의 등장시기인 2000년부터 긍정적인 대외경제 여건이 형성되었다는 점이다. 옐친 시기 동안 약세를 면치 못했던 국제 원자재 가격이 크게 상승하면서 자원대국 러시아의 경제상황도 상당히 빠른 속도로 개선되었다. 특히 세계 경제의 회복 추세와 더불어 국제유가의 가파른 상승곡선도 계속 이어졌다.

그 결과 1990년대 후반까지 마이너스 성장에 허덕이던 러시아 경제는 2003년 국내총생산(GDP) 증가율이 7.3%로 높아졌고, 그 이후 줄곧 7% 안팎의 빠른 성장세를 보이고 있다. 또한 고평가가 해소된 루블 환율도 연 5~6%의 안정적인 상승, 즉 평가절하를 나타내기 시작했다. 이를 토대로 러시아 기업들의 수출경쟁력이 다시금 살아났을 뿐만 아니라, 러시아 경제도 과거의 충격을 상당 수준으로 극복함으로써 본격적인 회복 단계로 진입하게 되었다.

현재까지 러시아 경제는 지속적인 성장세를 유지해 나가고 있으며, 앞으로도 이 같은 상승기조가 계속될 가능성이 상당히 높은 편이다. 최근 몇 년 동안 국제 에너지 가격의 상승 덕분에 러시아 정부의 외환보유고도 급증하는 추세인데, 이미 4천억 달러를 넘어서서 5천억 달러에 근접해 가고 있다. 이를 바탕으로 푸틴 시기에 달러화 대비 루블 환율은 강세 기조로 바뀌었다. 그래서 2003년 2.2%, 2004년 6.5%, 2005년 1.9% 정도의 연이은 평가절상이 이루어졌다. 이와 같은 루블화의 강세 추세는 2007년 현재까지도 큰 변화 없이 지속되고 있다.

러시아 경제 잡지 표지

결국 석유를 팔아서 벌어들인 오일 달러와 러시아 시장에 관심을 갖은 외국인 투자자금이 한꺼번에 밀려들면서 루블화의 가치가 급등세를 이어가고 있는 셈이다. 어쩌면 루블화가 러시아 경제의 부활을 알리는 바로미터 역할을 하고 있는 것이나 다름없다. 과거 러시아 국내에서조차 휴지조각이나 다를 바 없는 것으로 외면되었던 루블화가 최근 들어서 국제 금융시장의 새로운 강자로 등장하고 있다는 외신 보도까지 나오고 있다. 한때 러시아에선 배관공들조차 루블화 대신 보드카를 달라고 했을 정도로 천덕꾸러기 신세였던 루블화가 이젠 미국 달러만큼이나 찾는 사람이 많은 인기 화폐가 됐기 때문이다.

그렇다면 러시아 경제가 이처럼 급속하게 발전하게 된 비결은 무엇일까? 고유가 시기에 에너지 자원의 활용이라는 주어진 여건 이외에도 푸틴 대통령의 지도력이 크게 작용했다는 것이 전문가들의 공통적인 분석이다. 푸틴은 '지도자의 성공과 실패를 가늠하는 기준은 경제에서 어떤 결과를 냈느냐는 것' 이라고 자신 있게 말한다. 최근 푸틴 정부는 대선을 앞두고 러시아 국민들의 복지 향상에도 주력하고 있다. 이런 그를 가리켜서 러시아 시민들은 GDP를 두 배 가까이 늘렸다는 뜻에서 'GDP 대통령' 혹은 그의 이름에 착안하여 경제에 올인 하는 대통령이라는 뜻에서 'put in 대통령' 이라고까지 부른다.

루블화, 신뢰와 사랑의 이중주

2006년 12월 러시아의 대표적인 여론조사기관 가운데 하나인 "여론재단"은 러시아 44개 지역에 거주하고 있는 1,500명의 시민들과 모스크바 시 거주자 600명을 대상으로 '루블화의 대국민 신뢰도' 조사를 실시했다. 그 결과 두 개의 모순적인 상황이 드러났다. 러시아 사람들은 2002년부터 지금까지 루블화에 대해서 꾸준히 신뢰하고 있지만, 그와 동시에 외화에 대해서도 여전히 상당한 신뢰를 보여주었다.

설문조사 결과에 의하면, 2002년 37% 수준에 불과했었던 루블화에 대한 러시아 국민들의 신뢰도가 루블화의 평가절상이 본격적으로 진행되었던 2004년부터 증가하기 시작해서 2006년에 이르러서는 52%를 기록하는 등 러시아 국민들의 루블화에 대한 전반적인 신뢰도가 상당히 높아지고 있는 추세였다. 이에 비해서, 외화에 대한 러시아 시민들의 신뢰도는 같은 기간 동안 47%에서 28%로 감소했다.

그러나 여기서 반드시 짚고 넘어가야만 하는 문제가 하나 있다. 이것은 2006년 설문조사에서 루블화를 가장 신뢰한다고 응답한 52%의 시민들 중에서 루블화가 가장 믿을 만한 통화, 즉 가장 안정적인 통화라고 생각한 시민들의 비율은 단지 9%에 불과했다는 점이다. 이것은 루블화를 단순히 예금과 결제에 사용하고 있거나, 아니면 자국통화이기 때문이라는 다분히 애국주의적 응답 비율이 35% 정도나 차지하고 있다는 사실에 근거를 두고 있다.

반면, 달러화나 유로화가 가장 안정적인 통화라고 응답했던 28%에 달하는 시민들의 경우, 달러와 유로화가 세계적인 통화여서 상대적으로 믿을만하고 안정적이라는 비율이 약 20%를 차지했다. 이를 통해 볼 때, 통화의 신뢰성 측면에 있어서는 외화가 루블화보다 러시아 국민들로부터 여전히 큰 믿음을 받고 있다고 볼 수 있다.

2006년 12월에 실시한 '러시아의 일상생활에서 미국달러' 라는 설문조사에서도 응답자의 약 63% 정도가 루블화를 신뢰한다고 응답함으로써 루블화에 대한 신뢰도가 한층 더 높아졌음을 입증해 주었다. 이와 동시에 달러화의 가치하락이 개인생활에 어떠한 영향을 미치는지에 대한 문항에 대해서는 77%의 시민이 아무런 영향도 미치지 않는다고 대답했다. 특히 연령별로 구분했을 때 상이한 조사 결과가 나왔다는 것이 이 여론조사의 주된 특징이다.

먼저, 18~35세 사이의 젊은 층의 경우, 루블화에 대한 신뢰도는 51% 수준이었다. 이들 중 8%는 달러화를, 26%가 유로화를 가장 신뢰한다고 응답했다. 둘째, 36~54세의 중장년층은 66%가 루블화를, 5%가 달러화를, 13%가 유로화를 신뢰하고 있었다. 끝으로, 55세 이상의 노년층은 75%가 루블화를, 2%는 달러화를, 3%는 유로화를 신뢰한다고 대답했다. 이처럼 연령이 높을수록 루블화에 대한 신뢰가 높아지는 현상이 나타났다.

또한 '일상생활에서 달러로 거래를 하고 있느냐' 는 질문에 대해서는 32%가 달러로 거래하고 있다고 답변했으며, 66%는 달러화로 거래하고 있지 않다고 응답했다. 연령별로는 18~35세 사이의 젊은 층에서 45%, 36~54세 중장년층에서 32%, 55세 이상 노년층에서 13%

오천 루블 신권지폐

정도가 달러화로 거래하고 있다고 응답했는데, 이는 계층별로 적지 않은 차이가 존재한다는 사실을 분명하게 입증해 주었다.

국제통화를 꿈꾸는 루블화

러시아 중앙은행은 과거 모라토리엄 선언으로 실추된 루블화의 대내외적 이미지를 개선하기 위해 많은 노력을 기울여 왔다. 특히 루블화 위상강화 작업의 일환으로 러시아 중앙은행은 2006년 7월 1일 러시아에서 루블화에 대한 모든 외환규제를 폐지하는 완전 태환화 조치를 전격적으로 시행했다. 그런데 이 조치는 고도의 정치적이고 상징적인 의미를 내포하고 있었다. 상트 페테르부르크에서 열리는 G8 정상회담을 2주가량 앞둔 시점에서 실시되었고, 파리클럽에 대한 237억 달러 부채상환에 합의한 뒤 며칠 만에 이루어진 결정이라는 점을 감안할 때 더욱 그렇다. 그래서 외교 분야에서 미국의 지배에 대항하려는 러시아 당국의 노력이 경제 분야에서도 루블화를 통해 유사하게 전개될 가능성이 크다는 해석도 가능하다.

루블화 태환화 조치가 내려짐에 따라 러시아에서 외환과 자본이동에 대한 거의 모든 외국환 규제가 폐지되었다. 따라서 루블이 사실상 자유교환성 통화로서 거듭날 수 있는 역사적 전기가 마련되었다. 러시아 국민들은 특별 인허가나 등록을 받지 않고서도 해외은행에 계좌를 개설하거나 예금을 할 수 있게 되었다. 또한 이들은 외국 기업들에 대해 직접 투자를 하거나, 주식과 채권 같은 유가증권을 매입할 수 있는 기회도 확보할 수 있었다.

이와 마찬가지로 외국인 투자자들에 대해서도 루블화 은행계좌 개설이 허용되었고, 고정수입 투자제한 조치도 해제되었다. 또한 러시아 국민과 외국인 사이의 무역거래 시 별도 계좌 개설에 대한 요구사항이 없어졌으며, 외국 주재 은행에서 루블화 계좌를 현지에 개설하는 것에 동

ВСЕХ ВАЛЮТ
ОДЕЖДА
ОБМЕН ВАЛЮТ
ВСЕХ СТРАН
Гаранти Тур
995-24-44
ОБМЕН ВСЕХ ВАЛЮТ
2600 $ 2625
ПОКУПКА
ПРОДАЖА
3440 € 3460
EUR USD
DKK GBP
SEK TRL
JPY ARD
CHF NOK
환전소-루블화의 힘

의할 경우, 현지로의 송금 역시 가능하게 되었다.

다만 예외가 있다면, 루블화와 달러를 비롯한 외환의 현금 반입과 반출은 예전과 같이 통제 대상으로 남아 있었고, 돈세탁 방지와 관련해서 송금 규모의 제한 등도 그대로 유지되었다. 이 조치로 대내적으로는 국민들의 루블화에 대한 신뢰도를 회복할 수 있는 중요한 전기가 마련되었다. 뿐만 아니라, 국제적인 측면에서도 달러화, 유로화, 파운드화처럼 루블화도 국제통화로서의 지위를 확보할 수 있는 첫 단계로 본격 진입하게 되었다.

러시아 정부가 루블화의 완전 태환화를 결정하게 된 직접적인 배경은 국제유가의 지속적인 고공행진에 따른 대규모 오일 머니의 유입 덕분이라고 할 수 있다. 게다가 이는 정부 예상치를 훨씬 초과하는 경제성장이 지속되고 있기에 가능한 일이었다. 다시 말해서, 이것은 정부 재정수지에 있어서 흑자기조의 유지, 외환보유고의 대폭적인 증가, 석유안정화 기금 및 투자기금의 지속적인 확대 등 러시아의 경제기반이 대단히 양호한 방향으로 전개되고 있다는 사실에 근거한다. 또한 최근 외국인 직간접 투자자본의 유입 역시 급격히 증가하고 있는 추세이며, 미국 달러화의 약세로 루블화에 대한 국민들의 선호가 높아지면서 루블 환율이 안정적 기조를 유지하고 있는 것도 주요한 요인으로 작용했다.

이처럼 러시아 정부는 루블화를 국제통화로 발전시키기 위해 국가적 차원의 제반 노력을 기울이기 시작했는데, 이것은 사실상 국제적인 경제 환경 변화와 러시아의 급속한 경제성장에 힘입은 바 크다고 할 수 있다. 예를 들면, 러시아 정부는 최근 세계 금융시장에서 지속되고 있는 주요 징후들, 다시 말해 달러화의 약세와 유로화의 강세, 중국 위안화의 급속한 부상 등에 상당히 큰 자극을 받고 있다.

실제로 최근 수년 동안 달러화는 세계 시장에서 기축통화로서의 지배력을 점차적으로 상실해 나가고 있는 추세인데 반해, 유로화와 위안화가 그러한 변화의 빈틈을 적절하게 파고들고 있는 상황이기 때문이다. 여기에 더해서 러시아 경제의 눈부신 성장을 반영이라도 하듯 2006

년 초 메드베데프 제1부총리는 상트 페테르부르크에서 열린 한 경제포럼에서 '루블화가 달러, 유로, 엔, 파운드와 마찬가지로 국제적인 예금통화로 사용될 날이 곧 올 것' 이라고 자신감을 표시했다.

에피소드로 보는 러시아 중산층

러시아에 대한 최근 몇 년 간의 각종 경제지표들을 관찰해 본다면, 누구든 러시아 경제의 비약적인 발전 속도와 러시아 정부 관료들의 넘치는 자신감의 실체를 미루어 짐작해 볼 수 있다. 특히 이것은 최근 들어 러시아 사회에 나타나고 있는 매우 중요한 현상, 즉 중산층이 점점 증가하고 있다는 사실로서도 충분히 설명이 가능하다. 여기서는 러시아 중산층의 생활이나 의식과 관련해서 한국의 전문 연구자들과 유학생들이 경험했던 몇 가지 에피소드를 중심으로 러시아의 경제상황을 한번 유추해석해 보도록 한다.

한국의 한 연구팀은 2004년 여름 러시아에서 중소기업을 운영하는 여사장을 인터뷰하기 위해 미팅 약속을 잡았다. 그런데 약속장소가 하필이면 모스크바에서 가장 비싼 식당 가운데 하나였다. 이 식당에서 여사장이 가장 비싼 음식들을 주문한 순간 연구팀은 마음속으로 작은 고민에 빠졌다. 사실 연구팀에게 책정된 연구조사비용으로는 인터뷰 비용과 음식비 모두를 감당하기가 다소 부담스러웠다는 것이 그 이유였다. 하지만 이러한 걱정은 곧 기우로 드러났다. 그녀가 인터뷰 비용을 받지 않은 것은 물론이고 4인분 음식값 1,000달러와 100달러에 해당하는 팁까지 전부 계산했기 때문이다. 그녀는 공부하는 사람들에게 돈을 지불하게 할 수는 없다고 잘라 말하고 떠났다고 한다.

또한 2005년 여름 '러시아에서 성공한 고려인' 연구차 볼가 지방의 대표 도시 페름을 방문했던 연구팀도 이와 유사한 경험을 했다. 원래 공학자였던 이 고려인은 1980년대 후반부터 자본주의 체제에 재빨리 적응하여 시장에서 장사를 시작했고, 현재는 페름 지역에서 힘깨나 쓰는 갑부가 되었다. 그는 60세 나이에 20대의 젊은 고려인 여성과 재혼해서 세 살 된 막내아들이 있으며, 전처에서 낳은 큰 딸은 한국으로 유학까지 보냈다고 한다. 한국 연구팀은 극진한 대접을 받았지만, 너무도 잘 사는 모습에 놀라서 인터뷰 비용으로 책정된 100달러를 차마 드릴 수 없었다. 그래서 연구팀은 하는 수 없이 한국에서 가져간 작은 기념품만 전달하고 미안한 마음으로 집을 나섰다고 한다.

2006년 봄에 모스크바에서 작은 아파트를 임차했던 한국 유학생 부부는 매달 주인에게 600달러를 월세로 내고 살았는데, 너무도 깔끔하고 합리적인 사고를 지닌 주인에게 관심을 갖게 되었다. 그러던 어느 날 이 부부는 월세를 받으러 왔던 주인과 이야기를 나누다가 깜짝 놀라고 말았다. 그는 자신의 월 소득이 1만 달러를 넘을 뿐만 아니라, 자녀들을 귀족형 사립학교에 보내고 있으며 방학 때마다 가족끼리 해외여행을 간다는 것이었다. 게다가 그는 외제차를 4대나 갖고 있는 자신에게 유학생 부부가 내는 아파트 임대료 600달러는 자기 아이들 한 달 과자 값에 불과하다고 말했다고 한다.

이처럼 러시아 중산층의 소득규모와 생활수준은 갈수록 높아지고 있는 추세인데, 이는 결국 러시아 경제의 발전상과 맥을 같이하는 것이다.

러시아 경제 성장 속의 루블화

21세기는 세계화와 개방화 시기인 동시에 열강 사이의 자원 확보 전쟁 시대로 불리고 있다. 자원의 국제관계라는 측면에서 볼 때, '최후의 미소를 짓는 자는 워싱턴이 아니라, 오히려 모스크바일지도 모른다' 라는 이야기가 최근 국제사회에서 종종 회자되고 있다. 물론 여기에는 다소 과장된 측면이 있을지도 모른다. 비록 그렇다 하더라도, 러시아가 막대한 양의 석유와 우라늄, 세계 최대의 천연가스와 석탄, 기타 유용한 광물자원 등을 보유하고 있는 세계 최고의 자원대국인 것만큼은 누구도 부인할 수 없는 명확한 사실이다. 이것은 여기에 제시된 도표가 잘 증명해 주고 있다. 현재 푸틴의 러시아는 에너지 초강대국이라는 강력한 힘을 바탕으로 자국의 위상을 전 세계에 과시하고 있다. 다른 한편으로 이것은 제국의 면모를 되찾기 위한 노력의 일환으로도 볼 수 있다.

특히 러시아는 천연가스 분야에 있어서만큼은 유일무이한 절대강자라고 말할 수 있다. 영국 BP 그룹의 공식자료에 따르면, 러시아의 천연가스 보유량은 현재까지 확인된 것만 계산하더라도 1,700조 입방피트에 이른다고 한다. 이것은 세계 천연가스 매장량의 27% 정도에 해당하는

러시아 주요 광물자원 매장량 / 2005년 말 기준

종 류	확인된 가채 매장량			생산량		
	매장량	세계 비중	세계 순위	생산량	세계 비중	세계 순위
천연가스	48조 m^3	26.7%	1위	5,980억 m^3	21.6%	1위
원유	744억 배럴	6.2%	7위	955.1만 배럴/일	12.1%	2위
석탄	1,570.1억 톤	17.3%	2위	137백만 TOE	4.7%	6위
붕소	4,000만 톤	23.5%	2위	50만 톤	10.3%	5위
코발트	25만 톤	3.6%	5위	5,000 톤	9.5%	5위
구리	2,000만 톤	4.3%	9위	67.5만 톤	4.5%	6위
금	3천 톤	7.1%	4위	165 톤	6.7%	6위
다이아몬드	4,000만 캐럿	6.9%	5위	1,040만 캐럿	14.1%	2위
철광석	250억 톤	15.6%	2위	9,500만 톤	6.3%	5위
마그네슘	6.5억 톤	29.5%	1위	35만 톤	8.1%	3위
니켈	660만 톤	10.6%	2위	31.5만 톤	21.0%	1위
주석	30만 톤	4.9%	7위	3,000 톤	1.1%	7위
백금	6,200 톤	8.7%	2위	2.7 톤	12.4%	2위
텅스텐	25만 톤	8.6%	3위	3,000 톤	3.9%	2위
바나듐	500만 톤	38.5%	1위	9,000 톤	21.2%	3위
알루미늄	–	–	–	365만 톤	11.7%	2위
보석원석	–	–	–	214억 달러	21.2%	2위

자료: US Geological Survey. Mineral Commodity Summaries. Jan. 2006.
BP Statistical Review of World Energy 2005. June 2006.

어마어마한 양이다. 게다가 러시아 천연가스에 대한 주요 고객들이 바로 유럽과 포스트소비에트 국가들인데, 이들의 러시아 천연가스에 대한 의존 비율은 약 34%에 달할 정도로 전 세계 그 어떤 지역보다 높은 편이다.

따라서 다음의 사실에 큰 관심을 기울일 필요가 있다. 그 동안 러시아가 이들 국가들에 대해서만큼은 천연가스 공급을 거의 독점적으로 주도해왔던 국가였다는 사실이다. 그런 까닭에 러시아는 다른 에너지 공급자들과는 비교할 수 없을 정도로 지배적인 공급자의 위치를 굳건하게 확보하고 있다고 볼 수 있다.

푸틴 대통령은 2000년 집권 이후 러시아의 강대국 건설을 도모할 만한 가장 강력한 국제정치적 무기로서 자국의 무궁무진한 에너지 자원을 선택하여 이를 적극적으로 활용하는 야심찬 국가전략을 추진해왔다. 푸틴 정부는 자국에서 수출되는 에너지 자원 뿐 아니라, 카자흐스탄과 투르크메니스탄 등지에서 러시아 송유관을 통해 유럽연합 국가들에 공급되는 에너지 자원을 관리하고 통제할 수 있는 막강한 권한을 보유하고 있다. 비록 냉전 시대 소비에트 제국이 초강대국으로 누렸던 국제정치적 영향력에는 미치지 못하겠지만, 푸틴의 러시아는 그래도 상당 정도의 국제적 위상을 회복할 수 있었다.

푸틴 정부는 강대국 러시아 건설 프로젝트를 추진한다는 명분 아래,

유럽연합(EU) 가스 · 석유 의존도(단위: %, 2004년 기준)

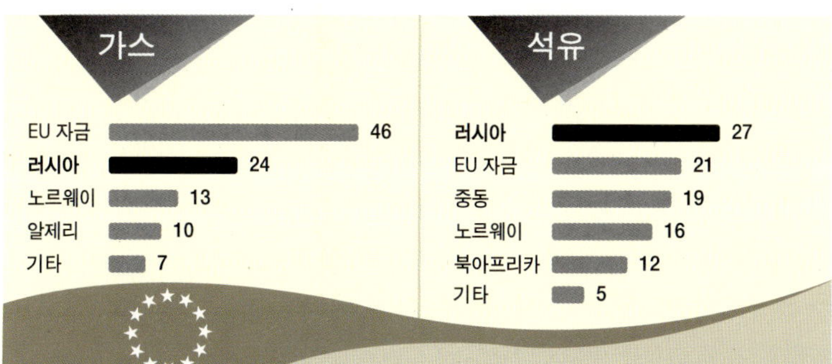

자료: EU 집행위원회

1990년 소련 붕괴 이후 민영화되었던 가스 산업을 다시 국유화했다. 이뿐만 아니라, 푸틴 대통령은 민간 기업 소유의 다른 에너지 산업들마저도 모두 국가의 지배 아래 두는 초강경 조치를 취했다. 모든 것을 국가소유로 규정했던 사회주의 법체계가 붕괴된 이후 현대 러시아에서는 이 같은 재국유화를 합법화시킬 수 있는 방안이 없었다. 푸틴은 불법적이고 권위주의적인 방법을 이용해서 국가의 기간산업(에너지, 철강, 자동차, 원자력, 항공 등)을 담당하고 있는 핵심 기업들을 다시 국가소유로 전환시킨 것이었다.

이러한 러시아 내부의 상황전개와 더불어, 국제관계에서도 새로운 변화의 파고가 불어 닥쳤다. 세계 유일의 초강대국 미국에서는 쌍둥이 재정적자가 나날이 증대되고 있는 가운데, 세계 2위와 6위의 석유 매장량을 보유하고 있는 이란과 베네수엘라가 최근 석유와 천연가스 거래의 결제수단을 기존의 달러화에서 유로화로 변경하려는 의도를 노골적으로 표출하고 있다. 이런 상황에서 석유수출 세계 2위이자, 석유매장량 7위 국가인 러시아가 이런 움직임에 적극적으로 보조를 맞추게 된다면, 국제경제체제의 대격변이 발생할 개연성이 너무도 크다. 왜냐하면 이것이 장차 현실화될 경우, 석유 수입국들은 원유를 확보하기 위해서 자신들이 보유하고 있던 달러화를 팔아서 유로화나 루블화를 매입해야만 하기 때문이다. 이때 달러화의 가치하락은 그 무엇으로도 막을 수 없을 것이다.

특히 최근 이란, 베네수엘라, 나이지리아를 중심으로 OPEC(석유수출국기구)과 유사한 '천연가스 카르텔' 설립 프로젝트가 공식, 비공식적으로 논의 중이다. 여기에 세계 천연가스의 27%를 보유하고 있는 러시아까지 본격적으로 가담하게 된다면, 그 결과는 실로 엄청난 국제적 파장을 몰고 올 것이 분명해 보인다. 특히 러시아산 석유 뿐 아니라, 가스에 대한 유럽연합의 의존도 역시 매우 높은 수준이기 때문이다. 더욱이 가스 OPEC의 결제 수단으로 루블화를 사용하게 된다면, 러시아의 루블화는 기존의 달러화, 유로화, 위안화와 더불어 국제결제성 통화로서 국제적 위상을 확립하게 될 것이다. 그래서 2007년 2월 푸틴은 연두교서에서 집권 이후 최초로 '가스 OPEC' 설립에 관한 의견을 개진한 바 있으며, 그 실현 가능성을 현재에도 계속 모색해 나가고 있는 중이다.

러시아의 힘을 과시하는 승전 60주년 기념행사 포스터

이러한 맥락 속에서, 최근 푸틴 정부는 미국과 유럽연합 중심의 국제정치와 경제 질서의 재편을 공식적으로 촉구하고 있는 상황이다. 푸틴 대통령은 WTO 등과 같은 국제 무역기구와 결제수단의 개혁까지 과감하게 요구하고 나섰다. 그래서 2007년 푸틴 대통령은 페테르부르크에서 개최된 "국제경제포럼"에서 '현존하는 국제금융 및 무역기구는 이미 지나치게 낡고 비민주적이며 경직되었다' 라고 강조하면서, '러시아를 포함한 신흥 경제대국들의 실제적인 경제력 성장을 고려한 새로운 국제기구를 설립해야 한다' 고 역설했다.

또한 그는 '50년 전에는 전 세계 GDP의 60%를 선진공업 7개국(G7: 미국, 일본, 영국, 프랑스, 독일, 이탈리아, 캐나다)이 차지했으나, 지금은 그 반대로 세계 GDP의 60%를 G7이 아닌 다른 국가들이 차지하고 있다' 고 자신의 논거를 제시했다. 다시 말해서 푸틴은 세계무역기구가 브릭스와 같은 21세기 신흥 경제강국들에게 불공정한 원칙을 강요하고 있으며, 기존 선진국들 위주로만 운영되고 있다고 생각한다. 따라서 이제는 이러한 잘못된 틀과 관행들을 유지해서는 안 되며, 새롭게 바꿔야할 시기라는 것이 푸틴 대통령의 핵심 논리이다.

뿐만 아니라, 푸틴은 '현재 국제금융시장에서 국제통화 자격으로 달러와 유로만이 통용되고 있다는 것은 상당히 불충분하다' 라고 지적하면서, '러시아 화폐인 루블화를 포함한 다른 나라의 통화도 국제금융시장에서 사용할 수 있도록 문호를 대폭 개방해야 한다' 고 거듭 주장하기도 했다.

이처럼 푸틴이 강경한 입장을 개진할 수 있었던 기본 배경은 러시아가 급속한 경제성장을 바탕으로 상당히 큰 자신감을 회복했다는 데에 있다. 특히 러시아의 공식 화폐인 루블화의 가치상승은 에너지 자원 수출을 통한 오일 머니의 유입과 외국인들의 러시아에 대한 직접투자가 주효했던 것으로 보인다. 이 밖에도, 푸틴 정부가 인플레이션을 적절하게 조절할 수 있는 관리능력을 보유하고 있다고 판단되는데, 이것은 무엇보다도 러시아 정부가 2007년 10월 31일 기준으로 석유안정화 기금을 포함하여 4,469억 달러가 넘는 엄청난 외환을 보유하고 있기 때문이다. 그 결과 1인당 외환 보유액은 이미 세계 최고 수준이다.

현재 러시아는 세계경제무대의 에너자이저로 완벽하게 변신했다. 러시아는 연평균 6~7%의 고도성장을 바탕으로 세계 경제규모 10위권 진입을 눈앞에 두고 있으며, 외환보유고 세계 3위라는 당당한 성적표를 내밀고 있다. 또한 2006년 기준으로 개발도상국가의 해외투자 순위에서 3위로 오르는 등 해외 M&A 시장의 새 강자로 부상하고 있을 뿐 아니라, 남아도는 외환과 오일 머니를 이용해 고수익을 올리려는 국부펀드도 운용하고 있다. 이런 까닭에 2009년이 되면 러시아가 GDP 기준으로 영국과 프랑스를 제치고, 세계 6위권 경제대국으로 부상하게 될 것이라는 자신에 찬 발언까지 나오고 있는 상황이다.

2008년 초나 적어도 2008년 말 러시아가 WTO에 가입하여 시장의 투명성까지 담보된다면, 이러한 발전 추세는 더욱 오래 유지될 가능성이 크다. 2007년 4월 모스크바에서 개최된 'Mining World Russia 2007' 박람회 자료에 따르면, 러시아에는 전 세계 광물자원의 약 15~17%가 매장되어 있고, 그 잠재적 가치는 340~380조 달러에 달하는 것으로 분석되고 있다. 이는 2006년 세계 전체 GDP 총액(48조 2,452억 달러)보다 무려 7~8배에 해당하는 어마어마한 규모이며, 2006년 러시아 GDP 총액(9,849억 달러)보다 최소 350배가 넘는 막대한 액수이다. 모라토리엄

이 발생한 직후 러시아의 한 경제학자가 러시아는 기존의 광물자원만 채굴해 팔아먹어도 300년 이상을 버틸 수 있을 정도로 경제적 저력을 가진 국가라고 한 말이 전혀 근거 없는 소리가 아니었음을 알 수 있다.

'Mining World Russia' 2007의 한 장면

이러한 러시아 경제의 발전기조는 국가신용등급의 변화에서도 명확하게 확인된다. 1998년 모라토리엄 당시 러시아는 투자 부적격(B-) 수준까지 추락했지만, 지금은 180도 달라진 모습이다. 러시아의 신용등급은 2006년 9월 파리클럽 채무 237억 달러를 조기 상환한 이후 투자 적격(BBB+) 수준으로 무려 8단계나 수직 상승했다. 이와 같은 러시아 경제의 괄목할만한 발전은 자국 통화인 루블화의 화려한 변신을 가능하게 했으며, 과거 휴지조각이나 다름없던 루블화가 세계의 기축통화를 향해 힘차게 전진해 나가는 추동력으로 작용하고 있다. 하지만 루블화의 힘이 과연 어디까지 미치게 될지는 당분간 좀 더 지켜봐야만 한다.

박정호

제2부

흔들리는 경계와 정체성의 혼란

제 1 장

이상에서 현실까지

증발한 유토피아

'러시아를 만국 공통의 자로 잴 수는 없다'는 시인 추체프의 유명한 시 구절에서 엿볼 수 있듯이 러시아 사람들은 자신들이 인류 역사에서 특별한 위치를 차지한다고 생각한다. 광활한 대지와 밤이 긴 겨울 때문에 러시아 사람들의 사고가 진지하고 또 근본적인 문제에 관심이 많다는 속설도 있지만, 러시아 역사를 돌아보면 그들이 일종의 사명감을 느낄만한 이유들이 분명히 존재한다.

우선 비잔티움에서 정교회를 도입한 러시아는 순수한 기독교 전통을 훼손하지 않고 간직한 사람들이 자신들이라며 '모스크바-제3로마' 이론을 주창하기도 했고, 타타르의 지배를 물리치고 나폴레옹과 나치의 침략을 격퇴시킨 것도 인류사에 길이 남을 러시아의 업적이라고 자부심을 느끼고 있다. 또 정신사적으로는 이성과 합리주의 중심의 서구 문명과 구별되는 변별성을 갖고 있다는 일종의 우월감도 러시아 사람들 사이에 존재한다.

1917년 10월 혁명은 이러한 러시아 멘탈리티를 증폭시키는데 결정적으로 기여했다. 유토피아 건설을 목표로 거대한 국가 전체가 혁명의 열기에 함몰되었기 때문이다. 근본적으로는 계급 간 차이가 없는 유토피아 평등사회 건설을 목표로, 구체적으로는 낙후된 러시아의 산업화를 목표로 내건 레닌의 슬로건은 상당수의 진보적 지식인과 절대다수의 서민들에게 호응을 얻으며 여러 정책으로 구체화되기 시작했다.

2차 세계대전 이후 냉전체제에서 세계열강으로 부상한 소비에트 러시아의 위상은 국민 대중들에게 사회주의가 자본주의를 추월하는 것은 시간문제라는 인식을 심어 주었고, 1950년대 인류 최초의 인공위성을 소련이 쏘아 올린 사건은 이런 시기가 임박한 것을 알려주는 신호탄으로 받아들여졌다.

하지만 혁명의 에너지는 내부적으로 이미 오랜 화석화 과정을 겪고 있었다. 그 결과 1960년대 소련에서 유토피아 건설에 대한 과거의 확신은 회의로 변해가고 있었다. 집단최면 상태에서 사회주의 건설 열기로 넘치던 스탈린 시대를 지나 흐루시초프 시대에 들어서면서 이념적 엄격성도 크게 희석되었다. 국가를 위해 모든 노력을 다했지만 그에 대한 보답을 제대로 받지 못한다는 생각도 나타나기 시작했다.

그럼에도 불구하고 이념을 중시하는 가치체계는 이후에도 소비에트 덕목의 맨 앞자리를 차지했고, 교육체계를 포함한 사회화 과정 전반에 확산되어 있었다. 신봉하지 않는 종교 신전을 방문하여 마음에 없는 의식에 습관적으로 참가하는 것 같은 상황이 전개된 것이다.

브레즈네프 시대에 겉과 속이 다른 러시아 사회의 이중적 성격은 더욱 심화되었다. '철의 장막' 을 뚫고 흘러들어오기 시작한 서방 세계의 소식들은 공공연한 비밀이었다. 하지만 브레즈네프는 관료주의 폐해의 심화, 노동생산성 저하, 국민들의 집단 무력감 등으로 특징지어 지는 이 시기의 심각성에 대해 무관심으로 일관했다. 역설적이지만, 위기의 소련이 적어도 자신의 임기 중에 붕괴되지 않으리라는 것을 확신하고 개혁조치를 전혀 취하지 않은 브레즈네프는 노회한 정치가였다. 시대 분위기를 읽고 자신의 사명감에 충실하려 했던 고르바초프는 해외의 인기와는 정반대로 러시아 내에서는 가장 인기 없는 정치가로 홀대받고 있다.

1980년대 말 소련을 방문한 서방의 한 러시아 전문가는 쓰레기통에 내던져진 흑빵 더미, 대낮부터 술에 취한 집단농장 책임자, 근무하는 공장의 물건을 몰래 빼돌리는 노동자, 녹이 슬어 흉물스럽게 나부러져 있는 들판의 트랙터와 농기구 등을 보고 체제의 붕괴가 멀지 않았음을 느꼈다고 술회한 바 있다. 실제로 그로부터 얼마 후 핵탄두와 원자력 잠수함을 비롯한 막강한 군사력을 가진 소련은 외부의 공격 없이 스스로 붕괴되고 말았다. 이념으로 무장한 혁명가들이 유토피아 건설을 위해 쌓아온 업적들이 허망하게 무너져 내렸다. 그리고 막연하게나마 존재하던 이상 사회에 대한 기대는 완전히 증발해버렸다.

대신 등장한 것이 가장 원시적 형태의 자본주의였다. 힘과 요령을 앞세워 양심의 거리낌 없이 개인의 부 축적에만 혈안이 되어 있는 사람들이 사회 선도 그룹으로 등장했다. 자본주의 초기 단계에서 으레 있는 현상이지만, 러시아의 경우에는 평등개념을 주창하던 사회에서 빈부격차가 극심한 사회로 급격히 전환하면서 발생한 심리적 충격이 국민 대다수를 무력감과 자포자기 상태로 몰아넣었다. 최근 들어 중산층의 범위가 확대되면서 사회가 활기를 찾아가고 있지만 이들의 삶을 이끌어 가

붉은 깃발을 앞세운 집회 장면

는 동력은 예의 거대 이념이나 숭고한 사상이 아니라, 개인의 물질적 행복을 위한 현실주의적 사고이다. 붉은 깃발을 들고 러시아의 운명을 걱정하는 집회도 이따금씩 열리고 있지만 참가자들은 대부분 노년층으로 이들의 소리는 공허한 외침으로 들릴 뿐이다.

1991년 소련 붕괴 이후 시장경제체제로 이행한 러시아에서는 사회구조뿐만 아니라, 삶과 정신문화 전반에 걸쳐 급격한 변화가 일어났다. 먼저 사회 계층구조 면에서 볼 때, 노동자와 농민, 지식인 등으로 계층이 명확히 구분되던 소련 시대와 달리, 현대 러시아의 사회 계층을 명확히 구분하는 것은 쉽지 않다. 이 분야의 전문가인 레베카 프룸키나는 2005년 〈노브이 미르〉 지에 기고한 글에서 '우리 사회는 어떤 사람들로 구성되어 있습니까?' 라는 질문에, 시민들이 '정상적인 사람들과 강도들' 이라는 농담조의 답부터, '자신과 남을 부양하는 사람들과 남들이 먹여 살리는 사람들' 이라는 경제학적 견해, 또는 '승자와 패자,' '우리 편과 남의 편' 등 다양한 반응을 보였다고 밝히고 있다.

이는 사회계층의 다양한 분화를 반영하기도 하지만, 더 흥미로운 것은 이것이 응답자들의 심리 상태를 말해주고 있다는 것이다. 소득 수준이나 전문 분야 등 객관적 기준에 의한 사회 계층 개념보다는 심리적으로 느끼는 박탈감과 피해의식이 사회병리 현상으로 전개되고 있는 것이다.

일반 러시아인들은 오늘의 러시아 사회가 '부유한 사람들' 과 '가난한 사람들' 로 양분되어 있다고 느낀다. 사회의 중심을 형성하는 중산층 개념이 희박하기 때문이다. 일부에서는 러시아에 중산층이 엄연히 존재한다고 주장하지만, 다른 한편에서는 통계수치를 토대로 중산층은 허구적 개념이고 새로운 빈곤층의 출현만이 사실이라고 목소리를 높이고 있다.

2006년 4월 26일 〈베체르나야 모스크바〉 지에 실린 니카 드라프키나의 글에 따르면, 현재 러시아 인구의 절반 정도는 자신들이 가난하다고 생각한다. 그런데 스스로 가난하다고 믿는 사람들 중에서 70%가 정규직장을 가지고 있는 것을 보면 중산층에 대한 기준이나 척도가 불분명한 것과 마찬가지로 빈곤의 기준도 상당히 주관적이라는 것을 알 수 있다. 유럽에서는 통상 국민 평균소득의 60% 미만인 상태를 빈곤으로 분류한다. 이 같은 기준에 따르면 러시아의 경우, 2004년 기준으로 전체 인구의 약 25%가 빈곤층에 해당한다. 하지만 소득액을 중심으로 국제적 빈곤 기준을 적용하면 실제 빈곤층 비율은 훨씬 증가하리라는 것이 전문가들의 견해이다.

급격하게 변화하는 러시아에서 사회계층의 분화가 아직 종결되었다고 볼 수는 없지만 러시아가 역사적으로 안고 있는 극심한 빈부 격차와 가지지 못한 자들의 상대적 박탈감은 그 어느 시기보다 심각한 것이 현실이다. 현재 러시아는 사회주의 시대에 형성되었던 사회계층과 시장경제로의 이행 과정에서 발생한 계층분화가 혼재하는 과도기 단계를 경험하고 있다. 그리고 평등과 대의명분을 강조하던 소비에트의 거대담론은 사라지고 물신주의가 그 자리를 대신하고 있다.

오늘날 러시아에서는 새로운 시대 흐름에 성공적으로 적응한 소수 부유층의 삶을 동경하며 열심히 뛰는 사람들과 낙담한 채 생존문제 해결에 매달려 있는 사람들이 존재한다. 그런데 이들 모두를 지배하고 있는 것은 '위대한 러시아의 부활' 과 같은 추상적 구호가 아니라 개개인의 이익과 행복에 관계되는 구체적인 문제들이다.

'시인이 시인 이상이던' 시대의 종언

역사적으로 러시아인들의 작가와 예술가에 대한 사랑과 존경은 특별했다. 시인과 소설가는 사회가 안고 있는 근본 문제들을 치열하게 고민하고 또 양심에 따라 행동하는 인텔리겐치아 계층의 주축을 형성했다. 위대한 시인, 소설가, 혹은 예술가의 장례식은 수천 명의 독자와 팬들이 참가하는 대규모 문화행사로 치러졌고 또 곳곳에 세워진 그들의 동상과 기념박물관은 러시아인들의 문화적 자부심이자 성스러운 순례 장소였다.

다른 나라 같으면 철학자들이 누리던 권위도 러시아에서는 작가들의 몫이었다. 소비에트 공식 문화가 인위적으로 만든 신화들이 있었는가 하면, 이에 맞서는 문화계의 신화들도 존재했다. 파스테르나크와 솔제니친, 1980년에 사망한 전설적 음유시인 비소츠키 등의 삶과 예술이 대표적인 예이다. 소비에트 시대에 작가들이 누리던 위상과 영향력을 두고 시인 예프투셴코는 '러시아에서 시인은 시인 그 이상' 이라고 말하기도 했다.

1991년 소련의 붕괴는 이 같은 문학 상황에 일대 변혁을 초래했다. 그 사이 국가로부터 넉넉한 재정지원을 받던 거대 조직 소비에트작가동맹은 지원이 중단되자 이름뿐인 조직으로 전락해버렸고, 산하의 출판사와 문예지들도 독립채산제로 운영 방식을 바꾸었다. 물론, 작가들은 그때까지 자신들을 억압하던 이념적 절대주의, 검열, 공식 이데올로기가 권장하는 가치관 등의 멍에에서 벗어나 자유로이 창작할 수 있는 권리를 갖게 되었다.

그런데 검열이 폐지되면 러시아 문학의 르네상스 시대가 도래할 것이라던 일반의 예상과 달리, 갑작스레 주어진 자유는 창작의욕을 고취시키기보다는 오히려 장애가 되는 상황이 발생했다. 검열과 감시를 의식하면서 글을 써온 상당수의 작가들이 막상 검열이 사라지자 더 이상 작품을 내놓지 못하는 기현상이 빚어진 것이다.

전체주의에 저항하던 반체제 작가들은 맞서 싸워야할 대상이 사라지자 침묵으로 일관했다. 시대에 따라 변화하는 검열 기준을 예민하게 추적하면서 발 빠르게 독자들의 호기심과 기대를 충족시킴으로써 국내외에서 인정받던 진보적 성향의 작가들도 대부분 펜을 놓을 수밖에 없었다. 과거 작가동맹 요직을 차지하고 당과 국가가 주문하는 글을 쓰던 작가들은 새로운 상황에서 누구의 비위를 맞추어야할지 잠시 두리번거리다가 아예 직업을 바꿔버린 경우가 허다했다.

뿐만 아니라, 정치적 검열에서 해방된 작가들 앞을 이번에는 경제적 검열이 가로막고 나섰다. 급격한 체제변혁의 와중에서 우선은 생계문제

해결이 시급한 과제였던 러시아 독자들의 순수문학을 대하는 태도가 크게 달라진 탓이었다. 고르바초프 시대의 개혁 개방 정책에 힘입어 1980년대 말과 1990년대 초에 나타났던 순수문학에 대한 고조된 관심은 짧은 시간 안에 소멸하고 말았다.

이즈음 맨 먼저 독자들의 시선을 사로잡은 것은 나보코프나 호다세비치 같은 국외 망명작가들이었다. 혁명 후 서구로 망명한 이 작가들의 작품은 그 동안 소련에서 금지되어 있었다. 그 뒤를 이어 서점에 등장한 것이 해외 독자들은 이미 읽었지만 러시아에서는 접할 수 없던 파스테르나크나 불가코프 같은 작가들의 작품들이었다. 그러나 체제에 저항하던 솔제니친, 국외 망명에서 돌아온 나보코프, 국내 출판이 가능해진 파스테르나크 같은 작가들의 작품도 독자들의 관심을 오래 끌지는 못했다. 러시아 독서계의 중요한 특징이었던 엘리트 문화와 순수문학 선호 성향이 바뀌고 있었기 때문이었다.

에로스 소설

또한 과거 국가예산으로 책을 내던 대규모 출판사들이 재정난에 허덕이게 되자, 출판계의 주도권은 영리를 추구하는 중소 출판사들로 넘어갔다. 이런 출판사들이 발간하기 시작한 것은 당장 시장에서 팔릴 수 있는 책들이었다. 문학 분야에서는 아가사 크리스티를 비롯한 해외 탐정 소설들이 번역자의 이름도 없이 범람하기 시작했고, 자본주의에 눈을 뜬 사람들은 자동차 왕 헨리 포드나 전문경영인 아이아코카의 전기를 구입해 읽었다. 소비에트 시대에 철저히 금기시되던 에로티시즘 문학이 빠른 속도로 확산되었음은 두 말할 나위가 없다. 자연히 러시아 현대 작가들의 작품은 출판사가 선호하는 실용 도서나 포르노그래피를 포함한 흥미 위주의 책들에 의해 뒷전으로 밀려날 수밖에 없었다.

소련에서 '시인 이상의' 특권층 대우를 받던 작가는 자본주의 체제 도입 이후 홀대받는 초라한 직업으로 전락했다. 자신들이 쓴 글로는 생계를 유지할 수 없게 되자 작가들은 출판사나 잡지사의 임시 직원이나 번역원고 감수자 등의 일을 하며 생활비를 충당해야 했다. 지난 10여 년 동안 여러 직업 분야 중에서 러시아 작가들의 사망률이 유난히 높았다는 한 통계를 통해서도 소련 붕괴 이후 작가들이 겪은 충격의 여파와 생활고를 짐작할 수 있다. 삶을 바라보는 심오한 철학적 깊이와 인간 현상에 대한 독특한 탐구 양식으로 세계 문학의 지평을 넓히는데 기여해온 러시아 문학 전통이 위기를 맞이한 것이다.

1990년대 후반 이후 출판계가 다시 부분적으로 활기를 찾으면서 등장한 것은 본격 순수문학이 아닌 상업주의적 베스트셀러들이었다. 전직 여자 경찰 마리니나의 탐정소설이 세간의 화제로 등장하더니, 최근에는 보리스 아쿠닌이 큰 인기를 누리고 있다. 〈외국문학〉 지의 부편집인으로 철학적 저서를 내기도 했던 그리고리 치하르티쉬빌리가 어느 날 유명한 보리스 아쿠닌이라는 필명으로 주인공 판도린을 앞세우고 베스트셀러 작가로 급부상했다. 본격적 작가는 아니고 그저 소설 쓰는 사람에 불과하다고 스스로를 낮추는 이 일본 문학 번역가는 시장경제체제의 러시아 출판계가 배출한 대표적 베스트셀러 작가이다.

러시아에서 베스트셀러 작가의 역사는 그리 오래 되지 않는다. 소련 붕괴 이후 확산되기 시작한 추리소설, 범죄소설, 연애소설들의 인기를 바탕으로 배출된 베스트셀러 작가들은 경제적으로 상당한 수입을 올리기도 했다. TV 대담 프로에서 보여주는 작가의 서재와 집은 잘 나가는 사업가의 그것과 다르지 않아 옛 러시아 작가들의 이미지와는 영 어울리지 않는다.

소련 붕괴 직후 가장 어려운 상황에 처해 있던 문학이 돈벌이의 수단이 될 수 있다는 것을 깨달은 일부 글쟁이들은 상업주의와 결탁하여 믿기질 않을 정도의 책을 양산해내기도 한다. 한 해에 너 댓 권의 책을 내는 이들은 무명작가나 글재주 있는 대학생들을 고용하여 글을 대필시키는 경우도 있다. 싸구려 문학 생산에 동원된 이 같은 인력을 일컫는 '문학의 노예' (literaturnye negry)라는 용어도 이때 등장했다. 외국 문학 작품은 인건비가 싼 지방의 번역가들을 동원하여 나누어 번역한 원고를 편집인이 적당히 다듬어 책을 내는 일도 비일비재하다. 오랜 기획을 거쳐 1928년 제1권의 발행을 시작으로 1958년 총 90권의 톨스토이 전집이 발간된 소비에트 시대의 출판문화와 비교하면 번갯불에 콩 구어 먹기식이나 다름없다.

고전문학을 사랑하고 책 읽기를 즐겨한다는 러시아 독자들에 대한 과거의 신화도 크게 퇴색한 느낌이다. 저명 작가의 전집 발간 소식을 접하면 우체국에 달려가 미리 구입 신청을 하고 배달된 책을 소중한 자산으로 간직하던 소비에트 시대의 문화 전통은 사라졌다. 모스크바 시내의 서점에 가면 화려한 장정의 온갖 도서들이 매장을 가득 메우고 있지만, 러시아 사람들의 관심을 끄는 것은 순수문학 작품보다 영어를 비롯한 외국어 교재, 여행 안내서를 비롯한 각종 편람, 수험생들의 학습 참고서들이다.

모스크바 시내 서점의 서가

전에 비해 달라진 점은 책의 종류가 아주 다양해지고 출판 부수가 그리 많지 않다는 것이다. 러시아 소비문화의 특징인 다품종 경쟁이 이 분야에서도 진행 중이다. 다만 대다수의 러시아 출판사들이 영세한 상태여서 시장에서의 실패 위험 부담을 줄이기 위해 적은 부수의 책을 찍는 것이 특징이다. 책을 구할 수 있는 통로도 다양해져 이제는 편의점 기능을 함께 갖춘 주유소나 거대한 할인매장의 한 쪽에도 서적 판매대가 자리 잡고 있다. 여기에 진열된 책들은 매장의 특성상 현재 가장 잘 팔리는 인기도서들이다.

한편, VIP 고객들을 대상으로 제한된 부수로 발간된 천연가죽 장정에 금박 장식을 한 초고가의 명작 전집들도 시내 중심가 서점에서는 심심찮게 눈에 들어온다. 워낙 고가라서 자물쇠를 채운 유리 진열장에 별도로 관리하는 이 책들은 신흥 부호들의 서재 장식을 위한 싹쓸이 구매의 대상이 되기도 한다.

러시아 순수문학이 위기를 맞고 있다고는 하지만, 다른 한편으로는 변화된 환경에서 이전의 문학 전통이 서서히 소생하고 있는 분위기도 감지할 수 있다. 재능 있는 젊은 작가들의 활동이 전에 비해 활발하고, 또 모스크바에 지나치게 집중되었던 문학 권력이 페테르부르크를 비롯한 주요 지방 도시로 서서히 분산되어 지방의 도서와 문예지 출판이 자생력을 회복하고 있는 것도 고무적이다. 일례로 우랄의 예카테린부르크에서 발간되는 문학잡지는 지리적 제약에도 불구하고 우수 작품을 게재하는 잡지로 상당한 명성을 얻기도 했다.

시장경제체제의 도래와 함께 방황하던 러시아 문학은 어려움을 겪고 있기도 하지만, 그와 동시에 러시아 역사상 유례가 없는 완전한 창작의 자유, 한 때 금지되었던 망명 및 지하 반체제 문학의 복귀로 인한 러시아 문학 정체성 회복, 번역을 통한 외국 문학의 활발한 소개 등으로 과거 어느 때도 누리지 못한 커다란 축복도 누리고 있다. 침체기를 경험한 러시아 문학이 21세기를 맞아 언제쯤 잠에서 깨어나 활화산처럼 그 저력을 다시 분출할 수 있을지 기다려볼 일이다.

공중파 방송의 선정주의

이상적 사회의 도래를 가정하는 소비에트 사회에서 문화예술과 삶을 지배하는 원리는 엄숙주의와 고전주의였다. 러시아어 사전에는 은어와 속어가 들어 있지 않았고, 마약이라는 용어는 금기였으며, 포르노그래피는 혐오의 대상으로 치부되었다. 국가가 권장하는 공식문화와 이에 반대하는 비공식 언더그라운드 문화 사이의 역학 관계는 일방적이었다. 모든 방송 매체와 신문, 잡지를 국가가 독점하는 상태에서 비공식 문화는 소수 엘리트만 접할 수 있는 제한된 채널을 통해서 유통되었다.

미국의 재즈는 단파 라디오를 소유한 당고위층 인사 자녀들이 즐겨 들었고, 체제에 저항하는 음유시인의 노래는 복사한 카세트테이프로 은밀히 확산되었으며, 인텔리들은 타자로 친 원고 상태의 금지 소설을 남몰래 읽고 있었다. 어느 저명 소설가는 1980년대 말 특강 차 미국 대학에 단기 체류하고 있었을 때 그와 동행하고 있던 소련 측 인사를 따돌리고 도서관을 찾아 소련 내에서 금지되던 책들을 열심히 찾아 탐독하기도 했다. 1980년대 초 모스크바 주재 미국 대사관에 근무했던 한 외교관은 킹크랩을 구할 방법을 이리저리 탐문하던 중 소련 올림픽 국가대표 선수들의 부식을 담당하는 인사에게 〈플레이보이〉 지를 몇 권 선물하면 될 것이라는 정보를 듣고, 실제로 이 잡지로 그 귀하던 킹크랩 여러 마리를 손에 넣었다는 무용담을 들려준 적도 있다.

지금은 재혼 안한 사람이 오히려 드문 실정이지만 스탈린 시대만 해도 당원에게 이혼은 수치스런 일로 여겨졌다. 러시아는 순수하고, 물질문명의 폐해에 오염되지 않은 사회주의 혁명 수출의 중심이어야 했기 때문이다. 하지만 실제 삶의 풍속도가 이와 같은 외형적 모습과 큰 괴리가 있었음은 물론이다. 금지된 것에 대한 호기심은 더 강하기 마련인 까닭도 있었겠지만 소련 붕괴 이후 러시아 사람들은 천박한 물질주의, 포르노와 에로물, 센세이셔널리즘의 홍수 현상을 경험하게 되었다. 이런 상황을 가장 잘 대변하는 것이 TV 매체이다.

소비에트의 엄숙주의와 계몽주의가 물러간 빈 공간을 선정적이고 자극적 상업주의 문화가 점령했다. 특히 '오늘의 사건과 사고' 같은 뉴스 프로에서는 각종 사고로 사망하거나 암살당한 사람들의 잔인한 모습을 아무런 여과 없이 보여주기도 하고, 살해당한 사람의 얼굴을 클로즈업해서 보여주면서 이 인물을 아는 사람은 여차여차한 번호로 연락을 해 달라는 아나운서의 멘트가 이어지는 어이없는 장면이 등장하기도 한다.

최근 유행을 타고 있는 리얼리티 쇼 역시 선정주의적 프로그램의 대명사이다. 대부분의 리얼리티 쇼는 사전 각본에 따라 구체적 상황에 처한 주인공들의 실제 행동을 요소요소에 미리 설치한 수십 대의 카메라로 적나라하게 보여줌으로써 충격을 불러일으키며 높은 시청률을 기록했다. 이런 리얼리티 쇼는 "집"이라는 프로그램에서 시작되었다. 프로그램의 내용은 다음과 같이 전개된다. 먼저 모스크바 교외에 여자 8명과 남자 7명의 젊은이가 모여 함께 집을 짓는데, 이 과정에서 그들은 서로 사귀며 각자 짝을 찾는다. 짝을 찾지 못한 사람들은 하나씩 퇴출되고 마지막까지 남은 한 쌍의 남녀에게는 10만 달러 상당의 집 한 채가 선물로 주어진다.

제한된 방송 시간 때문에 젊은 남녀들이 서로 다투고 갈등하는 내밀한 장면들을 모두 다 보여주지는 않지만 상상도 못한 장면을 접하게 된 시청자들의 반응은 하나같이 충격 자체였다. 하지만 이런 종류의 프로그램일수록 인기가 높아서 시청률은 높아만 갔다. 여기에 출연한 인물 가운데 한 명은 온라인 인기투표를 거쳐 인기스타 못지않은 지명도를 얻기도 했다.

최근 시즌 2가 나왔을 정도로 큰 성공을 거둔 "집" 덕분에 TNT 방송사의 광고수입이 무려 5배나 껑충 뛰어올랐고, 곧이어 이와 비슷한 리얼리티 쇼가 다른 방송채널들에서도 대유행이 되었다. 스타 지망생들을 모은 다음 경쟁을 거쳐 신인 가수로 등장시키는 과정을 담은 "스타 제작소" 프로그램은 공영방송 ORT에서 방영을 시작하자마자 전 국민의 인기를 끌었다. 이외에도 TNT에서 방영하는 "굶주림"이라는 프로그램은

리얼리티 쇼 "집-2"의 한 장면

어디인지 짐작하기 힘든 외국의 낯선 도시에서 등장인물들이 벌이는 생존 게임을 카메라에 담았고, 또 다른 프로그램 "유혹의 섬"은 환상적인 열대 휴양지를 찾은 네 쌍의 미혼 연인들 사이에서 벌어지는 사랑의 줄다리기를 주요 내용으로 담고 있다.

선의의 경쟁을 통해서 재능 있는 예술 지망생들이 성장해 가는 과정을 보여주는 "스타 제작소" 이외의 모든 리얼리티 쇼는 예외 없이 섹스 코드를 기반으로 전 국민의 관음증을 충족시켜 주는 것으로 시청률을 올리고 있다. 대부분의 프로그램이 미국을 비롯한 외국 매체의 기존 프로그램을 흉내 낸 것이지만 선정성과 에로티시즘의 수준에서는 상상을 초월한다. 이런 점에서 "집"도 예외라 할 수 없지만, 이 프로그램이 거둔 성공의 이면에는 많은 러시아 사람들에게 최대의 관심사가 되고 있는 주택 확보 문제도 큰 몫을 차지했다. 한편, 늦은 밤 시간에는 여성 출연자를 초청해 놓고 시청자들과 퀴즈게임 비슷한 것을 진행하면서 정답이 나올 때마다 출연자가 옷을 하나씩 벗는 일종의 TV 스트립쇼가 러시아 전역에 방송된 적도 있었다.

이렇게 러시아 공중파 방송의 센세이셔널리즘과 에로티시즘이 한계치를 훨씬 넘어서자 몇 년 전부터 러시아 지성계 인사들을 중심으로 우려의 목소리가 나오기 시작했다. 노벨 물리학상을 수상한 표트르 카피차의 아들로 유명한 과학자이며 방송 진행자인 세르게이 카피차는 리얼리티 쇼 프로그램의 높은 시청률 속에는 전반적으로 하락한 러시아 사회의 의식 수준이 반영되어 있다고 말하면서 방송이 러시아 전체의 이성을 마비시키는 현실을 개탄해 마지않았다.

급기야 2007년 여름 푸틴 대통령은 문화예술위원회 연례 회의석상에 직접 나와 러시아 문화의 발전 문제를 논의하는 과정에서 TV 프로그램의 질적 수준에 대해 심각한 우려를 표명하고 나서기에 이르렀다. 구체적 프로그램을 언급하지는 않았지만, 푸틴은 러시아 방송사들이 싸구려 외국 영상물 수입에만 열을 올린 결과 최근 15년 동안 청소년들이 외국의 저질 문화에 감염되는 사태가 발생했다고 주장했다.

푸틴 대통령의 발언은 러시아 TV의 도덕적 책임 문제를 제기하는 동시에 무분별하게 유입되는 서구 문화의 범람 현상에 국가가 개입할 필요성을 암시한 복합적 메시지를 담은 것으로 해석된다. 이런 가운데 러시아가 서구 문화에 함몰되던 시기에서 벗어나 이제 자신의 모습을 찾아야 한다는 자성의 목소리와 함께 민족주의 정서의 부활론도 곳곳에서 감지된다.

노벨 문학상 수상 작가 솔제니친의 모스크바 시 외곽 숙소를 직접 방문하고, 얼마 전 세상을 떠난 세계적 첼리스트 로스트로포비치를 위해 크렘린 궁에서 별도 만찬을 마련해 주고, 러시아 사람들의 힘을 해외에서 과시하고 있는 격투기 스타 표도르 블라디미로비치 예밀리야넨코(우리에게는 효도르로 알려진)를 페테르부르크 콘스탄틴 궁으로 초청하는 등 푸틴 대통령이 최근에 보인 이 같은 행보들은 과거 러시아의 위대하고 강력한 이미지를 통해 국민의 지지를 확보하려는 정교한 정치적 제스처이기도 하다.

첼리스트 로스트로포비치

소련 체제 붕괴 이후 러시아 사회는 순수성과 엄격한 고전주의를 강조하던 소비에트 시기에서 금단의 열매를 마음껏 누리던 1990년대 방종의 시기를 거쳐 과거의 전통에 다시금 관심을 가지는 시대에 진입하고 있다. 하지만 그렇다고 해서 소비에트

시대와 같은 추상적 애국주의와 반서구주의가 국민들을 사로잡는 대안으로 떠오르는 일은 불가능할 것이다. 경제적 안정을 위해서는 스스로 부지런히 일하는 것이 더 중요하다고 여기는 개인주의적 사고가 확산되고 있기 때문이다. 또한 서구 문화에는 병폐만 있는 것이 아니라 수용할 만한 긍정적 가치도 적잖이 존재한다는 것을 피부로 느끼는 러시아 사람들도 이미 상당수에 달하고 있다는 사실도 이 같은 예측을 가능케 한다.

두뇌유출 현상

러시아는 인류사에 길이 남을 위대한 인물들을 많이 배출했다. 사실인지 모르지만 이것은 혈통적으로 여러 민족이 섞이면서 나타난 현상이라는 설도 있다. 실제로 러시아 작가 중에서 푸쉬킨은 모계 쪽으로 에티오피아 귀족 가문과 관련돼 있고, 레르몬토프는 러시아로 이주한 스코틀랜드 조선기사의 후예이며, 도스토예프스키의 선조는 리투아니아 지역 출신이다.

하지만 더 중요한 것은 과거 러시아가 제도적으로 우수한 인재들을 양성하는 채널을 갖추고 있었다는 점이다. 표트르 대제가 페테르부르크에 도입한 서구문물 중에서 각별한 관심을 기울였던 것 중 하나가 바로 교육과 학문분야였다. 특히 표트르 대제는 당시로서는 신학문인 수학과 과학 교육에 많은 노력을 쏟아 부었다. 이를테면 기초 과학 분야를 중시한 셈이다.

그리고 표트르 대제는 학술원을 설립하여 러시아 학문의 중심으로 삼았다. 이러한 노력의 결실인지 훗날 러시아에서는 멘델레예프, 로바체프스키, 찌올코프스키 같은 탁월한 자연과학자와 수학자들이 나왔고, 20세기 소비에트 시대에도 미국 다음으로 많은 수의 노벨상 수상자가 배출되었다. 특히 학술원의 위상은 소비에트 시절에도 더욱 강화되었다. 현재는 러시아 과학아카데미(RAN)로 불리는 이 방대한 조직은 명실

공히 러시아 학문의 중심기관이다.

각 분야별로 소수의 정회원과 그보다 약간 많은 수의 준회원을 두고 있는 학술원 본부도 중요하지만 실제로 더 중요한 것은 학술원 산하의 각종 연구센터들이다. 서구에서는, 특히 미국의 경우에는 대학이 교육과 연구를 겸하고 있는 것과 달리 러시아의 경우 연구는 학술원 산하의 연구센터에서 담당하고 교육은 종합대학과 응용분야의 단과대학들이 담당하는 이원구조를 유지해오고 있다.

물론 연구소 소속 연구원들이 대학에서 강의를 하기도 하고, 대학 교수가 연구 분야에서 많은 업적을 내기도 하지만, 두 분야 중에서 한 가지에 집중할 수 있는 제도적 장치가 마련되어 있는 점이 중요한 특징이다. 경제 사정이 어려웠던 소련 붕괴 직후에도 학술원 정회원에 대한 예우는 계속 유지되어 정회원은 기사가 딸린 승용차를 지급 받았다. 지금은 자동차가 흔한 세상이 되었지만, 1990년대 초까지만 해도 전용기사가 딸린 러시아산 검은색 중형 세단은 특별한 지위를 의미했다.

러시아 학술원 본부

모든 학문 분야를 망라하는 각종 연구소에서 학자들은 자신들이 선택한 분야의 연구에 전념할 수 있었다. 물론 이것은 소비에트 시절의 얘기이다. 러시아 학자들이 우리 고전문학 작품을 상당 부분 번역한 것도 이와 같은 제도 때문에 가능했다. 본인들의 관심과 재능이 필수적이지만, 실용성이 약한 순수학문의 경우 재정적 지원이 없는 장기적 연구는 불가능하다.

미국의 경우 지나치게 소외당하는 분야가 있으면 특별 예산을 투입하여 활기를 불어넣는 정책을 사용하지만 그것도 결국 국익에 관련된 분야일 때의 얘기이다. 이에 반해서 소련에서는 모든 기초학문 분야 연구에 대한 지원은 국가가 보장했다. 순수학문에 대한 투자와 관심이 실용학문의 그것을 훨씬 능가하고 있었던 것이다.

수학, 물리, 화학, 생물 분야 등 기초과학은 전공분야 별로 다시 세분되어 연구되었고, 인문사회 계통의 핵심 분야는 문학, 역사, 철학 등이었다. 이런 분야 전문가들은 그만큼 존경을 받았다. 과거 대학입시에서 가장 우수한 학생들은 전통적으로 인문학부와 의학부를 선호했다. 하지만 이 두 인기 학부를 졸업한 사람들의 월급은 그다지 높은 편이 아니었다. 이들의 월급은 육체노동자들에 비해 오히려 낮은 편에 속했다. 그래서 모스크바대학교 역사학부 졸업생이 대학원에 다니던 중에 높은 월급에 반해서 택시기사로 전업했다는 얘기도 나돌 정도였다. 숙련 노동자들의 급여가 고등교육을 받은 전문직 종사자보다 두 배 정도 높았기 때문이다.

교사와 의사의 월급이 높지는 않았지만 전문직 종사자에 대한 존중과 지식인에 대한 예우가 있었기에 우수한 인력들은 이 길을 선택했다. 주택문제와 기본생활이 보장되는 상황에서 급여 차이는 직업 선택의 결정적 요인이 아니었던 것이다. 자본주의 사회에 비해 순수성을 확보하고 있던 시절이었음이 분명하다. 그러나 소련이 붕괴되면서 이런 전문직 종사자들은 큰 타격을 입었다. 국가가 제공하는 급여로는 최소 생활도 유지하기 어려운 형편이 되었기 때문이다.

1990년대 초 떠도는 달러를 손에 넣기 위해 모스크바의 차량 운전자 전체가 택시기사로 돌변했던 시절에 가끔 택시를 타면 가격 흥정하는 것을 쑥스러워하던 인텔리 풍의 중년 남자들이 있었다. 예의 전문직 종사자들이었을 것이다. 사정이 이렇다보니 발 빠른 사람들은 아예 직업을 바꾸어 사업가로 변신하기도 하고, 자연과학 계통의 우수 두뇌들은 해외 연구기관으로 대거 빠져 나가는 상황이 발생했다. 1990년대 초 달러가 위력을 발휘하던 시절 모스크바 시내 레스토랑을 예약하면서 모모 교수라고 하면 직원들의 얼굴에 믿기지 않는다는 표정이 역력했다. 그래서 여차여차한 외국계 회사 직원이라고 해야 말발이 먹혔다.

이런 와중에서 자연스럽게 인기 학문 분야의 판도도 달라졌다. 문과에서는 경제학과 경영학, 법학이 선호되기 시작했고, 이과에서는 전자통신 분야가 각광 받기 시작했다. 외국어 중에서는 영어를 비롯한 서구 언어들이 인기를 끌었다. 바야흐로 실용학문의 시대가 도래한 것이다. 급여만으로 생활을 유지하기 어려운 전문직 종사자들은 본업 이외의 부업을 한 두 개씩 갖고 있어야 하는 상황도 벌어졌다. 문학 교수인 경우 출판사 원고 교정이나 대학입시 과외로 부수입을 얻었고, 연극학교의 무대 담화 전공 교수는 잘나가는 젊은 사장의 사무실을 방문해서 여러 사람 앞에서 말하는 기법을 전수하는 개인 교습의 대가로 짭짤한 사례비를 챙겼다.

페테르부르크 국립대 어문학부 및 동방학부 입구

수혜자 부담원칙에 따라 고등교육기관의 무상교육 규모도 점차 축소되었다. 최근 국립 모스크바대학교는 등록금을 두 배가량 인상하면서 유료 입학생 비율을 늘리겠다고 발표했다. 러시아 대학 입학생들은 국비로 공부하는 '국가재정학생'과 자비부담 학생, 두 부류로 나누어진다. 1990년대 초 외국인 유학생이 주류를 이루던 자비부담 희망자가 넘치다보니 각 대학은 이 비율을 늘려 대학 재정을 충당하는 방편으로 삼고 있다. 대부분의 러시아 대학들은 자비부담 입학생 비율을 점차 증가시키는 추세이며, 따라서 부유층 자녀들이 좋은 대학에 입학할 기회도 점차 확대되고 있다.

러시아에서도 유명 대학 인기 학과에 입학하기 위해서는 고액 과외를 받는 것이 일반화되었다. 경제학부와 법학부가 최고 인기를 누리는 반면, 재능 있는 과학도나 인문, 사회과학 연구자들이 능력을 발휘할 기회는 많지 않은 실정이다. 그 결과 재능이 탁월한 인재들은 기회만 주어지면 해외로 빠져 나간다. 학술원 회원 카피차 박사는 레닌은 자기 마음에 들지 않는 철학자 100명을 해외로 추방했지만, 지금의 러시아는 사회에 반드시 필요한 수만 명의 수학자, 물리학자, 생물학자, 엔지니어들을 해외로 몰아내는 통탄할 상황이 벌어지고 있다고 주장한다.

이런 두뇌유출과 관련하여 벌어지고 있는 기현상 가운데 한 가지는 뛰어난 러시아 학생들이 러시아 문학을 국내가 아닌 미국 저명 대학 대학원에서 공부하고 있다는 사실이다. 실제로 1990년대부터 미국 주요 대학의 슬라브어문학과에는 러시아에서 온 학생들이 부쩍 증가했으며, 이들 중 절대 다수는 졸업 후에도 러시아로 돌아가지 않고 미국 대학에서 직장을 잡기를 원하고 있다. 그만큼 생활도 편리하고 보수도 많기 때문이다.

요즘 러시아 학술원 산하의 많은 인문, 사회, 기초과학 연구소들은 재정난에 시달리고 있다. 한-러수교 과정에서 중심 역할을 담당했던 세계경제 및 국제관계연구소(IMEMO) 같은 경우도 연구소 건물의 몇 개 층을 오피스로 임대해 주어 재정을 충당하고 있는 실정이다. 한편, 해양연구소에 근무하는 한 연구원이 남극의 러시아 기지에서 4개월 간 근무하고 받은 급여는 데스크탑 컴퓨터 한 대 구입할 정도인 1,000달러가 약간 넘는 금액이다.

하지만 이것도 그나마 나은 편이다. 해양연구소 연구원으로 복귀하면 월 급여가 100달러 정도에 불과하기 때문이다. 게다가 인원감축까지 계획되어 있어 이 같은 연구원들의 앞날은 매우 비관적이다. 재능 있는 자연과학자로 교양과 인문학적 소양이 상당한 이런 전문직 종사자들의 위상은 오늘의 러시아에서 초라하기 짝이 없다.

아파트를 장만하고, 승용차를 구입하고, 철 따라 외국 바람을 쐬기 위해 돈 벌이에 열심인 사람들은 이 해양연구소 연구원을 쓸모없는 일에 빠져있는 무능한 인물이라고 여길지 모른다. 하지만 그가 하고 있는 연구는 누가 쉽게 대신할 수 없는 인류 모두에게 중요한 작업일 수도 있다. 사정이 이렇다고 옛 소련 시절로 되돌아갈 수도 없는 현실에서 시장경제체제 하의 러시아가 언제쯤이나 이런 분야에도 다시 관심을 기울일 수 있을지 안타깝기만 하다.

다시 생각해보는 러시아 정체성

공산주의에서 자본주의로, 국가 관리경제에서 자유 시장경제로 급격하게 단행된 체제전환은 러시아에게 피를 흘리지는 않았지만 혁명과 같은 경험이었다. 70여 년 동안 축적된 소비에트 의식구조와 생활방식이 그 동안 철저히 배척하던 서구의 가치관과 물질문명에 전면적으로 노출되는 러시아 역사상 초유의 사태가 벌어졌기 때문이다. 현대 사회가 자랑하는 정보 확산 속도와 전통적 거리 개념의 압축 현상 등을 고려한다면, 러시아 국민 대다수가 체감한 변화의 충격은 표트르 대제가 강력한 서구화 정책을 구사하던 시기나 공산 혁명 당시의 그것을 오히려 훨씬 더 능가하는 것일 수도 있다.

1990년대 초 모스크바 시내에 들어선 피자헛 매장은 외화를 내고 입장하는 레스토랑 형태의 공간과 루블화로 지불하는 키오스크를 같은 장소에서 운영하고 있었다. 달러를 가진 사람들이 비싼 값을 치르고 실내에서 여유롭게 음식을 즐기는 동안 대다수의 러시아 고객들은 거리에 길게 줄을 서서 오랜 시간을 기다려서 피자를 구입하고 또 그것을 노상에서 먹는 광경이 동시에 펼쳐졌다. 계급 사회의 가장 추악한 장면이 연출되고 있었던 셈이다.

그때 창밖으로 보이는 러시아 사람들에게서 발견한 것은 무한한 참을성과 일종의 자포자기 상태의 체념이었다. 실내에 앉아있는 사람들은 원래 자기들과 다른 부류의 사람들이니 부러워하거나 미워할 필요도 없다는 것 같았다. 당시 국내 모 일간지 특파원이 '지금 모스크바는 혁명 전야' 라는 급박한 내용의 기사를 타전한 것도 이 같은 상황을 곳곳에서 관찰한 결과였을 것이다. 하지만 러시아 사람들의 인내심은 우리의 예상을 훨씬 더 능가하는 것으로 드러났다. 만약 서울에서 미국계 음식점이 이런 방식으로 매장을 운영했다면 결과가 어떠했을까?

현재 진행 중인 사회 변화가 러시아 사람들의 의식구조에 어떤 영향을 미치고 있는지를 파악하려면 러시아 역사에서 반복적으로 등장하는 문화적 특징을 기억할 필요가 있다. 러시아가 외부의 영향을 받고 또 그것을 수용해온 과정은 역사적으로 여러 차례 반복되었다. 러시아 최초의 역사기록인 『원초연대기』에는 러시아 사람들이 북방의 바이킹 공후에게 '땅은 풍요로운데 질서가 없으니 와서 우리를 다스려달라' 고 호소했다는 기록이 있다. 또한 블라디미르 공후는 10세기 말 비잔티움으로부터 정교회를 도입했고, 표트르 대제는 서구문물의 과감한 수용과 함께 러시아 역사의 물줄기를 바꾸어 놓았다. 1917년 10월 혁명은 서구에서 등장한 마르크스 이론을 러시아가 수용한 결과였다. 그리고 최근 들어 러시아는 서구식 시장경제체제와 민주주의 원칙을 받아들였다.

이와 같이 러시아가 외부문물을 받아들여 토착화하는 과정에서 나타나는 하나의 공통된 특징은 급진개혁 조치 이후에 반드시 과거로의 복귀를 지향하는 회복 운동이 반복된다는 점이다. 의례의 정통성 문제를 놓고 발생한 교회분열의 역사나 표트르 대제의 서구화 정책 결과로 등장한 서구주의와 슬라브주의 사이의 오랜 논쟁은 러시아 역사의 회귀적 특징을 보여주는 대표적 사례들이다.

협상과 타협을 통해 점진적 발전을 추구하기보다는 현재의 문제점을 과거 전통으로의 복귀를 통해서 해결하려는 이 같은 러시아적 멘탈리티 때문에, 러시아 정치문화의 바탕에는 진화를 통한 진보보다 혁명을 선호하는 정서가 강하게 깔려있다는 견해도 있다. 흐루시초프의 스탈린주의 비판, 브레즈네프의 흐루시초프 제거, 고르바초프의 레닌주의 원칙으로의 복귀 노력 등도 현재를 부정하고 과거로 회귀하려는 움직임을 보여주는 예로 이해할 수 있다. 한쪽으로 흐르던 변화의 흐름이 에너지를 상실하면 시계추처럼 반대 방향으로 다시 되돌아간다는 러시아 역사의 '시계추 이론' 은 이 같은 관찰에 바탕을 두고 있다.

러시아 역사의 이러한 패러다임은 최근 17년 동안 러시아에서 진행 중인 서구화와 그에 대한 반작용을 이해하는 데도 적용 가능하다. 1980년대 말부터 푸틴 대통령 재임 1기까지 러시아 사회의 지배적인 분위기는 일방적 서구화 과정이었다. 서구의 시장경제체제와 민주주의 원칙은 러시아가 본받아야 할 기준으로 생각되었고, 국가적 차원에서 러시아는 G8과 WTO 등의 국제기구에 가입하거나 NATO 및 EU와도 새로운 관계를 설정하려는 등 적극적 서구화 노력을 경주했다.

국민생활에서 일어난 변화도 마찬가지였다. 외국계 회사에 취직하고, 외제 자동차를 구입하고, 일본 스시 레스토랑에 출입하고, 이태리, 프랑스, 스페인 등지로 해외여행을 다니고, 자녀들을 영국으로 유학을 보내야만 남다른 무엇이 있다고 행세할 수 있는 세상이었기 때문이다.

서구화의 물결에 흠뻑 젖어있던 러시아 사람들이 이런 일방적 움직임에 의혹의 눈길을 보내기 시작한 것은 1990년대 후반부터이다. 시장경제 도입 이후 생활수준은 어느 정도 나아졌지만 부유층의 소비행태에 상대적인 박탈감을 느낀 중간 소득층과 그 이하의 소득층에서 일기 시작한 불만도 하나의 이유가 되겠지만, 보다 더 근본적인 문제는 서구화 과정에서 나타난 러시아 고유의 정체성 상실에서 온 정신적 공황상태였다. 아무리 흉내 내고 좇아가도 따라잡을 수 없는 서구는 유혹의 대상인 동시에 증오의 표적이 될 수도 있는 상황이 발생한 것이다. 짧은 시간에 체제 변화를 겪으면서 당연히 발생할 수밖에 없는 많은 부작용의 원인 제공자를 내부보다 외부에서 찾는 것은 당연한 이치였다. 감정적 반미주의와 반서구주의가 고개를 든 것도 이런 배경에서이다.

푸틴 대통령의 집권 2기에 나타난 권위주의적 통치방식, 반미정책, 과거의 문화적 상징을 통한 국민통합 정책 등은 이와 같은 국민정서에 기초하고 있다. 러시아 역사의 시계추가 반대 방향으로 움직이기 시작한 것이다. 하지만 러시아 정치, 경제, 문화 등 모든 영역이 아직 많은 소비에트 유산을 그대로 간직하고 있는 것을 감안하면 최근의 현상은 오히려 당연한 것으로 파악할 수도 있다.

스탈린과 푸틴

전통적으로 러시아 사람들은 질서를 세우기 위해서는 강력한 통치자가 필요하다는 정서를 갖고 있다. 특별한 정치적 색채를 갖지 않은 상태에서 집권한 푸틴 대통령 자체가 현 러시아 사회의 역설적 상황을 대변한다. 외형상 민주적 선거를 거쳐 선출된 대통령이지만 그는 소비에트식 교육을 받고 과거에 공포의 대상이었던 KGB 문화 속에서 성장한 인물이다. 따라서 푸틴 대통령은 개인의 안녕과 복지보다는 국가와 대의명분을 중시하는 소비에트 정서가 몸에 배어있을 수밖에 없는 정신적, 문화적 배경을 갖고 있다. 강력한 러시아의 재건을 외치면서 과거 소비에트 영광을 미화하는 푸틴의 국민통합 전략은 급격한 서구화 과정에서 정체성 위기를 맞고 있는 러시아 사람들 사이에서 큰 반향을 얻고 있다.

푸틴은 2차 세계대전에서 승리한 러시아 민족의 위대함과 함께 스탈린의 업적을 치하했다. 과거의 영광을 상실했던 러시아가 다시 자존심을 회복하길 갈망하는 국민 정서를 십분 이용한 계산된 선전전이었다. 게다가 페테르부르크 서민 가정 출신이라는 평범한 성장 배경을 갖고 있고 상의를 벗은 채 근육질을 과시하며 낚시하는 모습으로 카메라 앞에 선 보통 사람의 이미지도 겸비하고 있는 푸틴 대통령은 많은 러시아 사람들이 열광하는 국민적 영웅으로 떠올랐다.

근육미를 자랑하는 푸틴

1990년대 말을 기점으로 러시아에서 반미주의와 반서구주의 정서가 고개를 든 것은 크게 보아 두 가지 배경을 갖고 있다. 첫째는 옐친 정권에서 경험한 혼란과 무질서 상태를 민주주의와 동일시하는 일반 국민들의 정서이다. 1998년 경제위기로 정점에 도달한 러시아 사회의 혼란은 국민들에게는 강력한 국가통제에 근거한 안정보다 더 두려운 상황이었을 수도 있다. 민주주의는 곧 혼란이라는 도식적 사고는 러시아 역사의 진행 과정이 그렇듯이 문제의 해결책을 다시 과거에서 찾을 것을 요구했다. 또 다른 배경은 체제전환 과정에서 옐친 대통령이 소비에트 유산을 철저히 부정한데서 기인한 정체성의 위기였다.

소비에트 70년의 역사를 갑자기 지우면서 시작한 러시아의 시장경제 혁명은 국민들에게 역사적 기억의 상실을 강요했다. 하루아침에 집안 족보를 바꾸어버리는 것과 비슷한 이치였다. 변혁의 소용돌이에 휘둘려 자신을 잊고 있던 러시아 사람들은 시간이 흐르면서 자신들이 과거에 대한 집단망각 상태에 놓여 있었다는 것을 깨닫게 되었다. 비록 현재는 초라한 러시아지만 2차 세계대전에서 나치의 침략을 물리쳐 인류를 위기에서 구하고, 최초의 인공위성 발사에 성공하며 우주개발 시대를 연 것 같은 영광의 순간이 있었다는 기억을 서서히 되살리기 시작했다.

과거로 복귀하려는 향수와 민족주의 경향이 지배 담론으로 등장한 최근의 러시아 상황을 두고 서구와 러시아의 진보적 인텔리들 사이에서는 우려의 목소리도 등장하고 있다. 특히 막강한 권력을 바탕으로 권위주의적 통치를 계속 강화하는 푸틴 대통령의 최근 행보에 근거하여 러시아 정치 상황에 대해 비관적으로 전망하는 견해들도 나오고 있다. 전 하버드대학교 역사학과 교수 리처드 파이프스가 '민주주의, 시장경제 원리, 시민의 권리, 정치적 자유 등과 같은 버거운 책임감 앞에 두려움을 느낀 러시아가 권위주의 전통으로 복귀하는 선택을 했다' 고 밝힌 것이 대표적인 예라 할 수 있다.

러시아 역사의 시계추가 민주주의와 서구적 가치의 반대방향으로 이동하기 시작한 것은 사실이지만, 그것의 지향점이 결코 과거와 동일한 위치일 수는 없을 것이다. 푸틴이 소비에트 신화와 상징을 부활시키고 있다고는 하지만 그가 결코 스탈린으로 돌변하는 것은 불가능한 일이다. 연방보안국으로 개칭한 러시아 정보기관이 강력한 조직임에는 분명하지만 과거 KGB가 담당하던 역할을 그대로 이어받는 것도 역시 불가능할 것이다. 루뱐카 광장에 있던 제르진스키 동상을 끌어내리고, 스탈린 시대에 러시아 지식인들의 유형지였던 아르한겔스크의 솔로베츠키 수도원에서 가져온 커다란 바위덩어리를 이 정보기관 본부건물 맞은편에 세워 놓은 러시아 지식인들의 양심과 용기는 개인 독재를 결코 용납하지 않을 것이기 때문이다.

러시아의 역사 전통에 입각한 서구 모델의 수용 가능성은, 지금은 고인이 되었지만 당대 최고 지성으로 존경 받던 인문학자 드미트리 리하초프 박사가 '러시아의 계몽 민족주의와 함께 시민권의 완전한 보장을 전제로 한 러시아 사회의 변화' 를 주창했던 것에서나, 1990년대 초 러시아의 시장경제체제 도입을 주도했던 아나톨리 추바이스와 형제간인 것으로도 유명한 역사학자 이고리 추바이스가 '러시아 정교회의 정신문화와 농민들의 전통적 가치관에 유기적으로 접목돼 있는 시장경제와 민주주의 원칙이 지배하는 사회'를 미래의 대안으로 제시했던 것에서도 찾아볼 수 있다.

장기적으로 볼 때, 러시아는 결국 서구식 자본주주의와 개인을 중시하는 민주주의가 오랜 역사의 러시아 공동체 정신과 융합되는 사회를 지향하게 될 것이다. 크렘린과 루뱐카로 대표되는 권위주의의 모스크바에서 이제는 구찌와 프라다 상표가 갖는 위상 또한 당당하기 때문이며, 스탈린 시대에 대한 노스탤지어도 수천 만의 양민이 학살당한 공포를 완전히 잊게 할 수는 없기 때문이다.

하지만 러시아 사람들이 러시아 역사의 비극에서 교훈을 얻고, 민주

스탈린 시대의 탄압을 상징하는 솔로베츠키 수도원에서 가져온 돌(루뱐카 광장)

주의와 시장경제 원칙의 긍정적 측면을 제대로 이해하기까지는 상당히 오랜 시일이 걸릴 것이다. 주러 미국대사를 역임한 잭 매틀록은 러시아 사회가 완전히 변화하여 새로운 정체성을 확보하려면 2세대의 기간, 약 60년의 시간이 필요할 것이라는 견해를 피력한 바 있다. 체제 변화 이후 겨우 17년이 지난 신생 러시아를 서구적 기준으로만 판단하려는 러시아 외부의 시각이 균형을 잡는데도 역시 적지 않은 시간이 필요할 것이다. 따라서 '만국 공통의 자로 러시아를 잴 수는 없다' 는 추체프의 싯구가 앞으로도 상당 기간 인구에 회자될 전망이다.

문준일

제 2 장

구세주 사원의 부활

러시아 정교회의 화려한 복귀

988년 블라디미르 공후가 비잔티움에서 정교회를 도입한 이래 국교에 준하는 위상을 갖고 있던 러시아 정교회는 국가가 위기에 처할 때마다 국민들을 통합시키는 정신적 지주 역할을 담당해왔다. 그러다 소비에트 시대에 와서 러시아 정교회는 한때 금지와 탄압의 대상이 되었다. 하지만 고르바초프의 개방과 개혁 시기부터 러시아 정교회는 다시 회생의 기미를 보이다가 소련 붕괴 이후 완전히 부활하여 현재는 국민들의 자긍심을 심어주는 한편으로 국가 권력과도 긴밀한 관계를 유지하고 있다. 정교회의 위상 변화를 실감케 하는 특징적 징후들도 곳곳에서 감지된다.

첫 번째 징후로 푸틴 대통령의 행보를 들 수 있다. 푸틴은 2005년 9월 9일 그리스 칼키디키 반도에 위치한 그리스 정교 총본산 아토스의 수도원을 방문하여 이곳 정교회 지도자들과 만난 자리에서 러시아가 가장 거대한 정교 강국이라고 선언했기 때문이다. 러시아 국가수반이 이런 공식 발언을 한 것은 유례없는 일이었다.

정교 수도원들이 밀집해 있는 일종의 종교 자치구와도 같은 아토스 산은 러시아의 기독교 도입 이후 천년의 세월 동안 러시아 정교가 가장 성스러운 공간으로 여겨오던 장소이다. 푸틴 대통령은 이곳을 방문한 최초의 러시아 국가수반으로 러시아 정교사에 기록되었다. 푸틴은 2001년 있었던 그리스 공식 방문 때도 아토스 산에 가보려 했지만, 당시는 기상 상태가 너무 좋지 않아 무산되었다. 아토스 산은 육로로는 접근이 불가능한데, 당시 방문 기간에는 폭풍이 와서 항공편 이용도 불가능했다.

어쨌든, 2005년 성산 아토스 방문에서 푸틴 대통령은 러시아가 정교 강대국임을 선포함으로써 러시아 국민의 민족적, 종교적 자긍심을 한껏 고취시켜 주었다. 이런 점에서 푸틴의 선언은 동로마 제국의 멸망 이후

정교회 의식으로 거행된 옐친 전 대통령 장례식

러시아가 정교 법통의 유일한 수호자이자 계승자임을 선포한 16세기 '모스크바-제3로마' 이론과도 일맥상통한다고 볼 수 있다.

두 번째 징후로는 2007년 4월 25일 크렘린 궁 부근의 그리스도 구세주 사원(이하 구세주 사원으로 약칭함)에서 거행된 옐친 전 대통령의 장례식을 들 수 있다. 장례식은 조지 부시, 빌 클린턴 등 미국의 전임 대통령들과 다른 해외 조문 사절이 참석한 가운데 정교회 의식으로 엄숙하게 치러졌다. 이것은 제정 러시아 황제들의 장례식 이후로 러시아에서 처음 있는 국가수반의 정교회 장례식이었다. 러시아 정교회 총대주교 알렉시 2세가 집전하고 방송을 통해 러시아 전역에 생중계된 장례식에서 푸틴 대통령을 비롯한 정관계 고위 인사들은 정교회 의식에 따라 성호를 긋기도 하면서 자리를 끝까지 지켰다.

구세주 사원은 나폴레옹과의 전쟁 승리를 기념하기 위한 목적으로 건설되어 러시아 정교회의 심장과 같은 역할을 수행했지만, 사회주의 혁명 이후 크렘린 궁과 인접해 있어 스탈린의 눈에 거슬린다는 이유로 1934년 다이너마이트로 폭파되었다. 이후 그 장소에는 "소비에트 궁전"이 건설될 예정이었지만, 기술적 난제와 2차 세계대전 발발로 무산되었고, 결국 세계 최대 규모의 노천수영장 '모스크바'가 들어섰다. 이렇게 구세주 사원은 소비에트 시대에 자행된 정교회 탄압의 대표 사례가 되었다.

하지만 구세주 사원은 소련 붕괴 이후 1997년에 다시 복원되었다. 그런데 사원 복원은 다름 아닌 옐친 전 대통령에 의해 결정되었고 대통령 재임 당시 그가 이룬 대표 치적 가운데 하나였다. 그의 시신이 안장된 노보데비치 수도원 묘역을 폐쇄구역에서 개방구역으로 바꾸라고 지시한 사람도 옐친 전 대통령이었다. 이런 점에서 옐친 전 대통령의 장례식은 포스트소비에트 시대에 새롭게 전개되고 있는 국가 권력과 정교회 사이의 미묘한 관계뿐만 아니라, 정교회의 달라진 위상까지도 충분히 짐작케 해주는 가장 상징적인 사건 중의 하나이다.

세 번째로 2007년 여름 10명의 러시아 학술원 정회원들이 푸틴 대통령에게 공개서한을 보낸 일을 들 수 있다. 여기에는 노벨 물리학상 수상자 비탈리 긴즈부르그와 조레스 알표로프도 포함되어 있었다. 러시아 사회 전반에서 나타나고 있는 정교회의 영향력 증대와 이를 위한 정교회의 전방위적 노력에 대한 우려 표시가 서한의 주된 내용이었다. 러시아 지성계의 대표 원로들이자 러시아 사회의 오피니언 리더 격인 저명한 학술원 회원들이 서한을 작성하게 된 직접적 동기는 러시아 정교회가 '정교의 기초'와 '정교문화의 기초'를 국가교육기관의 필수교과목으로 도입하고자 한데서 비롯되었다.

이렇게 '정교문화의 기초'를 학교 필수교과목으로 도입하려는 노력이 푸틴 정부의 청년전위대 나시와 연계되어 상당히 구체적으로 전개되자 새 학년도가 시작되는 9월에 이 문제는 더욱 첨예화되었다. 2007년 10월 9일 모스크바에서는 유명한 러시아 정교 선교사인 안드레이 쿠라예프 신부가 노보푸쉬킨스키 공원에서 '정교문화의 기초' 공개 수업을 열고 직접 교사로 나서기도 했다. 이 밖에 보로네쉬와 트베리에서는 2007년 가을 새 학년도에 '정교문화의 기초'를 지역교과과정의 신규 과목으로 도입했고, 벨고로드와 브랸스크에서는 이미 2006년에 교과목으로 도입한 바 있다.

이 문제를 둘러싸고 지금 러시아에서는 격렬한 논쟁이 벌어지고 있다. 한쪽에서는 사회 문화 전반에 걸쳐 확산되는 정교회의 영향력에 제동을 걸고 있는 반면에, 다른 한쪽에서는 이를 두고 학자들이 종교의 자유를 구속한다며 비판에 열을 올리고 있다. 정교회 측에서는 학자들의 공개서한이 일종의 '밀고'와 같다고 주장하고 있고, 교회 관련 단체들은 학술원 회원들에게 형사책임을 물어야 한

안드레이 쿠라예프 부제

다고 성토하는 상황까지 벌어지고 있다.

하지만 최종 결정권자인 푸틴 대통령은 아직까지 침묵으로 일관하고 있다. 교회와 학술원 회원 양측 모두 대통령에게 서한을 보내 결정을 내려달라고 요청하고 있지만, 현재까지 대통령은 묵묵부답이다. 2007년 12월 총선을 앞두고 어느 한쪽의 손을 들어주는 것이 불리할 것이라는 판단 때문인지 결단력 있는 푸틴 대통령조차도 이 문제에서만큼은 뾰족한 수가 없는 모양이다.

이런 징후들에서 알 수 있듯이, 소련 붕괴 이후 러시아 정교회는 빠른 속도로 과거의 위상을 회복해 가고 있다. 새로운 부흥기를 맞이한 느낌마저 들 정도로 현대 러시아 사회 전반에서 정교회의 영향력은 날로 커져가고 있다. 1985년 고르바초프의 페레스트로이카가 시작되던 무렵에 법적 권리를 되찾았던 러시아 정교회는 특히 1988년 러시아 정교회 도입 천 주년 기념식을 기점으로 과거 소련 시절의 모습과는 전혀 다른 새로운 위상과 권위를 획득했다.

곧이어 1990년 10월 1일에는 '양심과 종교단체의 자유'에 관한 법률이 제정되었다. 이 법률이 채택됨으로써 러시아 정교회는 독립 교구와 총주교좌를 포함한 교회제도와 법인체로 권리를 공식 인정받게 되었다. 이를 통해서 교회 자체의 부동산 소유가 가능해졌고, 교회의 법적 이익이 보장되었으며, 종교단체들의 사회활동 참여와 대중매체 활용도 가능해졌다.

교회와 학교의 분리원칙이 명시되어 있기는 하지만, 학생들에게 종교교육을 할 수 있는 법적 가능성을 열어 놓았다는 점도 새 법률안에 담겨 있는 중요한 내용이었다. 또한 새 법안은 군복무 중 자유 시간에 종교의식에 참여하는 것을 금지할 수 없도록 정해 놓고 있으며, 병원, 양로원, 교도소 등의 종교의례를 허용하고 있다. 한편, 소련 시절 종교문제에 대해 최고의 권한을 갖고 있던 종교위원회는 새 법률의 발효와 함께 종교단체에 대한 전권을 상실하고 정보 및 상담센터로 그 기능이 바뀌었다. 하지만 소련 붕괴 직전에 채택된 '양심과 종교단체의 자유'

에 관한 법률은 소련 붕괴 이후 몇 년이 지난 1997년 새로운 러시아 연방법으로 교체되었다. 수정 법안은 채택 이후 격렬한 사회적 논쟁을 불러일으켰지만, 정교회 수장과 지도부, 신자들 사이에서는 두루 지지를 받았다.

소련 시절 파괴되거나 버려져 폐허가 된 교회 건물들도 소련 붕괴 이후 하나둘씩 복원되기 시작하면서 예전의 아름다움을 되찾아가고 있다. 구세주 사원 이외에, 1994년 붉은 광장 북쪽에 17세기 원형대로 복원된 카잔의 성모 사원도 소련 붕괴 이후 대대적으로 재건된 교회 건물들 가운데 하나이다. 이런 교회 건물들에서 거행되는 정교회 예배의 화려하면서 웅장하고 엄숙한 모습은 신자들에게뿐만 아니라, 예배의식에 우연히 참석한 여행객이나 이방인에게도 마음속 깊은 감동을 선사하기에 충분하다. 그래서 혹자는 블라디미르 공후가 정교회를 국교로 받아들인 것은 마치 지상 천국을 보는 듯이 화려하고 장엄한 정교회 예배 의식에 반했기 때문이라고 말하기도 한다.

복원된 카잔의 성모 성당

부활절 축제에 사용되는 빵 쿨리치

러시아어로 '파스하'(paskha)로 불리며 '불행과 고난의 극복'을 뜻하는 부활절이 되면 러시아 정교회 사원들은 예배를 보러온 신자들로 발 디딜 틈이 없다. 특히 총대주교 알렉시 2세가 집전하는 구세주 사원의 부활절 예배는 공영 텔레비전 방송에서 생중계한다. 부활절에는 정교 신자 여부와 관계없이 집집마다 부활절 달걀을 삶아 색을 칠하고, 부활절에 먹는 특별한 빵 '쿨리치'를 굽는다. 특히 식품점이나 대형 슈퍼마켓에서는 빵 구울 시간이 없는 바쁜 사람들을 위해서 쿨리치를 산더미처럼 쌓아놓고 판매하는 부활절 반짝 특수를 누리기도 한다. 부활절에 사람들은 '예수께서 부활하셨습니다'라는 인사말에 '진실로 부활하셨습니다'라고 화답한다. 이날 러시아 사람들은 먼저 교회 예배에 참석한 다음 가족들의 묘지를 둘러보고, 저녁에는 가족 친지들이 모두 모여 부활절 기념 저녁식사를 하곤 한다.

과거 소련 시대에는 부활절 예배를 원천 봉쇄하기 위해 일부러 이 날에 맞춰 주민들을 소집하는 식수행사 같은 것을 시행하기도 했다. 이날 나무를 심어 조성한 길에는 소련식으로 '우정의 오솔길' 같은 이름들이 붙여지곤 했다. 지금 이런 오솔길들은 러시아 지역에서나 흔히 볼 수 있는 특색 없는 길로 사람들의 기억에서 사라지고 있지만, 러시아 정교회의 부활절 행사는 해를 거듭할수록 화려해지고, 전 국민의 축제가 되고 있다. 요즘 러시아에서는 부활절 전의 사순절 동안 육식을 금하는 정교회의 식사법을 지키려는 사람들을 겨냥해서 사순절 특별 메뉴를 따로 준비하는 식당들도 등장하고 있다.

요즘 모스크바의 제과공장들은 부활절 시기가 다가오면 600~700톤 정도의 쿨리치를 시내 각 상점에 공급한다. 가격은 무게에 따라 다르지만, 대략 50~300루블 정도 한다. 한편 부유층을 상대로 하는 고급 제과점들은 이탈리아, 스페인, 영국 등지에서 수입한 고가의 쿨리치를 판매한다. 가격은 최고 만 루블, 우리 돈으로 37만 원 정도까지 나가는 것도 있다.

최근에는 부유층의 호사스런 취미에 부응하기 위해 타조 알에 손으로 정성스레 그림을 그려 넣은 부활절 달걀까지 등장했고, 제정 러시아 시대의 명품 파베르제 부활절 달걀을 모사한 제품도 100~1,500달러 정도에 팔리고 있다. 달걀에 예술품처럼 그림을 그려서 개당 100~300달러

크렘린 궁 사원을 향해 기도하는 순례자들

정도에 판매되는 부활절 달걀을 장식용으로 구입하는 것도 유행이 되었다. 교회 성찬용 포도주 '카고르' 도 예외가 아니어서 유럽 가톨릭 수도원에서 수사들이 직접 만든 제품들은 한 병에 수천 달러씩 하는 높은 가격에도 불구하고 부활절이 다가오면 구하기가 힘든 형편이다.

러시아에서는 행인들이 길을 걷다가도 교회 옆을 지나가게 되면 교회 십자가를 향해 성호를 긋는 모습을 자주 볼 수 있다. 또한 교회나 사원, 수도원 옆을 지날 때 운전자들이 그곳을 향해 성호를 긋는 풍경도 자주 목격된다. 시골에서는 더운 여름에 웃통을 벗고 다니는 꼬마들의 목에 예외 없이 은으로 만든 십자가 목걸이가 걸려있는 것도 발견할 수 있다. 이러한 모습들은 러시아 사람들이 남녀노소 상관없이 러시아 정교와 긴밀한 연관을 맺고 있다는 것을 보여준다.

2004년 통계에 따르면, 러시아 정교회는 총 26,590개의 교구, 652개의 수도원, 2,253개의 사회복지센터(보호센터, 양로원, 무료급식소 등), 9,468개의 주말학교, 441개의 청년센터를 관장하고 있는 방대한 조직이다. 여기서 짐작할 수 있듯이 외형적으로는 물론, 국민들의 정신세계와 일상생활에서도 러시아 정교회가 차지하는 비중은 의심할 여지가 없다.

정교회의 부활, 신화인가? 실제인가?

최근의 한 연구 결과에 따르면, 러시아 주민의 상당수는 스스로를 '신앙을 가진 사람' 이라고 말하기보다는 '정교 신자' 라고 여기는 경향이 강한 것으로 나타났다. 또한 1999년 러시아와 핀란드 학자들이 러시아, 우크라이나, 벨라루스에서 공동으로 진행한 "옛 교회, 새 신자들" 이라는 연구 결과에 따르면, 전체 러시아 응답자 중 82%가 정교회에 충실한 편이라고 답했으며, 3개국 전체 응답자 중 42%가 정교 신자인 것으로 나타났다.

그런데 러시아 응답자 중에서 신앙을 가진 사람의 98%, 냉담자의

90%, 불신자의 50%, 심지어 무신론자의 40%도 스스로를 정교 신자라고 여기는 기현상이 벌어져 연구자들을 놀라게 했다. 그래서 이 같은 통계 자료를 바탕으로 연구자들은 대다수 러시아 사람들에게 정교회는 종교가 아니라, 러시아의 특성과 정신적 가치를 상징하는 것이라는 결론을 내리고 이런 현상을 '이념적 정교' 로 정의했다.

'이념적 정교' 가 종교적 의미의 '정교' 와 다른 점은 우선 교회 예배와 의식을 잘 지키지 않고, 교회를 정기적으로 다니지 않는다는 것이다. 다른 구소련 국가들이나 루마니아, 불가리아, 세르비아, 그리스에서도 상황은 마찬가지였다. 종교에 대한 개념이 불분명한 러시아 사람들의 이런 태도는 특히 국민 대부분이 스스로를 신자로 여기는 세르비아의 경우와 흡사하다.

하지만 사회학자들의 견해는 약간 다르다. "World Value 2000~2003" 의 설문조사결과에 따르면, 세르비아 성인의 7%만 일주일에 한번 정도 교회를 다니는 것으로 나타났다. 이와 대조적으로 가톨릭 신도가 많은 슬로베니아와 크로아티아에서는 같은 범주에 속하는 신자의 수가 22% 정도에 달했다.

예배 참석과 교회 방문 횟수 외에 신자의 자격을 판단할 수 있는 기준들, 예를 들어 기도 횟수와 암송 능력, 성경 숙지도, 고해성사 여부, 성직자와의 교류 정도, 성체성사 참여 여부 등의 측면에서도 '이념적 정교 신자' 들은 신자로서의 자격이 미흡한 것으로 나타났다.

이처럼 '이념적 정교 신자' 는 교회에 잘 나가지 않을뿐더러, 자기가 믿는 종교에 관한 지식도 일천한 경우가 대부분이다. 따라서 자칭 신자들 가운데 상당수는 절충적인 종교 신념의 소유자들이다. 어떤 사람들은 교회의 교리와 반대되는 민간신앙 요소들을 함께 신봉하고 있기도 하다. 일부 정교회 사제들은 이처럼 그릇된 종교적 확신과 선입관이 교회에 다니는 정교 신자들 사이에서도 상당히 만연돼 있다고 말한다.

이렇다 보니 '자칭 정교 신자' 의 대다수는 기껏해야 아주 가끔 기도하고, 특정한 정교 축일 몇 가지만 지키고, 종교의식도 몇 개정도만 행하는 수준에 머물고 있다는 것이 연구자들의 일반적 인식이다. 자기가 믿는 종교에 대한 기초지식이 부족하고 예배 참석도 뜸하다 보니 정교회 신자들은 종종 마법이나 무속, 점성술에 빠져들기도 하고, 신비주의나 사교에 현혹되기도 한다.

이와 관련하여 모스크바 근교 클린 교구의 삼위일체 수도원장 티혼 수사는 '정교 신자들은 슬라브 이교사상의 인종민속학적 잔재들이 정교 교리에 위배되지 않는다고 생각하거나, 아예 정교적인 것으로 규정한다' 고 말한다. 이런 잔재의 대표적인 예로 그는 '쿠티야' (망자의 추도식에서 먹는 삶은 쌀과 꿀로 만든 죽)처럼 어떤 정해진 날에 함께 모여 추도 음식을 먹는 것 등을 꼽았다. 러시아 국민 가운데 적지 않은 사람들은 이와 같은 장례 후 의식들을 알고 있을 뿐만 아니라, 지금은 바쁜 도시 일상 때문에 잘 지키지는 못하지만 이것이 정교적인 전통이라고 생각한다.

한편, 교회를 다니며, 신앙의 기초지식을 가지고 생활 속에서 교리를 실천하는 진정한 의미의 러시아 정교 신자의 수는 과연 얼마나 될까? "옛 교회, 새 신자들" 의 연구 결과에 따르면, 정교문화와 민족의식의 영향으로 스스로를 정교 신자라고 생각하는 '이념적 정교' 신자를 제외한 '전통적 의미' 의 정교 신자 수는 1996년과 99년에 각각 6%와 7%정도인 것으로 나타났다.

그렇다면 러시아에서는 왜 이런 현상이 발생하고 있는 것일까? 교회 의식에 평생 한 번도 다니지 않고, 복음서를 제대로 읽지도 않고, 정교의 규범을 알지도 못할뿐더러 생활 속에서 지키거나 실천하지도 않는 평범한 대다수 러시아인들은 왜 스스로를 정교 신자라고 생각하는 것일까?

일각에서는 20세기 말 시작된 '정교회의 부활' 이 사실은 종교 그 자체로서의 부활이 아니라, 정교와 동일시된 민족주의의 부활이라고 말한다. 이것이 지금 러시아와 다른 구소련 국가들에 널리 퍼진 '이념적 정교' 의 모습이라는 것이다. 러시아인들은 정교를 일정한 종교체계로만 받아들이는 것이 아니라, 그들에게는 너무나 자연스러운 어떤 문화적 영

러시아 삶속의 정교회 의식

역이자 민족적 삶의 모습이다. 그래서 '러시아인이기 때문에 정교 신자이다' 라는 가정이 그들에게는 너무도 쉽고도 자연스럽게 받아들여진다.

이런 맥락에서 정교회 문제 전문가 트로스트니코프가 말하는 '러시아인' 과 '정교 신자,' 이 두 개념의 상관관계에 대한 논증은 매우 흥미롭다. 두 개념은 얼핏 보면 서로 상충되는 영역이 없어 보인다. 하지만 '정교 신자' 라는 개념을 정교신앙을 믿고, 정교교회에 다니는 신도로 이해하지 않고, 정교문화권에 속하는 사람으로 이해한다면, '러시아인이기 때문에 정교 신자' 라는 등식은 나름대로의 정당성을 확보할 수 있다. 트로스트니코프는 이것이 종교적 기준보다는 더 분명하고 명확하다고 생각한다.

대다수 러시아 국민에게 정교는 개인적 종교가 아니라, 문화적, 인종적, 이념적 정체성의 표식이 된다. 그래서 많은 러시아 사람들은 교회를 정기적으로 다니지도 않으면서도 단지 러시아의 일상생활 속에 녹아있는 정교로부터 전래된 풍습을 유지하거나 따른다는 이유 하나만으로 스스로를 정교 신자로 간주하는 지도 모른다.

그렇다면 이처럼 문화적 요인에 의해 종교정체성과 민족정체성을 일치시키는 러시아 사람들의 생활 속 종교의 모습은 어떤 것일까? 물론 많은 선량하고 전통적인 정교 신자들은 정교 원리들을 생활 속에서 실천하며 살고 있다. '비판하지 마시오. 비판당하는 자가 되지 않으리니' 등과 같이 경구처럼 울리는 성경 구절들은 그들에게 겸허한 행동지침이

되고 있다. 하지만 정교 원리의 기본 이해도 부족하고 정교를 생활문화로서 받아들이다보니 그들에게 러시아 정교는 기복적인 것이 될 수밖에 없었다. 특히 급변한 사회 구조 안에서 내일의 일을 알 수 없는 불안감이 사람들 사이에 팽배했던 1990년대는 그런 경향이 훨씬 더 강했을 것이다.

러시아판 '모래시계'로 많은 인기를 모았던 TV 드라마 『올리가르키』는 그 당시 불법적인 방법으로 부를 축적하고 신분상승을 꿈꾼 폭력조직의 세계를 보여준다. 여기서 조직폭력 세계를 맨몸으로 헤치고 경쟁을 통과한 '형제들'이 자신들의 비즈니스가 본궤도에 오르자 가장 먼저 한 일은 교회를 찾아 세례를 받는 것이었다. 오늘 저녁 집으로 가는 차안에서든 내일 점심 식사를 하는 식당에서든 언제 총알 세례를 받을지 모르는 그들이 세례를 받고 목에 건 고가의 십자가는 불안한 세계에 살고 있는 그들에게 일말의 정신적 안도감을 제공해주는 것이었다.

이런 점에서 한 지방 교회의 신부가 겪은 경험담도 흥미롭기 짝이 없다. 신부의 말에 따르면, 지역 폭력조직의 '형제들'이 종종 찾아와 교회 건물 복원을 위한 성금을 내고 가곤 했다고 한다. 그런데 하루는 그들이 매우 흥분한 상태로 찾아와서는 이렇게 말했다. '신부, 우리를 위해 기도를 좀 해주시오. 조만간 센 놈들하고 한바탕 해야 할 것 같소.' 그 후 신부는 이 일을 까맣게 잊고 있었는데, 어느 날 갑자기 밖에서 쾅쾅 창문 두드리는 소리가 들려왔다. 예전의 그 '후원자들'이 찾아온 것이었다. 그런데 하나같이 피투성이 몰골을 하고 있던 그들 가운데 한 사람이 한 말이 더욱 가관이었다. '이보시오, 신부! 신부가 기도를 잘 못했더라고! 우리 얘들이 이렇게 당하고 말았잖아! 그러니 우리 돈 도로 내놔!' 뻔뻔함에 할 말을 잃은 신부는 그 길로 KGB 요원 양성학교 출신의 아는 신부를 찾아가 이 일을 '세속적으로' 조용히 처리했다고 한다.

현대 러시아 정교회가 직면하고 있는 가장 비극적인 상황은 최근 빈번해진 성직자 살해사건들에서 찾아볼 수 있다. 최근 15년 동안에만 28명의 정교 성직자가 살해되었기 때문이다. 살인은 주로 강도들에 의해

정교회 사원 입구의 성물 판매소

저질러졌는데, 강도의 원래 표적은 정교교회의 성화(ikona)나 성물, 기타 집기들이었다. 2007년 4월 23일 니즈니 타길에서는 1월 6일 발생한 살인사건의 유력한 용의자로 두 명의 남자가 체포되었다.

성탄 전야(구력을 따르는 러시아에서는 1월 7일이 성탄절이다) 예배를 거행하던 베드로와 파벨 사원에 만취한 상태로 찾아온 이들은 예배가 끝나기만을 기다리고 있었다. 마침내 신자들이 모두 돌아가자 이들은 홀로 남아 있던 원장 신부 올레그 스투피치킨의 머리를 금속 둔기로 내려쳐 살해하고 약 2,500달러 상당의 성화와 금장 성화함을 훔쳐 달아났다. 게다가 이들은 범행 흔적을 없애기 위해 사원에 불을 지르려고까지 했다.

2006년 겨울에 있었던 성직자 일가족 살해사건은 전 러시아 사회를 충격과 경악으로 몰고 갔다. 트베리의 한 작은 교회에서 일어난 방화로 안드레이 니콜라예프 신부와 그의 아내, 어린 세 아이들이 목숨을 잃었기 때문이다. 모스크바 총대주교청에 따르면, 사망한 니콜라예프 신부는 이전에도 방화로 추정되는 화재를 겪은 적이 있었고, 술 취한 사람들이 교회의 성화와 집기들을 훔쳐간 적도 여러 차례 있었다. 그래서 니콜라예프 신부는 밤마다 총을 들고 교회를 지켰지만 끝내 참변을 당하고 말았다.

정교회 관계자의 말에 따르면 시골 교회에 도둑이 드는 것은 거의 일상적인 일이 되었다고 한다. 값비싼 성화만을 표적으로 삼는 전문 털이범들도 있지만, 팔아서 돈 될 만한 것은 모조리 훔쳐가는 사람들이 태반이라고 한다. 이 사건을 보도한 신문 기사 제목에서 알 수 있듯이 오늘날 러시아에서 성직에 종사한다는 것은 체제 비판적인 글을 쓰는 기자보다도 훨씬 더 위험한 일이 되어버렸다. 러시아에서는 권력의 비리를 캐는 기자들이 폭발물이 든 소포를 받거나 암살을 당하는 사건들이 간혹 벌어지는데, 성직자들은 이보다도 더 심한 위험과 위협에 직면해 있다.

정교가 부활하여 사회적 영향력을 날로 확대하고 있다는 오늘의 러시아 사회에서 왜 이런 비극이 일어나는 것일까? 경제, 정치, 계층 구조 등 사회 전반이 불안했던 지난 15여 년 동안 러시아 정교는 일종의 유행처럼 확산되었던 것이 사실이다. 환수된 교회와 수도원 건물들이 정부의 재정지원으로 다시 깨끗한 색으로 갈아입고 재건축되는 등 외형상 러시아는 정교 국가의 면모를 회복하는 듯 했다. 하지만 불안감 해소나 기복신앙에 치우친 나머지 정교 본연의 신앙을 회복하는 사람들의 수는 그렇게 많지 않다. 십자가를 목에 걸고 '러시아인이기 때문에 정교 신자' 라고 자신의 정체성을 규정해 보았지만, 이런 유행을 따른 피상적 신앙을 가진 신자들은 곧바로 혼돈에 빠지거나 초자연적 현상을 믿거나, 그도 저도 아니면 종교에 무관심해졌다.

러시아 정교회가 소비에트 시대 이후를 제대로 대비하지 못했던 것도 이런 현상을 부채질한 원인 가운데 하나로 볼 수 있다. 소비에트 시대에 정교는 사회적으로 게토화되어 교육수준이 낮거나 피동적인 계층을 주요 포교대상으로 삼고 있었다. 이런 까닭에 정교회는 소비에트 체제가 사라진 이후 교회에 나오게 된 고학력 전문가 계층 출신의 새로운 신자들에게 충분한 이념적 대안과 답변을 제대로 제공해주지 못했다. 그래서 신앙을 찾아 왔던 많은 사람들은 실망하지 않을 수 없었다.

게다가 포스트소비에트 시대에 들어와서 소비에트의 비밀문서들이 하나씩 공개되는 과정에서 사람들은 러시아 정교가 공산주의 정권에 협력했다는 것을 알고 더 깊은 실망감을 갖게 되었다. 여기에 더해서 러시아 사람들의 생활양식이 점점 서구화나 미국화 길을 걷게 되자 러시아 사회에 미치는 정교의 영향력도 한계에 부딪히고 있다. 이런 생활상의 변화와 더불어 점증하는 종교 무관심도 러시아 정교가 해결해야 할 과제 가운데 하나이다. 또한 러시아 정교회는 종교의 자유가 허용된 페레스트로이카 시기 이후 빈 틈새를 노리고 들어온 서구 가톨릭이나 개신교 교회들과도 경쟁하지 않으면 안 되는 상황에 놓여 있다.

어쨌든 러시아의 종교 붐, 특히 러시아 정교의 부활이 한시적 유행으로 끝날 것 같지는 않다. 앞에서 말했듯이 러시아 정교는 러시아 민족의 정체성과 밀접히 연관되어 있기 때문이다. 하지만 그렇기 때문에 러시아 정교 앞에 놓인 과제인 진정한 정교 신앙의 회복은 더욱 큰 의미를 가진다. 진정한 정교 신앙의 회복이야말로 스스로를 정교 신자라 부르는 러시아 사람들의 80%가 교회를 정기적으로 다니지 않는 이 진기한 현상을 해결할 수 있을 것이다.

진정한 정교 문화의 부활은 웅장한 구세주 사원의 건물 복원 같은 외형적 측면에만 있지 않다. 진정한 러시아적 정체성을 찾는 길은 정교회 정신문화의 전통을 현 상황에 맞게 부활시켜 급속한 변화의 소용돌이 속에 놓여 있는 현대 러시아 사람들에게 정신적 토대를 만들어주는 데에 있을 것이다.

다양한 종교의 전시장

종교의 자유가 허용된 페레스트로이카 시기 이후 현대 러시아 종교계는 지금 전혀 새로운 상황을 맞이하고 있다. 종교의 자유가 허용되자 정교 이외에도 다른 종교나 종교단체의 수가 급증하고 있고, 이에 따라 종교단체의 경쟁도 점점 심해지고 있다.

2000년 바티칸의 공식 통계자료에 따르면 러시아 연방 내 가톨릭 신자는 128만 명 정도이다. 327개 교구와 51개 선교센터에서 192명의 신부와 312명의 수녀가 활동하고 있다. 하지만 최근 조사결과에 따르면 신실한 가톨릭 신자는 대략 15만 명 정도로 집계된다. 가톨릭은 이미 1991년에 교황청 사무처를 모스크바, 노보시비르스크, 카라간다에 설치했고, 1999년에는 사라토프와 이르쿠츠크에 사무처 두 곳을 더 개설했다. 이처럼 가톨릭은 지난 15여 년 동안 확연하게 눈에 띌 정도는 아닐지라도 조금씩이나마 교세를 확장하고 있는 중이다.

그러나 러시아내 가톨릭 신자의 대다수가 폴란드계인데다 역사적으로도 가톨릭과 러시아는 원만한 관계에 있지 못했기 때문에 러시아 정교회가 가톨릭을 바라보는 시선은 그렇게 곱지만은 않다. 모스크바 시내 전역에 가톨릭 성당이 단 두 곳 밖에 없다는 현실이 이를 잘 대변해준다.

모스크바의 가톨릭 교회 모습

개신교의 경우에도 각종 종파가 모스크바에서 활발한 포교 사업에 나서고 있다. 요즘 모스크바 거리에서는 미국계 개신교회들이 시민들에게 홍보 전단을 나눠주는 모습도 흔히 볼 수 있다. 하지만 이런 교회들을 선호하는 사람들 중에는 미국인과의 접촉을 원하는 사람들이나 영어로 진행되는 예배 특성상 영어를 터득하려는 사람들이 적지 않다. 한국 개신교회의 경우, 현재 10여 개 교회가 각기 건물을 빌려 매주 예배를 여는 등 목회와 봉사활동을 활발히 펼치고 있다. 특히 일부 한국 개신교회에서는 러시아어를 유창하게 구사하는 담임 목사가 현지 한국인들뿐만 아니라, 고려인들과 러시아인들을 대상으로 예배를 집전하기도 한다.

한편, 러시아의 제임스 딘으로 불리는 세르게이 보드로프가 주연한 영화에서는 그의 아파트 방 한 칸을 임대하는 한국인 선교사가 등장하여 화제가 되기도 했다. 많은 외국인 선교사 중에서 유독 한국인 선교사에게 방을 임대해주는 영화 장면의 설정은 러시아 사람들도 감내하기 힘들었던 1990년대 초 격변기에 온갖 난관을 마다하지 않고 러시아에 들어와 꿋꿋하게 활동한 한국인 선교사들의 모습이 그들에게 강한 인상을 심어주었기 때문이 아닌가 싶다.

1990년대 이후 러시아에서는 건전한 종교 활동을 펼치는 가톨릭이나 개신교 교회들과 현격한 대비를 이루는 신비주의 성격의 사교 단체들이 사회의 음습한 곳에서 우후죽순처럼 생겨났다. 소비에트 시절에 억압을 받던 무속 신앙 등이 다시 고개를 들고 나타났고 각종 점성술과 예언 서적들도 무수하게 쏟아져 나왔다. 초자연적 힘을 믿는 사교들도 흔히 볼 수 있게 되었다. 이런 사이비 종교단체들은 신도 수가 얼마 되지는 않지만, 문제는 젊은이들이 멋모르고 여기에 깊이 빠져들고 있다는 점이다. 뿐만 아니라, 이런 단체들의 신도들 중에서 상당 부분을 차지하고 있는 사람들은 사회적 역할과 영향력이 큰 고학력자들이다. 그래서 자칫 잘못하면 이들이 언제든지 사회 불안요소로 폭발할 위험성도 적지 않다.

최근 들어와서 사교 단체들이 활개를 치고 있는 원인 가운데 하나는 적잖은 러시아 사람들이 기존 종교에서 만족감을 얻지 못한 데서 찾을 수 있다. 특히 교육 수준이 높은 사람들에게서 나타나는 어떤 영적 갈구나 추구가 다양한 모습을 띠고 표출되고 있는데, 기존 종교는 이들의 다양한 욕구에 제대로 부응하지 못하고 있다. 과도기 사회에서 특징적으로 발견되는 오컬티즘이나 유사종교들의 신비주의 경향도 또 다른 원인으로 지목할 수 있다. 러시아의 경우 1990년대 시장경제체제로 이행하던 시기에 이런 현상이 특히 두드러졌다. 이를 반영이라도 하듯 이 시기 러시아 문학에서도 신비주의 경향이 일정한 힘을 발휘했는데, 유리 마믈레예프의 작품들이 단적인 예라 할 수 있다.

거리에서 손금점을 보는 사람

이와 더불어 러시아 정교 내의 여러 이단 교파들도 소비에트 시기의 잠복상태에서 벗어나 다시 표면 위로 부상하고 있는 상황이다. 그러나 러시아 정교의 가장 중요한 문제점은 외부에 있기보다는 자체 내에 있었다고 할 수 있다. 정교는 현재 러시아 사회에서 자기 위치를 명확하게 규정하지 못하고 있다. 현대 러시아는 정교일치 국가가 아니다. 포스트소비에트 시대 러시아에서 정교는 제정 러시아 시대와 같은 공식적인 국교 지위를 갖지 못하고 있다. 하지만 러시아 정교는 세속 권력에 통치되는 국가에서 사실상 국교와 같은 존재이고 또 그렇게 활동하고 있다. 정치, 경제, 사회, 문화, 교육 등 세속 국가의 거의 모든 분야에서 교회의 역할이 점점 확대되고 있기 때문이다. 이렇게 현재 러시아에서는 정교와 권력의 관계라는 미묘한 문제가 다시 한 번 수면 위로 떠오르고 있다.

정교와 정치권력

1980년대 후반 고르바초프의 개혁과 개방 정책에서 러시아 정교회는 각종 혜택을 많이 받았다. 1985년 소련 당국은 정교회에 교회건물과 부동산만을 돌려준 것이 아니라 각종 면세 특전까지 제공해 주었다. 또한 정교회는 이 무렵의 소련 당국이나 그 이후 러시아 연방 정부로부터 교회나 사원 건물의 복원에 많은 국고지원을 받았다. 2004년에는 러시아 정부가 성직자 연금을 국가예산에서 지급하도록 결정하기도 했다.

요즘 러시아 정교회가 적어도 정신적이고 도덕적인 측면에서 국가권력과 권위에 적극적 지지를 보내고 있는 것도 바로 이런 배경에서이다. 그렇다보니 종교와 권력 사이의 관계도 그 어느 때보다도 긴밀해졌다. 종교의 자유가 허용된 1990년대부터 현재에 이르기까지 러시아에서는 종교와 권력의 유대관계가 계속 강화되고 있다. 사실 러시아 역사에서 국가권력과 정교는 전통적으로 밀접한 관계에 있었다. 그런데 최근에는 정교뿐만 아니라, 이슬람이나 유태교, 불교 등도 권력과의 긴밀한 관계 구축에 적극적으로 나서고 있어 흥미를 더한다. 철학자이자 종교학자인 미트로힌의 표현을 빌자면, 1990년대 초부터 국가와 종교의 관계에서 '모든 것이 급변했다.' 이 시기부터 정교나 이슬람 고위 성직자들의 권력욕이 점점 더 확연해지기 시작했던 것이다.

정교회의 영향력이 날로 강해지고 있다는 것은 주지의 사실이다. '종교 없이는 러시아의 미래도 없다!' 는 간결하고 강력한 슬로건은 오늘날 러시아 사회에서 정교회가 무엇을 추구하고 있는지를 분명하게 말해준다. '정교문화의 기초' 나 '신학' 을 의무교육과정의 교과목으로 지정하려는 러시아 정교회의 시도는 이런 슬로건의 구체적 실천 사항 가운데 하나로 볼 수 있다.

그렇지만 모스크바나 페테르부르크 등 대도시 학교들에서는 각기 다른 종교를 갖고 있는 아이들이 적지 않다. 정교 신자도 있지만, 이슬람 신자도 있고, 유태교 신자나 불교신자도 있으며, 개중에는 무신론자도 더러 있을 수 있다. 지금 러시아의 대도시들은 종교적 배경이 다른 여러 민족과 인종이 함께 어울려 생활하고 있는 공동의 공간이다. 그래서 다민족, 다종교 국가인 러시아의 교육과정에 특정 종교와 관련된 과목이 필수교과목으로 채택된다면, 민족이나 인종 사이의 갈등이나 반목이 발생할 수 있고, 자유민주주의의 기본 원칙도 파괴될 수 있다.

이와 관련하여 모스크바 이슬람대학 총장인 무르타진은 '러시아는 정교국가가 아니다. 러시아는 이슬람을 포함한 모든 종교가 동등한 권리를 누릴 수 있는 민주주의 국가다' 라고 말한 바 있다. 또한 러시아 과학아카데미 산하 사회과학학술정보연구소장으로 학술원 회원이기도 한 세르게이 피보바로프는 러시아와 같은 다종교 국가에서는 어떤 한 종교의 역할이 지나치게 강조돼서는 안 된다고 말하면서 '정교의 기초' 대신 '세계종교사' 과목을 도입하자고 주장하기도 했다.

하지만 러시아 사회에서 중심 위치를 차지하며 일정한 영향력을 행사하고자 하는 정교회의 노력은 이미 시작된 지 오래이다. 또한 정교회가 현실 정치에 미치는 영향력도 무시할 수 없을 정도이다. 2007년 11월 19일 푸틴 대통령은 12월 총선을 앞둔 상황에서 정교회 지도부와 회견을 가졌다. 때가 때인지라 정교회는 이 행사가 총선과 어떤 관련도 없다

총대주교 알렉시 2세(왼쪽)와 푸틴 대통령

고 강력 부인했지만, 총선 관련 얘기가 회담의 주된 내용이 되었을 것이다. 러시아 정교회는 일찍이 옐친 전 대통령의 선거운동에도 깊숙이 관여하여 그의 지지 운동에 대한 반대급부를 얻어낸 경험이 있다.

크렘린은 이번 총선을 푸틴 대통령 개인에 대한 신뢰를 묻는 국민투표 성격으로 몰아가고 있다. 하지만 크렘린이 가장 우려하는 것은 국민들의 총선 무관심과 낮은 투표율이다. 낮은 투표율로는 국민투표의 성격을 말하기가 곤란하기 때문이다. 그래서 푸틴은 벌써 여러 차례에 걸쳐 러시아 사회의 오피니언 리더들에게 투표율 제고를 위해 힘써달라고 요청한 바 있다. 각 지역 교육기관장들과 만난 자리에서 푸틴은 교육재정 확충을 약속했고, 이슬람교 지도자들과의 면담에서는 러시아의 무슬림들이 과거처럼 성숙한 시민의식으로 투표권을 꼭 행사해주길 바란다고 당부했다.

이런 점에서 크렘린에게 가장 필요한 존재는 풍부한 인적, 물적 자원을 갖고 있는 러시아 정교회이다. 1996년 대통령 선거처럼 상황이 그렇게 급박해 보이지는 않지만, 카네기센터 연구원 알렉세이 말라쉔코가 지적한 것처럼, 정교회의 지지는 푸틴 대통령의 권위에 정당성을 더해주는 강력한 효과를 발휘하게 될 것이다. 물론, 정교회 지도부는 정교회의 '가장 중요한 신자' 인 푸틴 대통령을 도울 준비가 이미 되어 있다.

모스크바 대주교청의 대외담당국 부국장 마르크 주교는 이렇게 말한다. '기독교적 겸양은 정치적 수동성과 동의어가 아니다. 정치적 수동성은 소비에트 시대의 콤플렉스이다. 바로 이 콤플렉스를 극복하는 것이야말로 교회가 해결해야 할 과제이다. 따라서 권력에 대한 관계에 무관심해서는 안 된다.' 이렇게 교회는 신도들에게 적극적인 선거 참여를 호소하며 자신들의 정치적 입지를 능동적으로 다지고 있다.

이와 같은 지지에 대한 암묵적인 보상은 이미 가시화되고 있다. 2007년 11월 13일 개정된 교육법과 '양심의 자유와 종교단체에 대한 법' 에 따라서 종교 교육기관들은 국가인증 졸업장을 발급할 수 있게 되었다. 이 개정안은 푸틴 대통령의 직접 지시에 따른 것이었다. 이로써 종교학교 졸업생들이 국가기관에서 복무할 수 있는 기회의 문이 열리게 되었다. 그래서 어쩌면 이들은 머지않아 러시아의 행정 및 사법 기관들에서 중요한 자리를 차지할 수 도 있을 것이다.

'정교 루스' 회의에 함께 참석한 성직자와 정치인

정교회의 정치적 입장을 대변하는 정교시민연합은 최근까지도 연방교육프로그램이 아닌 지역교과목 자격으로 각 지역학교들에 도입된 '정교문화의 기초' 과목을 삭제하지 말아달라고 호소해 왔다. 그런데도 11월 13일의 개정안에는 이 지역교과목이 삭제되어 있었다. 마르크 주교는 크렘린에서 있을 대통령과 정교지도부와의 면담에서 이 문제가 논의될 수 있음을 시사했다.

2007년 11월 2일에는 구세주 사원에서 영적, 도덕적 근본 가치들을 토론하는 전 세계 러시아인 회의 '정교 루스' (pravoslavnaia Rus')가 개최되었다. 초청된 인사들은 각 정당의 고위당직자들이었다. 러시아 정교 대표자들은 회의 홍보에서 이 행사가 선거운동의 일부가 절대 아님을 밝혔지만, 참석한 정치인들은 주제발표에서 임박한 선거 이야기를 빼놓지 않았을 뿐만 아니라, 반대편을 공격하는 기회도 놓치지 않았다. 정교회는 이런 식으로 정치인들에게 기회를 제공해준 셈이 되었고 정치인들은 이 기회를 십분 활용했다. 정교회는 이렇게 러시아 현실 정치에서 중요한 한 부분이 되었다.

러시아 사회 전반에 걸친 정교회의 영향력 확대는 자칫하면 다양성을 기반으로 하는 민주주의를 위협하는 요인이 될 수도 있다. 이것이 점증하는 민족주의 정서와 결합하여 타종교나 타인종에 배타적인 의식구조를 형성한다면 향후 러시아가 국제사회에서 담당할 역할에도 심각한 걸림돌이 될 수도 있다. 러시아가 동과 서 중간의 지정학적 위치를 발판으로 국제사회에서 중재자 역할을 원활하게 수행하기 위해서는 먼저 내부의 다민족, 다종교 사회를 조화롭게 융화시키는 일이 급선무일 것이다.

문준일

제3장

소비에트 노스탤지어

'우리가 잃어버린 소련'

1985년 3월 74세의 콘스탄틴 체르넨코가 권좌에 앉은 지 13개월 만에 병으로 갑자기 사망하자 그 뒤를 이어 54세의 젊은 미하일 고르바초프가 소련 공산당 서기장이 되었다. 집권하자마자 고르바초프는 경제적으로 침체된 소련 사회에 활력을 불어넣기 위해 페레스트로이카와 글라스노스트를 앞세운 과감한 자유화 정책을 실시했다. 하지만 이미 쇠약해 질대로 쇠약해진 환자에게 고르바초프가 서둘러 처방한 치료약은 환자를 기사회생시키는 명약이 아니라 순식간에 죽음으로 빠뜨리는 극약이 되고 말았다.

만병통치약처럼만 보였던 그의 개혁과 개방 정책은 오랫동안 시름시름 앓아왔던 소련이라는 공룡국가의 온갖 사회적 질병을 치료해주기는커녕 오히려 치명상을 입히는 정반대 결과를 초래했던 것이다. 그리하여 한때 세계를 호령할 정도로 막강한 힘을 자랑했던 소련 제국은 1991년 고르바초프의 개혁과 개방 정책이 실시된 지 6년 만에 역사의 뒤안길로 허망하게 사라졌다.

고르바초프는 베를린 장벽 붕괴와 독일 통일로 상징되는 냉전 종식에 크게 기여했다는 이유로 노벨 평화상까지 수상하는 등 지금도 서방 세계에서는 좋은 평가를 받고 있다. 하지만 러시아 내에서 그는 나라를 한순간에 말아먹은 사람이라는 역사적 오명과 굴레에서 자유롭지 못하다. 그가 추진한 자유화 정책의 여파로 일어난 소련 붕괴는 그 직후 러시아 사람들에게 주체할 수 없을 정도로 많은 자유를 가져다주었지만, 동시에 그만큼의 엄청난 혼란과 고통을 그들에게 안겨주었기 때문이다. 다시 말해 소련이 붕괴되면서 많은 러시아 사람들은 이전의 안정된 생활을 빼앗겼을 뿐만 아니라, 세계 강대국 국민이라는 자부심도 한 순간에 잃어버렸다.

실제로 소비에트 체제 해체 직후 새로운 러시아가 출범하면서 많은 러시아 사람들은 그 동안 억눌려왔던 자유의 공기를 여러 부분에서 마음껏 호흡할 수 있게 되었다. 또한 자유화 물결을 타고 잃어버린 과거 역사의 복원 작업도 활발하게 진행되었다. 국호와 국가, 국기와 국장 등 신

루이비통 광고 모델 고르바초프

생 러시아 국가의 이념이나 체제를 공식적으로 대표하거나 뒷받침하는 상징체계의 대대적인 정비가 이루어졌는가 하면, 많은 도시, 광장, 거리의 옛 이름이 복원되기도 했다. 한 마디로 '우리가 잃어버린 러시아'(1992년에 나온 스타니슬라프 고보루힌의 다큐멘터리 영화 제목)의 복원 작업이 숨 가쁘게 진행되었다.

하지만 갑자기 찾아온 무한 자유와 과거 복원이 러시아 사람들의 생활을 하루아침에 개선시켜준 것은 아니었다. 오히려 정반대 현상이 러시아 사회 각 부문에서 일어났다. 소련 붕괴 직후 정치, 경제체제가 사회주의에서 민주주의로, 공산주의에서 자본주의로 급전환되면서 당시 러시아에서는 1917년 10월 혁명 직후 못지않은 엄청난 사회적 혼란이 발생했고 파국적 상황에 대한 불안감도 팽배했다.

특히 1990년대 초반 시장경제체제 도입은 소련 시절의 사회보장제도에 익숙해 있던 많은 러시아 사람들에게 막대한 불편과 피해를 불러왔다. 1990년대 초 거센 자본주의화 물결 속에서 발생한 살인적 인플레와 루블화 폭락은 러시아 민초들의 삶을 당장의 생계를 걱정해야 할 만큼 심각한 상황으로 몰아넣었다. 이런 혼란기를 틈타 정경유착 등 부정한 방법으로 막대한 부를 챙긴 올리가르키 같은 극소수 특권층이 생겨나기도 했지만, 당시 러시아 국민 대다수는 극심한 사회적 혼란으로 거의 패닉 상태에 빠져 있었다.

이렇게 극도로 열악한 상황에서 비록 윤택하지는 못했을망정 안정된 생활을 할 수 있었던 소비에트 시절에 대한 노스탤지어가 러시아 사람들의 마음속에 조금씩 번져나가기 시작했다. 과거의 소비에트 생활방식이 많은 사람들에게 아련한 향수를 불러일으켰던 것이다. 더욱 아이러니한 것은 그런 사람들 중에는 소련식 생활의 편협성이나 한계성, 지루함 등에 대해 앞장서서 불평과 비난을 서슴지 않았던 사람들까지도 포함되어 있었다는 사실이다.

실제로 소비에트 시절에는 아무리 보잘 것 없었다 하더라도 직장이 보장되었고, 풍찬노숙을 피할 수 있는 집과 생계비가 기본적으로 제공되었다. 그래서 당시에는 사람들이 집이나 직장을 마련하고 생계비를 벌기 위해서 소련 붕괴 직후나 지금처럼 그렇게 생계를 걱정하며 악착같이 열심히 일하지 않아도 되었다.

또한 소비에트 시절의 가정과 직장에서는 구성원들 사이에 진한 동지애와 충성심이 넘쳐흘렀다. 집안에서는 자녀들이 부모들을 공경했고 집밖에서는 아랫사람이 윗사람에게 예의를 갖췄다. 당시에는 거리를 돌아다녀도 소련 붕괴 직후나 지금처럼 심각할 정도로 그렇게 불안하지도 위험하지도 않았다. 치안상태가 비교적 잘 유지되었기 때문이다. 지금도 심심치 않게 러시아에서 들려오는 스킨헤드의 행패나 각종 범죄에 관한 소식들은 그 전에는 거의 들어볼 수 없었다. 소비에트 시절에는 학문과 문화도 지금처럼 그렇게 천대받지 않고 국민들로부터는 무한한 신뢰를, 국가로부터는 든든한 지원을 받았다.

무엇보다도 과거에는 거의 모든 국민이 높은 수준의 교육 혜택을 골고루 받을 수 있었다. 그래서 교육은 소비에트 시절 최고의 사회보장제도로서뿐만 아니라, 핵심 가치로서도 지금까지 많은 사람들 사이에서 기억되고 있다. 이 밖에 소비에트 시절에는 국민들이 포르노그래피나 마약 등 도덕적 타락과 육체적 질병에 빠지지 않도록 국가가 나서서 적극 보호해주었다.

특히 유리 가가린으로 대표되는 소련의 우주 개발 성공은 미국조차도 강한 경쟁심과 질투심을 느꼈을 정도로 대내적으로는 국민들에게 조국에 대한 강한 자부심을 심어주었고 대외적으로는 초강대국 소련의 위상을 한껏 제고시켜주었다. 그래서일까? 소련이 역사 속으로 사라진 지 어언 16년이 지났고 소련 시절의 과오가 쓰라린 상처로 아직 남아 있음에도 불구하고, 다른 한편으로 적지 않은 러시아 사람들의 마음속에는 '우리가 잃어버린 소련' 에 대한 향수가 감지되는 것도 부정할 수 없는 사실이다.

'사라진 아틀란티스'의 추억

예나 지금이나 러시아 문화에 고유하게 나타나는 의식이나 감정에서 흥미로운 점 가운데 한 가지는 시간을 대하는 러시아 사람들의 특별한 태도이다. 러시아 사람들은 앞을 내다보고 미래에 대한 계획을 세우는 것보다는 과거를 기억하고 뒤를 돌아보는 것을 더 좋아하기 때문이다. 또 러시아에서는 미래보다도 과거가 더 예측하기 어렵다고 하는 역설적인 말도 있는데, 여기에는 러시아 사람들이 현재나 미래보다도 과거를 더 소중히 여긴다는 의미도 포함된다. 또한 '러시아 영혼'(russkaia dusha)의 본질적 부분도 미래 시간보다는 과거 시간에 더 깊은 관련이 있다.

이와 관련하여 러시아 역사학자 바실리 클류체프스키나 문학교수 스베틀라나 보임 같은 사람들은 의미론적 울림이 너무나 커서 외국어 번역이 불가능하다고 하는 '토스카'(toska)라는 말을 러시아 영혼의 본질 가운데 하나로 지목했다. 굳이 우리말로 옮기자면 우수나 우울, 동경에 가까운 의미를 갖는 이 말은 떠나온 공간이나 지나간 시절에 대해 러시아 사람들만이 갖는 말로 형용키 어려운 애틋한 정서나 특별한 심리를 가리킨다.

러시아에서는 과거가 이렇게 중시되다보니 과거를 기억하지 못하는 사람에 대해 '뻐꾸기마냥 기억력이 없다'고 경멸스럽게 말하기도 한다. 그렇다면 러시아 사람들은 왜 이렇게 과거에 집착하는 것일까? 가장 쉽게 설명하자면, 과거에서 그들은 도덕적 지침이나 심리적 위안, 미래 행위에 대한 근거를 찾고 있기 때문일 것이다. 이러한 경향은 오늘날에도 어렵지 않게 찾아볼 수 있지만, 소련 붕괴 이후 사회적 혼란이 극에 달했던 1990년대 중반에 가장 두드러졌다.

그래서 당시 러시아 사람들 중에는 소련이라는 '사라진 아틀란티스'의 삶을 기억하고 그리워하는 사람들이 적지 않았다. 1996년 새해에는 TV 방송 『중요한 것에 대한 옛 노래들』이 첫 전파를 타자마자 대성공을

인기 TV프로 『중요한 것들에 관한 옛 노래들』

거뒀다. 소련 시절의 옛 노래들에 많은 러시아 사람들이 진한 향수를 느끼며 열광했기 때문이다. 이를 두고 일부 분석가들은 옛날 시절로 돌아가고자 하는 러시아 사람들의 감춰진 열망이 겉으로 드러난 것이라고 말하기도 했다.

방영 첫해 대히트를 기록한 이 방송은 이듬해에도 후속작을 내보냈다. 이렇게 소련 시절의 옛 노래들이 뜻밖의 호응을 얻게 되자 다른 방송사들도 유사 방송을 제작해 내보냈다. "러시아 라디오-2"가 대표적인 경우이다. 특히 이 방송사는 2002년에 창사 기념 파티를 열면서 '우리 조국은 소련이다' 라는 구호를 내걸어 화제가 되었다. 이런 파티 제목도 흥미로웠지만, 파티에 내놓은 소련 시절의 음식도 관심의 대상이었다. 좋았던 옛 시절에 대한 향수를 자극하기에 충분한 올리브 샐러드, 살라미 소시지, 독한 보드카, 살짝 끓여 익힌 배 등이 나왔기 때문이다. 파티가 끝날 무렵에는 참석자 모두에게 정어리, 캐비아, 완두콩 통조림, 오데사 훈제 소시지, "스톨리치나야" 보드카, 절인 청어가 하나씩 기념 선물로 제공되었다. 흥미롭게도 소련식 웰빙을 상징했던 이 음식들은 소련 시절 흔히 볼 수 있던 그물가방 '아보시카' (avos' ka)에 담겨 있었다.

이뿐만이 아니었다. 소시지나 카펫, 대중가요들에 이르기까지 과거 소련 시절의 온갖 생활상을 정감 있게 묘사한 방송 시리즈 『옛날 아파트』도 1990년대 내내 해마다 거르지 않고 계속 방영되면서 러시아 사람들의 심금을 울리며 엄청난 인기를 끌었다. 이렇게 소비에트 과거에 대한 이야기가 러시아 사람들의 마음속에 진한 향수를 불러일으키며 좋은 반응을 얻게 되자 소비에트 시절에 제작된 오래된 흑백영화들도 봇물 터지듯 쏟아져 나와 극장의 스크린이나 TV 브라운관을 통해 절찬리에 상연되었다. 러시아 사람들이 히틀러의 나치 독일을 물리쳐 세계를 구했다며 대단한 자긍심을 갖고 말하는 2차 세계대전 당시의 노래들도 CD에 담겨 발매되면서 다시 한 번 큰 호응을 얻었다.

모든 러시아 사람들이 과거만을 고집하는 것도 아니고 지나간 과거가 전부 좋았던 것만도 아니다. 하지만 적어도 1990년대보다 먹고 살기가 한결 나아진 오늘날에도 러시아 사람들이 소비에트 과거나 생활방식에 대해 적잖이 향수를 느끼고 있다는 것은 부정할 수 없는 사실이다. 여기에는 러시아 역사의 한 부분이 담겨 있을 뿐만 아니라, 소중히 간직해야 할 긍정적 가치나 덕목들도 상당히 포함되어 있기 때문이다. 1990년대 옐친 시대에 대대적으로 진행되었던 무분별한 과거 청산 작업이 2000년대 푸틴 시대에 들어와서 과거 포용 정책으로 바뀌게 된 이유도 어쩌면 이런 데서 찾을 수 있지 않을까 싶다.

소비에트 르네상스

2007년은 러시아에서 '볼셰비키 혁명,' '10월 혁명,' '붉은 혁명' 등으로 다양하게 불리는 사회주의 혁명이 일어난 지 정확히 90년이 되는 해였다. 한편, 2006년은 소위 말하는 '트로츠키 음모' 가 일어난 지 80년이 되는 해이기도 했고 스탈린의 '대숙청' 이 자행된 지 70년이 되는 해이기도 했다. 이렇게 2006~7년은 러시아 사람들에게 소비에트의 과거가 악몽처럼 기억되는 때가 되었지만, 동시에 그것이 새롭게 부활하는 조짐이 여기저기에서 뚜렷이 감지되기 시작한 때가 되기도 했다. 실제로 2006~7년을 전후로 하여 러시아 사회의 주요 영역들에서는 가히 '소비에트 르네상스' 라고 부를 수 있을 만큼 소비에트 시절의 문화가 되살아나는 현상들이 자주 눈에 띄고 있다.

이와 관련하여 가장 먼저 주목할 만한 것은 러시아의 군사력 증강과 군사비 증액 계획이다. 2006년 국정 연설에서 푸틴 대통령은 '러시아는 외국의 정치적 압력에 맞서기 위해서라도 강력한 군대가 필요하며 국방 예산을 증액해야 한다' 고 말하면서 마치 과거 소련 시절에 그랬던 것처럼 미국에 맞서 본격적인 군비 경쟁을 시작하기라도 하겠다는 의사를 내비쳤다. 또한 푸틴은 2007년 8월 러시아 국방부에 군사력 증강을 위해 군용기 생산을 늘릴 것을 독려하기도 했고 러시아를 군사장비 생산 선도 국가로 만들겠다는 목표를 밝히기도 했다.

이 무렵 러시아 공군은 소련 해체 이후 처음으로 핵무기 장착이 가능한 장거리 전략폭격기 편대를 대서양과 태평양, 북극 상공에 띄워 러시아의 군사력이 건재하다는 것을 대내외에 과시했다. 이렇게 최근 들어서 러시아가 보여주고 있는 심상치 않은 군사적 행보에 대해서 전문가들은 소비에트 군사주의 문화와 의식의 복귀가 아니냐는 우려 섞인 관측을 조심스럽게 내놓고 있다.

하지만 소비에트 문화 부활 조짐은 러시아의 군사력 증강 행보에서만 발견되고 있는 것은 아니다. 보드카 상표로도 사용되고 있고 우리나라의 택배사 이름에서도 볼 수 있듯이 KGB라는 말은 요즘에 과거처럼 그렇게 무시무시한 울림을 주지는 않는다. 그런데 푸틴 대통령을 비롯하여 과거에 KGB와 직간접으로 관련되었던 사람들이 현재 러시아 정부 요직을 거의 장악하고 있거나 사회 곳곳에서 왕성하게 활동하고 있어 러시아 정보기관이 다시 한 번 세간의 관심 대상이 되고 있다.

과거 KGB는 소련 공산당의 '방패와 칼' 이었다. 하지만 소비에트 시절에 KGB 출신이 권력구조 안에서 차지하는 비율은 전체 KGB 출신 중에서 11%를 결코 넘지 않았다. 이와는 대조적으로 포스트소비에트 러시아에서는 연방과 지방을 통틀어 주요 정치인 가운데 약 78%가 과거의 KGB나 현재의 FSB와 관련되어 있다. 이는 정보기관(원들)의 역할과 위상이 과거 소비에트 시절 못지않게 커졌다는 것을 의미한다. 그러나 푸틴 시대 이후 미래의 러시아 건설에서도 이들이 계속해서 힘을 발휘하게 될 지는 더 두고 봐야 될 것이다.

이 밖에 소비에트 문화의 부활 움직임은 소련 시절 공산주의 교육을 확산시키고 미래의 공산당원을 양성하기 위해 만들어진 청년조직, 일명 '콤소몰'('레닌의 전연방공산주의청년연맹')을 연상시키는 청년단체 '나시'(우리들)의 활동에서도 찾아볼 수 있다. 이 단체는 2년 전 푸틴 대통령의 고향인 페테르부르크에서 창설되었고 결성 과정에서 크렘린으로부터 행정적, 재정적 지원을 많이 받았다. 나시는 당시 그루지야, 우크라이나 등 구소련 일부 국가들에서 거세게 불었던 '색깔혁명'의 바람이 러시아로 번지는 것을 사전에 차단하고 러시아에 반정부 사상이 유포되는 것을 방지하기 위해 결성되었다.

러시아 연방보안국 FSB 마크

하지만 나시의 주요 활동 목표는 '강한 러시아 만들기'라는 푸틴 정부의 국정 목표와 이념을 설파하고 실행하는 것이다. 그래서 청년 회원들은 틈만 나면 '우리는 러시아를 강하게 만들어야 한다'고 목소리를 높인다. 이런 이유로 나시는 '푸틴의 신병기,' '푸틴의 친위대' 등으로 불리기도 한다.

이렇게 푸틴을 위해 만들어진 나시는 현재 회원이 약 20만 명으로 러시아 주요 도시에 50개의 지부를 갖고 있다. 이런 나시의 활동이 최근 국제사회에 널리 알려지게 된 것은 2006년 7월 모스크바 주재 영국 대사 안토니 브렌튼이 반 푸틴 세력 모임에 참석했다는 이유로 수개월 동안 이 단체 회원들에게 감시를 받았다는 소식이 전해지면서였다.

또한 2007년 5월 나시 회원들은 에스토니아의 수도 탈린에 세워져 있던 2차 세계대전 참전 소련군 병사의 기념 동상이 철거되자 이에 항의하기 위해 모스크바 주재 에스토니아 대사관에 난입하기도 했다. 이와 함께 그들은 에스토니아의 주요 정부기관들에 한꺼번에 엄청난 양의 스팸

소련 시대 군복을 입고 있는 '나시' 대원

메일을 보내 에스토니아 인터넷 망에 대혼란을 일으키는 사이버테러를 감행했다. 이때 그들이 보여준 일사불란한 행동 체계는 군사행동을 방불케 하는 것이었다.

점점 더 과격해지고 군사 조직화되고 있는 나시의 이런 모습을 두고 일각에서는 중국의 문화혁명 당시 악명이 높았던 홍위병의 행동에 비유하기도 하고 히틀러의 청년 조직 '히틀러 유겐트' 에 견주기도 하지만, 내부적으로는 그 원형을 소비에트 시절의 콤소몰 조직에서 찾는 사람들이 적지 않다. 나시 회원들은 푸틴의 친위대라는 말답게 그의 초상이 그려진 셔츠를 입고 붉은 바탕에 하얀 십자가 문양이 새겨진 깃발을 앞세우고 다닌다. 이들은 특히 옛 소련군의 제복을 자주 입고 다니는데, 이런 그들의 모습에서 사람들은 소비에트 문화의 향수와 부활 움직임을 지적한다. 실제로 나시 회원들은 옛 소련의 힘을 공공연하게 찬미하는 정치적 수사를 서슴지 않고 매년 열리는 여름 캠프에서는 소련군 병사의 제복을 입고 기초 군사훈련을 받기도 한다.

캠프 활동에서나 다른 여러 활동에서 충성도가 높고 열성적인 나시

회원들은 과거 소비에트 시절의 콤소몰 단원들이 그랬던 것과 흡사하게 정부 기관이나 국영 기업체로부터 다양한 후원과 특혜를 받기도 한다. 예를 들면, 나시 회원들은 대학의 경영대학원에 무료 등록하여 여기서 기업경영이나 홍보활동, 정부행정 등을 익힌다. 이후 그들은 가즈프롬, 로스네프트 같은 거대 국영 기업이나 ORT, TV6 등 국영 방송사 등에서 인턴으로 근무하기도 한다.

하지만 날로 커져가는 나시의 역할 증대와 세력 확장, 군사조직화와 과격화 양상을 지켜보면서 러시아내 반정부 인사들이나 해외 전문가들은 하나같이 러시아의 미래 향방에 대해 불안감을 감추지 못한다. 점점 호전적이 되어 가는 청년 단체가 크렘린의 적극적인 지원과 비호 아래 국수주의 사상을 앞세우고 거리를 활보하고 있기 때문이다. 그래서 향후 러시아 대선 정국이나 푸틴 이후 시대에 나시가 어떤 역할과 활동을 보여줄지 사뭇 궁금해진다.

돌아온 소비에트 문학

소련 붕괴 이후 최대 위기를 맞기도 했던 러시아 출판계에서 요즘 들려오는 반가운 소식 가운데 한 가지는 일반 사람들의 기억에서 사라진 줄로만 알고 있던 소비에트 문학 작품들이 하나둘씩 돌아오고 있다는 사실이다. 특히 2006년부터 러시아 서점가에서 눈에 띄게 부쩍 늘고 있는 소비에트 문학 작품들 중에는 불라트 오쿠자바, 유리 트리포노프, 미하일 불가코프, 안드레이 플라토노프, 바실리 악쇼노프, 아나톨리 리바코프 등 우리도 익히 알고 있는 작가들의 작품뿐만 아니라, 소비에트 체제 해체 이후 아무도 거들떠보지 않던 사회주의 리얼리즘 계열 군소 작가들의 작품들도 적잖게 포함되어 있어 러시아 출판계의 비상한 관심을 끌고 있다. 실제로 최근 한두 해 사이 러시아에서는 소비에트 시절 공상과학 소설로 유명했던 스트루가츠키 형제에 대한 관심이 크게 증가했으며 키르기스스탄 출신의 작가 친기스 아이트마토프의 선집도 그의 몇몇 신작 소설들과 함께 서점가에서 많이 팔리는 보기 드문 현상이 벌어지고 있다.

또한 얼마 전에는 페테르부르크에 본사를 두고 있는 러시아 최대 인터넷 서점 "오존"(www.ozon.ru)에서 베스트셀러 목록에 오른 작가는 놀랍게도 현대 러시아 독자들에게 그 이름도 생소한 소비에트 시대 작가 블라디미르 사닌이었다. 1928년에 태어나 1989년에 사망한 이 작가는 러시아의 극지방 개척사에 관한 소설들을 많이 썼는데, 그의 작품들은 당시에도 비평가들의 이맛살을 찌푸리게 한 것으로 유명했다. 그런데 얼마 전부터 그의 작품들이 재간되어 서점가에 선을 보이기가 무섭게 팔려나가고 있다고 한다.

뿐만 아니라, 소련 시절 시베리아에서 소비에트 권력이 확립되는 과정을 둘러싼 이야기를 주요 내용으로 하는 사회주의 리얼리즘 계열의 생소한 작품들도 1~2년 전부터 정기적으로 출판되고 있다. 이 작품들은 이름 있는 현대 작가들의 작품만큼 그렇게 많이 팔려나가고 있지는 않지만, 러시아 독자들이 호기심에서든 시대의 기념으로서든 꾸준히 찾고 있다고 한다.

소련 붕괴 직후 소비에트 유산이 격렬하게 부정되고, 시장경제체제 아래에서 순수 고전문학마저도 크게 퇴조한 마당에 소비에트 시대의 문학이 러시아 독자들에게 사랑 받는다는 것은 언감생심 꿈도 꿀 수 없는 상황이었다. 1990년대 당시 러시아 독자들의 관심은 서점가를 휩쓴 범죄소설이나 추리소설, 연애소설이나 역사소설 등 상업주의 작품들에 더 많이 경도되어 있었기 때문이다. 이런 상황에서는 러시아 문화의 자랑거리인 19세기 러시아 고전문학 작품들도 고전을 면키 어려웠다.

2000년대에 들어와서도 사정은 크게 달라지지 않았다. 다만, 빅토르 펠레빈, 타티야나 톨스타야처럼 고전의 전통을 이으면서 새로운 글쓰기를 시도하는 몇몇 작가들의 일부 진지한 작품들만이 베스트셀러 목록에도 오르며 순수문학의 명맥을 겨우 이어갈 수 있을 따름이었다. 그런데 이런 상황에서 2006년부터 러시아 출판계와 서점가에 소비에트 시절의 문학 작품들이 하나둘씩 되돌아오면서 러시아 문단과 출판계 일부에서 '소비에트 문학이 돌아온다' 는 소리가 들려오기 시작했다.

그렇다면 이런 현상의 원인은 어디에서 찾을 수 있을까? 무엇보다도 먼저 소련 붕괴 이후 지난 16년 동안 러시아 사회에 팽배해진 상업주의와 물질만능주의 문화에서 그 원인을 찾을 수 있을 것이다. 시장경제체제 하에서 사람들이 자꾸만 물질적인 측면에 집착하게 되면서 정신적인 측면이 그만큼 황폐해지고 공허해졌기 때문이다. 이와 함께 소비에트 시절의 문화적 진지함이 힘을 잃고 경박스럽고 천박한 풍조가 만연했다. 그러나 사회적 분위기가 이런 방향으로 계속 흘러가게 되자 한두 해 전부터 양식 있는 러시아 사람들 사이에 반성과 성찰의 기운이 일면서 과거의 가치와 유산에 대한 관심도 점차 되살아났다.

소련 해체 이후 독자들로부터 한 동안 눈길조차 받지 못했던 소비에트 문학에 대한 관심도 이런 맥락에서 이해할 수 있다. 요즘 러시아 서점가에서 소비에트 시대 작가들인 이삭 바벨, 보리스 필리냑, 레프 구밀레프스키의 작품 선집들이 새롭게 출판되어 예상외로 많이 팔리고 있는 것도 이런 이유 때문일 것이다. 이 밖에 프세볼로드 이바노프, 레오니드 레오노프, 발렌틴 카타예프, 콘스탄틴 시모노프의 작품들도 새로운 관심 대상이 되고 있다.

다시 돌아온 소비에트 문학

이렇게 최근 한두 해 사이에 러시아 문화에서 새로운 현상으로 떠오른 소비에트 시대 문학 작품들의 복귀를 설명해줄 수 있는 또 다른 이유는 지난 15여 년 동안 러시아 사람들

사이에서 전반적으로 깊어진 과거에 대한 망각을 반성하고 그 유산을 냉정하게 재평가하자는 시대적, 사회적 요구에서 찾을 수 있다. 실제로 요즘 러시아 문화계와 지성계에서는 사람들이 그 동안 너무나 많은 것을 망각하고 있었다는 자성의 목소리가 심심치 않게 들린다.

이렇게 러시아 사람들이 잊고 있었던 것 중에는 역사적으로나 미학적으로도 일정한 가치를 지니는 소비에트 시대의 문학 작품들도 물론 포함된다. 사회주의 리얼리즘의 대표 작가 중 한 사람으로 소설 『궤멸』로 유명한 알렉산드르 파데예프를 비롯하여 콘스탄틴 페진, 유리 본다레프, 블라디미르 텐드리야코프 등도 러시아 문화사의 엄연한 한 부분이기 때문에 이제는 이들에 대해서도 재평가를 해야 할 시점이 되었다고 말하는 사람도 있다.

소비에트 문학의 복귀 현상은 새로운 읽을거리가 조금씩 바닥을 드러내고 있는 러시아 출판계의 최근 현실에서도 그 원인을 찾을 수 있다. 이것은 러시아 독자들이 1990년대를 풍미했던 각종 상업주의 소설들에서 새롭거나 흥미로운 내용을 더 이상 찾지 못하고 있는 데서 빚어지고 있는 현상이기 때문이다. 이처럼 러시아 독자들이 새로운 관심거리를 찾아 가까운 과거로 눈을 돌리게 되면서 그 동안 기억에서 사라졌던 소비에트 시대의 문학 작품들도 조금씩이나마 다시금 빛을 보고 있다. 그러나 이것이 반짝 현상에 그치지 않고 계속 이어져 큰 흐름을 형성할 수 있을지는 미지수이다.

스탈린, 영웅인가? 폭군인가?

모스크바의 루뱐카 거리는 과거에 KGB의 이름과 거의 동격으로 취급되곤 했다. 이곳에 악명 높은 KGB 본부가 위치해 있었기 때문이다. 그래서 지금도 러시아 사람들이나 외국의 러시아 관련 종사자들 중에는 루뱐카라는 말에 곧장 KGB를 떠올리는 사람들이 적지 않다. 그런데 과거 KGB(지금의 FSB) 본부 건물에서 멀지 않은 곳에 "방패와 칼"이라는 이름의 간판을 내건 레스토랑이 문을 열고 있어 흥미를 자아낸다.

이 레스토랑이 흥미를 끄는 이유는 1990년대 후반부터 러시아 사람들 사이에서 조금씩 확산되고 있는 소비에트 노스탤지어 때문이다. 하지만 이 레스토랑에서 풍기는 소비에트 노스탤지어는 "방패와 칼"(KGB의 별명)이라는 이름에서만 느껴지는 것은 아니다. 그것은 레스토랑의 이름에서뿐만 아니라, 여기서 일하는 주방장의 화려한 경력에서도 쉽게 찾아볼 수 있다.

레스토랑 주방장은 소비에트 시절 크렘린 궁의 특별 주방에서 30년 동안 일했다고 한다. 이때 그는 미코얀, 브레즈네프, 안드로포프 등 소련 공산당과 정부 요인들의 식탁을 책임졌다. 요즘도 가끔씩 그는 50년대 스탈린의 요리책에 등장하는 각종 진미들이나 60~70년대 크렘린 궁 식단에 오르곤 했던 음식들을 손님들에게 선보인다. 그러나 레스토랑의 소비에트 노스탤지어 마케팅 전략은 이것으로 그치지 않는다. 레스토랑 인테리어도 온통 소비에트 시대 요인들의 초상화, 20~40년대 소련군 제복과 견장 등으로 장식되어 있기 때문이다.

레스토랑 "방패와 칼"

이 중에서 특히 눈길을 끄는 것은 소비에트 시절 비밀경찰 수장이나 간부들의 초상화들이다. 레닌 시기의 제르진스키와 스탈린 시기의 베리야는 물론이고, 대통령으로 선출되기 이전의 푸틴의 초상화도 걸려 있다. 여기에 더해서 소비에트 시절을 풍미했던 애국주의 음악이 끊임없이 흘러나온다. 이런 이유 때문인지 근처에 있는 FSB 관계자들이 특히 이곳을 자주 찾는다고 한다.

이 모든 것이 무엇을 의미하는 것인지는 자명해 보인다. 이것은 소련 붕괴 직후 민주주의 시위대들이 루뱐카에 몰려가 제르진스키의 동상을 끌어내린 지 15여 년이 지난 이 시점에서 적지 않은 러시아 사람들이 스탈린주의에 대해 향수를 느끼고 있다는 단적인 증거로 볼 수 있다. 실제로 레스토랑 매니저는 '우리는 어른이 유년 시절을 바라보듯이 그렇게 우리의 과거를 바라본다. 우리는 우리 역사를 사랑한다' 라고 떳떳하고도 자랑스럽게 말한다. 이러한 스탈린주의에 대한 향수나 부활 움직임은 2005년 5월 9일 거행된 연합군의 승전 60주년 기념일을 기점으로 하여 더욱 노골적으로 드러나기 시작했다.

이 무렵 남부 도시 오룔에서는 스탈린 동상을 세우고 그 이름을 딴 거리를 지정할 수 있게 해달라고 연방 정부와 의회에 요청하기도 했다. 또한 소련 붕괴 이전까지 스탈린그라드로 불렸다가 그 이후 볼고그라드라는 원래 이름을 되찾은 도시에서는 1945년 얄타 회담 당시 스탈린, 루즈벨트, 처칠이 나란히 앉아 찍은 사진이 4미터 높이의 동판 기념상으로 제작되었다. 당시 일부 시민들은 스탈린그라드라는 이름을 다시 사용하자고 주장하기도 했다.

한편, 공산당 당수 주가노프는 '우리는 진실을 방어하고 스탈린의 위대한 이름을 복원해야 한다' 고 목청을 높이면서 사람들에게 스탈린 동상에 진흙을 던지는 짓을 그만두라고 호소했다. 이 밖에 돈-스트로이(Don-Stroi) 건설사는 모스크바 시내에 스탈린 시대의 건축양식을 그대로 모방한 초고층 주택단지 "트리움프-팔라스"를 건설하여 세계의 이목을 집중시켰다.

이처럼, 집권 당시 수많은 사람들을 투옥하고, 고문하고, 죽인 것으로 악명이 자자했던 스탈린이 최근 러시아 사람들 사이에서 긍정적 평가나 생각을 불러일으키고 있어 비상한 관심을 사고 있다. 많은 전문가들은 이런 현상을 두고 러시아 역사의 퇴보이자 권위주의 문화의 복귀라고 진단하면서 깊은 우려를 표명한다. 혹자는 스탈린주의 정서가 주로 친공산주의 성향의 지역들이나 교육 수준이 낮은 사람들, 노년층이나 빈민층에서 나오고 있고, "방패와 칼" 레스토랑과 돈-스트로이 건설사의 예에서 알 수 있듯이 스탈린 향수가 주로 돈벌이 수단으로 이용되고 있기 때문에 그렇게 호들갑을 떨 필요는 없다고 말하기도 한다. 하지만 2005년 7월 러시아 젊은이들을 대상으로 사라 멘델슨 교수 등이 실시한 설문조사는 이런 우려가 단순한 호들갑이 아니라는 사실을 잘 입증해준다.

조사 결과, 스탈린이 현명한 지도자였냐는 질문에 응답자의 51%가 그렇다고 대답했고, 그렇지 않다고 대답한 사람은 39%였다. 스탈린이 2차 세계대전 승리에 혁혁한 공을 세웠다는 것에 동의하느냐는 질문에는 61%가 동의했고, 28%만이 동의하지 않았다. 이와 비슷하게 스탈린이 나쁜 일보다는 좋은 일을 더 많이 했다는 것에 56%가 동의했고 1/3만이 동의하지 않았다. 또한 스탈린이 잔인한 폭군이었느냐는 질문에는 의견이 거의 반반으로 갈렸는데, 43%가 그렇다고 응답했고, 47%는 그렇지 않다고 말했다.

한편, 스탈린이 수백 만 명의 무고한 시민들을 투옥하고, 고문하고, 죽였다는 사실에는 70%가 동의했지만, 약 40%는 요즘 사람들이 대숙청에서 스탈린의 역할을 두고 너무 과장해 말하는 경향이 있다고 말했다. 이런 결과에서 알 수 있듯이, 요즘 러시아 젊은이들은 스탈린이 러시아 역사에서 부정적인 인물이라는 일반적 견해에 전적으로는 동의하지 않는다.

이런 현상은 소비에트 시대에 일어난 비극적 사건들에 대한 언급들이 최근 러시아 고등학교 교과서에서 점점 사라져왔던 것과 무관하지 않은 것처럼 보여 심각성을 더해준다. 게다가 최근 러시아 정부가 승인

소비에트를 항상 승리로 이끄는 선장 스탈린

한 교과서 『교사들을 위한 책: 현대 러시아 역사, 1945~2005』는 스탈린이 '소련의 가장 성공적인 지도자' 라고 쓰고 있을 정도이다.

실제로 포스트소비에트 러시아 시대, 특히 2000년대 푸틴 시대에 들어와서 스탈린의 이미지는 '잔혹한 학살자' 에서 '위대한 지도자' 로, '폭군' 에서 '영웅' 으로 조금씩 바뀌고 있다는 느낌이 뚜렷이 감지된다. 더 큰 문제는 이런 분위기가 일반 사람들 사이에서뿐만 아니라, 국가 지도자에게서도 느껴지고 있다는 사실이다. 이와 관련하여 일각에서는 죽은 스탈린이 살아 있는 푸틴 대통령에게 추종할 가치가 있는 '소중한 역할 모델' 로까지 비춰지고 있다고 지적한다.

얼마 전 푸틴은 2차 세계대전 직후 소련군에 점령당한 후 소련에 강제 편입된 발트 해 국가 지도자들의 상처받은 마음을 달래주기 위해서 스탈린을 가리켜 폭군이라고 말했다. 하지만 그는 곧이어 '스탈린은 히틀러가 아니었다' 고 덧붙여 말하기도 했다. 푸틴의 이 같은 언급은 스탈린에 대한 그의 인식이 어떤 것인지를 가늠해 볼 수 있게 해준다. 그의 말은 전쟁이라는 극한 상황에서는 스탈린이 저지른 악행도 그렇게 대수롭지 않다는 듯한 느낌을 주고 있기 때문이다. 이처럼 스탈린에 대한 평가는 극과 극을 달리고 있는데, 어쨌든 스탈린은 푸틴 시대와 그 이후 시대 러시아 국가의 정체성에서 아주 중요한 역할을 담당할 것임에 틀림없다.

한편, 소련 붕괴 전후로 몇 년 동안 러시아에서는 스탈린 개인과 그 주변 사람들, 더 나아가 그가 지배한 시대까지 비판적 시각으로 바라보는 영화들이 잇따라 출시되어 러시아 사람들에게 스탈린주의의 공포를 환기시켜주었다. 뱌체슬라프 크리쉬토포비치의 『아담의 갈비뼈』(1990), 이반 딕호비치늬의 『프로르바』(1992), 세르게이 리브네프의 『낫과 망치』(1994), 니키타 미할코프의 『태양에 지친 사람들』(1994), 파벨 추흐라이의 『도둑』(1997), 알렉세이 게르만의 『흐루스탈료프, 자동차!』(1998) 등이 대표적인 반(혹은 탈)스탈린주의 영화들이다. 이 중에서 "위선의 태양"이라는 제목으로 한국에도 소개된 바 있는 미할코프의 영화 『태양에 지친 사람들』은 아카데미 최우수외국어 영화상을 수상하면서 스탈린의 비밀경찰조직 NKVD(인민내무위원회)가 저지른 만행을 다시 한 번 전 세계에 알려주었다.

그러나 스탈린에 대한 향수가 노년층이나 청년층 할 것 같이 러시아 국민 사이에 조금씩 번져나가는 현 시점에 와서 정작 러시아 영화계는 아직까지 특별한 반응을 보이지 않고 침묵하고 있다. 문학계에서는 2006년 초에 나온 바실리 악쇼노프의 소설 『모스크바...크바 크바』가 스탈린주의를 재조명하는 거의 유일한 작품이다. 따라서 전통적으로 러시아에서 '사회적 양심'으로 불려왔던 문화예술인들과 지식인들이 스탈린이라는 '뜨거운 감자'를 어떻게 바라보고 어떤 반응을 보여줄지 예의 주시할 필요가 있다.

러시아의 역사 다시쓰기

2007년 4월 23일 보리스 옐친 전 대통령이 세상을 떠났다. 20세기 말 격동의 러시아 역사 현장 한복판에 섰었던 그가 세상을 떠나자 그에 대한 기억과 평가도 줄을 이었다. 그는 1991년 8월 20일 보수파의 쿠데타 당시 시내로 진입한 탱크에 올라가 시민들을 향해 쿠데타에 반대하고 민주주의를 사수하자고 격정적인 연설을 토해내면서 전 세계의 이목을 끌었다. 이때 그가 보여준 영웅적 행동은 민주투사의 이미지로 러시아 사람들에게뿐만 아니라, 전 세계인들에게도 기억 속에 깊이 각인되었다. 이 사건을 시작으로 고르바초프의 실각과 소련 붕괴가 이어졌고 곧 이어 옐친은 새로운 러시아의 대통령이 되었다. 러시아 연방의 대통령으로서 옐친은 다당제 선거제도와 사유재산제, 언론자유 등 서구식 민주주의와 시장경제체제를 잇따라 도입했다.

그러나 옐친에 대한 긍정적 평가는 이것이 전부이다. 자유 수호자이자 민주주의 투사로서 옐친의 초창기 이미지와 인기는 이후 벌어진 의회 건물에 대한 박격포 공격, 어설픈 경제개혁으로 야기된 사회 혼란과 경제 위기, 부정부패의 만연 등 각종 실정으로 곤두박질친다. 게다가 그는 두 번에 걸친 집권 기간 동안 일국의 지도자로서 보여줘서는 안 될 부적절한 언행과 처신으로 자주 구설수에 오르면서 개인적 이미지는 물론이고 국가적 이미지까지 실추시키는 일이 많았다.

이와 관련하여 옐친이 사망하기 직전 실시된 "유리 레바다 센터"의 여론조사에 따르면, 러시아 국민 가운데 9%만이 그에 대해 긍정적 이미지를 갖고 있었다. 나머지 중에서 33%가 중립적 입장을 보였고, 55%는 부정적 태도를 나타냈다. 옐친 정부에 대한 평가도 응답자의 70%가 부정적 대답을 했을 정도로 참담한 것이었다.

다른 한편으로, 옐친은 집권하자마자 새로운 러시아 역사에서 소비에트 과거를 지우는 작업에 박차를 가했다. 당시 옐친 정부 하에서 러시아는 제도적, 상징적 차원에서 최대한 소비에트 유산을 전면 부정하거나 거부했다. 당시 분위기에서 소비에트 과거는 혐오 그 자체였던 것이다. 이 같은 소비에트 유산에 대한 전면 부정은 새롭게 출범한 러시아 국가의 정체성을 재정립하는 역사 다시쓰기 차원에서 전개되었다. 하지만 러시아 역사에서 소비에트 과거와 유산을 무조건 부정하고 지우거나 외면하는 것만이 능사는 아니었다. 포스트소비에트 시대에도 소비에트 과거와 유산은 많은 러시아인들의 삶 속에 깊이 뿌리박혀 있어서 전면적으로 청산하는 것도 힘들었을뿐더러 그 중 일부는 긍정적 측면도 적잖이 내포하고 있었기 때문이다.

그리하여 옐친 시대를 거쳐 푸틴 시대로 이어지는 과정에서 러시아의 역사 다시쓰기 작업은 소비에트 과거 유산을 완전히 지우거나 바로잡는 형태로 전개되기도 했지만, 그 가운데 긍정적 가치를 담고 있거나 기억할 만한 부분들은 '러시아의 것'으로 새롭게 변용시키는 형태로 진행되기도 했다. 일례로, 소련 해체 이후 러시아는 옐친 대통령이 러시아 고전음악의 아버지로 일컬어지는 19세기 작곡가 미하일 글린카의 곡을 국가로 지정했지만, 이것은 가사도 없고 공식 국가도 아니어서 국민적 호응을 얻지 못했다. 그러자 이번에는 공산당이 나서서 전 세계에서 프랑스 국가 "마르세예즈"와 더불어 외국인들에게도 감동을 자아내는 선율로 유명한 1943년판 소련 국가로 러시아 연방 국가를 지정하라고 요구했다.

푸틴과 악수하는 옐친

하지만 이것도 받아들여지지 않았다. 그러다 2000년 푸틴이 대통령에 취임하게 되면서 러시아 정부는 과거 소련 국가에서 선율은 그대로 유지하고 가사 내용만 러시아 민족의 정체성에 맞게 부분

적으로 수정하여 러시아 연방의 공식 국가를 채택했다. 참고로 과거의 소련 국가뿐만 아니라, 현재의 러시아 국가를 지정하는 과정에서도 작사는 모두 영화감독 니키타 미할코프의 아버지로 소련 시절 아동문학 작가로 활동했던 세르게이 미할코프가 담당했다.

이처럼 새로운 러시아 국가 지정을 신호탄으로 푸틴 시대에 들어와서 러시아 정부는 소비에트 과거 유산을 모조리 부정하거나 외면하기보다는 오히려 적극 포용하거나 부분적으로 변용 및 수용하는 일련의 행보를 취하고 있다. 특히 푸틴 정부는 21세기 강성 러시아 국가 건설을 위해서 '소비에트 황금시대' 의 기억을 환기시키는 전략을 구사하고 있다는 인상이 짙다. 이 과정에서 주로 애국주의와 민족주의에 해당하는 소비에트 시절의 공식 비공식 상징이나 아이콘, 심리적 정서 등이 현대 러시아의

1930년대의 풍요를 선전하는 소비에트 그림

문화적 담론과 일상생활 속으로 조금씩 되돌아오고 있다. 앞서도 언급했듯이, 자랑스러운 옛 시절에 대한 노래들이 단적인 증거이다.

하지만 '소비에트 황금시대' 의 기억은 어제 오늘 갑자기 되살아난 것도 정부와 언론매체에 의해 계획적으로 의도된 것만도 아닌 것 같다. 많은 중장년층 러시아 사람들은 예전이나 지금도 흥겨운 술자리나 편안한 모임 등에서 기회만 되면 그때 그 시절의 향수어린 노래들을 한 목소리로 자랑스럽게 부르곤 하기 때문이다. 예를 들면, 1930년대 스탈린 시대를 풍미했던 이삭 두나예프스키의 "조국 찬가" 는 그 이후 지금까지도 러시아 사람들에게 잊을 수 없는 명곡으로 많은 사랑을 받고 있다. 이 곡이 대중들에게 사랑받을 수 있었던 이유는 당대의 히트작인 그리고리 알렉산드로프의 1936년 뮤지컬 영화 『서커스』에 삽입되어 널리 유포되었기 때문이다.

게다가 이 곡은 '우리 조국은 넓고도 넓다. ... 사람이 자유롭게 숨 쉴 수 있는 다른 나라를 우리는 알지 못한다' 로 시작하는 가사로 진한 애국주의 감성을 자극한다. 그래서인지 1943년 최초의 소비에트 공식 국가가 제정되기 전까지 이 곡은 많은 사람들 사이에서 소련 국가로 통했을 정도였다. 지금도 러시아 중장년층 가운데 적지 않은 사람들이 첫 소절만 운을 떼어주면 저절로 이 노래를 흥얼거리는 모습을 자주 볼 수 있다. 얼마 전 국내 대학에서 러시아어문학을 가르치고 있는 중년의 러시아 교수들과 만난 자리에서도 이 같은 모습을 직접 확인할 수 있었다.

이처럼 '소비에트 황금시대' 의 기억은 러시아 국민의 무의식 속에 뿌리 깊이 자리 잡고 있었다. '소련은 하나의 정권 그 이상이었다. 그것은 하나의 정신상태였다' 라고 어떤 전문가가 내린 최근 결론도 따지고 보면 이런 데서 연유한다.

라승도

제 4 장

반유태주의와 스킨헤드

러시아의 두통거리 인종문제

자연적 경계가 별로 없는 광활한 유라시아 대륙을 포괄하는 러시아는 약 100여개의 민족이 섞여 사는 다민족 국가이다. 모스크바에서 기차로 동쪽으로 이동하면 니즈니 노브고로드부터 동양 얼굴을 한 사람들이 자주 눈에 띄기 시작하다가 더 동쪽의 타타르스탄 공화국의 수도 카잔에 이르면 동양 사람들이 오히려 주류를 이룬다. 그나마 카잔은 모스크바에서 가까운 편이니 거기보다 동쪽에 있는 도시들의 인종 분포가 어떨지는 쉽게 짐작할 수 있을 것이다.

모스크바를 중심으로 남서쪽으로 가면, 러시아와 같은 동슬라브족이지만 미묘한 관계에 있는 우크라이나가 있고, 남동쪽으로는 '스탄' (유목민들이 이동하다 멈추어 선 곳 이라는 뜻)이라는 이름이 뒤에 붙은 중앙아시아 이슬람 국가들이 자리를 잡고 있다. 북쪽 아르한겔스크 쪽으로는 바이킹의 후예들이 상당수 살고 있고, 동쪽의 발트 해 지역에서는 이 지역 국가들이 독립한 이후 그곳에 있는 러시아 사람들이 차별당하는 희한한 상황도 전개되고 있다. 블라디보스토크에서 노보시비르스크에 이르는 시베리아의 대부분 지역은 이 지역으로 유입된 중국인 물결이 온통 뒤덮고 있다. 카프카스 지역에는 러시아에게 눈의 가시 같은 체첸 민족이 있고, 친미 쪽으로 방향을 선회한 러시아로서는 괘씸하기 짝이 없는 그루지야도 있다.

총론적 개괄 대신 특정 지역에 대한 각론으로 들어가면, 역사의 굴곡 속에서 형성된 여러 민족들 사이의 얽히고설킨 사연과 복잡 미묘한 관계는 이루 헤아릴 수 없이 많다. 민족문제가 대두될 때마다 단골 메뉴로 등장하는 유태인 문제도 그 중 하나이다. 러시아 역사에서 유태인을 사회 문제의 근본 원인으로 보고 이들을 탄압하고 박해한 사례는 부지기수로 많다. 유태인은 집단 학살, 숙청, 특정 분야 진출 금지나 교육 기회 제한 같은 차별, 종교적 자유의 박탈 등을 겪으며 인종 차별의 대표적 희생양이 되었다.

19세기 중반 제정 러시아 영토로 합병되었다가 소련 붕괴 이후 독립 선언을 계기로 러시아에 의해 무력으로 진압당한 체첸 민족의 역사도 복잡하기는 마찬가지이다. 대문호 톨스토이가 소설 『하지 무라트』에서 정교회 국가 러시아 제국의 침략에 맞서 싸우는 이슬람 민족의 강한 생명력과 불굴의 저항정신을 탁월하게 묘사하며 다룬 바 있는 체첸 민족은 최근 두 차례에 걸친 체첸전쟁, 베슬란 사태, 모스크바 극장 점령 사건 등을 통해서 러시아에 대한 강한 적대감을 표출해왔다.

19세기 말 농사지을 땅을 찾아 국경을 넘어 연해주 지역에 진출해 살던 우리 동포들이 1937년 졸지에 중앙아시아 황무지로 강제 이주되어 현지 정착에 성공하기까지 겪은 고초와 그 사이 받은 차별대우에 대한 사실을 우리가 구체적으로 접하게 된 것도 그리 오래되지 않는다. 소련 붕괴 이후 새로운 삶의 터전을 찾아 러시아 여러 지역으로 다시 이동하고 있는 우리 동포들의 서글픈 이야기는 러시아가 안고 있는 첨예한 민족 갈등 문제들에 비하면 그나마 나은 편에 속한다. 부지런하고 교육열이 높은 민족이라는 긍정적 이미지를 심으면서 민족 간의 별다른 적대감을 불러일으키지 않고 살아온 우리 동포들의 끈기와 노력에 놀라지 않을 수 없다.

러시아 삶의 구체적 상황에 들어가면 민족 문제는 더욱 복잡해진다. 러시아 문단의 경우만 해도, 펜클럽 모스크바 지부를 중심으로 하는 유태계 작가 그룹과 민족주의 경향이 짙은 잡지 〈우리의 동시대인〉을 중심으로 하는 러시아 작가 그룹이 첨예한 대립 양상을 보이고 있다. 이념적 차이도 있지만 그보다 이 두 그룹 사이의 관계를 결정하는 중요한 요인은 출신 민족이다. 러시아 사람들의 국내용 여권에는 소지자의 출신 민족이 기재되어 있다.

처음 만난 사람과 어느 정도 대화가 통하면 이름이나 외관에서 짐작되는 출신 민족 얘기를 슬며시 꺼내며 친근감을 표시하는 경우도 있다. 비중 있는 인사들에 관한 얘기를 할 때도 그 사람이 어느 민족인지에 대해 유난히 관심이 많다. 예를 들면, 루슬란 하스불라토프(1991년 러시아 연방의 최고 소비에트 의장)는 체첸 사람이고, 예브게니 프리마코프(전 총리로 현 상공회의소 의장)는 본인이 얘기는 않지만 유태인이고, 세르게이 키리엔코(전 총리)는 대놓고 유태인을 자처하는 인물이다.

예의 모스크바 펜클럽 사람들과 좋은 관계를 유지하고 있던 어느 소수민족 작가가 이 문학단체가 주도하는 주택조합에 가입하여 모스크바의 요지에 위치한 아파트를 분양받은 일이 있었다. 이와 관련하여 그 작가가 털어 놓은 주택조합 사업의 성사 이야기도 결국에는 민족문제로 연결되었다. 처음에 반신반의한 상태에서 가입한 이 주택조합 사업이 최종 결정되는 단계에서 유리 루쉬코프 모스크바 시장이 일조를 했다는 것이었다.

푸틴과 루쉬코프

내용인즉슨, 유태계 문화 예술인들을 중심으로 결성된 이 주택조합이 구

입한 땅에 건축허가를 바로 루쉬코프가 내주었다는 것이다. 모스크바 시장과 유태인이 무슨 상관이냐고 묻자, 자기도 몰랐는데 알고 보니 루쉬코프도 유태계고 얼마 전에는 TV 화면에 그가 예루살렘 방문 중 통곡의 벽 앞에서 기도하는 장면도 보았다는 것이었다. 이쯤 되면 민족이라는 변수가 러시아 사회에서 눈에 보이지 않는 손으로 얼마나 중요한 역할을 하고 있는지 짐작하고 남는다.

같은 민족 출신 사람들끼리 네트워크를 형성하여 특정분야에서 영향력을 행사하는 경우도 허다하다. 소비에트 시대에 사회적 지위나 대우가 상대적으로 높은 편이었던 작가, 특히 아동문학 작가들 중 대다수는 유태인들이 차지했으며, 개방과 개혁의 혼란기에 러시아 전통 시장의 큰 손들은 주로 아제르바이잔과 체첸 출신 사람들이었다. 소비에트 시대에 받은 경제원조의 대가로 파견된 베트남 노동자들은 소련 붕괴 직후 대표적인 매점매석과 투기꾼으로 지탄의 대상이 되기도 했다.

유라시아 대륙의 방대한 공간에 수많은 민족을 포괄하고 있는 러시아에서 여러 민족과 외부 세력에 대한 담론은 크게 보아 두 개의 역설적 흐름으로 구성된다. 하나는 역사적으로 뿌리 깊은 이민족 혐오주의로, 이에 따르면 러시아는 무자비한 외부의 적들에 의해 희생된 제물이다. 일부 러시아 문학 작품과 영화는 러시아를 유린하고 더럽힌 적들을 정체불명의 야수로 묘사하기도 했다. 다른 한편으로, 다양성을 포용하면서 러시아에 대한 위협을 자기희생과 집단적 노력을 통해 극복한다는 승리자로서의 '어머니 러시아' 신화가 존재한다.

엄청난 피를 흘리게 했던 소비에트 시대에 이 같은 상호 모순되는 사고는 극단적 방향으로 전개되었다. 나치에 침략당하고 자본주의에 의해 포위된 희생자 소련은 동시에 혁명 수출을 통해 전 세계에 사회 정의의 메시지를 전해야 하는 세계 구원의 사명감에 불타는 강한 이미지를 표출하고 있었다. 미국을 위시한 서구 세계의 힘에 희생당하는 러시아의 고통받는 이미지와 석유나 군사력 같은 힘을 바탕으로 전 세계적인 영향력을 행사하려는 오만한 이미지는 소련 붕괴 이후 현재까지 나타난 러시아의 모습니다.

경제 붕괴, 정치 혼란, 이념 공백 상태 등은 국가 질서가 견고할 때는 수면 아래 잠복해 있던 사회적 갈등, 특히 인종갈등을 부추기고 첨예화시키는 촉진제 역할을 한다. 격변이 어느 정도 진정되면 변화 과정에서 형성된 승자와 패자가 등장하는데, 그 과정이 불법적이고 혼란스러울수록 패자는 패배 사실을 쉽게 인정하지 않는다. 이러한 심리 상태에서 등장하는 것이 희생양 찾기이다. 시장경제체제에 전혀 준비되지 않은 상태에서 러시아 사람들이 경험한 혼란과 무질서, 그리고 일반인들에게 강도나 도둑처럼 보이던 신흥 부유층의 등장은 희생양 찾기의 퇴행적 사고가 뿌리내리기에 안성맞춤인 환경이 되었다.

이즈음 러시아 사람들은 19세기 러시아 지성사에서 화두로 등장하던 '도대체 누구의 잘못이란 말인가?' 라는 질문에 매달리기 시작했다. 공산당인가? 소비에트 특권층인가? 공산주의의 유산인가? 올리가르키인가? 미국을 위시한 서구세계인가? 재계를 장악하고 정치에도 막강한 영향력을 행사하는 유태인들인가? 상권을 장악한 체첸을 비롯한 카프카스 출신 마피아인가? 아니면 보따리 장사와 마약 밀매를 일삼는 중국인이나 중앙아시아 민족인가? 이렇게 희생양이 될 사람이나 대상들은 도처에 널려 있었다.

아니나 다를까, 1990년 3월 예배를 보고 있던 노보시비르스크의 유태인 교회에 폭도들이 난입하여 기도서를 내던지고 교회당 벽면에 나치십자가를 그린 사건이 발생한 것을 시작으로 러시아 전역, 특히 모스크바와 상트 페테르부르크를 중심으로 주요 도시에서 유색인종과 외국인들을 표적으로 삼는 일련의 사건들이 일어났다. 시간이 흐르면서 Black Hundreds라는 웹사이트에는 히틀러의 『나의 투쟁』 러시아어 판이 올라왔고, 1998년 루블화 폭락 사태로 불만이 극도에 달했을 때는 민족주의자들과 공산주의자들이 모인 자리에서 '유태인들을 체포해서 무덤으로 보내라' 는 섬뜩한 구호가 등장하는 상황이 전개되었다.

2005년 러시아 두마 의원 선거 때는 선거 홍보전에서 민족문제를 구체적으로 이슈화하는 일도 있었다. 후보로 나선 "로디나(어머니의 나라)" 당 소속 로고딘 옆에 까만 피부의 카프카스 사람 네 명이 앉아서 수박을 먹다가 껍질을 버리는 장면이(모스크바에서 수박 장사는 카프카스 출신 상인들의 전형적 이미지이다) TV 광고에 등장했다. 광고는 유모차를 밀고 가는 젊은 러시아 여성 모습과 수박껍질을 치우라는 로고딘의 말을 제대로 알아듣지 못하는 청소부들의 얼굴을 보여주면서 '우리 도시에서 쓰레기를 걷어냅시다' 라는 카피로 끝을 맺었다.

그 무렵 파리에서 발생한 인종 폭동에 대해 주의를 환기시키려는 듯, 며칠 후에는 대사가 불어로 진행되고 러시아어로 자막이 뜨는 기발한 발상도 동원되었다. 이것은 러시아도 프랑스처럼 나중에 고생하기 전에 미리 인종청소를 해야 한다는 극우 민족주의적 정서에 호소하는 선거 전략으로, 표적은 러시아에 적대적인 체첸 사람들이었다. 이렇게 러시아 사회가 안고 있는 문제의 뿌리를 자신들 내부보다는 눈앞에 보이는 약자에게 돌리는 성숙하지 못한 의식이 확산된 것은 러시아의 전통적 외국인 혐오주의와 세상을 '우리들' 과 '그들' 로 단순하게 나누어 보는 이분법적 사고가 결합한 결과였다.

반유태주의 정치학

'인종대량학살' 을 의미하는 '포그롬' (pogrom)이라는 단어가 러시아어에서 나왔다는 것은 서글픈 일이다. 이것은 개인의 이익보다 사회문제에 대한 진지한 고민과 현실참여를 소중히 여기는 '인텔리겐치아' 라는 러시아 말이 주는 고매한 품격과는 너무 다르다. 중세 이후부터 간헐적으로 발생한 반유태주의 정서는 러시아 황제 알렉산드르 2세가 암살당한 사건을 계기로 절정에 달했다. 1882년 5월에 제정된 법령은 유태인의 도시 지역 거주를 금지했다. 뿐만 아니라, 러시아 서부 농촌 지역의 소규모 유태인 마을(shtetl)을 폐쇄하고 이들 모두를 새로 설정한 유태인

유태인 엑소더스를 묘사한 판화

거주 지역으로 강제 이주시켰다.

특히 1903년 키쉬뇨프에서 발생한 유태인 학살은 러시아의 유태인 박해 역사에서 가장 악명 높은 사건으로 기록된다. 장기간의 의무 군복무, 경제적 고난, 거주이전의 자유 박탈 등과 같은 박해를 피해 1차 세계대전 말까지 미국으로 떠난 러시아내 유태인의 수는 무려 2백만 명에 달했다. 이 무렵 러시아에서 벌어진 유태인 박해와 축출의 슬픈 이야기는 우크라이나의 항구도시 오데사 출신 유태인 작가 숄롬 알레이헴의 소설을 원작으로 하여 1971년에 제작된 할리우드 영화 『지붕 위의 바이올린』 속에 잘 묘사되어 있다. 현재 러시아에 살고 있는 유태인 숫자는 50만 명 정도인 것으로 추산된다.

볼셰비키 혁명 이후 일시적으로 동등한 소련 국민의 지위를 인정받던 유태인들이 1930년대에 자행된 스탈린의 대숙청 기간에 트로츠키를 중심으로 하는 정치적 음모 등등 여러 명목으로 탄압의 주요 표적이 되었음은 주지의 사실이다. 러시아 내 소수민족 중 유별나게 차별을 많이 당한 유태인들 중 일부가 1960년대부터 이민 비자를 받아 서구로 떠나기도 했지만 그 숫자는 아주 제한적이었다.

이후 소련이 붕괴되고 나서 두뇌가 우수하고 적응력이 뛰어난 유태인들은 사유재산제 도입과 국가 자산의 사유화 과정에서 사회의 상류층으로 빠르게 부상했다. 옐친 시대를 풍

'유태인에게 죽음을' 이라고 쓴 낙서

미하던 올리가르키 세력의 간판급 인사 6~7명 전부가 유태인이거나 유태계와 관련돼 있다는 소문이 세간에 파다했다. 푸틴 정권에서 탄압의 철퇴를 맞은 구신스키와 베레조프스키 같은 인물이 대표적인 예이다.

러시아 사회에 막강한 영향력을 행사하는 부자들 가운데 상당수가 유태계였다는 사실은 불만에 가득 찬 서민들이 화풀이의 대상으로 삼고, 정치인들이 자신들의 목적에 맞게 이슈화하기에 안성맞춤인 소재였다. 게다가 1980년대의 개혁과 개방 시기부터 유태인 음모론에 관한 문건과 소문들이 떠돌던 차여서 1990년대 초 반유태주의 정서는 빠른 속도로 확산되었다. 이 시기에 유태인 공격의 선봉에 선 것은 당시 의회 내에 상당한 세력을 갖고 있던 공산당이었다.

소련군 장성 출신 공산당 소속 의원 마카쇼프는 1993년 의회에서 러시아 사회 혼란의 주범으로 유태인들을 지목하고 이들을 타도해야 한다는 거친 발언으로 센세이션을 불러일으켰다. 이에 대해 여성의원 갈리나 스타리보이토바는 특정 민족에 대한 증오 표현 금지법을 근거로 마카쇼프의 면책특권 해제와 처벌을 강력하게 주장했다. 하지만 세간의 관심을 끈 이 사건에서 여성의원의 주장은 끔찍한 결과로 이어졌다. 이 일이 있은 지 몇 주 후에 그녀가 살해되었다는 소식이 전해졌던 것이다.

토론과 설득 대신 반대자를 제거해버리는 소련식 숙청의 망령이 되살아 난 것 같았다. 당시 대표적 TV 채널 ORT의 소유주였던 베레조프스키는 자신의 언론 매체를 통해서 공산당을 불법화할 것과 살인사건의 배후에 대한 철저한 조사를 요구하고 나섰다. 물론 그 후 사건에 대한 조사는 흐지부지 종료되고 말았다.

이와 같이 반유태인 정서가 날로 악화되자 유태인 민족을 대표하는 지도급 인사들이 적극적인 방어 대책에 나섰다. 1998년 러시아 유태인 연합회 회장 이오시프 아브라모비치는 '오늘의 역사는 유태인과 다른 소수민족이 러시아 당국이 저지른 정치적, 경제적 실정에 대한 희생양으로 등장할 가능성을 보여주고 있다' 고 발표했다. 그러자 마카쇼프는 한 술 더 떠서 전보다 훨씬 과격한 발언을 쏟아냈다. 1999년 2월 러시아 남부지역에서 개최된 코사크 연합회 집회에서 그는 '유태인들이 이렇게 오만하고 대담한 것은 우리들이 잠자고 있기 때문이다. 우리가 그들의 집 문을 두드리지 않고 그들의 창문에 오줌을 갈겨 싸지 않기 때문이다. 그래서 이 뱀 같은 인간들이 뻔뻔스럽게 구는 것이다' 라고 응수했다.

이와 같은 설전이 격렬하게 진행되고 간헐적으로 유태인에 대한 공격 사례가 발생하기도 했지만, 지난 10여 년 동안 유태인을 대상으로 하는 대규모 폭력 사태나 정부 주도하의 박해는 없었다. 그러나 러시아 시민들의 배타적 민족주의 정서를 정치적 목적에서 자극하는 움직임은 계속되었다. 자유민주당이라는 간판을 내건 블라디미르 지리노프스키가 그 대표적 인물 가운데 한 사람인데, 그는 '전쟁이 있는 곳에 늘 유태인이 있기 마련이다. 그들은 피가 흐르는 곳에 돈이 넘친다는 것을 알고 있기 때문이다' 라는 선동적 표현으로 자신의 지지 세력을 결집시켰다.

공산당과 민족주의 진영도 줄곧 반유태주의적인 입장을 견지했다. 특히 공산당 당수 주가노프는 '우리나라가 지금 같은 파국적 상황을 맞은 것은 정부 요직을 유태인들이 장악했기 때문이라는 것을 우리 인민들이 모르는 바가 아니다. 인민이 가난에 찌들어 죽어가고 있는 것도 이 때문이다. 인민을 무시하고 국가 위에 군림하는 올리가르키들의 범죄 행위가 현재 우리가 안고 있는 문제의 근원이라는 것은 널리 알려진 사실이다' 라고 외치며 유태인에 대한 빈곤층의 적대감을 부추겼다.

한편 러시아 정부 당국은 반유태주의에 대한 반대 입장을 표명하면서 민족 간의 화해를 강조했다. 특히 푸틴 대통령은 유태인 지도자들과의 면담 장면을 언론에 공개하고, 또 유태교 교회를 직접 방문하는 등의 제스처를 보이며 국민들에게 간접적으로 유태인에 대한 이해와 관용을 호소했다. 몇 차례에 걸쳐 유태인 행사에 직접 참석하여 러시아의 과거와 현재 삶에서 이 민족이 수행한 역할을 찬양한 대통령의 선례에 따라 이제는 지방의 시장이나 주지사 급 인사들이 유태인 명절 행사에 참석하여 축사를 하는 모습도 잦아졌다. 이와 같은 분위기를 타고 수십 년 간 국가 소유 하에 있던 유태교 교회 건물들이 반환되고, 유태계 지도자들의 사회 활동도 활성화되고 있다.

한때 반유태주의 성향을 의심받기도 했던 작가 솔제니친이 2001년과 2002년에 2부작으로 잇따라 내놓은 『2백년을 함께 하다』라는 책에서 1795년에서 1995년까지 2백년을 함께 살아온 러시아 사람들과 유태인들의 관계를 재조명하면서 화해와 상생의 메시지를 보낸 것도 같은 맥락에서 파악할 수 있다. 유태계 러시아 시인 이오시프 브로드스키의 기념 조형물이 상트 페테르부르크대학교 어문학부 앞뜰에 설치된 것도 이러한 화해의 분위기와 무관하지 않다. 브로드스키는 1960년대에 이민 비자를 받아 미국으로 건너갔고 그곳에서 시 창작 활동을 계속하다 1987년에 노벨 문학상을 수상했다.

일각의 우려와 달리 소련 붕괴 이후 현재에 이르기까지 반유태주의 정서가 폭력이나 테러를 동반한 과격한 형태로 표출되지 않은 것은 무엇보다도 유태인 지도급 인사들이 사회 불만세력이 쉽게 접근할 수 있는 호락호락한 존재가 아니라는 점이다. 크라스노야르스크 교외의 호화 별장 지대를 지나면서 민족주의 경향의 한 작가는 저기 서 있는 대저택이 이 지역 맥주 공장의 유태인 여사장 집이라고 말하며 못마땅한 표정을 지었다. 하지만 그의 목소리에는 본격적인 싸움을 하겠다는 패기 같은 것은 전혀 느낄 수 없었다. 지역의 특정 신문에 기고하는 자신의 글을 통해 유태인 음모론과 러시아의 위기를 호소하는 이 작가의 노력은 그들만의 세계에서 통용되는 작은 목소리에 불과하기 때문이다. 하물며 러시아 정재계를 주름잡으며 국제적 네트워크를 구축하고 있는 거물급 인사들을 무수히 배출한 민족을 희생양으로 삼는 것은 가당치도 않은 일일 것이다.

방랑 시인 브로드스키 조형물

푸틴을 위시한 러시아 정부의 유력인사들이 유태인 민족에게 보이는 유화 제스처 또한 자본의 힘을 앞세운 로비와 국제 여론의 영향을 받은 결과일 것이다. 그리고 사실 오랫동안 수많은 피가 섞이면서 형성된 러시아 사람들 중에서 일일이 그들을 구별해 내는 것도 쉽지 않은 일이다.

사정이 이렇다 보니 한편에서는 '금융과 정보를 장악한 유태인들이 이제는 대통령까지 에워싸고 있다' 고 비난의 날을 세워보지만 이미 시장경제의 마력에 사로잡힌 대다수의 러시아 사람들에게 이 같은 인종차별주의 구호가 얼마나 호응을 얻을 수 있을 지는 미지수이다.

제정 러시아와 소비에트 시대를 거치면서 정치적 희생양의 단골 표적으로 박해와 수난을 당한 유태인은 현재의 러시아에서 질시와 비판의 대상이 될 수 있을지 모른다. 그러나 이들은 물리적 탄압이나 정부 차원의 차별 대우를 받기에는 너무나 강력한 이익집단으로 성장했다. 러시아내 반유태주의의 흐름을 주목하고 있는 국제 여론 또한 이를 용납하지 않는 시대에 접어든 것 같다.

버림받은 세대의 반항, 스킨헤드

'러시아는 아리안 민족의 국가다! 우리 옆에는 우리를 비웃는 유태인과 볼셰비키들이 있다. 여기서는 우리 아리안 족이 대장이다. 앞으로도 그렇다. 우리가 권력을 잡으면 그들을 담장 앞에 나란히 세워 놓고 외칠 것이다. 유태인과 인민위원들은 앞으로! 그리고 그들을 향해 기관총을 갈겨댈 것이다. 그리고 우리는 이렇게 말할 것이다. 눈이 가늘게 찢어지거나(러시아에서는 동양 사람들의 눈을 이렇게 표현함) 얼굴이 까무잡잡한 사람들은 앞으로 가-앗! 그들이 갈 곳은 광산과 벌목장이다. 노동은 그들이 할 일이다. 천년의 역사를 자랑하는 아리안 족의 위대한 제국 만세!'

1997년 봄 모스크바의 "백색 파워" 집회에서 한 청년이 힘차게 뿜어대던 연설 내용의 한 부분이다. 이 연설은 '볼셰비즘은 세계를 지배하려는 유태인들의 마지막 시도' 라는 히틀러의 『나의 투쟁』을 신봉하는 극우주의에 감염된 러시아 스킨헤드의 모임에서 나온 것이었다.

고르바초프 시대에 서구 문물에 눈뜬 일부 모스크바 젊은이들이 영국, 독일, 체코 등지의 스킨헤드를 보고 흉내 내기 시작한 것이 러시아판 스킨헤드의 출발이다. 이 당시 스킨헤드의 모습과 문제는 1992년에 나온 파벨 룬긴의 영화 『루나 파크』에도 잘 묘사되어 있는데, 1992년 모스크바에 처음 모습을 드러낸 스킨헤드는 숫자가 수십 명에 불과했고, 하는 행동도 스킨헤드 복장을 하고 몇 명씩 그룹을 지어 군화소리를 내며 시내를 활보하는 게 고작이었다. 행인들의 구경거리에 불과하던 스킨헤드의 숫자가 급증하고 그들이 유색인종들에게 공포의 대상으로 떠오른 것은 1994년부터이다. 그 이유는 과연 무엇일까?

스킨헤드 집회

1993년 10월 초 옐친 대통령은 자신에게 반기를 든 공산당 세력에게 무력만이 가장 확실한 답이라는 것을 똑똑히 보여주었다. 10월 4일 모스크바 강변에 위치한 러시아 연방 정부청사 '벨르이 돔' 이 정면으로 내다보이는 다리 위에 포진하여 이 건물을 조준하고 있던 탱크들이 일제히 불을 내뿜는 무자비한 장면을 목격하면서 어쩌면 모스크바의 미래 스킨헤드들은 내부에 응축된 불만이 해소되는 대리만족을 느꼈을지도 모른다.

이후 모스크바 거리는 경찰의 테러가 휩쓸었다. 특히 카프카스 지역의 외모를 가진 사람들은 불시에 봉변당하기 일쑤였다. 법치가 사라지고 철저히 인권이 유린되는 상황이 비일비재했다. 잠깐 아파트 앞에 나갔다가 경찰의 불심검문에 걸려 신분증이 없다고 끌려가거나, 밤늦은 시간에 아파트 단지 앞에서 택시를 내렸다가 경찰 복장의 사람들이 들이대는 기관총에 기겁을 하며 식은땀을 흘렸다는 한인들의 피해사례가 심심찮게 들리던 시절이었다.

그마나 한국에 대한 인식은 그리 나쁘지 않아 큰 낭패를 보는 경우는 드물었지만 체첸 사람 같다는 이유만으로 불법 수색, 체포, 구타, 고문을 당해도 어디 호소할 데도 없는 사람들은 두려움에 떨며 지낼 수밖에 없었다. 게다가 무슨 특수 업무를 전담한다는 OMON 부대 병력이 모스크바 시내에 투입되면서부터는 분위기가 더욱 살벌해졌다. 한편 이 무렵 옐친과 그의 각료들은 정치적 위기 상황을 타개하기 위해서 인종차별주의와 민족주의의 수사법을 적극 활용하고 있었다.

1994년을 기점으로 세력이 급격히 확산된 러시아 스킨헤드는 이 같은 시대적 분위기의 산물이다. 모스크바와 페테르부르크, 지방의 니즈니 노브고로드 등 주요 도시를 거점으로 등장한 스킨헤드 조직은 1998년에는 보로네쉬, 랴잔, 프스코프, 사마라, 사라토프, 크라스노다르, 돈 강의 로스토프, 야로슬라블은 물론이고, 멀리 크라스노야르스크, 이르쿠츠크, 옴스크, 톰스크, 블라디보스토크 등 러시아 전 지역으로 확산되었다. 1999년의 통계에 따르면 스킨헤드는 모스크바에 3,500명, 페테르부르크에 2,700명, 니즈니 노브고로드에 2,000명, 돈 강의 로스토프에 1,500명이 있었다.

노예제도를 지지하던 미국 남부 동맹의 깃발, 나치 십자가, 히틀러 초상, Heil Hitler를 뜻하는 88, WP(White Power) 등의 장식 마크를 단 가죽점퍼에 군화를 신고, 빡빡머리를 한 14~18세의 젊은이들이 떼를 지어 몰려다니며 맥주나 보드카를 마시다가 길거리나 지하철에서 눈에 띄는 유색인종을 무차별 공격하는 현상은 도대체 왜 날이 갈수록 기승을 부리고 있는 것일까?

스킨헤드의 우상인 히틀러와 나치 문장

1993년의 정치적 위기에 즈음하여 군인과 경찰이 자행한 불법적 인권 유린 사태와 옐친 정권의 소수민족을 희생양으로 삼는 민족주의적 발언 등이 러시아 청소년들에게 미친 심리적 영향은 앞서 말한 바 있다. 이외에도 경제위기가 러시아 가정에 미친 충격과 교육체계의 붕괴현상이 청소년들의 반항적 하위문화의 등장배경으로 작용했다. 체제 붕괴와 함께 밀어 닥친 높은 실업율과 소득의 급감은 심리적 파탄과 가정의 위기를 초래했다. 루블화가 화폐 구실을 제대로 못하던 시절에 모든 사람들은 모스크바 시내를 떠도는 달러를 손에 넣는 일에 혈안이 되어 있었다. 이것도 그나마 이런저런 네트워크가 있는 사람들의 얘기이고 대다수 사람들은 심리적 공황 상태에 빠져 무력감 속에서 보드카에 의지하며 어려움을 잊으려 했다.

1990년대 초반 한 현지인이 모스크바의 아파트를 구입하려고 물색 중이었는데, 그와 동행하며 목격했던 당시 서민의 가정 분위기는 지금도 기억에 선명하다. 복덕방이 제도화되지 않았던 때라 전화 약속을 통해 중개인을 마치 정보원 접촉하듯 지하철역에서 만나 몇 개의 아파트를 둘러볼 기회가 있었다. 이 중개인을 믿을 수 없는 상황에서 계약금이 든 돈 가방을 혼자 들고 나서기가 겁이 난 현지인이 내게 동행을 요청했는데, 여차한 상황이 발생하면 가방을 들고 도망치는 것이 내 임무였다. 아무튼 자칭 복덕방을 앞세우고 문을 두드린 서민 아파트들의 내부 풍경은 대략 이러 했다.

집이 어수선해서 미안하다고 말하는 여주인을 따라 어두컴컴한 침실을 들여다보면 아직 술이 덜 깬 남편이 그대로 누어있었고, 부엌의 한쪽 구석에서는 과자 봉지를 든 초등학생쯤 되어 보이는 아이가 의심스런 눈초리로 낯선 방문객을 훑어보고 있었다. 감당하기 힘든 상황이 닥치면 이를 숙명으로 여기고 자포자기 상태에서 자학적 음주로 고통을 달랜다는 러시아 서민들의 모습이 선명하게 각인된 순간이었다. 이 시기에 만연된 알코올과 마약 중독은 당시 러시아 사회가 안고 있던 정신적 파국 상태의 심각성을 보여주는 중요한 척도들이다. 이처럼 정신적 공황 상태

가족을 생각하라는 금주 포스터

에 빠져있던 부모들은 자식의 교육과 성장 문제에 전혀 무관심했다.

가정의 붕괴와 함께 공교육 체계도 무너졌다. 과거 교과서에서 배운 가치체계가 온통 쓰레기로 팽개쳐진 상황에서 학교교육의 권위가 땅에 떨어진 것은 당연한 결과였다. 자랑스럽게 여기던 소비에트 역사는 치욕의 역사가 되고, 얼마 전까지만 해도 비판과 공격의 대상이었던 서구문물과 가치체계가 모방과 추종의 대상으로 등장했다. 1990년대 말까지 러시아의 교육정책은 과거 제도화된 이념 교육에서 학생들을 해방시키고 자유롭게 자라게 해야 한다는 명목으로 국가의 지원을 대폭 삭감하는 무책임한 정책으로 일관했다. 이 과정에서 반년 치 이상 급여를 받지 못한 교사들이 참다못해 피켓을 들고 거리로 나서는 믿기지 않는 일도 벌어졌다.

경제 붕괴가 교육의 붕괴를 초래한 것이다. 한 통계에 따르면, 1990년대 후반 몇 년 동안 재정상의 이유로 문을 닫은 학교 수는 러시아 전역에서 매년 400~450개에 달했다. 소비에트 시대에 콤소몰과 소년단(pioneer) 같은 공산당 하부 조직에서 운영하던 청소년을 위한 각종 예술, 체육, 야영 및 여행 프로그램들도 모두 사라졌다. 예산도 문제였지만, 이념을 주입시키는 이전의 모든 제도를 철저히 해체해야 한다는 정책 때문이었다. 이런 상황에서 자녀 교육의 책임을 전적으로 떠맡은 각 가정과 민간 분야는 자기들의 앞 가름도 하기 힘든 상황에서 이 문제에 관심을 기울일 여력이 있을 턱이 없었다.

아울러 소비에트 시대에 국가와 당이 운영하던 문화와 체육 시설 대부분도 사유화 또는 상업화되었다. 시내 요지에 위치한 이런 공간들은 노브이 루스키(새로운 러시아 사람)들의 수중에 넘어가 소수의 돈 있는 사람이나 출입 가능한 나이트클럽, 카지노, 레스토랑으로 탈바꿈했다. 지금은 대부분의 상권이 대규모 실내 상업 공간으로 통합되었지만 1990년대에 모스크바를 비롯한 주요 도시의 운동장 시설은 대부분 시장으로 사용되었다.

운동 경기 관람이 아닌 물건 구매를 위해 운동장에 입장하는 사람들에게 입장료를 거두는 웃지 못할 진풍경이 펼쳐지기도 했다. 지금은 Korston이라는 서구식 이름을 걸고 그럴듯한 4성급 호텔로 둔갑한 모스크바의 대표적 한국 식당가 중 하나인 오를료녹 호텔도 원래는 콤소몰 소속 하부 기관이 관리하던 러시아 유소년 교육 및 숙박 시설이었다. 과거에 학생들이 사용하던 강당은 현재 모스크바의 대표적인 대형 카지노 가운데 하나로 탈바꿈하여 성업 중이다.

가정과 학교에서 제대로 관심을 받지 못한 젊은이들은 길거리로 뛰쳐나왔다. 이렇게 뛰쳐나온 청소년들은 과거의 전통과 가치, 도덕으로부터 철저히 이탈하여 반사회적인 폭력 집단으로 변화했다. 이들 대다수는 가정과 사회, 학교와 국가로부터 버림받은 소외계층 출신으로 비도덕적, 자기중심적, 비타협적, 탐욕적 성격의 소유자들이다. 1990년대 초부터 목격한 러시아 정치 지도자와 재계 거물급 인사들의 불법적 행태, 천박한 소비문화, 부모 세대의 무관심, 그리고 공교육의 붕괴 같은 요인들이 결합된 무질서한 환경에서 이들이 성장했기 때문이다. 단순화된 몇 개의 극우 이데올로기의 구호만 맹신하고, 외부 사람과 전혀 의사소통이 되지 않는, 생물학적 본능에 따라 행동하는 무서운 아이들이 등장한 것이다.

러시아 전역의 85개 도시에 조직을 갖추고 5만 명 이상에 달하는 구성원을 거느리고 있는 스킨헤드의 80% 이상은 중등학교 고학년, 직업전문학교 재학생 또는 아예 학교를 다니지 않는 아이들이다. 자신들이 증오하는 특정 집단에 대한 폭력으로 불만을 표출하는 스킨헤드의 공격 대상은 주로 힘없는 소수민족들이다. 권력과 돈을 가진 힘 있는 자들은 건드릴 수 없기 때문이다. 러시아를 오염시키고 병들게 한다는 체첸 사람들을 비롯한 카프카스 지역 출신 상인, 아프리카 흑인, 이슬람 민족을 포함한 동양계 등이 스킨헤드의 만만한 표적이다. 이들 유색인종이 AIDS나 마약으로 러시아의 순수한 피를 더럽히고 있다는 것이 명목상의 구실이다.

체계적 조직을 갖추면서 공산주의와 극우 계열 정치인들의 슬로건을 모방하고, '유태인들의 압제 하에 있는 러시아,' '머지않아 다가올 위대한 러시아의 부활' 등을 주제로 하는 특별집회를 통해서 정신 무장을 강화하는 스킨헤드는 "백색의 항거(Beloe soprotivlenie)," "나는 백인(Ia - belyi)," "스크루드라이버(Otrevtka)" 같은 기관지도 발행하고 있다.

매년 4월 20일 히틀러 탄생일을 전후로 기승을 부리면서 외국인, 특히 유색인종들을 공포에 떨게 하는 스킨헤드 세력은 불행히도 당분간 계속 강화될 전망이다. 러시아 정부 당국과 언론이 자신들의 치부와 같은 이 문제를 구체적으로 공론화하거나 해결하려는 의지를 보이지 않는 것도 문제지만, 보다 심각한 것은 사회 구조적 차원의 문제이다. 정신사적으로 보면, 스킨헤드의 입장과 일치하는 국수적 민족주의, 제국주의적 정서, 반미주의, 반유태주의, 인종 차별주의 등이 강화되고 있는 것이 최근의 추세이다. 그리고 지금까지 소외계층 자녀들을 중심으로 형성된 스킨헤드 세력에 앞으로는 신분과 부의 세습과정을 통해 성장한 국수주의적 경향의 젊은 엘리트들이 합류할 위험성도 도사리고 있다.

구체적 출처는 아직 밝혀지지 않고 있지만 스킨헤드 조직으로 상당 규모의 자금이 유입되고 있다는 최근의 소문이 이 같은 가능성을 뒷받침한다. 뿐만 아니라, 일부 언론은 크라스노다르, 보로네쉬, 사마라 같은 지방 도시에서 경찰조직과 지방 정부가 골치 아픈 이주민 문제를 해결하는 방편으로 스킨헤드의 활동을 공공연히 조장하고 있다고 보도했다. 이것은 스킨헤드가 일부 정치 세력과 연합해서 영향력을 확대해갈 수 있다는 위험신호로 읽을 수 있다. 여기에 더해 황색 저널리즘과 포르노그래피, TV를 장악한 각종 폭력물 같은 문화적 원시주의의 범람 현상은 전통적 가치관을 철저히 무시하는 스킨헤드의 폭력성, 비도덕성, 잔인성을 더욱 부채질하는 요인으로 작용할 것이다.

러시아 사회의 근원적 문제들에 뿌리를 둔, 버림받은 세대의 폭력적 반항으로 표출되고 있는 스킨헤드 현상은 오랜 시간을 두고 체계적으로 치유되어야 할 심각한 사회적 병리 현상이다. 일부 순진한 사람들은 막강한 권력을 쥔 푸틴이 제대로 한 마디만 해주면 문제가 일소될 것이라고 말하지만, 누가 나서도 막을 수 없는 젊은이들의 넘치는 에너지가 부정적 방향으로 분출되면서 등장한 이 복잡한 현상은 한두 가지 외형적 처방으로 해결할 수 있는 차원을 이미 넘어섰다. 따라서 러시아를 여행하는 외국인, 특히 '눈이 가늘게 찢어진' 우리 같은 사람들은 이런 저간의 사정을 감안하여 쓸데없는 만용을 부리지 말고 각자의 신변 안전에 세심한 주의를 기울여야 할 것이다.

반미주의의 허와 실

일반적 인식과 달리, 미국과 러시아는 비슷한 점이 많은 나라이다. 우선 방대한 영토에 많은 지하자원을 가진 것이 그렇고, 미국 사람들이 서부를 개척하며 프런티어 정신을 발휘한 것처럼 러시아 자본가와 모피상들 역시 시베리아 경략에 나서 태평양 해안까지 도달했다. 여러 민족이 섞여 사는 인종의 용광로로 다양한 인종과 문화, 종교가 공존하고 있는 것도 빼어 닮았다. 자본주의와 민주주의를 전 세계에 전파하는 것을 사명으로 여기는 미국과 사회주의와 혁명 수출을 통해 러시아의 인류사적 소명에 매달리던 소련의 모습도 당사자들은 어떻게 생각할지 몰라도 너무 흡사하다.

두 나라 모두 유럽과 연관을 맺고 있으면서 동시에 유럽과 차별되는 특수성에서 자신의 정체성을 추구하는 것도 마찬가지이다. 러시아 사람들은 천년의 긴 역사를 내세우며 짧은 역사의 미국과 자신들이 다르다고 하지만 몽골 지배가 약화되면서 오늘의 유럽지역 러시아 영토를 통합한 중앙집권적 국가가 탄생한 시점을 감안하면 러시아 역사 또한 젊기는 마찬가지이다.

삼림이 우거진 모스크바 외곽을 자동차로 드라이브하다 보면 마치 미국 버지니아의 인근 지역을 보는 것 같은 느낌이 들 때도 있다. 물론 도로 상태나 주변 농가들의 모습은 크게 다르다. 솔제니친이 미국으로 망명했을 때 뉴잉글랜드 지역의 버몬트에서 새로운 삶의 둥지를 틀었던 것도 이 지역이 자신의 고향 랴잔의 풍광이나 분위기와 비슷했기 때문이다. 또한 페테르부르크의 이삭 성당과 미국 의회 건물의 원형 지붕이 유사한 것에 착안하여 이 두 건축물의 설계도면과 관련 자료를 전시하는 기획전이 열린 적도 있다. 시베리아의 중심도시 노보시비르스크에 있는 러시아 최고의 철도대학(러시아 철도부는 광케이블, 터널, 교량 등을 총괄하는 총 80만의 인력으로 구성된 힘 있는 부서임) 본관 건물은 미국 보스턴의 웅장한 MIT 본

노보시비르스크 철도대학 본관

관 건물 분위기를 물씬 풍긴다.

이 같은 유사점에도 불구하고 두 나라의 정치 지도자, 엘리트, 일반 시민들은 서로의 다른 점을 유난히 강조하며 거리를 유지해왔다. 아니 적대관계에 있었다. 그런데 소련의 공산정권이 무너지고 민주주의가 도입되면서 이런 관계가 종말을 고하는가 싶었다. 미국을 비롯한 서구의 제도와 문물이 러시아에 제약 없이 진입하고 또 러시아 사람들이 그것을 전적으로 받아들이는 것처럼 보였기 때문이다. 하지만 러시아에서 맹위를 떨치던 반공산주의 에너지가 소진되자 일방적인 서구화와 미국화에 저항하는 힘이 등장하기 시작했다. 상실한 정체성을 다시 찾는 과정에서 미국 또는 서구와의 관계에서 러시아가 차지하는 위상을 재점검하는 작업은 필수적이기 때문이다.

상실한 강대국 이미지를 회복하려는 러시아의 자존심 찾기 노력의 와중에 고개를 들고 나선 반미주의는 서로 모순되는 측면을 내포한 복잡한 현상이다. 모스크바 주재 미국 대사관 경비를 담당하는 해병대 흑인 사병이 스킨헤드에게 구타당하고, 모스크바를 방문한 미국 의회 사절단 앞에서 러시아 젊은이들이 소동을 벌인 것 같은 일부 불미스런 사건들이 화제가 되기도 했지만, 여러 소수민족을 대상으로 자행되는 수많은 살인 및 구타 사건에 비하면 미국 사람들에 대한 도발은 오히려 미미한 수준이다. 따라서 러시아에서 반미주의는 이념적, 언어적 차원에서 전개되는 추상적 성격이 강하다고 볼 수 있다.

소비에트 반미 포스터

일반 러시아 국민들의 미국에 대한 정서나 태도는 상당히 혼란스럽다고 할 수 있다. 한쪽에서는 국제 거대자본이 러시아를

잠식하고 있다는 경고의 목소리가 들려오지만 개방 초기에 러시아에 상륙해서 이제는 일상 소비문화의 일부로 정착한 미국식 영향에 이들이 별다른 거부감을 보이고 있지 않기 때문이다. 자국산 상품 구매를 호소하는 선전문구들에 아랑곳 하지 않고 러시아 사람들은 맥도날드 햄버거, 도미노나 파파존스 피자, 베스킨 로빈스 아이스크림 매장을 즐겨 찾는다.

TGI Friday's를 비롯한 미국계 외식 체인점도 오히려 고객이 넘쳐나서 고민이다. 청결한 시설, 친절한 서비스, 합당한 가격으로 경쟁력을 갖춘 곳이라면 러시아 사람들이 미국계 패스트푸드점과 레스토랑을 마다할 이유가 없기 때문이다. 적어도 러시아 서민들 사이에서, 물질적 풍요를 대표하는 선진국 미국에 대한 호기심과 부러움은 이 나라가 러시아를 위협하는 악한 세력의 중심이라는 이념적 선전의 힘을 능가하는 것으로 보인다.

모스크바의 TGI Friday's

러시아내 반미주의의 허구성은 미국 TV 프로그램을 복사하거나 저작권을 구입해서 러시아식으로 각색한 각종 프로그램들이 높은 시청률을 기록하며 러시아 시청자들을 사로잡고 있는 것에서도 발견할 수 있다. 1980년대 말부터 약 10년 동안 미국에서 인기리에 방영되던 TV 시트콤 "Married With Children"이 "모두가 행복해"(Shchastlivy vmeste)로 각색되어 러시아 시청자들의 사랑을 받고 있는 것이 그 예이다. 이 프로그램을 방영하는 TNT 채널의 소유주는 아이러니컬하게도 국영 기업 가즈프롬이다. 러시아 서민의 삶에 깊숙이 파고든 이 같은 미국 문화의 영향은 사회 한쪽에서 들려오는 반미주의의 구호를 무색케 한다.

미국을 대하는 러시아 엘리트 계층의 태도 역시 혼란스럽기는 마찬가지지만, 일반 서민들과 다른 것은 개인 각자의 의견이 비교적 분명하다는 점이다. 친미 성향과 반미 경향의 사람들이 비교적 뚜렷이 구별된다는 말이다. 개방 이후 해외, 특히 미국 학자들과 활발히 교류하면서 다른 동료들에 비해 여유 있는 생활을 하고 있는 사회과학과 응용과학 분야의 신진 학자들은 미국에 대해 반감을 가질 하등의 이유가 없는 반면, 학계 중진으로 소비에트 시대에 영향력을 행사하던 원로 학자들의 미국을 바라보는 시각은 시큰둥할 수밖에 없다. 지나친 미국 열풍이 러시아 사회에 미치는 부정적 영향에 대해 비교적 객관적 입장에서 비판을 가하는 소수 양심적 학자들의 견해가 미국을 보는 극단적 이분법적 논쟁에 가려 제대로 관심을 끌지 못하는 안타까운 상황도 전개되고 있다.

사실 일부 지식인들 사이에 존재하는 반미감정도 미국 국민이나 미국 사회에 대한 적대감보다는 부시 행정부의 대외정책이나 러시아의 국내 문제에 대한 미국 고위 관리들의 비판적 발언 등에 대한 반감인 경우가 대부분이다. 소로스재단이나 카네기재단 같은 미국의 민간단체들은 오래전부터 모스크바에 지부를 설치하여 유능한 러시아 소장 학자들의 연구와 문화 사업을 활발히 지원하고 있고, 미국 정부의 지원으로 러시아 주요 대학에 설치된 아메리칸 센터는 대학생들에게 미국을 알리는 중요한 통로로 사용되고 있다. 이제는 경제계의 미래 엘리트들이 밟아야 할 필수 코스로 자리 잡은 영어로 강의하는 미국식 MBA 과정이 지방 도시에까지 확산되는 추세이고, 또 미국에서 유학하는 러시아 학생들의 숫자도 꾸준히 늘고 있다. 이를 감안하면 미국에 대한 정치적 반감에도 불구하고 러시아 엘리트 계층의 미국화 과정은 한층 더 가속화될 전망이다.

한편, 러시아 정치 엘리트들의 반미주의 정서는 푸틴 정부 2기에 들어 부쩍 강화되고 있다. 푸틴 정권의 대표적 이론가로 손꼽히는 블라디슬라프 수르코프(대통령 보좌관 겸 대통령 행정실 부실장)는 2004년 〈콤소몰스카야 프라브다〉에 기고한 글에서 '미국을 비롯한 서구의 목표는 러시아를 파괴하고, 우리의 방대한 영토를 여러 개의 나약한 준국가적 존재들로 대신 채우려는 것이다. 적이 바로 우리 문 앞에 와있다. 그리고 그 전선은 모든 도시, 모든 거리, 모든 가정에 형성되어 있다' 라고 말하면서 미국을 향해 날카로운 대립각을 세웠다.

미국을 러시아의 대표적인 적으로 규정하여 국민의 절대적 지지를 얻는데 성공함으로써 푸틴 대통령의 재선과 높은 인기도 유지에 혁혁한 공로를 세운 수르코프는 현재 러시아에서 가장 영향력 있는 정치인 중 한 명이다. 미국을 겨냥한 그의 정치적 수사가 공산주의 시대의 분위기를 물씬 풍기는 것을 제외한다면, 그의 선거 전략은 부시 대통령 재선에 즈음하여 미국에서 이루어지던 여론형성 전략과 동일하다.

오래전부터 떠도는 유태인 음모론을 미국 음모론으로 둔갑시킨 푸틴 정권의 반미주의 정책이 등장하게 된 배경은 상당히 복합적이다. 그 직접적 배경은 세르비아, 그루지야, 우크라이나, 키르기스스탄에서 전개된 이른바 '색깔혁명' 에서 보는 것과 같이, 미국과 서구가 소련 붕괴 이후 형성된 힘의 공백 상태를 이용하여 러시아를 포위 위협해오고 있다는 인식이다. NATO나 EU와 연합한 미국이 CIS 지역에 군사기지를 설치한 것은 러시아의 이 같은 인식을 더욱 강화했다.

또 다른 배경은 러시아의 개방과 함께 시작된 미국과 러시아 양자 사이의 상호 접근 노력이 공통의 언어를 찾지 못하고 과거의 상태로 복귀하고 있다는 점이다. 러시아를 협력 파트너로 만들려던 미국의 바람과 미국과 서구를 동경하면서 배우려던 러시아의 기대가 상호 접점을 찾지 못하고 서로를 멀리하면서 과거와 같이 경계하고 적대시하는 사이가 되었기 때문이다.

'소련의 붕괴는 20세기 역사의 가장 큰 지정학적 재난' 이라고 주장하면서 군사력과 석유 등을 무기로 러시아의 힘을 과시하는 푸틴의 태도가 미국의 비위를 건드린 것이다. 러시아의 권력 핵심 세력이 제기하는 미국 음모론은 일부 타당성을 갖고 있다. 하지만 이를 이용하여 정권 연장을 위한 권력 수직화 작업을 강화하고 또 막대한 부를 실로비키들 사이에 재분배하는 작업의 추진은 러시아 정치의 퇴행적 징후에 다름아니다.

이처럼 러시아에서 미국을 바라보는 시각은 계층과 연령, 분야와 행동주체, 그리고 관심과 목표에 따라 각기 다른 모습을 띠고 있다. 러시아 정치권에서는 최근 반미주의 정서가 강화되고 있지만, 일반인들과 엘리트 계층 사이에서 나타나고 있는 미국식 생활양식과 가치관에 대한 긍정적 반응 또한 꾸준히 확산될 것이다. 워싱턴 외교가에서 러시아 외교관이 식사를 초대하면 팁은 초대받은 사람이 내야 한다는 얘기가 돌던 때가 있다. 팁을 자본주의 문화라고 여기던 소련 시절 이야기이다.

그런데 현재 모스크바는 세계에서 가장 팁을 후하게 주는 도시가 되었다. 자신도 모르는 사이에 서로 다른 삶과 문화가 섞이고 또 사회를 변화시키는 시대가 전개되고 있다. 반미주의나 반러시아주의 같은 거창한 구호들은 일정 기간 정치적 위력은 발휘할지언정 살아 움직이는 우리 삶의 역동적 변화에는 별다른 영향을 미치지 못하는 허망한 것이기도 하다.

김현택

제3부

포스트소비에트 공간의 풍경

제1장

모스크바는 건설 중

모스크바는 눈물을 믿지 않는다

요즘에는 우리나라에도 모스크바를 찾는 사람들이 아주 많다. 어떤 이는 공부를 이유로, 어떤 이는 사업상, 또 어떤 이는 단순한 관광 차원에서 러시아의 고도이자 수도인 모스크바를 자유롭게 드나들곤 한다. 그만큼 모스크바는 지금 우리에게 가깝고도 친숙한 곳이 되었다. 하지만 지금으로부터 17년 전인 1990년에 한국과 러시아(당시 소련)가 공식 외교관계를 수립하기 이전까지 모스크바는 우리에게 평양만큼이나 신비에 싸여 있고 방문 불가능한 금기의 도시였다.

그러던 중 1980년 모스크바에서 제22회 하계 올림픽이 열리면서 우리에게도 선수단을 중심으로 극히 일부나마 모스크바를 직접 방문할 수 있고 텔레비전을 통해서는 이 미지의 땅에 사는 사람들의 모습을 지켜볼 수 있는 기회가 찾아오기도 했다. 그러나 주변 정세가 좋지 않아 이것마저도 불가능했다. 1979년 소련의 아프가니스탄 침공에 대한 항의로 미국을 필두로 서방 국가들이 모스크바 올림픽을 보이콧하고 나섰기 때문이다. 물론 우리나라도 보이콧 대열에 동참했다.

하지만 당시 우리가 모스크바의 이국적인 모습과 모스크비치(모스크바 시민들을 가리키는 러시아어)의 일상적인 생활을 동시에 엿볼 수 있는 기회는 아직 남아 있었다. 아카데미 최우수 외국어영화상을 수상한 블라디미르 멘쇼프 감독의 영화 『모스크바는 눈물을 믿지 않는다』가 공교롭게도 모스크바 올림픽이 열리던 해에 나왔고 몇 년 후 우리나라에도 소개되어 상당한 인기를 끌었다. 조금 과장해서 말한다면, 이 영화는 1991년 소련 붕괴 이전까지 한국의 일반 대중들이 모스크바의 모습을 간접적으로나마 가장 잘 엿볼 수 있었던 유일한 창구였을지 모른다.

실제로 현재 나이 30대 후반 이후 사람들 중에는 이 영화를 통해서 모스크바와 모스크비치들을 난생 처음 접하게 된 사람들이 적지 않을 것이다. 그 정도로 이 영화는 우리나라 사람들에게뿐만 아니라, 다른 여러 나라 사람들에게도 모스크바를 알리는데 있어서 중요한 가교 역할을 담당했던 것이 사실이다. 세계 각지에서 여러 가지 이유나 목적으로 러시아에 직간접으로 관련되어 있거나 관심을 갖고 있는 사람들 중에는 지금도 영화 제목 '모스크바는 눈물을 믿지 않는다'를 이런 저런 곳에서, 예를 들면, 자신들이 개설한 블로그나 홈페이지, 저서나 논문의 (소)제목에서 때로는 글자 그대로 때로는 패러디 형식으로 변형하여 사용하는 이들이 적지 않다. '모스크바는 눈물을 믿는다,' '모스크바는 눈물을 믿을까?,' '눈물은 모스크바를 믿지 않는다'라는 표현 등이 대표적인 예라 할 수 있다.

'모스크바는 하루아침에 건설되지 않았다'

『모스크바는 눈물을 믿지 않는다』는 당대 모스크바의 생생한 모습을 배경으로 현대판 신데렐라 이야기를 보여주고 있는 영화 내용에서뿐만 아니라, 모스크바 문화사의 중대한 사실 한 가지를 노래하고 있는 영화 음악에서도 흥미를 끌기에 충분하다. 영화는 약간 우중충한 빛의 모스크바 정경이 파노라마처럼 눈앞에 펼쳐지는 장면과 함께 시작된다. 이 때 다음과 같은 노랫말을 담고 있는 영화 음악 "알렉산드라"가 흥겨우면서도 서정적인 기타 반주를 타고 흘러나온다. '모든 것은 하루아침에 건설되지 않았다. 모스크바는 하루아침에 건설되지 않았다. 모스크바는 눈물을 믿지 않고 사랑을 믿었다.'

이처럼 모스크바에 대해 노래하고 있는 "알렉산드라"는 "모스크바 근교의 밤"이나 "안녕 모스크바"와 함께 모스크비치들 사이에서 특히 많은 사랑을 받으며 자주 애창된다. 이 중에서 "알렉산드라"는 모스크바 문화사에서 중요한 사실 한 가지를 노래하고 있다는 점에서 더욱 특별하게 다가온다. '모스크바는 하루아침에 건설되지 않았다'라는 사실 때문이다.

이렇게 "알렉산드라"에서 노래되고 있는 것처럼 많은 러시아 사람들은 지금도 '모스크바는 하루아침에 건설되지 않았다'라고 종종 말하곤 한다. 860년의 유구한 역사를 자랑하는 모스크바는 1703년 표트르 대제가 핀란드 만으로 흘러드는 네바 강 하구 습지에 세운 상트 페테르부르크처럼 그렇게 하루아침에 갑자기 건설되지 않았다. 모스크바는 1147년 유리 돌고루키가 모스크바 강과 네글린나야 강이 합류하는 지점에서 동쪽으로 멀지 않은 보로비츠키 언덕에 현재 크렘린(러시아어로 성곽 또는 요새를 뜻함)의 원형이 되는 작은 목조 성곽을 축조한 데서 역사를 시작했다.

그로부터 860년의 장구한 세월을 거치는 동안 모스크바는 각 시대에 따라 정도의 차이는 있지만 다양한 역사적 의미와 역할을 부여받으며 부단한 생성과 변형의 과정을 겪어 왔다. 이런 점에서 모스크바의 역사는 끊임없는 건설과 재건의 역사로 정의할 수 있는데, 이 역사는 모스크바가 사상 최대의 변혁기를 맞이하는 20세기에 들어와서 절정에 달한다.

‘거대한 촌락’에서 ‘사회주의의 모델 도시’로

2007년에 창건 860주년을 맞이한 모스크바는 장구한 역사만큼이나 다양한 의미의 명칭과 별명을 갖고 있다. 그 중에는 종교적 배경에서 나온 ‘모스크바-새로운 예루살렘’이나 ‘모스크바-제3로마’ 같은 명칭이 있는가 하면, 러시아 국가와 문화의 중심을 뜻하는 ‘러시아의 심장’이라는 명칭도 존재한다. 또한 어머니의 따뜻한 품이나 인자한 모습을 연상시키는 ‘모스크바-어머니’라는 별명도 자주 사용되곤 한다.

이런 명칭이나 별명들은 대부분 모스크바의 긍정적 이미지를 표상하고 있지만, 이와 반대로 모스크바 도시의 부정적 모습을 가리키는 ‘거대한 촌락’이라는 말도 널리 퍼져 있었다. 그리고 20세기 모스크바 도시 건설과 재건의 역사는 이런 ‘거대한 촌락’이라는 나쁜 이미지를 불식시키는 일에 초점이 맞춰져 있었다.

독일의 문학평론가이자 문화이론가인 발터 벤야민은 1926년 11월 6일부터 1927년 2월 1일까지 사회주의 혁명의 수도 모스크바에 머물렀다. 벤야민은 이 기간 동안 자신이 모스크바에서 직접 보고 듣고 느꼈던 것을 『모스크바 일기』에 소상히 기록해 놓았는데, 모스크바가 ‘거대한 촌락’이라는 말도 이때 그의 펜 끝에서 나왔다. 일기에서 벤야민은 모스크바를 가리켜 농민 인구가 거주하는 ‘거대한 촌락’으로 규정했던 것이다. 실제로, 중앙 집중적인 도시계획이 이뤄졌음에도 불구하고 당시 모스크바 중심에는 도시의 농촌적 기원과 특징을 보여주는 흔적들이 많이 남아 있었다. 그래서 벤야민은 모스크바 중심에 있는 빌딩이 앞에서 보면 도시의 빌딩처럼 보이지만, 뒤편의 나무 계단은 러시아 농가의 외양을 연상시킨다고 쓰고 있다.

요컨대, 벤야민의 눈에 비친 모스크바는 전혀 도시처럼 보이지 않는 특징을 지니고 있었다. 당시 모스크바는 대도시 환경의 특징이라 할 수 있는 대규모의 기념비적 건축물이 거의 없었다. 단층이나 2층짜리 건물들이 건축물의 주류를 형성하면서 모스크바는 낮은 구조물들의 거대한 산개처럼 보였다.

하지만 1930년대 중반 스탈린의 모스크바 재건 프로젝트가 실행되면서 모스크바에 덧씌워진 '거대한 촌락' 의 부정적 이미지도 서서히 걷어진다. 1935년 스탈린은 '모스크바가 세계 모든 수도의 모델이 되어야 한다' 고 역설하면서 모스크바 도시재건 계획을 수립했다. 이를 통해 스탈린은 모스크바를 사회주의 국가의 모델 도시로 새롭게 바꿔놓고자 했다. 그리하여 과거 문화를 대표하는 낡은 건축물들이 철거되거나 파괴되었고 그 자리에 프롤레타리아 국가의 상징과 지상천국의 비전을 담은 현대식 개념의 기념비적 건축물들이 속속 들어서기 시작했다.

이때부터 시작되어 1950년대까지 이어진 스탈린의 모스크바 재건 과정에서 건설된 신고전주의의 웅장한 건축물들은 특히 '거대한 촌락' 이라는 모스크바의 촌스러운 이미지를 걷어내면서 도시 공간의 물리적 풍경과 면모를 일신하는데 크게 일조했다. 이렇게 스탈린 시대에 세워진 기념비적 건축물들은 수보로프스카야 광장의 붉은군대 극장, 곤차르나야 거리와 가가린 광장의 아파트 건물, 농업박람회 건물 등으로 헤아릴 수 없이 많다. 하지만 그 중에서 압권은 훗날 사람들이 '스탈린 타워' 혹은 스탈린의 '일곱 자매' 로 부르게 된 7개의 '고층건물' (vysotnye zdanii)이 차지한다.

2차 세계대전 직후 스탈린은 모스크바의 순환도로와 간선도로가 만나는 주요 지점에 8개의 고층건물을 세우라고 지시하는데, 스탈린 사후 1950년대 중반에 완공된 것은 그 중 7개로, 쿠드린스카야 광장의 아파트 건물, '참새 언덕' 에 위치한 모스크바대학교 건물, 스몰렌스카야 광장의 러시아 외무부 건물, 쿠투조프스키 대로의 우크라이나 호텔 건물, 코텔리치나야 강변의 아파트 건물, 붉은 문 광장의 행정기관 건물, 콤소몰스카야 광장의 레닌그라드 호텔 건물이다. 이 7개의 고층건물은 지금도 모스크바 도시의 파노라마와 스카이라인에서 중요한 부분을 차지하고 있지만, '스탈린의 고딕' 이나 '스탈린의 웨딩 케이크' 로 불리며 무미건조함과 천편일률성으로 특징지어지는 소비에트 건축의 창의성 부재를 보여주는 단적인 예로 비판의 도마 위에 자주 오르내린다.

이처럼 1930년대부터 50년대까지 20여 년 동안 엄청난 규모로 진행된 모스크바 재건은 그러나 스탈린 사후 흐루시초프와 브레즈네프 시대를 거쳐 고르바초프 시대에 이르기까지 장기간의 소강상태에 접어든다. 여기에는 다양한 이유가 있었겠지만, 무엇보다도 흐루시초프 시대를 강타한 반스탈린주의 분위기나 브레즈네프 시대를 지배한 침체 상황이 가장 큰 원인이었을 것이다. 고르바초프 시대는 침체된 소련 사회의 '재건'(페레스트로이카)에 혁명적 실험을 단행했지만 사회 파탄과 소련 붕괴라는 정반대의 결과를 초래했다.

레닌그라드 호텔

하지만 도시 모스크바가 소련 해체 이후 러시아 연방의 수도로 거듭나면서 다시 한 번 대대적인 재건 과정을 거치기 시작한 것은 바로 이때부터였다. 모스크바가 '사회주의의 이상 도시'나 '공산주의의 전시장'이라는 과거의 허구적 이미지를 털어내고 새롭게 떠오르는 '자본주의의 등대'로서 글로벌 도시의 면모를 갖추기 시작한 것도 이 무렵부터였고 그 선두에는 현재까지 15년 동안 모스크바 시장을 맡고 있는 유리 루쉬코프가 있었다.

'모스크바의 건축가' 유리 루쉬코프

유리 루쉬코프는 1992년 6월 당시 모스크바 시장이었던 가브릴 포포프가 사임하자 옐친 대통령에 의해 후임 시장으로 임명되었다. 이후 1996년 6월 실시된 선거에서 루쉬코프는 95%라는 압도적인 지지율을 기록하며 초대 민선시장에 당선되었고 1999년 12월 선거에서는 69.9%의 지지율로 재선에 성공했다. 2003년 루쉬코프는 75%의 지지율로 3선 시장이 되었고 2007년 또 다시 모스크바 시장으로 선출되었다. 이렇게 15년 이상 모스크바 시장으로 장기 재임하고 있는 그에게 최근 모스크바 시민들은 모스크바 창건자 유리 돌고루키(팔이 긴 유리)의 이름을 패러디하여 '유리 돌고스로치느이' (재임 기간이 긴 유리)라는 다분히 조롱조인 별명을 만들어 붙여주었다.

이외에도 루쉬코프는 '모스크바의 건축가' 라는 별명을 하나 더 갖고 있었다. 이 별명은 1992년 포포프의 뒤를 이어 모스크바 시장을 맡게 되면서부터 그가 열성적으로 추진해왔던 모스크바 재건 사업 덕분에 얻게 된 것이었다. 하지만 이 별명도 부정적인 뉘앙스에서 자유롭지 못하다. 원래 이것은 1930년대에 모스크바 재건 사업을 일방적으로 지시하고 지휘했던 스탈린에게 붙여진 것이었기 때문이다. 1990년대에 모스크바 재건 사업을 결정하고 시행하는 과정에서 루쉬코프는 과거에 스탈린이 했던 것처럼 그렇게 수직적 위계질서를 바탕으로 전권을 휘둘러왔던 까닭에 사람들은 스탈린의 별명을 그에게 붙여주었다.

이처럼 루쉬코프가 불명예스럽게 스탈린에 비유되는 이유는 모스크바 재건 과정에서 나타난 그의 사업 추진 스타일이 스탈린의 그것과 닮아있기 때문이기도 하지만, 최근 모스크바에 건설되었거나 건설 예정인

많은 건축물들에 '스탈린 양식' 으로 불리는 웅장한 규모의 고전주의 건축양식이 적용돼 있기 때문이기도 하다. 이 점은 루쉬코프의 다음과 같은 인터뷰 내용에서도 잘 뒷받침된다. '로켓처럼 하늘로 솟구치듯 끝이 뾰족하다는 점에서 우리의 고층건물은 밋밋한 탁자 모양을 하고 있는 미국의 고층건물과 다르다.' 여기서 '우리의 고층건물' 은 최근 모스크바 시내에 건설된 "트리움프-팔라스" 같은 초고층 아파트 건물들을 가리키는데, 대부분 이들은 스탈린 시대의 '일곱 자매' 고층건물들처럼 끝이 뾰족한 첨탑 모양을 하고 있다.

하지만 루쉬코프가 어떤 이유로 무슨 소리를 들었고 듣고 있든지 간에 오늘날 모스크바가 있게 된 것은 1992년부터 지금까지 그가 소신을 갖고 과감하게 모스크바 재건 사업을 추진해온 덕분이다. 모스크바 재건에 대한 루쉬코프의 소신과 노력은 1994년 출간된 그의 자서전 『모스크바여, 우리는 그대의 아이들』에 이미 잘 드러나 있다. 이 책의 서문에서 그는 '볼셰비키의 계획이 모스크바의 모든 것을 헤집어 놓았다' 고 말하면서 이런 모스크바를 새롭게 재건하는 것이야말로 모스크바 시장의 주된 임무라고 주장했다. 그로부터 10여 년 후 루쉬코프의 노력은 많은 부분에서 현실화되어 나타났는데, 그의 모스크바 재건 과정은 2000년에 나온 『모스크바의 도시 건설: 20세기의 90년대』라는 책에서뿐만 아니라, 로이 메드베데프가 2005년에 펴낸 『유리 루쉬코프의 모스크바 모델』이라는 책에서도 일목요연하게 잘 정리되어 있다.

이런 루쉬코프의 노력과 헌신 덕분에 모스크바는 지금 10여 년 전과 비교할 수조차 없을 정도로 확연하게 달라졌다. 소비에트 시절 회색빛으로 우중충하기만 했던 모스크바의 도시 외관도, 후줄근하고 무뚝뚝하기만 했던 모스크비치의 외모나 표정도 속된 말로 '때깔' 좋게 변했다. 그래서 1990년대 중반 모스크바에 갔다가 최근 다시 찾은 사람들은 불과 10여 년 만에 상전벽해와도 같이 달라진 모스크바의 변화상에 엄청 놀라고 왔다고 하나같이 입을 모아 말한다.

그러나 모스크바의 변신은 아직 끝나지 않았고, 지금 이 순간에도 한

건설 열기에 달구어진 모스크바 야경

창 진행 중이고 앞으로도 계속될 것이다. 모스크바의 변신은 특히 1999년 루쉬코프의 모스크바 시 정부가 수립하여 실행하고 있는 "신도시계획"과 함께 후끈 달아오르기 시작한 건설 열기를 타고 더욱 빠른 속도로 진행 중이다. '모스크바는 건설 중'이라는 말도 이때 유행하기 시작했고, 이렇게 시작된 건설 열기는 러시아 전역으로까지 확산되면서 '건설'이라는 말이 21세기 러시아 문화의 핵심 코드 가운데 하나가 되었다.

실제로 1990년대 중반 러시아가 본격적으로 자본주의 시장경제체제로 이행하면서 모스크바 곳곳에는 과거에 볼 수 없었던 고급주택뿐만 아니라, 상업이나 금융에 관련된 현대식 빌딩들이 우후죽순처럼 생겨났다. 이에 앞서 과거 소비에트 정권에 의해 무분별하게 파괴된 교회나 사원들이 대대적으로 복원되었고, 승리공원 등 역사적 의미가 큰 기념비적 건축물들이 새롭게 건설되거나 재건되었다.

뿐만 아니라, 1999년에는 모스크바 도시 외곽을 감싸는 제3순환대로 건설이 시작되어 최근 완성되었고, 2000년에는 그 동안 지지부진했던 국제비즈니스센터 "모스크바 시티" 건설 프로젝트가 재개되면서 포스트소비에트 시대 모스크바 재건의 대미를 장식하고 있다. 특히, 금융시장이 여전히 취약한 관계로 부동산 시장에 몰려드는 오일 달러 덕분에 모스크바의 '건설 열정' 은 당분간 수그러들지 않고 더욱더 뜨거워질 전망이다. 모스크바는 지금 '건설 열정' 에 빠져 있다.

마네쉬 광장, 글로벌 도시 건설의 첫 단추

루쉬코프가 주도해온 모스크바 재건은 포스트소비에트 시대 러시아의 명실상부한 수도로서 모스크바의 국제적 위상을 새롭게 정립하는 차원에서도 계획되고 실행되었다. 루쉬코프는 특히 소비에트 사회주의 체제의 몰락 이후 자본주의 시장경제체제로 이행한 러시아의 수도 모스크바에 세계화 시대에 부응하는 글로벌 도시의 이미지를 창조하고자 했다. 다시 말해 그는 낙후된 '사회주의 모스크바를 문명화된 세계 자본의 도시' 로 탈바꿈시키고자 했다. 루쉬코프의 이런 계획은 특히 1997년 모스크바 창건 850주년에 맞춰 실행에 들어갔는데, 그 첫 단추가 크렘린 근처에 있는 마네쉬 광장의 재건 사업이었다.

2002년 한일월드컵축구 당시 러시아가 일본에 석패하자 분노한 러시아 축구팬들이 난동을 부렸던 곳으로 우리에게도 잘 알려진 마네쉬 광장은 15세기 상공인들이 여기에 집과 상점을 짓고 물건을 만들어 팔면서 자연스럽게 형성되었다. 그러나 이곳의 집과 상점들은 1930년대에 들어와서 스탈린의 모스크바 재건 계획에 따라 모두 철거되었다. 이후 마네쉬 광장은 소비에트 모더니티의 상징으로 오랫동안 빈터로 남아 있다가 1990년대에 와서 현재와 같은 산뜻한 모습으로 재건되었다.

마네쉬 광장 전경

마네쉬 광장은 특히 모스크바에서 가장 붐비는 3개의 지하철역 사이에 위치해 있고 모스크바 시내 상업지대의 남북 축을 형성하는 트베르스카야 거리 아래의 지하도에 연결돼 있어 하루 약 350만 명의 사람들이 왕래할 정도로 도심에서 가장 번화하고 화려한 곳으로 탈바꿈했다. 이런 식으로 마네쉬 광장은 모스크바 시의 가장 성공적인 투자사업 가운데 하나가 되면서 모스크바 시 정부의 자존심으로뿐만 아니라 시장 루쉬코프의 개인적 업적으로도 널리 홍보되었다.

1995년 5월 착공되어 1997년 10월 모스크바 창건 850주년에 맞춰 미국 라스베거스의 포스트모더니즘 전통에 따라 재건된 마네쉬 광장에서 가장 흥미로운 부분은 광장 지하에 조성된 초호화 쇼핑몰 "오호트느이 랴드"이다. 이것은 프랑스 파리에 있는 지하쇼핑센터 "레알"(Les Halles)을 모델로 하여 건설된 것으로 모스크바에서는 물론이고 유럽에서도 가장 큰 규모의 쇼핑몰이다. 쇼핑몰의 디자인 설계는 러시아와 영국 건축가들이 함께 했지만 기본 개념은 루쉬코프의 친구이자 그의 궁정예술가로 불리는 건축가 주라브 쩨레텔리의 머리에서 나왔다. 쇼핑몰의 아케이드 장식들도 그의 아이디어로 제작됐는데, 그 중에서 특히 눈길을 끄는 것은 러시아 동화 속 이야기들을 묘사하고 있는 중앙 분수대의 디즈니풍 동물 조각상들이다.

오호트느이 랴드

한편, 지하 쇼핑몰은 포스트소비에트의 새로운 생활 세계 중심에 소비문화를 조성하고자 하는 욕망을 드러낸 가장 극명한 예이자 모스크비치들이 호모 소비에트쿠스에서 호모 에코노미쿠스로 탈바꿈했다는 것을 보여주는 중요한 상징적 기호 가운데 하나로 평가된다. 실제로 7만 평방미터 면적의 지하 4층짜리 쇼핑몰에는 세계적 브랜드의 고급 상품들이 즐비하다. 이 상품들은 포스트소비에트 시대에 호모 에코노미쿠스의 대명사로 떠오른 노브이 루스키들을 주로 겨냥해 나온 것들이다. 현재 러시아 사회에 거세게 불고 있는 소비 열풍도 통 큰 돈 씀씀이로 유명한 노브이 루스키들의 소비행태와 생활양식에서 비롯된 측면이 강하다.

이런 노브이 루스키들이 어떤 소비행태를 보여줬는지는 다음과 같은 풍자적인 일화를 통해서도 쉽게 짐작할 수 있다. 어느 날 한 노브이 루스키가 파티에 참석했는데 그곳에서 자신의 것과 똑같은 타이를 매고 있는 다른 노브이 루스키를 보고는 '그 타이 얼마 줬소?' 라고 물었다. 이에 다른 노브이 루스키가 '2백 달러 줬소' 라고 자랑스레 말하자 이 노브이 루스키는 '바보같이. 나는 3백 달러 줬는데' 라고 거들먹거리며 말했다고 한다.

자그마치 3억 5천만 달러의 경비가 소요된 마네쥐 광장 재건에서 두 번째로 흥미로운 것은 쩨레텔리의 설계로 광장에 조성된 반원형의 세계지도 조형물이다. 여기서 특히 눈여겨봐야 할 부분은 세계지도 위에 설치돼 있는 성(聖) 게오르기 포베도노세츠 동상과 그 아래 모스크바 교회 미니어처이다. 러시아 문화에서 성 게오르기는 말을 타고 긴 창으로 악의 상징인 뱀을 찌르고 있는 모습으로 흔히 그려진다. 승리자를 뜻

마네쉬 광장 세계지도 조형물

세계지도 위의 성 게오르기

하는 포베도노세츠라는 그의 성에서도 알 수 있듯이, 러시아 민족에게 성 게오르기는 선의 수호자로서 정의와 용맹의 표상이다. 성 게오르기가 쌍두 독수리와 함께 러시아 국가 문장을 장식하고 있는 것도, 성 게오르기 훈장이 러시아군에서 최고의 무공훈장이 되고 있는 것도 이런 이유에서이다.

뿐만 아니라, 성 게오르기는 예로부터 모스크바의 수호성자이기도 하다. 따라서 이렇게 상징성이 큰 인물의 동상과 함께 모스크바를 세계지도의 최상단에 올려놓은 것은 러시아의 수도 모스크바를 세계의 정점으로 삼고자 하는 의지의 표현으로 읽을 수 있다. 이와 관련하여 흥미로운 점은 성 게오르기 동상이 마네쉬 광장의 재건과 마찬가지로 1997년 모스크바 창건 850주년에 맞춰 1995년에 앞서 완공된 승리공원의 중심부도 장식하고 있다는 사실이다. 이런 면에서 루쉬코프의 모스크바 재건은 도시 공간의 물리적 외관에서만이 아니라 상징적 풍경에서도 중요한 문화적 함의를 지닌다.

승리공원의 재건과 러시아의 자긍심

2차 세계대전 승리 50주년에 맞춰 1995년 모스크바 시내 포클론나야

승리공원의 성 게오르기

언덕에 재건된 승리공원의 역사는 멀리 흐루시초프 시대까지 거슬러 올라간다. 공원 건립 계획은 원래 흐루시초프 집권기인 1957년에 착안되었고 공원 부지로는 포클론나야 언덕이 선정되었다. 그러나 공원 완공까지는 최초 구상 시점으로부터 40년 가까운 시간이 소요되었다. 그 동안 공원 설계의 수정과 보완 작업이 계속되었고, 무엇보다도 공원 중앙의 상징 조형물 설치를 둘러싸고 정치 지도자, 문화 예술인, 참전용사들을 중심으로 논란이 끊이지 않았다.

하지만 1992년 6월 가브릴 포포프의 뒤를 이어 모스크바 시장에 취임한 루쉬코프가 그 동안 지지부진했던 공원 재건 사업에 특별한 관심을 갖고 공사 재개에 들어가면서 논란은 일소되기 시작했다. 시장 취임 이듬해인 1993년 루쉬코프는 최종 설계안 작성에 직접 관여하며 공원 재건을 강력히 밀어붙였고 중앙의 상징 조형물을 둘러싸고 벌어졌던 논란에도 종지부를 찍었다. 그는 마네쉬 광장의 재건을 책임지기도 했던 주라브 쩨레텔리에게 중앙 상징 조형물의 최종 설계를 일임하면서 공원 토대 공사와 박물관 건립 일정을 확정지었다.

승리공원의 재건 과정에서 일어난 논란의 핵심은 공원의 중심부를 장식할 상징 조형물로 무엇을 어떻게 설치할 것인지에 있었다. 공원 전체의 의미를 함축적으로 대변한다는 점에서 중심의 상징 조형물은 다른 어떤 조형물이나 건축물보다 중요했기 때문이다. 더구나 이 상징 조형물은 러시아가 소비에트 과거 유산의 긍정적 측면을 러시아의 것으로 적극 변용시키고 이를 통해 포스트소비에트 시대 러시아의 국제적 위상과 민족정체성을 새롭게 정립시키고자 하는 차원에서도 중대한 의미를 지닌다. 그래서 공원 중앙의 상징 조형물로 기념박물관 앞에 우뚝 솟아 있는 오벨리스크 방첨탑을 건설하고 그 아래 중앙에 성 게오르기 동상을 설치한 것은 더욱 특별한 의미를 갖는다.

이 중에서 성 게오르기 동상은 특히 흥미롭게 다가온다. 러시아 민족 문화의 고유한 상징이나 역사 인물들이 소비에트 시절 공원 설계안에는 전혀 들어있지 않았기 때문이다. 이 점은 소비에트 연방 붕괴 직후에도 전혀 달라지지 않았다. 그런데 루쉬코프가 1993년 공원 건설을 재개하며 최종 설계안을 확정짓는 과정에서 오벨리스크 방첨탑과 함께 성 게오르기 동상이 공원 중앙의 상징 조형물로 선정되었고, 이듬해인 1994년에는 성 게오르기 기념 성당의 건립도 추가로 결정되었다.

이런 식으로 루쉬코프는 러시아 민족의 역사와 문화에서 중요한 의미를 갖는 성 게오르기를 공원의 중심부에 내세웠다. 그럼으로써 그는 소비에트 군대의 2차 세계대전 승리 역사를 러시아 민족에 고유한 불굴의 저항정신과 영광스런 승리 역사로 바꿔놓고자 했다. 이를 통해서 루쉬코프는 한편으로는 러시아 민족의 자긍심과 유대감을 고취시키고, 다른 한편으로는 정의의 수호자로서 러시아 국가의 국제적 위상을 다시 한 번 제고시키고자 했다.

구세주 사원의 복원과 영광스러운 과거의 재현

소비에트 시절에 볼셰비키 정권은 모스크바의 아름다운 도시 풍경을 장식하고 있던 수많은 사원이나 교회 건축물들을 무분별하게 파괴한 것으로 악명이 높았다. 그 중에서 가장 악명 높았던 파괴 행위는 제정 러시아의 대표 상징이었던 그리스도 구세주 사원의 파괴였다. 이 사원은 스탈린 시대인 1934년 모스크바 재건 일반계획에 의해 파괴되었는데, 그 자리에는 높이 400미터의 거대한 "소비에트 궁전"이 건설될 예정이었다. 1934년의 최종 설계안에 따르면, 이 궁전은 소비에트 국가의 기술 수준과 이념을 집약해 놓은 웨딩 케이크 형태로 꼭대기 부분에는 50~75

미터 크기의 레닌 조각상이 해방된 노동자의 상징으로 우뚝 서있었다.

그 엄청난 규모에서 짐작할 수 있듯이, 궁전의 건설 목적은 사회주의 국가 소련의 우월성을 대내외적으로 과시하는 데에 있었다. 그래서 스탈린은 이 궁전이 엠파이어스테이트 빌딩보다 단 1미터라도 더 높아야 한다고 주장하기까지 했다. 하지만 이것은 기술적 난제와 2차 세계대전 발발로 스탈린 사망 직전까지도 실현되지 못하고 20여 년 동안 탁상공론에 그친 채 '종이 건축' 으로만 남게 되었고, 흐루시초프 시대에 들어와서 빈터는 세계에서 가장 큰 노천수영장으로 사용되었다.

구세주 사원은 1812년 나폴레옹 전쟁 승리를 기념하기 위해 알렉산드르 1세에 의해 처음 구상되었고, 그 설계는 스웨덴 출신의 건축가 알렉산더 비트베르그가 맡았다. 그러나 로마의 성 베드로 성당보다 더 큰 규모의 사원을 염두에 두고 있었던 비트베르그의 설계안은 실현되지 못하고 '종이 건축' 으로 남게 되었다. 비트베르그가 러시아 재무성의 사원 건립 기금 횡령죄로 갑자기 체포되어 시베리아 유형에 처해졌기 때문이다. 이후 1839년 알

복원된 구세주 사원

렉산드르 1세의 권좌를 이어받은 니콜라이 1세가 사원 건립에 다시 착수했고, 이때의 설계는 비트베르그와 마찬가지로 스웨덴 출신인 콘스탄틴 톤이 맡았다. 그러나 사원은 니콜라이 1세 당시에 완공되지 못하고 그로부터 44년 후인 1883년에 가서야 현재의 자리에 102미터 높이의 장엄한 위용을 드러낸다.

이런 구세주 사원이 소비에트 시절에 파괴되어 복원된 것은 유리 루쉬코프에 의해서였다. 루쉬코프는 1996년 모스크바 민선시장 선거에 당선된 직후 사원 복원 작업에 착수하여 이듬해인 1997년 모스크바 창건 850주년에 맞춰 2년이라는 짧은 시간 안에 과거의 원형대로 복원해 놓았다. 구세주 사원은 원래 러시아가 신의 은총과 가호에 힘입어 나폴레옹 군대를 물리칠 수 있었던 것에 대한 감사의 표현이었을 뿐만 아니라, 러시아 민족에게 특별한 역사적 소명이 있다는 선민의식의 발로이기도 했다.

웅장한 위용과 숭고한 위엄을 자랑하는 사원은 러시아 사람들에게는 구세주의적 사명을 부여해주고 외국 사람들에게는 세계사에서 러시아가 차지하는 위상을 상기시켜줄 수 있는 제정 러시아의 중요한 상징 건물이었다. 이렇게 러시아 역사와 문화에서 중대한 의미를 담고 있던 구세주 사원의 복원은 소비에트 체제 붕괴 이후 진행된 러시아의 역사 다시쓰기와 민족정체성 재정립 차원에서도 중요한 역할을 담당했다.

이런 점에서, 103미터 높이로 세계에서 가장 큰 정교회 사원으로 재건된 구세주 사원은 모스크바 도심의 외관과 상징 풍경에도 커다란 변화를 가져온 동시에, 러시아 민족의 통합과 참회의 상징으로서 러시아의 역사적 소명의식을 다시 한 번 강조했다고 할 수 있다. 이것은 모스크바 창건 850주년과 구세주 사원 재건을 경축하는 기념 음악의 가사에 '예언자' 이자 '메시아' 로서 러시아의 구세주의적 사명이 재차 강조되고 있다는 사실에서도 엿보인다. 요컨대, 구세주 사원의 재건은 그 자리에 남아 있던 소비에트 잔재를 지우고(노천수영장 철거), 그럼으로써 과거 소비에트 시절에 벌어진 과오를 바로잡으면서 러시아 민족문화와 역사의 영광스런 한 페이지를 포스트소비에트 시대의 모스크바 공간 속에 다시 새롭게 써넣은 것으로 평가할 수 있다.

모스크바의 표트르 대제

모스크바와 표트르 대제는 전혀 어울리지 않는 한 쌍이라고 해도 그렇게 틀린 말은 아닐 것이다. 표트르 대제는 러시아 현대화의 걸림돌이자 구습의 발판으로 모스크바를 지목하며 모스크바에서 페테르부르크로 천도까지 단행했던 사람이기 때문이다. 그런 표트르 대제를 기념하는 건축물이 모스크바 중심에 우뚝 서서 주변 경관과 스카이라인을 지

모스크바 강의 표트르 대제 기념상

배하고 있다는 사실은 자못 흥미롭다.

하지만 표트르 대제 기념상은 본래 주라브 쩨르텔리가 아메리카 대륙 발견 200주년 기념으로 설계하고 제작한 크리스토퍼 콜럼부스의 조각상이었다. 이렇게 만들어진 콜럼부스의 조각상은 미국 플로리다 주의 한 도시에 증정될 예정이었지만, 정작 이 도시는 조각상이 증정되자 이를 거절해버렸다. 이렇게 뜻밖의 상황이 벌어지자 쩨레텔리의 친구인 루쉬코프가 나서서 조각상을 사들여 지금의 표트르 대제 기념상으로 개조했다.

루쉬코프는 이 기념상을 1996년 러시아 해군 창설 300주년에 맞춰 모스크바 강 크림스카야 제방에 세워놓았다. 높이 60미터에 달하는 기념상 중심부에는 범선 한 척이 놓여 있고, 범선 위에는 한 손에 두루마리 서류를 쥐고 다른 한 손에는 범선의 조종키를 잡고 있는 표트르 대제가 서있다. 그런데 이 기념상은 개조의 역사에서 짐작되는 것처럼 일반에게 처음 공개되었을 당시 기하학적 불균형과 그로테스크한 형상으로 '터미네이터' 로 불리며 많은 조롱과 야유를 받았다. 기념상은 또한 설계 공모나 공청회 없이 일방적으로 건립되어 많은 논란을 빚기도 했다. 하지만 기념상에 담겨 있는 상징적 의미만을 놓고 볼 때 외관이나 건립 과정에서 불거져 나온 추문은 그다지 중요한 것 같지 않다.

실제로, 모스크바를 부정하며 서구화 개혁을 추진했던 장본인의 기념상을 모스크바 중심에 세워놓았다는 것은 사뭇 의미심장하지 않을 수 없다. 쩨레텔리의 설명에 따르면, 기념상의 표트르 대제가 오른손에 쥐고 있는 두루마리 서류는 포스트소비에트 시대 러시아 국가의 미래를 담고 있는 청사진에 다름 아니고, 그가 조종키를 잡고 있는 범선은 러시아 국가의 새로운 진로를 가리킨다. 여기서 우리는 표트르 대제 기념상 건립을 총지휘한 루쉬코프의 숨은 의도를 읽을 수 있다.

그는 서구와의 접촉과 서구 문물 수입을 통해 러시아의 현대화를 앞당긴 표트르 대제를 자신의 모스크바 재건 사업에 상징적으로 끌어들임으로써 모스크바를 새로운 '유럽을 향한 창,' 더 나아가 '세계를 향한 창' 으로 만들고자 한 계획의 일단을 내비쳤는지 모른다. 이를 뒷받침하기라도 하듯 루쉬코프는 그로부터 3년 뒤 1999년에 서방의 자본과 기술, 문화를 끌어들여 모스크바 신도시계획을 마련하고 이 계획의 백미라 할 수 있는 국제비즈니스센터 "모스크바 시티" 건설을 적극 추진했기 때문이다.

모스크바의 "붉은 돛단배"

요즘 모스크바에 불고 있는 건설 열기와 부동산 광풍은 오일 달러에 힘입어 러시아 경제와 가계소득이 급성장했지만, 금융제도와 주식시장은 여전히 취약한 기반을 갖고 있는 데서 비롯된 측면이 강하다. 어쨌든

붉은 돛단배

이런 열기와 광풍을 타고 모스크바 곳곳에는 최근 '엘리트 주택단지'라 불리는 값비싼 고층 아파트 단지들이 하루가 멀다 하고 새롭게 들어서고 있다. 지금 이 순간에도 모스크바 시내와 교외 할 것 없이 여기저기에 세련된 감각의 고급 주택단지가 한창 건설 중이고, 이미 건설된 것만 해도 부지기수로 많다. 그래서 이제는 모스크바 시내에서 이런 고급 주택단지들을 보는 것은 자연스럽고도 흔한 일이 되어 버렸다.

하지만 2001년 9월 20일에 모스크바 최초의 호화 아파트 단지 "붉은 돛단배"가 모스크바 북서쪽 강변에 한 폭의 그림 같은 풍경을 자아내며 성대한 개장식과 함께 웅장한 모습을 드러냈을 때, 모스크비치들 사이에서 이것은 일대 센세이션이 되었다. 신개념의 생활공간을 대표하는 "붉은 돛단배"는 그만큼 모스크비치들에게 새롭고 낯선 것이었기 때문이다. 게다가 "붉은 돛단배"는 동명의 영화로도 잘 알려진 소비에트 작가 알렉산드르 그린의 낭만적인 소설 제목에서 따온 이름으로도 세인의 관심을 끌기에 충분했다.

이후 러시아 부동산 시장에서는 '엘리트 주택단지'에 "붉은 돛단배"와 같은 낭만적인 이름을 붙이는 것이 하나의 유행이 되었다. 러시아 대중가요의 살아있는 전설로 통하는 알라 푸가초바의 히트곡 "백만 송이 붉은 장미"가 모스크보레치예-사부로보에 지난 10월 완공된 20층짜리 고급 아파트의 이름으로 쓰인 것도 이런 유행 때문이 아닌가 싶다.

글자 그대로 온통 붉게 단장한 40층의 화려하고 웅장한 "붉은 돛단배"는 모스크바 '엘리트 주택단지'의 원조격으로 3년 전 평당 분양 가격이 2천만 원이었다. 그런데도 800여 채의 아파트가 완공되기도 전에 모두 팔려나갔다고 하는데, 아파트 단지의 규모와 외관, 분양가가 이 정도라면 실내 공간이 무엇으로 어떻게 치장되어 있을지는 굳이 들여다보거나 물어보지 않아도 짐작하고 남는다.

이 "붉은 돛단배"를 시공한 돈-스트로이 건설사는 이 밖에도 "로시노이 오스트로프(사슴 섬)," "세지모예 네보(제7의 천국)," "세베르나야 즈베즈다(북극성)," "트리움프-팔라스(개선궁)" 등 15개의 호화 고층 아파트 단지를 모스크바 곳곳에 건설했다. 그리고 글라브모스트로이 부동산은 "백만 송이 붉은 장미" 외에도 "몽상의 계곡" 등 5개의 고급 아파트 단지를 이미 건설했고 모스크바 서쪽 제3순환도로 주변에 "빙산" 등 5개의 아파트 단지를 추가로 건설 중에 있다.

하지만 이런 고층 아파트 단지 중에서 압권은 단연 "트리움프-팔라스"이다. 유서 깊은 소콜 지역의 레닌그라드 프로스펙트에 위치한 높이 264미터의 이 아파트 단지는 유럽에서 가장 높은 주거 빌딩으로 2003년 12월 20일자로 기네스북에 등재되기도 했다. 모스크바 시내 전경을 한 눈에 내려다볼 수 있는 초고층 초호화 아파트라는 점 이외에도 "트리움프-팔라스"가 특히 흥미를 끄는 이유는 신고전주의 풍의 웅장한 자태를 자랑하는 스탈린 시대의 건축양식이 여기에 그대로 적용되어 있기 때문이다.

실제로 "트리움프-팔라스"는 스탈린 시대의 건축양식을 대표하는 모

트리움프-팔라스

스크바대학교 건물과 마찬가지로 웅장한 자태에서나 하늘을 찌를 듯 솟아있는 첨탑 모양에서도 스탈린식 건축양식을 닮아 있다. 이와 관련하여 "트리윰프-팔라스"의 건축 책임자였던 안드레이 트로피모프는 이 건물이 '고전의 숭배자와 감상자들, 러시아 역사를 알고 있고 이 역사에 흥분을 느끼는 약간 보수적 성향의 사람들을 위해서 계획되었다' 고 말한다.

하지만 펠릭스 노비코프 같은 건축학자는 이 건물이 고전과는 아무 관계도 없는 '모스크바식 몰취미의 대명사' 이자 '키치의 전형' 이라고 혹평한다. 더 나아가 그는 이 건물이 고전과 조금이라도 관련돼 있다고 한다면, 그것은 모조품의 원작에 대한 관계와 같은 것으로서 그럴 뿐이라고 말한다. 이와는 약간 다른 맥락에서 미국의 어느 건축 비평가는 모스크바대학교나 러시아 외무부 건물 같은 소비에트 시대의 고층건물이 '사회주의 리얼리즘의 표현' 이라고 한다면, "트리윰프-팔라스" 같은 포스트소비에트 시대의 고층건물은 '자본주의 리얼리즘의 전형' 이라고 말한 바 있다.

그런데도 루쉬코프 판 '스탈린 타워' 로도 불리는 이런 건물들이 앞으로 더 늘어날 것이라고 해서 더욱 흥미를 끈다. 루쉬코프의 모스크바 시정부는 2010~12년까지 자그마치 60개의 이런 고층건물들을 모스크바 시 외곽을 둘러싸는 제3순환대로 주변에 건설할 예정에 있다. 이런 점에서도 루쉬코프의 모스크바 재건은 스탈린의 그것과 많이 닮아 있다. 이미 얘기했듯이, 스탈린은 사도보에 순환대로를 따라 8개의 고층건물들을 건설하라고 지시했고 그 가운데 7개가 1950년대에 완공되었다.

이렇게 루쉬코프의 모스크바 재건은 스탈린의 그것과 몇 가지 점에서 비슷한 양상을 보이고 있는데, 두 과정 사이에서 드러나는 또 다른 공통점은 '더 높이' 를 추구하는 수직 지향성이다. 그런데 포스트소비에트 시대 모스크바의 수직 지향성은 자본주의 시장경제체제 아래에서 점점 더 심화되고 있는 경제적 분배의 불균형 현상, 즉 러시아 국민 사이의 심각한 빈부격차 현상을 반증하는 것이기도 해서 특히 이채롭다. "붉은 돛단배" 나 "트리윰프-팔라스" 같은 초고층 초호화 빌딩에서 살 수 있는 사람들은 신흥 갑부들이나 특권층 인사 등 러시아 사회의 소수 인구뿐이기 때문이다.

요컨대, 모스크바 도시 공간의 재건에서 나타난 높은 수직 지향성은 포스트소비에트 시대 러시아에서 일어나는 경제 권력의 수직적 양극화 현상뿐만 아니라, 정치권력을 포함한 러시아 사회 전반의 수직적 위계질서화 현상까지도 가늠해볼 수 있는 하나의 중요한 척도가 되고 있다.

붉은 광장의 아이스링크

톨스토이의 소설 『안나 카레니나』에 보면 한겨울 모스크바 시내의 아이스링크에서 스케이팅을 즐기는 키티의 모습이 나온다. 이것은 1880년대에도 모스크비치들이 스케이팅을 상당히 즐겼었다는 것을 충분히 짐작케 한다. 실제로 예나 지금이나 스케이팅은 모스크비치들이 즐기는 전통적인 한겨울 여가 활동 가운데 하나이다. 그런데 유난히도 푸근했던 지난해 겨울에는 모스크비치들이 다름 아닌 붉은 광장 한복판에서 스케이팅을 즐길 수 있게 되어 많은 화제를 낳았다. 2006년 12월에 처음으로 붉은 광장에 아이스링크가 개설되었기 때문이다.

이 아이스링크는 붉은 광장 동편에 위치한 국영백화점의 운영사가 정부의 허가를 받아

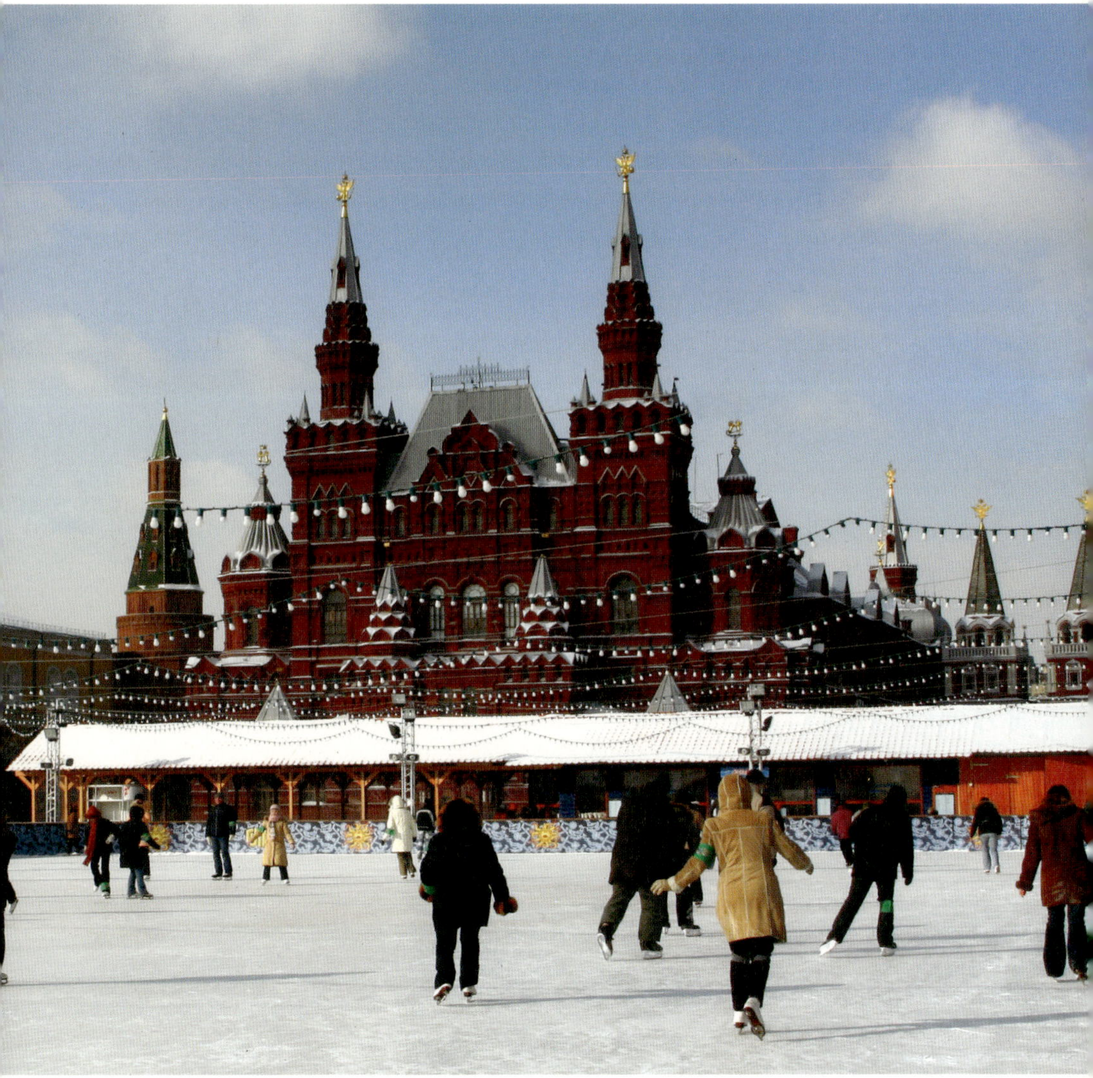

붉은 광장의 아이스링크

설치한 것으로 여기서 1시간 30분 동안 탈 수 있는 스케이트 임대료는 약 19달러 정도였다. 보통 러시아 사람들의 입장에서 그렇게 싼 가격이 아니었음에도 불구하고 하루에 1,500명의 사람들이 이곳을 찾았다고 한다. 이렇게 많은 사람들이 스케이트를 타며 즐거운 한때를 보낼 수 있도록 세련되고 근사한 아이스링크를 붉은 광장에 설치한 것은 분명 기발한 아이디어이지만, 소비에트 시절이었다면 상상조차 할 수 없는 불경한 짓이 되었을 것이다. 소비에트 시절 붉은 광장은 주로 군사 퍼레이드와 정치 집회를 위한 장소로 쓰인 성스러운 공간이었기 때문이다.

이처럼 소비에트 시절에는 모스크바의 주요 광장과 거리들이 정치 집회나 이념 선전을 위한 장소로 주로 사용되었다. 하지만 소비에트 사회주의 체제가 붕괴되고 시장경제체제가 도입되면서 모스크바의 주요 광장과 거리 풍경도 180도로 바뀌게 되었다. 과거 소비에트 시절에는 사회주의의 이념문화를 선전하는 정치 구호나 상징 인물들이 모스크바의 광장과 거리 곳곳을 장식하고 있었지만, 포스트소비에트 시대에 와서는 자본주의의 소비문화를 홍보하는 상업 광고와 상품 모델들이 그 자리를 대신했기 때문이다.

크렘린 부근의 대형 광고판

실제로 과거 소비에트 시절 대중 공간에는 상업 광고가 전혀 없었다. 도시의 중앙 광장들은 붉은 색 바탕에 하얀 색 대문자로 쓴 '소련 공산당이여 영원하라' 나 '노동은 부의 원천이다' 같은 정치 슬로건들이 마르크스, 엥겔스, 레닌의 초상과 나란히 내걸려 있곤 했다. 이런 슬로건들은 특히 국가 기념일에 도시 광장과 거리들을 붉게 물들였다.

그러다 소련이 붕괴되고 나자 이런 슬로건과 초상들은 자취를 감추었고 그 대신 자본주의의 상품들을 선전하는 신디 크로포드, 클라우디아 쉬퍼 같은 섹시한 모습의 여자 모델들이나 '말보로 맨' 들이 속속 등장하게 되었다. 그로부터 15여 년이 흐른 지금 모스크바 시내의 광장과 거리들은 가히 세계 자본주의 상품의 각축장이라고 해도 지나치지 않을 정도로 수많은 다국적 기업의 광고탑들로 넘쳐나고 있다.

모스크바 도시 공간에서 사회주의 유산의 소멸과 자본주의 상품의 등장은 소비에트 시대에 지어진 호텔의 철거나 개축에서도 찾아볼 수 있다. 대표적인 예가 모스크바 도심에 위치해 있던 "인투리스트," "모스크바," "러시아" 호텔들의 철거나 개축이다. "인투리스트" 호텔은 2002년에 철거되었고 그 자리에는 2007년 3월 다국적 기업 메리어트 호텔의 계열사인 리츠칼튼 호텔이 들어섰다. "모스크바" 호텔은 2003년에 문을 닫고 개축에 들어갔다가 최근에 다시 근사한 모습으로 탈바꿈했다.

건설 당시 유럽에서 최대 규모를 자랑했고, 게오르기 다넬리야의 1977년 영화 『미미노』에 잘 나타나 있듯이, 2006년 철거되기 직전까지 영화관, 카지노, 레스토랑, 사무실 등 많은 부대시설들을 갖추고 있었던 "러시아" 호텔 자리에는 몇 년 안에 호텔, 아파트, 주차장 등이 겸비된 최첨단 엔터테인먼트 단지가 들어설 예정이다.

"러시아" 호텔 자리에 새로 들어설 건물의 설계는 "모스크바 시티" 의 "러시아 타워" 설계 책임자이기도 한 영국의 건축가이자 디자이너인 노만 포스터 경이 맡았고 부지 개발은 런던 주식시장(AIM)에 상장돼 있는 시비리 에너지의 대표이기도 한 올리가르키 샬바 치리긴스키가 추진했다. 이런 식으로라면 한때 '사회주의의 모델 도시' 건설을 지향했던 모스크바가 명실상부한 '자본주의의 등대' 로 완전히 탈바꿈할 날도 머지않은 것 같지만, 그 결과는 좀 더 두고 봐야 할 것이다.

"모스크바 시티"와 미래의 러시아

모스크바를 21세기 첨단 자본주의의 대표 도시로 탈바꿈시키고자 한 루쉬코프의 모스크바 재건 사업은 1999년 수립되어 지금까지도 한창 진행중인 "모스크바 2020"이라는 신도시계획에서 절정을 맞이하고 있다. 여기서 가장 주목할 만한 부분은 크렘린에서 서쪽으로 4킬로미터 지점 모스크바 강 크라스나야 프레스냐 지역에 2020년까지 단계적으로 건설될 예정인 모스크바 국제비즈니스센터, 일명 "모스크바 시티" 건설 프로젝트이다. 포스트소비에트 모스크바 재건 사업의 결정판으로 평가되는 이 거대 프로젝트는 원래 루쉬코프가 모스크바 시장 직위에 처음 오른 1992년에 구상되었다. 이후 1995년에 루쉬코프는 1997년 모스크바 창건 850주년에 맞춰 부분적으로나마 가시적 성과를 보여주기 위해 프로젝트 실행에 박차를 가했고, 그 결과 바그라티온 다리가 개통되고 주변에 일부 상점과 카페, 레스토랑이 새롭게 문을 열었다.

그러나 외국자본뿐만 아니라 러시아 은행들조차 투자를 기피한 나머지 프로젝트는 답보상태에 빠질 수밖에 없었다. 게다가 1998년 러시아를 강타한 금융위기로 인해 프로젝트는 전면 중단될 위기에 처했다. 하지만 다행히도 이듬해부터 러시아 경제가 점차 회복 기미를 보이면서 "모스크바 시티" 프로젝트도 탄력을 받고 재추진되었다. 비즈니스, 주거

모스크바-시티 청사진

및 위락 시설을 모두 갖춰 '도시 속의 도시'로 불리는 "모스크바 시티"는 총 면적 110 헥타르, 투자액 12억 달러 규모의 초고층 주상복합건물 단지로 모스크바를 미래 세계의 첨단 도시로 변모시키는 것을 목표로 하고 있다. 이런 이유로 모스크바의 잿빛 풍경을 은빛으로 바꿔놓고 러시아의 새로운 비즈니스 허브로 우뚝 서려는 "모스크바 시티" 프로젝트는 '모스크바 역사상 가장 원대한 프로젝트 가운데 하나'로 평가된다.

총 20개 구역으로 나뉘어 건설되고 있는 "모스크바 시티"에서 가장 눈여겨볼 것은 2004년에 착공되어 2008년 완공 예정인 13구역의 "연방 타워"이다. "모스크바 시티"의 중심부를 차지하게 될 "연방 타워"는 지하 4층에 지상 93층과 62층짜리 초고층 쌍둥이 빌딩이다. 이 중 93층 건물은 높이가 450미터로 유럽에서 가장 높은 빌딩으로 기록된다. 이 건물 사무실의 연간 임대료는 평당 3만 3천 달러, 우리 돈으로 약 3천만 원이 넘는다. "연방 타워"의 사무실 임대료는 런던이나 파리, 뉴욕 수준에 버금가며, 아파트 가격은 상상을 초월한다. 가장 평수가 작은 80평짜리가 우리 돈으로 약 37억 원이다. 아파트 가격은 고층으로 올라갈수록 더 비싸다. 62층의 아파트는 평당 8천만 원에 달하는데, 여기에 입주하는 사람들은 모두 대기업 임원이나 정부 고위관리 아니면 사회 지도급 인사들이다.

이처럼 주로 최고급 아파트와 사무실로 사용될 "연방 타워"의 두 빌딩을 중심으로 크고 작은 건물들이 추가로 더 건설될 예정이다. 복합 빌딩인 "강변 타워"의 첫 번째와 두 번째 건물이 이미 완공되었고 세 번째 건물은 완공을 앞두고 있다. 또한 사무실, 콘서트홀, 피트니스 센터, 레스토랑, 카페 등으로 사용될 높이 108미터 27층짜리 "북방 타워"도 2005년 착공되어 현재 완공 단계에 있다. 이 밖에 "유라시아," "캐피탈 시티," "센트럴 갤러리," "임페리얼 타워," "타워 2000," "결혼궁전 타워," "머큐리 타워," "러시아 타워," "모스크바 시와 의회 청사" 등이 현재 건설 중이거나 건설될 예정이다.

그러나 "모스크바 시티"의 핵심 상징이 될 건물은 노만 포스터 경이 설계한 648미터의 125층짜리 "러시아 타워"가 차지할 것으로 예상된다. 2012년 완공되면 "러시아 타워"는 2009년 완공 예정인 아랍에미레이트의 "버즈 두바이" 타워 다음으로 세계 최고의 건물이 될 것이고, 러시아 국내외 많은 사람들에게 크렘린 궁으로 대표되는 고도 모스크바의 전통적 이미지와는 완전히 다른 새로운 이미지를 심어줄 것이다.

실제로 "모스크바 시티"는 도시 공간의 풍경을 완전히 새롭게 바꾸어 놓으면서 21세기의 대표적인 글로벌 도시로서 수도 모스크바의 위상과 역할을 한껏 높여줄 것으로 전망된다. 이와 관련하여 "모스크바 시티" 건설의 미션을 담고 있는 선언문을 보면 이 프로젝트가 미래의 모스크바와 러시아에 어떤 의미를 갖고 있는지 어렵지 않게 짐작할 수 있다. 이 선언문에 따르면 새로운 국제 비즈니스 활동 지대 건립을 목적으로 하는 "모스크바 시티" 프로젝트는 모스크바의 경제를 집약적으로 발전시키고 모스크바를 글로벌 비즈니스의 허브로 탈바꿈시키는 것에 다름 아니다. 더 나아가 선언문은 "모스크바 시티"가 건축에서뿐만 아니라, 문화와 비즈니스에서도 '미래의 러시아' 라고 역설하며 국가와 비즈니스가 공동 관심사 아래 상호 이해와 노력을 경주해야 한다고 덧붙여 말한다.

이로써 "모스크바 시티" 프로젝트는 '도시 속의 도시' 에 그치지 않고 더 나아가 미래의 러시아를 이끄는 '국가 속의 국가' 를 지향하고 있음을 엿볼 수 있는데, 과연 이 프로젝트가 계획에 따라 성공적으로 실현되어 '미래의 러시아' 를 이끌 수 있을지는 좀 더 지켜볼 일이다. 러시아에서 '종이 건축' 으로 끝나고 말았던 원대한 건설 프로젝트가 한 둘이 아니었기 때문이다.

라승도

제2장

상트 페테르부르크의 도전

변화하는 제2의 수도

우리나라에서도 러시아 하면 으레 모스크바를 떠올리던 때가 지나고 이제 알 만한 사람들은 역사와 문화의 도시 상트 페테르부르크를 한 번쯤 둘러보아야 할 관광 명소로 여기는 시대가 되었다. 우리 총영사관이 개설되고 하절기 관광 시즌에 인천-페테르부르크 간 직항 전세기가 운항되고 있는 것은 러시아를 보는 우리의 안목이 달라진 현실을 말해준다.

300여 년이라는 짧은 역사에도 불구하고 페테르부르크만큼 세계적 명성을 얻은 도시는 흔하지 않다. '북방의 팔미라' (Palmyra: 고대 페르시아의 오아시스에 위치한 풍요롭고 아름다운 도시), '북방의 베니스,' '북방의 암스테르담,' '북방의 로마' 등 다양한 별명을 갖고 있는 페테르부르크가 많은 사람들의 관심을 끄는 이유는 무엇일까?

페테르부르크는 우선 문화와 예술의 도시이기 때문이다. 유네스코의 발표에 따르면 페테르부르크는 세계에서 가장 매력 있는 8대 문화예술 도시 가운데 하나이다. 네프스키 대로를 중심으로 펼쳐진 도심의 유럽풍 건축물, 여름궁전을 비롯한 화려한 황궁들, 시내 구석구석을 네바 강과

이삭 성당 전망대에서 본 상트 페테르부르크 전경

연결하는 수많은 운하들은 페테르부르크를 찾는 관광객들의 탄성을 자아내기에 충분하다. 한 밤중에 잠시 어둑어둑 해지다가 다시 날이 밝아지는 6월 하순의 백야는 물위의 도시 페테르부르크를 꿈속의 도시로 탈바꿈시킨다.

런던의 대영 박물관, 파리의 루브르 박물관과 함께 세계 3대 박물관에 속하는 '은자의 집' 이라는 이름의 에르미타주 박물관도 페테르부르크에 있다. 여기에는 레오나르도 다 빈치와 라파엘로의 명화, 미술 교과서에 나오는 서양 화가들의 수많은 명화들이 소장되어 있다. 특히 지하 특별전시실에는 스키타이 황금 유물들이 즐비하다.

해군성 건물에서 시작되는 네프스키 대로의 끝에 위치한 알렉산드르 네프스키 수도원 묘역에 가면, 도스토예프스키, 글린카, 림스키-코르사코프, 차이코프스키, 무소르그스키 같은 예술가들의 묘지를 둘러볼 수 있다. 모이카 12번지에는 러시아 국민 모두가 사랑하는 푸쉬킨의 집이 박물관으로 잘 보존돼 있다. 이곳은 그가 결투 후 마차에 실려와 세상을 떠났던 곳으로 더 유명하다.

하지만 페테르부르크는 문화예술의 도시 그 이상이다. 1703년 표트르 대제가 모스크바를 떠나 불모지 네바 강 습지에 도시를 건설한 것은 정치, 군사적 고려에서였다. 세습 귀족들이 영향력을 행사하는 답답하고 고립된 공간 모스크바를 벗어나 유럽식 강성국가를 건설하는 것이 개혁군주 표트르의 원대한 포부였다. 다시 말해 그가 스웨덴과의 전쟁에서 빼앗은 제국 영토의 서북단에 도시를 세운 것은 발트 해를 중심으로 하는 북유럽 상권에 러시아가 적극 진출하는 한편으로, 장차 제국의 영향력을 대외적으로 확장하려는 야심찬 포석에서였다.

1712년에 러시아 제국의 수도가 된 페테르부르크는 어느 모로 보나 러시아의 예외적 도시 공간이다. 이렇다 할 항구가 없는 유럽 쪽 러시아에서 페테르부르크는 유일하게 바다를 통해 북유럽 지역과 교류할 수 있는 전략적 요충지이다. 이렇게 러시아에서 유럽에 가장 가깝고 유럽풍의 도시 외관을 하고 있는 페테르부르크는 러시아 전통을 강조하는 모스크바와 달리 외국 문물을 받아들이는데 적극적이고 개방적인 도시였다. 네프스키 대로의 곳곳에 자리 잡고 있는 다양한 종교 사원들과 20세기 초 이곳에 진출했던 유럽과 미국의 주요 기업들의 면면을 보면 페테르부르크의 코스모폴리탄적 성격을 쉽게 짐작할 수 있다.

그러나 페테르부르크는 러시아 혁명 후 1924년 레닌그라드로 명칭이 바뀌고, 소비에트 제국의 수도 자리를 모스크바에게 내주면서 과거 200여 년 동안 누렸던 대내외 위상이 급격히 추락하여 러시아 북서 지역의 중심 도시로 전락하는 씁쓸한 역사를 겪은 도시이기도 하다. 1차 세계대전 중 페테르부르크에서 페트로그라드로, 볼셰비키 혁명 이후에는 레닌그라드로 이름이 거듭 바뀐 페테르부르크 시민들은 소련 붕괴 직후 1991년 주민투표를 거쳐 원래 이름 상트 페테르부르크를 다시 사용하기로 결정했다. 하지만 옛 이름을 되찾았다고 해서 과거의 위상과 권위가 저절로 회복될 수는 없는 일이었다.

지정학적으로 러시아의 심장부에 위치해 있으면서 권력과 부의 대부분을 장악한 모스크바가 소련 체제 붕괴 이후 발 빠르게 개방과 개혁의 물결에 적응한 반면, 페테르부르크는 관광산업에 의존하며 옛 명성을 겨우 유지하는 낙후된 지방 도시로 남아 있었다. 그러다 이 같은 상황에 일대 변화가 온 것은 페테르부르크 출신의 푸틴이 대통령에 취임하고 그 결과 러시아 정계에서 '페테르부르크 인맥'이 막강한 영향력을 행사하기 시작하면서부터였다.

중앙 정부의 적극적 후원 아래 현재 페테르부르크는 제2의 부흥기를 맞이하고 있다. 2003년 창도 300주년에 즈음하여 유서 깊은 구도심의 면모를 일신하면서 정상회담을 자주 개최하는 국제정치의 중심 도시로 바뀌고 있으며, 러시아로 진출하는 외국 기업들의 투자가 활성화되면서 '러시아로 가는 관문' 역할도 톡톡히 하고 있다. 과거 러시아에서 '유럽을 향한 창' 역할을 하던 페테르부르크가 경제와 문화 개방의 글로벌 시대를 맞아 '유럽이 러시아로 가는 북쪽 관문' 으로 발돋움하면서 쌍방향 국제교류의 거점 도시로 새롭게 탄생하고 있다.

레닌그라드에서 다시 상트 페테르부르크로

러시아에 가면 도시나 거리 이름 때문에 혼란을 겪는 경우가 적지 않다. 모스크바 동부의 니즈니 노브고로드는 소비에트 시절 고리키였고, 남부의 볼고그라드는 스탈린그라드, 우랄의 예카테린부르크는 스베르들로프스크라고 불렸다. 소련 붕괴와 함께 대부분의 옛 명칭이 되살아났지만 그렇지 않은 경우도 상당수 있다. 이는 러시아 사람들의 삶 속에 부지불식간 사회주의 시대의 잔재가 남아있음을 반증한다.

페테르부르크로 가는 모스크바의 기차역이 아직까지 레닌 이름을 그대로 간직하고 있는 것도 어쩌면 이런 연유에서일 것이다. 하지만 여기에는 또 다른 이유가 있지 않나 싶다. 19세기 중반 이 두 도시를 연결하는 철도가 개통되었을 당시 모스크바의 이 역명은 황제 니콜라이 1세를 기념한 니콜라예프스키 역이었다. 이후 1924년에 혁명을 기념하여 '10월역' 이라고 불리다가 나중에 레닌그라드 역이 되었다. 문제는 페테르부르크는 옛 이름을 되찾았는데 기차역은 사회주의 시대의 이름을 그대로 간직하고 있다는 것이다. 러시아 사람들에게 그 다지 유쾌한 기억으로 남아있지 않은 니콜라이 1세의 이름을 다시 부르기보다는 좀 더 친숙하고 부르기 쉬운 레닌의 이름을 습관적으로 사용하는 것이 아닌가 싶다.

그래서 페테르부르크에 갈 때마다 레닌그라드를 떠올리지 않을 수 없다. 제정 러시아 시대의 페테르부르크와 혁명 후의 도시 레닌그라드 사이에는 어떤 차이가 있는 것일까? 19세기 말 20세기 초 무렵 이 도시는 여러 면에서 유럽의 대표적인 메트로폴리스의 위상을 누리고 있었다. 역사적으로 네덜란드, 독일, 프랑스 순으로 유럽 문물을 받아들인 러시아는 20세기 초에는 영국과 교류를 활성화하면서 사실상 서구의 경제 문화권에 속해 있었다.

디아길레프가 이끄는 러시아 발레(Ballets Russes)가 파리 공연에서 유럽을 깜짝 놀라게 하고, 유럽이나 미국의 대표적인 금융사와 무역회사들이 페테르부르크에 지사를 낸 것도 바로 이 무렵이었다. 네프스키 대로에는 AEG, Westinghouse, Singer, Siemens 같은 회사들이 큰 사무실과 매장을 유지하고 있었고, 롯실드 은행, 드레스덴 은행, 도이체방크 등도 지사를 운영하고 있었다. 노벨 형제들이 상당한 재산을 모을 수 있었던 것도 이 도시에서 벌인 사업을 통해서였다. 영국의 석탄, 독일, 벨기에, 스위스의 철과 비철금속, 미국의 면화 등을 실은 대형 화물선이 줄지어 입항하던 페테르부르크는 문자 그대로 러시아를 서구와 연결하는 관문 역할을 하는 국제 도시였다. 이 무렵 도시 전체 인구의 13%가 외국인이었다고 하니 상업과 문화 중심지로서 페테르부르크의 당시 위상을 짐작할만하다.

이렇게 유럽의 일부에 속하던 페테르부르크는 그러나 1917년 볼셰비키 혁명으로 운명의 일대 변혁을 겪게 된다. 혁명 후 등장한 '철의 장막'은 '유럽을 향한 창'을 닫아걸고 서구로부터 유입되는 모든 영향을 철저히 차단하기 시작했다. 모스크바로 이동한 중앙정부에게 페테르부르크의 대외 교류는 중요한 관심사가 될 수 없었기 때문이다. 그래서 페테르부르크가 수출입 항구로서 누리던 위치는 자급자족의 소비에트 경제체제 하에서 상당히 위축될 수밖에 없었다. 과거 유럽과 미국에서 수입하던 원자재의 공급선도 바뀌어 이제 석탄은 돈바스 지역에서, 철과 비철 금속은 우크라이나와 우랄에서, 면화는 중앙아시아에서 철도편으로 페테르부르크에 공급되었다. 외국자본의 유입이 완전히 끊기면서 페테르부르크가 갖고 있던 금융과 무역 중심지의 역할도 하루아침에 끝나고 말았다.

유럽 쪽 러시아의 정치, 경제, 문화를 장악하던 제국의 수도로서, 폴란드와 발트 해, 특히 핀란드를 포함한 북유럽 국가들과 교류하던 통상 중심지로서, 그리고 러시아 문화의 보금자리 등으로 페테르부르크가 누리던 막강한 영향력은 역사 속으로 사라지고 말았다. 표트르 대제 시대에 설립되어 러시아 학문의 심장부로 기능하던 학술원 본부마저 모스크바로 이전된 것을 마지막으로 레닌그라드는 소비에트 제국의 지방 산업 중심지로 전락했다.

스탈린이 라이벌로 여기던 키로프가 당 제1서기 직을 맞고 있던 레닌그라드는 모스크바에게는 늘 불편한 존재였다. 2차 세계대전을 전후한 스탈린의 철권정치 시대에 레닌그라드의 정치와 문화 엘리트들이 표적 탄압의 희생양이 된 것도 이런 이유 때문이었다. 200여 년간 수도의 지위를 빼앗겼던 모스크바의 보복으로 볼 수도 있는 이런 견제와 홀대 속에서 몸을 사려야만 했던 레닌그라드는 2차 세계대전 중 상상을 초월하는 타격을 입기도 했다. 봉쇄상태에서 독일군의 공격을 900일 동안 견디면서 레닌그라드가 입은 물질적, 정신적 피해는 지금도 아물지 않은 상처로 남아있다. 봉쇄기의 참혹상은 이 시기를 직접 체험한 시민들의 침묵 속에 묻혀 있다가 1980년대 말에야 작가 그라닌의 노력으로 『봉쇄에 관한 책』으로 문자화되었다.

과거의 영화를 뒤로 한 채 러시아 북서부 중심 도시라는 초라한 지위를 줄곧 감내해야 했던 페테르부르크에 서광이 비치기 시작한 것은 소련 붕괴 이후 러시아가 문호를 열고 다시 외국과의 교류를 활발히 하면서부터이다. 시대의 변화 징후를 일찌감치 예감한 이곳의 정치, 경제, 법학 전공자들이 연구그룹을 형성하여 역량을 키우면서 옐친 정부의 파워 엘리트로 모스크바 정계에 대거 진출하자, 도시의 부흥을 알리는 성급한 예측들이 쏟아져 나왔다.

하지만 오랫동안 독점적으로 정치, 경제 권력을 장악해온 모스크바에 맞서 페테르부르크가 개방을 향한 강한 의지와 유럽에 인접해 있다는 지정학적 이점만으로 독자적인 목소리를 내는 것은 역부족이었다. 페테르부르크가 오랜 동면에서 깨어나 기지개를 켜기 위해서는 포스트소비에트 시대의 시장경제체제가 자생력을 확보하는데 필요한 시간과 이 도시가 배출한 지도자 푸틴 대통령의 등장을 참을성 있게 기다려야 했다.

모스크바 대 페테르부르크

포스트소비에트 공간에서 페테르부르크가 모스크바 못지않은 역동적인 도시로 탈바꿈할 것이라는 일부 예측이 근거가 없는 것은 아니었다. 전통적으로 이 도시는 모스크바보다 덜 관료적이고 일 처리도 합리적이라는 평판을 갖고 있다. 지금은 분위기가 한결 부드러워졌다고 하지만 모스크바 세레메티예보 국제공항 입국 절차는 페테르부르크 풀코보 공항과 비교하면 까다롭고 답답하지 그지없다. 외부 변화에 적응하는 속도에서도 페테르부르크는 결코 뒤지지 않는다. 러시아 최초의 대규모 인터넷 서점 "오존"을 운영하면서 해외 고객까지 상당수 확보한 오존 사도 페테르부르크에서 탄생했다.

국립 상트 페테르부르크대학교 법대 학장 출신으로 한때 푸틴의 정치적 멘토였던 아나톨리 소브차크가 시장으로 취임해서 보인 최초의 행보는 한 동안 러시아의 변화를 주도하는 개혁 모델로 널리 회자되었다. 개방적 성격에다 비전까지 겸비한 학자 출신 시장이 등장하면서 페테르부르크에는 모스크바보다 먼저 Credit Lyonnais, BNP/Dresdner, ABN-AMRO, 도이체방크 같은 금융 기업들이 사무소를 개설하고 여러 나라의 총영사관이 문을 여는 등 눈에 띄는 변화가 일기 시작했다.

이뿐만 아니다. 대외활동에 적극적이었던 소브차크는 UC Berkeley의 하스 경영대(Haas School of Management)와 공동으로 경영대를 개설하는 한편, 적극적인 외자 유치를 위해 워싱턴 국제전략연구소 산하에 위원회를 조직, 가동하며 헨리 키신저와 함께 공동의장을 맡기도 했다. 코카콜라, 포드, 질레트, 오티스 엘리베이터, 리글리(Wrigley), 알제이알(RJR), 크라프트-제이콥스(Kraft-Jacobs), 카터필러(Carterpillar) 등 세계 굴지의 기업들이 러시아 최초의 지사를 페테르부르크에 연 것도 이런 노력의 산물이었다.

그러나 소브차크의 도시발전계획은 구체적 실행 단계에서 좌절되었다. 1998년의 경제 위기, 2004년 하계올림픽 유치 실패 등 여러 요인들이 있지만, 근본적으로는 페테르부르크의 경제력이 정경유착의 고리를 매개로 짧은 시간에 엄청난 부를 축적한 모스크바와 상대가 되지 않았기 때문이다. 페테르부르크가 안고 있던 구조적 제약 요인들을 합리주의적 정치가인 소브차크가 극복하기에는 역부족이었다. 게다가 시장 선거에서 그가 야코블레프에게 패한 이후에 그의 엘리트 참모들이 모스크바로 대거 빠져나가는 바람에 페테르부르크는 모스크바에 흡수당하는 꼴이 되고 말았다. 따라서 이 도시를 러시아와 유럽을 연결하는 국제교

상트 페테르부르크 거리 풍경

류 중심지로 변화시킨다는 1997년 겨울의 "도시발전전략"은 상당 기간 동안 계획으로만 머물러 있었다. 페테르부르크를 발트 해와 러시아 북서부를 대표하는 다기능 국제 거점도시로 만든다는 이 계획은 교통, 산업, 관광, 문화, 정보, 통신을 망라하는 세부안들을 포함하고 있었다.

사실 페테르부르크가 갖고 있는 다양한 기회 요인들을 감안하면 "도시발전전략"은 충분히 정당화될 수 있다. 구도심을 중심으로 한 역사 유적, 세계 수준의 공연예술, 교외 지역의 많은 휴양 시설들은 외국 관광객을 유치하는데 어느 도시에도 결코 뒤지지 않는다. 또한 서비스와 비즈니스 분야도 효율성 면에서 러시아의 다른 어느 지역에도 비교 우위에 있다. 여기에 더하여 과학기술 분야의 잠재력이 크고, 저임금으로 고용 가능한 고급 노동력도 장점이다. 하지만 무엇보다도 중요한 사실은 유럽에 인접해 있어 교통과 물류의 허브 기능을 담당할 수 있다는 점이다.

다른 한편, 페테르부르크가 후기산업사회의 거대도시로 도약하는데 방해가 되는 제약 요인들도 존재한다. 우선 이 도시의 기존 산업구조는 시설이 노후한 초대형 군수공장 위주여서 경제적 취약성을 안고 있다. 도시 성격상 신흥 거주 지역 확보가 용이하지 않아 주택문제가 심각하고 교통, 상하수도, 전기, 전화 같은 기본 인프라가 상대적으로 취약한 것도 문제로 꼽힌다. 스킨헤드 같은 과격세력에 의한 인종차별 테러가 빈번하고 범죄율이 높은 도시라는 오명이 널리 퍼져있고, 지식인들을 중심으로 한 환경 운동과 문화유산보호 운동도 빠른 변화를 추구하는 페테르부르크의 발목을 잡는 보이지 않는 요인들이다.

항공, 철도, 도로 교통 할 것 없이 모든 면에서 러시아의 중심에 위치하면서, 주요 정치 경제 현안들의 최종 결정권을 손에 쥐고 러시아 전체 자본의 대부분을 주무르고 있는 인구 천만의 거대 도시 모스크바 앞에서 페테르부르크가 기를 펴지 못하는 것은 어찌 보면 당연한 이치였다. 하지만 페테르부르크는 2003년 도시 창건 300주년을 기점으로 모스크바의 독주를 부분적으로나마 견제하고 나서기 시작했다. 페테르부르크 출신의 푸틴 대통령이 도시 창건 300주년이라는 역사적인 행사를 통해서 자신의 낙후된 고향을 21세기 형 국제도시로 변모시키는 일련의 사업에 시동을 걸고 나섰기 때문이다. 2003년 5월과 6월 사이 시내 일대에서 진행된 많은 행사 중에서 가장 상징적인 의미를 갖는 이벤트는 푸틴 대통령이 세계 50여 개 국의 국빈급 인사들을 원로원 광장에서 영접한 다음 표트르 대제 기마상 앞에 헌화하는 장면이었다.

소브차크 시장의 국제교류 담당 보좌관 시절부터 사무실에 현직 대통령 사진 대신 표트르 대제의 초상화를 걸어 놓았다는 소문을 입증이라도 하듯, 이 의식을 통해서 푸틴은 러시아를 강력한 국가로 부활시키는 21세기의 표트르 대제 역할을 자임하고 나선 것을 대내외에 천명했다. 그는 구체적 실천전략의 일환으로 총 2억 8,000만 달러를 투입하여

2006년 G8 당시의 콘스탄틴 궁전

일명 '콘그레스 궁전' 이라 불리는 콘스탄틴 궁전을 완전 복원하여 행사에 참가한 외국 국빈들을 이곳으로 초대했다. 세계 최고의 분수 궁전 페테르고프로 가는 중간 지점의 해안지대 스트렐리나에 위치한 이 궁전의 초석을 놓은 사람은 다름 아닌 표트르 대제였다.

한때 북극지역 연구인력 양성을 위한 고등교육기관 건물로 사용되기도 했던 유서 깊은 이 공간은 21세기 개혁 군주를 자임하고 나선 푸틴에 의해 국제외교의 중심으로 탈바꿈했다. 2001년부터 3년에 걸쳐 완성된 콘스탄틴 궁전은 대통령의 집무실과 국제회의를 위한 민간 컨벤션센터 기능을 동시에 갖춘 시설로 페테르부르크의 새로운 명소로 등장했다. 허세와 과장이 심한 모스크바와 달리 페테르부르크가 실리적이고 합리적인 도시여서인지 공식 관광가이드를 통해서 예약하면 일반 관광객도 콘스탄틴 궁의 대통령 집무실에 입장해서 핀란드만 쪽으로 펼쳐진 수려한 풍광을 맛볼 수 있다.

키오스크에서 멀티콤플렉스까지

1990년대 초 러시아에 다녀온 사람들은 그곳 주민들이 집에서 쓰던 잡동사니 물건을 들고 나와 좌판을 벌리고 있던 모습을 기억할 것이다. 나사, 못, 너트와 볼트, 누가 가로채 갈까봐 한 짝은 숨겨놓은 스타킹 등이 물건의 대부분이었다. 물건을 구입하기 위해 길게 늘어선 줄도 이 시기 러시아의 한 풍경이었다. 지역별, 계층별로 상황이 다르다고 하나 오늘날 러시아에서는 이 같은 모습은 더 이상 찾아볼 수 없다.

대신 모스크바와 지방 주요 도시에서는 미국 쇼핑몰을 연상케 하는 대규모 매장에서 카트에 물건을 가득 싣고 계산대 앞에 줄을 서서 기다리는 일이 새로운 풍속도로 등장했다. 쓰는 말만 러시아어지 미국 뉴저지 교외의 대형마트와 하등 다를 바 없다. 현금 대신 단골 고객 할인카드와 신용카드를 사용하는 것까지 빼다 박았다. 다른 나라에서는 장기간에 걸쳐 순차적으로 일어나던 현상들이 역사에 엄청난 가속도가 붙은 러시아에서는 동시다발적으로 일어나고 있는 것이다. 페테르부르크의 소비시장도 예외가 아니다.

러시아 소비시장의 변화 추이는 대략 시장경제 초기 단계(1989-96), 1단계 행정개혁(1996-98), 가건물과 상설시장 단계(1998-2001), 대규모 상가를 권장하는 2단계 행정개혁(2001-2002), 현재 진행되고 있는 상업공간의 집중화와 전문화 단계로 나누어 볼 수 있다.

소련 붕괴 이후 페테르부르크를 포함한 모든 도시에 가장 먼저 등장한 상거래 형태는 앞서 언급한 노상 좌판, 혹은 광장이나 체육관 시설에 대규모로 설치된 천막 형태의 매장이었다. 트럭을 이용한 이동식 점포도 부분적으로 등장했다. 이때 거래되던 물건들은 대부분 정식 수입절차를 거치지 않고 보따리 장사들의 손을 통한 것이었다. 페테르부르크의 대표적인 천막 형 매장 집중 지역은 아프락신 시장이나 프로스베시첸나야 광장 같은 공간이었다. 상거래 관련 법규가 미비하고 사회질서가 혼란스러운 시기여서 해당지역의 이권을 확보한 조직세력이 자릿세를 징수하고 그 중 일부를 행정당국에 제공하면서 공간 사용권을 유지하는 것이 이 무렵의 관행이었다.

무질서한 유통시장을 규제하기 위한 지방 자치단체들의 1단계 행정조치는 주류 판매 허가증 발급, 상가 건물의 전기와 위생시설 규정 등 영세 상인들에게 불리한 내용을 담고 있었다. 그 결과 천막 형 점포, 간이 식료품 매점 키오스크 같은 소규모 매장들은 문을 닫을 수밖에 없었다. 대신 등장한 것이 규모가 키오스크보다 몇 배나 큰 소위 말하는 파빌리온과 실내시장이었다. 파빌리온이나 실내시장의 점포를 얻으려면 시 당국의 허가를 얻어야 했기 때문에 자본력이 없는 영세 상인들은 새로 형성된 유통시장에 진입할 수 없었다.

그 사이 음성적으로 활동하던 보따리 장사들의 물건 반입을 규제하는 관세법 개정 등을 포함한 2001년의 2단계 행정 조치는 소비와 유통시장의 판도를 완전히 바꾸어 놓았다. 물자공급이 절대적으로 부족하던

페테르부르크 실내시장 풍경

시절이 지나고 선택의 여지가 다양해지면서 소득 수준이 높은 사람들은 이제 가격보다 품질에 관심을 갖는 시대가 되었다. 아울러 대중교통 수단에 주로 의존하던 시절이 지나고 상당수의 인구가 자동차를 소유하게 되었다. 이런 변화는 페테르부르크를 포함한 러시아 대도시에 하이퍼마켓, 할인 도매상가, 체인점, 멀티플렉스 같은 대형매장이 우후죽순처럼 들어서게 된 배경이 되었다.

페테르부르크의 공간 배치는 역사가 오래된 도심지, 도심지를 에워싸고 있는 18세기부터 20세기 초 사이에 건설된 산업지대, 1920년대부터 1980년대까지 건설된 외곽의 사회주의 시대 거주단지 세 부분으로 이루어져 있다. 소비에트 체제 붕괴 이후 대표적인 고급 상권을 형성한 것은 시내 중심부였으며, 외곽 거주 지역에는 수리 센터, 미용실, 세탁소, 저렴한 일용품이나 식료품을 파는 가게들이 자리 잡고 있었다. 시내 중심과 변두리 거주지 사이의 격차가 점차 좁혀져 최근 들어서는 외곽 거주 지역에도 여행사, 가구점, 도매상점, 건축자재 점포 등이 들어서기 시작했고, 외국계 레스토랑 프랜차이즈 점포들도 활발하게 진출하고 있다.

새로운 형태의 복합 상가로는 시내 한복판의 건물을 현대적으로 수리한 블라디미르스키 파사주, 지하철을 포함한 대중 교통로의 요지에 몇 개의 대규모 상가 건물이 경쟁적으로 들어서 도심 유통시장의 중심으로 떠오른 센나야 콤플렉스 등을 들 수 있다. 이 같은 복합 상가의 특징은 유명 브랜드 점포들과 휴식 공간을 겸한 근사한 분위기의 커피숍, 고급 레스토랑이 함께 들어서서 쇼핑과 여가를 함께 즐기는 공간을 제공하고 있다는 점이다.

하지만 가장 흥미로운 변화는 자동차로 접근이 용이한 외곽 지역의 방대한 공간에 들어서고 있는 서구식 대형 마트들이다. 스웨덴 가구회사 IKEA를 필두로, 터키계 식료품 마트 라멘카, METRO AG 등이 성업 중이며, 의류 전문 PLATO 같은 특화된 대규모 매장들이 속속 문을 열고 있다. 러시아 자본으로 시작한 식료품 체인 "5"(piatyorka)는 '염가에 품질 보장!'이라는 구호를 내걸고 틈새시장을 파고들고 있다.

IKEA

요즘 나타난 새로운 경향은 영화관, 레스토랑, 오락시설을 겸비한 발칸스키, 아에로드롬 같은 대규모 멀티플렉스의 등장이다. 서구를 모방한 복합 비즈니스 빌딩 건설도 한창이다. 사회주의 시대의 방치된 산업시설 공간을 단계적으로 리모델링하여 비즈니스 센터로 변화시킨 아크바리야가 대표적인 예라 할 수 있다. 초기에 컴퓨터 게임 등 엔터테인먼트 시설 투자로 시작해서 다음 단계로 비즈니스 센터 공간을 마련한 아크바리야는 최근 사무실과 소규모 생산 시설이 함께 입주하는 일종의 미니 테크노파크를 추가적으로 개설함으로써 노후 공장 건물을 효과적으로 활용한 성공 사례로 유명세를 타고 있다.

이렇게 지난 15년 사이에 진행된 페테르부르크 유통 시장의 변화는 러시아가 짧은 기간 동안 절대적 빈곤에서 벗어나 빠른 속도로 서비스와 정보산업 중심의 후기 산업사회 단계로 진입하고 있음을 잘 보여준다.

부활하는 문화예술의 도시

페테르부르크는 궁전과 정원과 박물관의 도시이다. 에르미타주나 러시아 박물관 같은 대형 박물관도 있지만, 저명 작가나 예술가들을 기념하는 박물관과 조형예술은 이루 헤아릴 수 없다. 한 도시가 이렇게 많은 수의 세계적 예술가를 배출한 것은 유례없는 일일 것이다. 공산 혁명 이후 문화예술 분야의 주도권 역시 모스크바로 넘어갔다고 하지만, 2차 세계대전 중 900일의 봉쇄 시기에도 쇼스타코비치의 음악이 연주되고, 러시아 문호들의 육필 원고와 서신 대부분이 고스란히 보관된 러시아문학 연구소가 소재해 있는 곳도 페테르부르크이다. 여름정원의 대리석 조각품과 아니치코프 다리 네 귀퉁이를 장식하는 네 개의 말 조각상을 폭격으로부터 보호하기 위해 땅속에 묻어둔 것도 페테르부르크 시민들의 문화애호 정신 때문이었다.

50년간 레닌그라드 필하모니를 이끌던 전설적인 지휘자 므라빈스키가 1988년 심장 마비로 세상을 떠나자 많은 사람들은 러시아를 대표하는 마린스키(키로프) 오케스트라와 레닌그라드 필의 장래를 우려했다. 하지만 그 자리를 계승한 테미르카노프가 소련 붕괴 이후 국가의 재정 지원이 크게 축소되면서 위기를 맞은 오케스트라를 구하고 페테르부르크 음악예술의 위상을 지키는데 성공했다. 대외교류에 소극적이었던 레닌그라드 오케스트라의 과거 전통을 깨고 정기 해외 연주와 해외 레이

페테르고프

블 녹음을 통해서 그는 재정 위기에 처한 오케스트라에 활기를 불어넣었다. 뿐만 아니라, 지난 2000년에 그는 볼티모어 오케스트라 수석 지휘자 겸 음악 감독직을 맡으면서 러시아 음악계의 명성을 대외에 떨쳤다.

테미르카노프가 마린스키 극장을 떠나자 그 자리에 젊은 음악가 게르기예프가 취임했다. 추진력이 강한 이 지휘자는 유서 깊은 극장의 레퍼토리 개편 작업에 착수하여 무소르그스키, 프로코피예프, 림스키-코르사코프 등 러시아 작곡가들의 곡만 전문으로 하는 음악제를 개최하여 주목을 받았다. 1993년 여름부터 게르기예프의 주도로 시작된 '백야의 별들' 축제는 가을 공연 시즌의 주요작을 미리 선보이는 음악제로 전 세계의 조명을 받았다. 해외 공연 경험이 많지 않은 마린스키 오페라를 이끌고 각국으로 순회공연을 돌기도 하고, 해외 음반과 비디오를 통해서 극장의 이름을 널리 알릴 수 있었던 것도 게르기예프의 정열적인 활동 덕분이었다. 1997년 그가 뉴욕 메트로폴리탄 오페라의 수석 객원 지휘자로 초대받으면서 페테르부르크의 음악은 세계 최정상급 음악단체들과 어깨를 나란히 하게 되었다.

한편, 페테르부르크의 발레는 포스트소비에트 시대에 적응하는데 순탄치 않은 길을 걸었다. 1995년 마린스키 극장의 발레 단장 비노그라도프와 극장장 말코프가 해외 흥행업자로부터 뇌물을 수수했다는 혐의로 체포되는 스캔들이 일어나면서 페테르부르크의 예술계는 충격에 휩싸였다. 혼란이 지속되던 끝에 신임 발레 단장으로 취임한 바지예프는 극장 총책임을 맡은 게르기예프와 공동으로 "잠자는 숲속의 미녀," "호두까기 인형," "라 바야데르" 등을 새롭게 연출하여 무대에 올리면서 도약의 발판을 마련했다. 2002년에는 파리의 '러시아 시즌' 공연에서 디아길레프와 포킨이 20세기 초 프랑스 관객을 사로잡았던 고전적 레퍼토리를 재연함으로써 러시아 발레의 건재를 과시했다.

강한 실험적 경향으로 인해 소비에트 시절 국가 지원을 받는데 곤란을 겪었던 에이프만의 모던 발레는 페테르부르크가 배출한 또 하나의 걸출한 예술 그룹이다. 우리나라에서도 몇 차례 공연을 가진 바 있는 에

이프만의 발레는 "백치," "카라마조프가의 형제들," "러시아 햄릿," "붉은 지젤" 같은 무용으로 표현하기 힘든 작품들을 독창적으로 연출하여 무대에 올리는 것으로 유명하다.

노후한 내부 시설과 허술한 관리 체계로 방문객들의 마음을 안타깝게 하던 에르미타주 박물관도 젊은 나이의 신임 관장 표트로프스키가 취임한 이후 활기를 되찾았다. 옐친 대통령을 설득하여 과거 문화부 예산의 일부를 배정받곤 했던 에르미타주는 대통령이 직접 후원하는 특수한 지위를 확보함으로써 상당 규모의 국가 지원을 받아내게 되었다. 아버지에 이어 2대째 박물관장을 맡게 된 표트로프스키의 수완 덕택이었다. 그는 해외의 메세나와 유명 기업들을 중심으로 '에르미타주의 친구들' 이라는 네트워크를 구축하여 민간차원의 지원을 끌어내는데도 적극적이다. 페테르부르크에 지사를 개설한 삼성전자도 에르미타주 박물관의 후원자로 지원을 아끼지 않고 있다.

문화예술의 도시 페테르부르크는 외국 관광객으로 넘쳐난다. 6월부터 8월까지 3개월 동안은 시내가 온통 만원사례이다. 우리나라 관광객의 대부분은 북유럽이나 동유럽으로 가는 길에 하루나 이틀에 걸쳐 잠시 둘

마린스키 극장

러보고 떠나지만 페테르부르크 문화예술의 진수를 찾는 손님들은 대부분의 공연장이 문을 닫는 여름철보다 다른 계절에 이 도시를 찾는다. 관광객들이 썰물처럼 빠져나간 늦가을 무렵 교외 궁전의 한적한 정원을 거닐다 벤치에 앉아 주변을 둘러보다 보면 어지간한 감수성을 가진 사람은 시인이 된 기분을 느끼게 된다.

"아스토리아" 호텔

세계 각국의 여행객들로 북새통을 이루는 도심의 고풍스런 "유럽" 호텔이나 "아스토리아" 호텔은 숙박료가 세계 최고 수준이고, 각종 관광호텔들은 여행사를 통해 일찌감치 예약해 두지 않으면 낭패 보기 일쑤이다. "유럽" 호텔 종업원들의 고전미가 가미된 현대풍 유니폼은 국제 대회에서 여러 차례 상을 수상한 페테르부르크 출신 디자이너 파르피오노바의 작품이다. 이 밖에 숙박 시설 부족 현상을 타개하기 위해 시내 중심부와 바실리예프스키 섬 곳곳에 미니 호텔들이 새롭게 문을 열었다. 이런 호텔들의 숙박비도 만만치 않지만 서비스에 비해 터무니없는 정도는 아니다.

국제 관광도시답게 레스토랑도 다양해서 레스토랑 "콩고"는 실내를 검은 목재와 밀짚으로 장식했고, "와사비"에 가면 여종업원들이 기모노를 입고 시중든다. 우즈베크 식당 "칼리프"에서는 물담배 후카를 피우면서 벨리댄스를 구경할 수 있고, "레닌의 호출"이라는 흥미로운 상호를 가진 레스토랑 "조브 일리이차"는 소비에트와 반소비에트 포스터가 공존하는 포스트모더니즘 분위기의 실내장식으로 유명하다. 한편, 그리보예도프 운하 근처에는 페테르부르크 최초의 외국인 투자 맥주 바 "차이카"가 있는데, 러시아 자본으로 운영되는 카잔 광장 부근의 맥주 브루어리 "찐코프"와 비교하면 이제는 오히려 초라한 느낌이 들 정도이다. 이처럼 페테르부르크의 소비 수준은 후기 산업사회로 오래전에 진입한 서구 세계를 무색하게 할 지경이다.

에펠 탑 높이의 "가즈프롬 시티"

러시아 도시의 명칭은 '부르크' 나 '그라드' (고로드)로 끝나는 경우가 많다. '부르크' 는 독일어로, '그라드' 는 러시아어로 각각 도시라는 뜻이다. 원래 러시아어에서 '그라드' 는 경계를 지어서 담으로 에워싼 공간이라는 의미를 갖는다. 각 도시는 도시가 아닌 주변 지역을 구별하고 배척한다는 뜻으로 이해할 수도 있다. 1990년대 말부터 러시아에 등장한 표현 중에 '시티' 와 '센터' 가 있다. 이 두 가지 영어 표현은 대형 쇼핑몰이나 멀티콤플렉스를 지칭하곤 한다. 고급 외제차를 타고와 명품 물건을 카트에 가득 싣고 행복한 표정으로 가게를 나서거나 미리 가격을 확인하지 않으면 보통 사람은 낭패 보기 십상인 상가 안의 고급 식당에서 가족 단위의 모임을 갖는 상류층 사람들이 드나드는 '시티' 는 대다수 서민들에게는 제한된 특별한 공간이다.

그런데 최근 페테르부르크 시내에 예사롭지 않은 "시티"가 들어선다고 해서 단연 화제이다. 2005년 가즈프롬의 밀러 회장과 페테르부르크 시장 마트비엔코는 가즈프롬이 최근 인수한 시브네프트(Sibneft) 본사를 시베리아 옴스크에서 페테르부르크로 이전하면서 스몰리니 사원 맞은편 네바 강 우측 연안에 396미터 높이의 "가즈프롬 시티" 건설 계획을 발표했기 때문이다.

"가즈프롬 시티" 건설은 이전 이후부터 시브네프트가 매해 200억 루블의 세금을 내면 시 당국은 "시티" 건설에 필요한 총 600억 루블의 비용을 10년 동안 부담해 주는 초대형 프로젝트이다. 원래의 명칭 "가즈프롬 시티"는 역사와 문화의 도시 이미지에 어울리지 않는다고 판단했는지 건설부지 옆을 흐르는 오흐타 강의 명칭을 따서 2007년 봄부터 "오흐타 센터"라고 이름을 바꾸었지만 '센터' 역시 페테르부르크의 이미지와 어울리지 않는 것은 매한가지이다.

스카이라인을 보호하기 위해 지금까지 높이 42미터 이상의 건물 신축을 엄격히 제한해왔던 페테르부르크로서는 충격적인 사건이 아닐 수 없다. 가즈프롬의 밀러 회장은 페테르부르크 시민들이 새롭고 멋진 건축물을 자랑스럽게 여기게 될 것이라고 주장했지만, 에르미타주 박물관장 표트로프스키와 페테르부르크 건축가 연맹을 포함한 문화예술계에서는 이 계획에 반대의사를 분명히 했다. 2006년 겨울 러시아를 방문한 유네스코 세계문화유산 담당국장도 세계문화유산 지정 도시인 페테르부르크는 도시의 원래 모습을 유지해야 할 책임이 있다고 말하면서 프로젝트가 도시 경관에 미칠 영향에 대해 우려를 표시했다.

그러나 이 같은 여론의 반발에 아랑곳 하지 않고 가즈프롬은 예비심사를 통과한 세계 유수의 6개 설계사가 제출한 계획안을 심사하여 2006년 12월 1일 영국계 RMJM London Ltd의 안을 당선작으로 선정했다고 공식 발표했다. 비등하는 반대 여론을 의식한 듯 설계 주무자인 러시아 건축가 니칸드로프는 신축 예정 건물이 시내 중심에서 보면 도시 전체 경관과 잘 어울리기 때문에 표트르 대제가 설계한 계획도시에 미관을 더해주는 근사한 건축물이 될 것이라고 설명했다.

하지만 반대 여론을 이끄는 측의 대응도 만만치 않다. 에르미타주 박물관장 표트로프스키, 영화감독 소쿠로프, 록 뮤지션 세브추크, 원로작가 그라닌 등은 새 건물이 페테르부르크의 고유한 스카이라인을 해칠 뿐 아니라 바로크식 건물과 화려한 사원, 아름다운 베네치아식 운하들을 왜소하게 만드는 위압적인 건물이 될 것이라고 주장하면서 반대 운동을 조직화하겠다고 맞섰다. 러시아건축가연합 부회장 스도브노프는 가즈프롬의 설계안을 '바빌론 탑'에 비유하며 페테르부르크를 모독하는 불경한 건축물이라고 혹평했다. 조감도가 공개된 후 '옥수수'라는

가즈프롬 시티 설계 당선작

별명이 붙은 에펠탑 높이에 버금가는 이 철골 유리 건물의 건설 과정이 앞으로 순탄치만은 않을 것이다. 하지만 1702년 표트르 대제가 점령한 스웨덴 요새가 있던 위치에 세워질 이 복합 비즈니스 센터는 개혁 군주의 도시 건설 사업을 21세기에 새롭게 계승하는 상징적 랜드마크가 될 것으로 예상된다.

가즈프롬의 건설 계획이 완성되는 2016년이 되면, 네바 강변과 오흐타 강 사이에 위치해 있는 총 70헥타르에 달하는 현재의 공장 지대는 한 곳에서 비즈니스와 거주 문제를 해결하고, 레저와 관광까지 함께 즐길 수 있는 21세기 형 첨단 인텔리전트 복합타운으로 변모할 것이다. 3단계에 걸쳐 순차적으로 건설될 이 단지는 우선 1단계로 10만 평방미터 규모의 가즈프롬 본사 사옥과 17만 평방미터의 비즈니스 센터와 부대시설을 갖춘 다음, 2, 3단계에서는 각각 13만 평방미터와 70만 평방미터 규모의 상업 및 거주 지역, 호텔과 레저시설, 박물관 등을 건설할 예정이다.

"가즈프롬 시티"로 더 널리 알려진 페테르부르크의 "오흐타 센터"는 또한 모스크바 시내 중심에 서서히 위용을 드러내기 시작한 "모스크바 시티"에 상응하는 국제 수준의 다기능 비즈니스 복합 콤플렉스로 이 도시를 모스크바의 뒤를 잇는 유럽식 거대도시로 변화시키는 기폭제가 될 것이다.

이 같은 변화를 위해 페테르부르크가 적극 추진하는 또 다른 프로젝트는 자동차 공장단지 유치 사업이다. 페테르부르크 동쪽으로 자동차로 한 시간 가량 걸리는 슈샤리 지역이 "러시아의 디트로이트"로 급부상하고 있다. 모스크바 시가 Renault, 폭스바겐, 피아트 등의 조립라인을 유치한 것에 자극받아 페테르부르크 시는 일본의 토요다, 닛산, 스즈키, 미국의 포드와 GM 등 세계 굴지의 자동차 회사들의 생산라인을 끌어들이는데 성공했다.

마트비엔코 시장은 경쟁 도시들을 물리치기 위해 세금 감면과 공장 인프라 지원 같은 인센티브를 제시하며 자동차 산업 유치에 두 팔을 걷어 부치고 있다. 외국 투자 유치를 독점하다시피 해온 모스크바를 그저 바라보고만 있던 페테르부르크가 자동차산업 유치에서는 대반격을 가하고 있는 셈이다. 미국의 디트로이트가 자동차 산업 메카 자리를 내준지 오래된 상황에서 "러시아의 디트로이트"라는 슬로건이 적합한지는 의문이지만 미국 소비문화를 흉내 내는데 열심이고 또 유난히 외제차를 선호하는 오늘의 러시아 사람들한테는 과거가 아닌 미래를 상징하는 매력적인 명칭으로 들리는 모양이다.

발트 해의 진주

전문가들의 분석에 따르면 1천 명당 323대의 자동차를 소유하고 있는 서구 수준을 고려할 때 인구 1천 명당 167대에 머물고 있는 러시아의 자동차 수요는 현재의 연간 180만대 수준에서 2010년에는 280만대 수준으로 꾸준히 증가할 것이라고 하니, 높아지는 자동차 관세 장벽을 극복하기 위한 외국 자동차 회사들의 페테르부르크 투자는 더욱더 확대될 전망이다.

중국 회사의 투자로 핀란드 만 연안에 건설될 주상 복합단지 "발트해의 진주," 소궁전을 닮은 교외의 호화 주택단지 "북방의 베르사유," 시내의 일부 지역을 현대식 복합 공간으로 재개발하는 "신네덜란드" 등을 중심으로 페테르부르크는 지금 모스크바 못지않게 건설에 열중이다. 모스크바를 연상케 하는 이 같은 대규모 건설 사업들은 머지않은 장래에 문화예술의 도시 페테르부르크를 최첨단의 다기능 메트로폴리스로 변모시킬 것이 분명하다.

페테르부르크의 미래

1990년대 초 러시아의 격변기에 페테르부르크 사람들 사이에 회자되던 우스갯소리 중에 '이제 우리 시가 살아갈 방법은 하나 밖에 없다. 핀란드에 선전포고를 한 다음 곧바로 항복하면 된다' 는 얘기가 있었다. 이것은 중앙권력으로부터 철저히 소외된 러시아 제2의 도시가 겪고 있던 좌절감에서 나온 자조 섞인 농담에 다름 아니다. 그런데 푸틴 대통령을 위시한 '페테르부르크 인맥' 이 크렘린을 장악한 다음부터 모스크바에는 또 다른 조크가 등장했다. 공직에 지원한 사람의 인터뷰 장면 이야기이다. '출생지는 어디지요? 모스크바입니다. 별로군요. 학교는요? 모스크바 국립대 졸업생입니다. 그래요? 사는 곳은요? 레닌그라드 프로스펙트(모스크바 거리 이름 중 하나)입니다. 그나마 집 주소는 괜찮군요.'

이처럼 페테르부르크가 21세기 러시아에서 차지하는 위치는 상당히 강화되었다. 헌법재판소 이전이 확정되었고, 러시아 상원을 비롯한 일부 국가기관의 이전 논의도 활발히 진행되고 있다. 뿐만 아니라, "가즈프롬 시티," "러시아의 디트로이트," "발틱의 진주" 같은 대형 건설 프로젝트들은 모스크바에 비해 크게 낙후되어 있던 페테르부르크의 경제 활성화에 기여할 것이 확실하다.

소비에트 시절을 상기시키는 특급열차 "붉은 화살" 이 여전히 모스크바-페테르부르크 노선을 달리고 있지만, 최고급 열차의 명성은 서구 분위기를 물씬 풍기는 "Grand Express" 에게 넘겨준 지 이미 오래이다. 1등실에 응접실과 샤워시설을 갖춘 이 열차는 전자식 도어와 액정화면 TV, 인터넷 등 모든 것이 최첨단 일색이다. 객차 안에서 만난 나이 지긋한 신사는 90년대 초까지 페테르부르크에서 수학 교수로 일하다가 동료 교수 몇 명과 함께 전시회 기획전문 회사를 창업해서 지금은 관광과 식료품 납품 분야를 포함한 몇 개의 회사를 운영하고 있다고 자기를 소개한다. 주말에는 패러글라이딩을 즐긴다는 이 사업가의 행색은 검소하고 예의 바른 서구 사업가와 별반 다를 바 없다. 서구와 미국의 외양만 흉내 내던 러시아 사람들이 확실히 변하고 있다는 느낌이다.

페테르부르크는 러시아의 주요 도시인 동시에 이제는 전 세계적으로 교류가 활발한 국제도시이다. 2003년 도시 창건 300주년 행사와 2006년 여름 G8 정상회담 개최를 계기로 페테르부르크는 명실 공히 세계적으로 주목받는 도시로 부상했다. 또한 이런 분위기를 타고 유럽과 러시아를 이어주는 가교 역할에도 탄력이 붙었다. 북유럽에서 동유럽을 거쳐 에게 해까지 이르는 범유럽 교통망 구축을 위해 EU에서 계획한 Corridor No.9(헬싱키-페테르부르크-모스크바-비텝스크-키예프-부카레스트-알렉산드폴리스로 연결됨)의 일환으로 헬싱키-페테르부르크 간 고속열차 운행, 헬싱키-비보르그-페테르부르크 간 고속도로 건설, 페테르부르크-모스크바 노선의 고속철도화 같은 기간 교통망 확충 사업도 추진 중이다. 그리고 유럽과 러시아를 연결하는 물류 허브 기능은 로수골(Rosugol), 수르구트네프테가스(Surgutneftegas), 루코일(Lukoil), 가즈프롬 등 러시아 대표 에너지 기업들이 투자한 항만 현대화 사업으로 한층 더 강화될 전망이다.

도시 창건 300주년 기념 포스터 상단에 표트르 대제의 기마상을 클로즈업하고 그 아래에 현대화된 도시 조감도를 배치한 것에서 짐작할 수 있듯이, 도시 발전을 둘러싼 담론에서 큰 목소리를 내고 있는 것은 메가 프로젝트 중심의 급속한 현대화 전략이다. 네바 강과 핀란드 만을 향해 두 발을 힘껏 치켜든 말을 타고 있는 청동의 기사 표트르 대제가 바로 철두철미한 개혁주의자였다. 자본화, 현대화, 서구화의 소용돌이 속에서 페테르부르크 사람들을 추동하는 에너지 원천으로 작용하는 것은 제정 러시아 시대 페테르부르크의 위용이다. 푸틴 대통령이 이 도시를 건설한 개혁군주의 이미지를 은연중에 재현하는 이유도 표트르 대제 신화가 갖는 이 같은 막강한 위력 때문이다. 하지만 18세기 초 절대권력을 앞세워 수많은 사람들의 희생 위에 수도를 건설한 표트르 대제 신화가 21세기 러시아에 그대로 적용 가능한지는 의문으로 남는다.

이런 점에서 러시아계 미국 조각가 세먀킨이 페트로-파블로프스크 요새 안에 설치한 표트르 대제 좌상은 시사하는 바가 크다고 할 수 있다. 많은 논란 속에 1990년 제막된 이 조각품은 청동기마상의 영웅적 이미지와는 대조적으로 유별나게 긴 손가락과 불균형한 신체의 황제를 표현하고 있다. 일반인의 시각에서 본 표트르 대제의 모습이라는 해석도 있지만, 혼자 피곤한 기색으로 의자에 앉아있는 이 좌상은 확신과 자신감에 차있는 강력한 의지의 황제 모습과는 거리가 멀다. 이런 점에서 영웅 신화에 대한 새로운 해석을 시도한 세먀킨의 조각은 러시아와 소비에트 제국을 경험한 페테르부르크의 역사를 비판적으로 되돌아보게끔 시민들에게 던지는 흥미로운 화두일지도 모른다.

2003년 도시 창건 300주년 행사가 시내 중심에서 화려하게 진행되고, 외국 정상 일행을 태운 리무진 차량들이 꼬리를 물고 시내를 질주하는 동안, 일반 서민들이 겪은 불편은 이만저만이 아니었다. 사정이 이렇다 보니 시민을 위한 축제라기보다 몇 사람을 위한 낭비성 잔치였다는 비판도 적지 않았다. 메인 축제 전야제 때는 일시에 시내로 몰려든 인파를 감당하기에는 화장실 시설이 턱없이 부족하여 시내 곳곳의 나무 덤불에 수많은 사람들이 실례를 하는 바람에 도심이 악취로 진동하여 다음날 모든 소방차를 동원하여 대대적인 청소 작업을 벌이는 해프닝도 벌어졌다.

이 축제 기간에 즈음하여 인터넷 사이트에 한 시민이 올린 다음과 같은 장난기 가득한 안내문은 페테르부르크 시민들의 정서를 짐작케 하고 남는다. '위대한 도시 페테르부르크의 친애하는 시민 여러분! 여러분들의 참석으로 우리 도시의 축제를 제발 엉망으로 만들지 말기 바랍니다. 대통령 행정실과 시 당국은 5월 23일부터 6월 4일까지 축제 기간 동안 모든 시민들께서 시내를 떠나줄 것을 당부 드립니다. 제발 떠나 주세요!'

러시아 정치사에서 유례없는 초고속 승진을 거듭하며 크렘린 최고 권좌에 오른 푸틴 대통령은 흥미롭게도 페테르부르크 서민 가정 출신이다. 트베리에서 페테르부르크로 이사 온 조부 스피리돈 푸틴은 "아스토리야" 호텔 요리사였고, 아버지 블라디미르 푸틴은 잠수함 부대에서 사병으로 복무한 후 정보기관에 근무했으며, 어머니는 공장노동자였다. 어린 시절 푸틴은 시내 바스코프 거리에 위치한 단칸 방 아파트에서 보냈다. 말이 아파트지 방이 여러 개 있는 공동주택이었는데, 이것은 침실만 가족단위로, 부엌과 화장실은 공동으로 사용하는 콤무날카(kommunalka)라고 하는 소비에트 시대의 가장 서민적인 거주 공간이다. 현재 이것은

세먀킨의 표트르 대제 좌상

원거주자들이 외곽의 허술한 아파트로 이주하고 신흥 부자들이 규모를 확장해서 리모델링한 고급 아파트 건물로 변해있다.

단기간 안에 혼돈 속의 러시아에 기강을 확립하고 국제적 위상을 높인 것은 푸틴 대통령의 치적임에 분명하지만, 서민 출신의 그가 페테르부르크와 국민 대중들의 기본생활 보장과 행복을 위해서도 같은 노력을 기울였는지는 의문이다. 21세기 러시아에 시장경제 원칙에 따른 서구식 근대화가 필요한 것은 누구나 공감하는 바이지만, 발전의 추동력을 표트르 대제로 대표되는 권위주의적인 사회동원 방식에서 찾으려는 노력은 문제점을 내포하고 있다.

페테르부르크와 러시아가 진정한 의미에서 국제화되기 위해서는 표트르 대제의 당당한 기마상이 분출하고 있는 강력한 국가 건설을 위한 갈망뿐만 아니라, 세계적 물리학자이자 반체제 인사였던 사하로프 박사를 기념하는 학술원 도서관 근처의 외로운 동상이나 1960년대 중반 소련에서 추방당해 해외를 떠돌다가 노벨 문학상을 수상한 시인 브로드스키를 형상화한 페테르부르크대학교 어문학부 정원의 소박한 조형물에서 발견할 수 있는 정의와 인류의 보편적 가치에 대한 끊임없는 애정도 함께 필요하기 때문이다.

'세 혁명(1825년 혁명, 1917년 2월 혁명, 1917년 10월 혁명)의 요람'인 상트 페테르부르크 도시 창건 기념일에 즈음하여, 시 당국은 2003년 5월 27일을 기점으로 이 도시에서 첫 번째, 27번 째, 그리고 300번 째 출생한 아이들에게 생일 선물로 아파트를 제공하는 특별 이벤트를 연출했다. 사내 아이 둘은 당연히 표트르라는 이름을 받았고, 여자 아이는 의미도 당당한 빅토리아가 되었다. 운이 좋은 세 아이는 아파트 문제를 일찌감치 해결했다지만 하늘 높은 줄 모르고 치솟는 페테르부르크의 주택가격을 다른 아이들과 서민들은 어떻게 감당할지 모르겠다.

김현택

제3장

다차에서 타운하우스로

문화적 공간으로서 다차

러시아 사람들의 주거와 여가 생활에서 빼놓을 수 없는 것이 도시 근교에 있는 주말농장 겸 별장인 '다차' 이다. 하지만 다차는 최근까지 우리에게 생경한 것이었다. 일반 사람들은 올해 세상을 떠난 옐친 전 대통령이나 푸틴 현 대통령이 러시아를 방문한 외국 정상을 모스크바 교외의 다차로 초대해 '다차 외교' 를 펼쳤다는 언론 보도에서, 아니면 러시아 소설이나 영화 등에서 이 생소한 러시아 말을 접할 수 있을 뿐이었다. 따라서 다차가 도대체 무엇이고 어떻게 생겼는지 등에 대해서 우리나라 일반 사람들이 이해할 수 있는 기회는 무척 드물었다. 그런데 얼마 전 모 방송국에서 "러시아의 주말별장 '다차' 를 가다" 라는 스페셜 방송을 내보내면서 다차가 우리나라에 처음 소개되었고, 최근 도시민들 사이에서 번지고 있는 전원주택이나 주말농장에 대한 관심과 함께 러시아 다차도 국내에서 특별한 조명을 받기에 이르렀다.

'주다' 는 뜻의 러시아어 동사에서 파생돼 나온 다차란 말은 이미 11세기부터 고대 러시아어에도 존재하고 있었고, 멀리 이반 뇌제 시대

(1530~84)에서 예카테리나 여제 시대(1762~96)를 거쳐 19세기의 농노해방(1861) 때까지 실시된 토지측량에서도 핵심 개념으로 사용되었다. 그러나 다차가 현재와 비슷한 의미를 갖고 나타나게 된 것은 18세기 초 표트르 대제 시대부터였다. 당시 다차는 황제가 일부 상류귀족이나 고관대작에게 특별히 하사한 페테르부르크 근교의 작은 토지와 그 부속 건물을 가리키는 것이었다. 이후 19세기 말 황금시대를 맞이하는 다차는 지금과 같이 주로 여름철에 도시의 번잡한 생활을 피해 휴식과 여가를 즐길 수 있는 러시아 특유의 생활공간으로 자리 잡게 되었다.

하지만 과거 제정 러시아 시대나 소비에트 시대에도 다차 소유자들은 대부분 귀족들이었거나 국가 지도자나 상류 엘리트 집단이었다. 그러다 지금처럼 다차가 일반 사람들도 소유하게 되면서 대중적 성격을 띠게 된 것은 1970년대에 들어와서였다. 이때부터 다차는 여름을 보내는 휴식 장소로서만이 아니라 심각한 식량난에 허덕이던 소비에트 시민들의 중요한 식량 공급원으로도 기능했다. 국가가 직장 단위로 노동자들에게 다차를 무상 분배해 주었고, 노동자들은 다차의 텃밭에서 오이, 토마토, 감자 등 여러 가지 식용작물을 길러 부족한 식량을 조달하며 생

다차

계를 유지하기도 했기 때문이다. 이때부터 다차는 특권층의 전유물이 더 이상 아니었고, 많은 러시아 사람들이 이곳에서 가족과 함께 자연을 느끼며 삶의 여유를 누릴 수 있게 되었다.

다차는 현재 모스크바 주민의 절반가량이 애용하고 있는데, 이는 모스크바 근교에 그만큼 많은 다차가 있다는 사실을 뒷받침한다. 모스크바 근교의 다차들은 대부분 모스크바를 지방 도시와 이어주는 주요 철도 노선에서 가까운 곳에 밀집해 하나의 촌락을 이룰 정도이다.

이들은 남동부의 도시 랴잔으로 이어지는 카잔 노선을 따라서는 쿠스코보, 말라호프카, 우델리나야에, 남서부의 도시 스몰렌스크로 이어지는 노선을 따라서는 쿤체보, 세레브랴느이 보르, 주코바, 니콜리나 고라, 즈베니고로드에 집중돼 있다. 보리스 파스테르나크의 소설 『닥터 지바고』에 나오는 소련 예술가들의 다차 촌인 페레델키노도 이 노선에서 멀지 않은 곳에 위치해 있다.

또한, 북동부의 도시 야로슬라블로 이어지는 북부 노선을 따라서는 소콜리니키, 푸쉬키노, 아브람체보, 세르기예프 포사드에, 북서부의 도시 트베리나 페테르부르크로 이어지는 니콜라예프스카야 노선을 따라서는 스호드냐와 피르사노프카에 다차 촌이 밀집해 있다.

이렇게 지금은 모스크바뿐만 아니라, 다른 러시아 도시 근교 어디에서나 쉽게 찾아볼 수 있는 다차가 옛날에는 그렇게 흔히 볼 수 있는 것도 아무나 가질 수 있는 것도 아니었다. 하지만 다차는 예나 지금이나 러시아 사람들의 문화적 삶과 수준을 엿보고 가늠할 수 있는 중요한 인식의 창이자 틀이 되고 있다. 과거에나 현재에도 다차는 단순한 장소 그 이상으로서, 러시아 사람들 특유의 생활양식을 보여주는 중요한 문화공간 가운데 하나였기 때문이다.

요컨대, 다차는 각 시대마다 러시아 사람들의 새로운 사교형식이나 사회의식(儀式), 행동양식이나 문화가치들이 생성되고 유포되는 새로운 풍속의 발상지였다. 특히, 모스크바나 페테르부르크 근교의 다차 촌은 도시 사람들이 본업으로부터 벗어나 자연의 품속에서 휴식을 맛보며 다양한 여가를 즐길 수 있는 일종의 자유 공간이었다.

다차의 황금시대였던 19세기 말에는 러시아의 귀족계층이나 부유한 상인계층 사람들이 다차를 찾아 다양한 여가생활과 놀이문화를 즐겼다. 여기서 단연 으뜸은 그들끼리 나누는 작은 대화나 정담, 테니스와 크로켓 같은 가벼운 운동, 가까운 냇물이나 강물에서 하는 뱃놀이와 수영이었다. 한편, 이 당시 다차는 남성들을 위한 공간이라기보다는 주로 여성들과 아이들을 위한 공간이었다. 따라서 다차에서는 여성과 아이들을 중심으로 한 가족 혹은 가정의 유대관계가 다른 무엇보다도 더 많이 강조되었다. 이 점은 현재까지도 러시아 다차가 갖고 있는 중요한 특징 가운데 하나이다.

이 밖에 과거나 현재에도 러시아 다차 생활을 특징짓는 중요한 요소들로 모든 면에서 넘치지도 모자라지도 않는 적절한 수준을 유지하는 전통을 들 수 있는데, 비공식성과 함께 러시아 다차의 본질적 측면을 이루는 소박한 특성도 바로 여기에서 나온다. 그러나 포스트소비에트 시대에 들어와 시장경제체제로 이행하는 과정에서 이 같은 러시아 다차의 전통은 다차의 규모나 외관, 내용 등에서 커다란 변화를 맞이한다.

코티지 신드롬

1991년 소련 붕괴 이후 러시아 사람들은 어떤 의미에서 지옥에 내려갔다 천당으로 올라온 아찔하고도 짜릿한 경험을 했다고 할 수 있다. 1990년대 초 발생한 살인적 인플레와 루블화 폭락으로 심각한 식량부족과 함께 생존의 위기에까지 내몰렸던 그들이 지금은 펑펑 쏟아지는 오일 달러 덕에 그때와는 비교도 안 될 정도로 달라진 생활을 하고 있기 때문이다.

이처럼 한 편의 드라마 같은 극적 반전을 보여주는 포스트소비에트 시대 러시아 사람들의 이야기는 그들이 살고 있는 생활공간과 주거문화의 변화에서도 뚜렷하게 찾아볼 수 있다. 지금으로부터 약 10년 전인 1998년에 러시아가 모라토리엄을 선언할 때만해도 사람들은 지금처럼 편안하고 편리한 곳에서 살 수 있으리라고는 상상조차 하지 못했을 것이다. 이렇게 최근 러시아 사람들의 주거문화에서 일어난 커다란 변화의 예를 하나 들자면, 모스크바 근교의 다차 촌에 불어온 새로운 바람을 들 수 있을 것이다.

현재까지도 다차는 러시아 사람들이 여름 휴가철이나 주말을 이용해 번잡한 도시와 고단한 직장에서 잠시 벗어나 신선한 공기의 자연 속에서 가족과 함께 여가와 휴식을 즐기는 장소이다. 또한 러시아 서민들은 다차에 딸려 있는 텃밭을 땀 흘려 가꾸면서 여기서 나온 각종 채소나 과일을 내다팔아 그 소득으로 가정살림을 꾸려가기도 한다. 여기까지가 우리가 알고 있던 러시아 다차의 일반적 풍경이었다.

그러나 언제부터인가 모스크바나 페테르부르크 같은 대도시 근교에는 외관이나 내장 면에서 전통적인 다차와 상당히 다른 모습의 다차가 하나 둘씩 솟아나기 시작했다. 이것이 오늘날 러시아 사람들이 '코티지'(cottage)라 부르는 새로운 유형의 다차이다. 그러나 코티지, 그 중에서

코티지

도 고급 빌라와 같은 '엘리트' 코티지는 일반 서민은 물론이고 조금 산다고 하는 중산층까지도 언감생심 넘볼 수 없는 노브이 루스키로 통칭되는 러시아 신흥 부호들의 고급 주택으로 포스트소비에트 문화의 풍경에서도 특별한 의미를 지닌다.

코티지는 1990년대 중반부터 모스크바와 페테르부르크 근교에 하나 둘씩 세워지기 시작하다 최근에 와서는 헤아릴 수 없을 정도로 많이 늘어나 도시 외곽 지역의 환경과 풍경을 새롭게 바꿔놓고 있을 지경이다. 더욱이 코티지는 모스크바나 페테르부르크 같은 메트로폴리탄 도시의 외곽에서만 눈에 띄는 것이 아니라, 저 멀리 시베리아 부랴트 공화국의 수도 울란-우데나 그 밖의 크고 작은 많은 도시들의 외곽 지역에서도 어렵지 않게 찾아볼 수 있다. 물론, 먼 지방 도시들에 있는 코티지들이 규모도 작고 그 수도 적은 것이 사실이긴 하지만, 이들은 부자들의 사유재산으로 지어진 고급 독립주택이라는 점에서 모스크바나 페테르부르크의 그것들과 하등 다를 바 없다.

이러한 코티지는 도시 근교, 예를 들면 모스크바 근교의 세베르느이 보르와 같은 한적한 자연 속에 위치해 있다는 점에서 다차와 비슷할 뿐이지 그 밖의 모든 점에서 전통적인 다차와는 큰 차이점을 보인다. 첫째, 다차는 주로 나무를 사용하여 지어지는데 비해서 코티지는 대부분 보기도 좋고 그만큼 값도 비싼 벽돌로 지어진다. 물론, 나무를 사용하여 지은 코티지도 드물게나마 있지만, 나무를 사용해 지은 코티지는 싸구려 통나무집을 연상시킨다는 이유로 찾는 사람이 극히 드물다. 둘째, 거의 대부분의 다차가 단층으로 이루어져 있지만, 코티지는 2층이나 3층으로 이루어져 있다. 셋째, 낮은 나무 울타리를 두르고 있거나 울타리가

코티지 내부

아예 없는 다차가 주변 이웃들과 허물없이 교류할 수 있는 개방적인 공간인데 반해서 코티지는 높은 담장으로 둘러쳐져 있고 입구도 굳게 닫혀 있어 외부인의 출입을 철저히 차단하는 폐쇄적인 공간이다. 게다가 코티지는 하나같이 주변뿐만 아니라, 내부까지도 속속들이 감시할 수 있는 감시 장치들을 갖추고 있다.

끝으로, 보통 사람들은 다차에 딸려 있는 작은 텃밭에서 갖가지 채소나 과일을 가꾸며 소일하는데 반해서 코티지의 주인들은 흙을 만지는 '촌스러운' 짓을 결코 하지 않는다. 이들은 코티지 안의 커다란 욕조에서 한가롭게 목욕을 하거나 밖에 마련된 풀장에서 수영을 즐기기도 한다. 코티지의 내부 역시 다차와는 비교가 되지 않을 정도로 고급스런 내장재와 호화로운 가구 제품들로 꾸며져 있다.

극심한 사회적 혼란과 경제적 위기가 닥친 험난한 시절에 다차는 러시아 민초들이 여기서 가꾼 작물들로 가까스로 연명하던 생존의 최후 보루가 되기도 했다. 하지만 이러한 서민적이고 소박한 다차마저도 최근 들어 조금씩 세련된 모습을 띠고 있다. 얼마 전부터 모스크바나 페테르부르크의 젊은 중산층 가정들 사이에서 현대식 주거시설이 갖춰진 다차를 새로 짓거나 구입하고 그도 아니면 낡고 오래된 다차를 최신식으로 개조하여 이용하고 있기 때문이다. 하지만 이들이 다차를 제아무리 세련되고 근사하게 꾸며도 그것은 코티지와 같은 수준에 결코 범접하지 못한다. 한 달 임대료만 8백만 원에 가까운 돈이 들어가는 코티지는 러시아의 보통 사람들에게 그저 동경과 선망의 대상일 뿐이다.

루블료프카, 러시아의 '비벌리 힐즈'

루블료보-우스펜스코예 쇼세(도로)와 모스크바 강을 따라 모스크바 서쪽 외곽으로 나가다 보면 루블료프카라 불리는 지역이 나온다. 1930년대 스탈린 시대 이래로 이곳에는 소련 공산당 중앙위원회 위원들과

정부 고위 관료들의 다차들이 있던 지역이다. 2차 세계대전 이후에는 서방 외교관들이 주로 이 지역에 모여 살았다. 최근에는 러시아 정재계 실세들과 문화계 저명인사들이 모여 살고 있어 루블료프카는 '국가 속의 국가' 로 불리며 다시 한 번 세간의 주목을 받고 있다. 이 지역은 특히 옐친 전 대통령 시절에 등장한 러시아 신흥 재벌들이 호화 저택을 짓고 살고 있는 곳으로 유명하다.

요즘 러시아에서 인구에 회자되며 풍자와 비판의 대상이 되고 있는 '루블료프카 부인' 혹은 '루블료프카 아가씨,' '루블료프카 올리가르키' 라는 말도 여기에서 유래한다. 모스크바 상류 사교계의 유한마담으로 흔히 올리가르키의 부인이나 정부를 가리키는 '루블료프카 부인' 은 옥사나 로프스키의 소설 『캐주얼』을 통해서 그 실체가 세상 밖으로 널리 알려지게 되었다.

루블료프카의 명품가

이런 맥락에서 최근까지 러시아 석유 재벌로 유명했던 전 유코스 회장 미하일 호도르코프스키와 플라톤 레베데프가 루블료프카 지역에 대저택을 짓고 이웃하며 살았다는 것은 더 이상 비밀이 아니다. 실제로 루블료프카 지역은 올리가르키들을 포함한 러시아 최고 부자들이 모여 사는 곳이다. 그래서 모스크바신용은행 루블료프카 지점의 매니저 올가 코지레바는 '여기가 비벌리 힐즈다. 여기에 우리나라 최고의 것이 모두 있다' 고 주저 없이 말한다.

실제로, 러시아의 '비벌리 힐즈' 라는 말이 무색하지 않게 이름만 대면 단박에 알 수 있는 정계, 관계, 재계, 문화계 인사들이 루블료프카 지역에 고급 주택을 소유하고 있다. 푸틴 대통령도 이 지역 노보-오가료보에 전원주택을 갖고 있고, 유명 가수 알수는 슐기노에 살고 있다. 또한 러시아 정유사 루코일의 회장 바기트 알렉페로프는 바르비하에 살고 있고, 올리가르키 아브라모비치는 세레예보에 빌라를 갖고 있다. 이 밖에도 러시아의 많은 저명인사들이 이 지역에 살고 있거나 빌라를 소유하고 있다.

모스크바 부동산업체에 따르면, 루블료프카에서 웬만큼 좋다고 하는 집을 구입하려면 아무리 적게 들어도 최소 백만 달러 이상, 우리 돈으로 10억 가까운 돈이 필요하다고 한다. 게다가 100억 원이 호가하는 코티지도 쏟아져 나오고 있다고 하니 입이 딱 벌어질 수밖에 없다. 그런데도 이러한 코티지를 구입하려고 하는 사람들이 대기자 명단에 3개월이나 밀려 있다고 한다.

한편, 근래에 와서는 러시아 부자들이 이곳에 고급 빌라를 직접 짓고 사는 대신 임대해 사용하는 것에도 관심을 보인다고 한다. 고급 코티지의 한 달 평균 임대료가 자그마치 3천만 원에 가깝다지만, 그들에겐 이 돈이 그렇게 많은 것은 아닌 듯 싶다. 루블료프카 지역을 통틀어 이미 건설됐거나 건설되고 있는 이 같은 고급 빌라 촌의 수가 70개에 달하는데, 가장 최근의 것으로는 "소스니," "고리키 22," "주코프카 3," "디플로마트," "니콜리노," "우소프 프레스티지" 등이 있다.

러시아 '비벌리 힐즈'의 아이들

2007년 봄 영국의 BBC 방송 뉴스는 "모스크바 교외의 억만장자들"이라는 르포 기사를 내보낸 적이 있다. 이 기사를 쓴 루퍼트 윈필드-헤이즈 기자는 소문으로만 듣던 러시아 비벌리 힐즈의 한 코티지를 직접 경험하고 나서 벌어진 입을 다물지 못했다고 한다. 영화 속에서나 볼 수 있을 법한 코티지가 으리으리하기 짝이 없는 규모였기 때문이다. 이 코티지는 6미터가 넘는 녹색 담장으로 둘러쳐져 있고 담장 위 곳곳에는 감시 카메라가 24시간 작동한다. 자동화된 철제 게이트가 있는 것은 물론이다. 3천 평방미터의 코티지는 아트 데코(Art Deco) 건물이다.

실내 수영장, 홈시어터, 볼링장, 무도장, 예술품 진열장, 실내 아이스링크까지 갖추어져 있으니 그 규모가 얼마나 되는지 가히 짐작하고도 남는다. 이 코티지는 건축 기간만 5년이 걸렸고 총 건축비는 200억 원쯤 들었다고 한다. 게다가 집주인은 이런 저택을 모스크바에 하나 더 갖고 있을 뿐만 아니라, 프랑스 남부에 두 채, 코르시카에 한 채 더 소유하고 있다고 한다.

러시아의 억만장자 가운데 한 명으로 추정되는 이 코티지의 주인은 스베틀라나로 불리는 18살 난 딸을 두고 있다. 스베틀라나는 부자집 딸답게 이탈리아 자동차 회사 페라리의 고급 스포츠카 마세라티를 타고 다닌다. 건장한 체격의 남자 경호원과 여비서가 그녀 옆에 항상 붙어 있음은 두말 하면 잔소리다. 그리고 스베틀라나는 수시로 아버지의 전용기를 타고 파리나 밀라노로 날아가 그곳에서 명품 쇼핑을 즐긴다.

그런데 스베틀라나는 이런 삶이 행복하다고 생각할까? 이런 질문에 그녀는 자신이 행복하지 않다고 주저 없이 대답한다. 이러면서 그녀는 아버지 덕에 좋은 차를 타고 좋은 집에 살고 있지만, 새장 안에 갇혀 있는 것처럼 자유롭지도 못하고 가까운 친구조차 없다고 그 이유를 설명한다. 이런 스베틀라나의 모습에서 우리는 물질적 풍요가 반드시 행복을 가져다는 주는 것만은 아니라는 사실을 새삼 느낀다. 더욱이 스베틀라나 같은 러시아 비벌리 힐즈의 아이들은 근처 서민들의 곱지 않은 시선에서도 자유롭지 못하다. 왜냐하면 스베틀라나의 아버지 같은 사람들은 국고나 국민에게서 훔친 돈으로 호화롭게 살고 있다는 것이 러시아 일반 국민들의 공통된 생각이기 때문이다.

'엘리트' 바람의 빛과 그림자

포스트소비에트 시대 러시아 사회의 변화상을 경제적 측면에서 가장 잘 대변하는 단어 가운데 몇 개를 들자면 '이코노미,' '비즈니스,' '프리미엄,' 'VIP,' '엘리트' 같은 영어 단어들을 들 수 있다. 이 단어들은 소비에트 시절 러시아 사람들의 실생활에서 거의 존재하지도 자주 사용되지도 않았다고 해도 과언이 아니다. 하지만 소련 붕괴 이후 러시아가 시장경제체제로 이행하고 세계화 대열에 합류하면서 이 단어들은 러시아 사람들의 경제활동에서뿐만 아니라, 일상생활에서도 흔하게 접할 수 있게 되었다. 특히, 넘쳐나는 오일 달러에 힘입어 러시아 경제가 초호황을 누리고 국민 소득도 가파르게 상승하면서 러시아 사람들 사이에 명품 소비나 소유 욕구가 날로 심해지고 있는데, 이런 상황을 가장 잘 반영하며 최근 러시아 사회의 문화적 키워드가 되고 있는 것이 바로 '엘리트' 라는 단어이다.

엘리트라는 말은 어떤 사회의 최상류층이나 선택된 사람들을 가리키는 말로 주로 사용된다고 할 수 있다. 예를 들면, 사람들은 옐친 대통령 시대에 올리가르키로 불리며 막대한 부를 축적한 신흥 재벌들을 가리켜 러시아의 경제 엘리트라고 부른다. 또한 실로비키로 불리며 푸틴 대통령 주변에서 막강한 권력을 행사하는 세력은 러시아의 정치 엘리트로 불린다. 이때 엘리트라는 말은 자연스럽다.

하지만 요즘 러시아에서는 이 엘리트라는 말이 러시아 사회의 최상류층이나 선택된 사람들에만 사용되는 것이 아니라 고급 상품들에도 유행처럼 사용되는 흥미로운 현상이 빚어지고 있다. 이런 현상은 러시아 부동산 시장에 불고 있는 '엘리트 바람' 에서도 흔하게 찾아볼 수 있다. 실제로 우리는 러시아 신문이나 잡지, 기타 매체들을 통해서 러시아 건설 회사나 부동산 업체에서 '엘리트 주택' 을 광고하거나 판매하고 있는 것을 쉽게 알 수 있는데, 코티지 같은 최고급 주택이 대표적인 예라 할 수 있다.

그렇다면 소위 말하는 '엘리트 주택' 은 구체적으로 어떤 기준에 따라 결정되는 것일까? 첫 번째 기준은 그것이 어떤 지역에 위치하고 있느냐이다. 예를 들면, 어떤 주택이 모스크바 변두리의 비비레보나 메드베드코보, 혹은 모스크바 바깥의 고리키 쇼세에 위치하고 있다면, 그것은 제아무리 좋아도 엘리트 주택이 될 수 없다고 한다. 엘리트 주택들은 아르바트나 오스토젠카, 자모스크보레치예 등 모스크바 시내의 '명성 있는' 지역과 파블로보, 도빌, 안토노프카, 오네기노 마을이 있는 모스크바 근교의 '인기 있는' 지역에 주로 위치하고 있기 때문이다.

두 번째 기준은 건축 품질이다. 예를 들면, 엘리트 주택은 절대 콘크리트 판넬을 사용하여 지어서는 안 되며 천장 높이가 2.7미터를 넘어서도 안 된다. 세 번째 기준으로는 면적을 들 수 있는데, 값비싼 고급 주택의 평균 면적은 180평방미터라고 한다. 그런데 엘리트 주택이 교외에 위치해 있을 경우에는 대지 면적과 함께 건축 개념도 엘리트 기준을 결정하는 중요한 요소가 된다.

러시아어로 '엘리트카' (elitka)로 통칭되는 '엘리트 주택' 에서 코티지는 '베스트 오브 베스트,' '엘리트 중의 엘리트' 로 손꼽힌다. 엘리트 코티지의 가격은 우리 돈으로 약 30~35억 원 이상 나가는 것이 보통인데, 최고 200억 원에 육박하는 것도 적지 않다고 한다. 이런 엘리트 코티지의 첫 번째 기준 역시 그것이 어떤 지역에 위치하고 있느냐에 따라 결정된다. 한 모스크바 부동산 업계 대표의 말에 따르면, 모스크바순환도로(MKAD)에서 15킬로미터 거리에 있고 오늘날 러시아에서 가장 '명성 있는' 지역으로 알려진 루블료프카에 위치해 있다면 그것은 어떤 것

엘리트카 외부

엘리트카 내부

이든 엘리트 코티지로 간주될 수 있다고 한다. 이런 엘리트 코티지는 100제곱미터당 가격이 1억 8천만 원까지 나간다고 한다. 그 밖에, 거주자의 신분이 어떻게 되고, 교통이 잘 발달해 있고 주변 환경과 인프라가 잘 갖추어져 있는지의 여부도 엘리트 코티지를 가늠하는 중요한 기준이 된다.

한편, 그것이 어디에 위치해 있든 모든 엘리트 코티지에서 가장 중요하게 간주되는 요소로 안전 문제를 들 수 있다. 이 문제는 특히 과거 몇 년 동안 십여 명이 넘는 엘리트 코티지의 소유자들이 괴한들의 총격을 받아 사망하거나 심각한 부상을 입는 일이 자주 벌어지면서 엘리트 부동산 업계의 최대 현안으로 대두되었다고 한다. 이와 관련하여 몇 년 전에는 엘리트 코티지의 부자들 사이에 바이블로 읽히는 잡지 〈도모보이〉(러시아 민속 문화에서 집의 정령을 가리키는 말)에 다음과 같은 기사 한 편이 실려 화제가 된 적도 있었다.

'이 코티지들은 독일, 미국, 핀란드 디자인에 따라 건축되어 안락한 생활공간의 수요에 가장 잘 부응한다. 하지만 이들은 우리 삶의 험악한 현실에 맞게 약간 개량되었다. 그래서 이들은 외부에 개방되어 있는 전형적인 서구식 코티지보다는 일종의 성채와 더 많이 닮아 있다.'

엘리트 코티지에 사는 사람들은 지금도 자신들이 보통 사람들과 다른 집에서 산다는 것만으로도 생명의 위협을 받고 있다고 생각하는 것 같다. 엘리트 코티지가 예나 지금이나 최첨단 경비시설을 갖추고 외부인의 출입을 철저하게 감시하며 만일에 있을 사태에 대비하고 있는 것도 바로 이런 이유에서이다. 이것은 러시아에서 엘리트의 추구는 항상 그만큼의 위험이 뒤따른다는 어두운 현실을 뒷받침해 주는 좋은 예라 할 수 있다.

타운하우스 열풍

요즘 러시아 사회 곳곳에서 프리미엄이나 엘리트 같은 외국어 단어가 최고나 고급을 의미하며 사람이나 물건에 상관없이 유행처럼 사용되고 있는 것과 동시에, '글라무르'(글래머)나 '글랴네츠'(glianets)라는 러시아 말이 사람이나 상품의 화려하거나 고급스러운 이미지를 가리키며 인구에 널리 회자되고 있다. 특히, 러시아의 유명 영화감독 가운데 한 사람으로 할리우드에도 진출한 바 있는 안드레이 콘찰로프스키가 올해 선보인 동명 영화를 통해 더 잘 알려진 글랴네츠는 원래 거울과 같은 사물들의 반짝반짝 거리는 성질, 즉 '광택'이나 '윤기'를 의미한다. 그런데 이와 같은 일차적 의미를 갖는 러시아어 단어가 콘찰로프스키의 영화에서 묘사되고 있는 것처럼 패션계의 모델이나 사교계의 여왕, 유흥가의 마담들을 가리키는데 사용되고 있어 단연 화제이다.

뿐만 아니라, 글랴네츠라는 말은 러시아 중산층 사이에서 높은 인기를 끌고 있는 서구식 주택을 묘사하고 선전하는데도 곧잘 사용되고 있어 흥미를 더한다. 1990년대 중반까지만 해도 모스크바 시내에서 드물게 볼 수 있었지만 지금은 모스크바 교외에서도 쉽게 찾아볼 수 있는 서구식 주택 타운하우스가 바로 그것이다. 글랴네츠는 글라무르, 엘리트라는 말과 함께 고급스럽고 화려한 이미지의 타운하우스를 가리키는 말 가운데 하나로 각광받고 있기 때문이다.

'아파트 시대에서 타운하우스 시대로' 라는 말을 심심찮게 들을 수 있을 정도로 우리나라에서도 최근 들어 파주와 같은 서울 근교도시를 중심으로 개발되고 있는 타운하우스는 그 역사를 둘러싸고 여러 가지 설이 존재하지만, 가장 일반적인 설에 따르면 두 세기 전에 영국에서 처음 등장한 귀족들의 도시주택에서 유래했다.

하지만 오늘날 말하는 타운하우스의 유래는 2차 세계대전 이후 미국이나 캐나다의 북미 지역을 중심으로 등장하기 시작한 교외주택에서 찾을 수 있다. 이때 타운하우스는 단독주택과 공동주택의 장점을 결합한 것으로 1~2층의 단독주택이 10가구에서 100가구씩 모여 정원과 담장을 공유하는 고급 주택단지를 가리킨다. 이런 신개념의 타운하우스가 수도 모스크바를 중심으로 러시아에서 지난 10년 동안 봇물 터지듯 쏟아져 나오면서 도시 풍경에서뿐만 아니라, 도시 사람들의 주거문화와 생활양식에서도 많은 변화를 가져오고 있다.

모스크바 지역에서 타운하우스의 역사는 크렘린에서 서쪽으로 6킬로미터쯤 떨어져 있고 민스카야와 모스필모프스카야 거리의 교차 지점에 위치해 있는 세툰에서 시작되었다. 1990년대 초반 건축된 이 타운하우스는 외국인 임대인들을 주 고객으로 끌어 모았는데, 편리하게 설계되어 아담하고 안락한 주택에서 이들은 고국에 있는 자신들의 집을 떠올릴 수 있었기 때문이다. 이처럼 모스크바 시내의 타운하우스는 임대주택으로서 인기가 많다. 이런 이유로 건축업자들은 타운하우스의 주택을 사유재산으로 판매하려 하지 않는다.

러시아 부동산시장지표(IRN)의 분석에 따르면 모스크바 시내와 근교에 건설되었거나 건설 중인 타운하우스는 약 60개에 달한다. 시내의 경우 쿠르키노, 미티노, 세베르노예 투쉬노 구역에 타운하우스가 많이 몰려있고, 모스크바 중심에도 일부 존재한다. 근교의 경우, 기본적으로 모스크바순환도로에서 15~25킬로미터 거리에 위치한 지역들에 타운하우스들이 개발되고 있다. 하지만 오직 타운하우스로만 이루어진 구역은 그리 많지 않다. 요즘은 엘리트 코티지들이 가까이에 있는 타운하우스

타운하우스

들을 더 선호한다고 하는데, 글랴네츠나 글라무르라는 말이 붙는 것도 바로 이런 타운하우스들이다.

현재 러시아에서 유행하는 타운하우스는 흔히 양쪽으로 다른 주택들과 인접해 있고 개별적인 입구를 갖고 있는 2~3층짜리 주택을 말하는데, 각 주택에는 보통 100~400제곱미터의 토지가 딸려 있다. 이러한 주거형태는 개인의 사생활을 보호해 주고 방범과 방재 관리의 효율성을 높여주면서도 친자연적이기 때문에 러시아 사람들에게 큰 인기를 끌고 있다. 이런 타운하우스 주택 1층에는 대개 부엌과 거실, 기타 부대시설이 있고 2층에는 침실과 아이들 놀이방, 서재가 자리하고 있다. 물론 단층짜리 주택도 있는데, 모스크바 지역에서 이런 주택의 평균 면적은 180에서 300평방미터이다. 400에서 500평방미터에 달하는 것도 존재하며, 각 주택에는 차고가 필수적으로 딸려 있다. 그 밖에 중앙관리체제의 냉난방과 수도, 전기, 인터넷, 케이블 TV가 타운하우스의 기본 인프라를 구성한다.

타운하우스는 지역과 면적 등에 따라서 가격이 달라지는데, 모스크바순환도로에서 10~15킬로미터 떨어져 있고 전체 면적이 250평방미터인 타운하우스의 가격은 약 10억 정도 나간다. 하지만 위치도 좋고 전망도 빼어난 모스크바 도심이나 루블료보-우스펜스코예 쇼세의 '엘리트' 지역에 있는 타운하우스는 최고 30~40억 정도까지 나간다고 한다. 한편, 모스크바 타운하우스 구매자의 75%는 오래전부터 널찍한 주택과 녹지를 꿈꾸어 왔던 상류층 모스크비치들이다. 그래서인지 모스크바에 소재한 미엘 부동산의 판매부장 알렉세이 쿠바레프의 말에 따르면, 번잡한 다층아파트에서 벗어나 따로 조용하게 살고자 하는 사람들이 점점 늘어나면서 이런 타운하우스의 수요가 부쩍 늘어났다고 한다.

상류 모스크비치들이 타운하우스를 선호하는 또 다른 이유는 타운하우스가 비슷한 사회적 신분이나 지위의 사람들이 안전하게 모여 살 수 있는 공간이라는 점이다. 실제로 타운하우스에 사는 사람들은 직업과 소득 면에서 상층에 속하는 사람들로 그 수준에 맞는 삶을 즐기는 사람들이다. 이런 점에서 타운하우스는 과거에 볼 수 없던 새로운 생활양식의 발생지 가운데 하나로서 중요한 문화적 의미를 갖는다.

또한 코티지와 마찬가지로 타운하우스는 다양하고 독특한 건축양식을 띠고 있는 데서 알 수 있듯이 오늘날 러시아의 주거문화가 어떤 방향으로 가고 있고 무엇을 지향하고 있는지를 가늠할 수 있는 좋은 사례를 보여준다. 소비에트 시절의 주택양식이 획일성과 정형성의 주거문화를 보여준 것이었다고 한다면, 타운하우스는 요즘 러시아 사람들 사이에서 중시되고 있는 개인주의와 다양성의 주거문화를 보여준다고 할 수 있기 때문이다.

흐루시초프카의 운명

러시아 문화를 전문으로 하는 방송채널 "러시아"에서는 요즘 다큐멘터리 방송 제작자 엘리자베타 리스토바가 직접 제작하고 진행하는 '소비에트 제국' 시리즈를 내보내고 있다. 그런데 이 시리즈에는 소비에트 주거문화에서 획일성과 정형성으로 악명이 높았던 5층짜리 연립주택 '흐루시초프카'에 대한 이야기가 포함되어 흥미를 더한다. 하지만 이보다 더욱더 흥미로운 점은 모스크바와 페테르부르크는 물론이고 러시아 지방도시 어디에서나 쉽게 볼 수 있었던 이 흐루시초프카가 지금 중대한 변화를 맞이하고 있다는 사실이다. 1950년대 말부터 러시아 사람들의 주거생활에서 큰 부분을 차지했던 흐루시초프카가 재개발되거나 철거되면서 하나둘씩 역사의 뒤안길로 사라질 운명에 놓여 있기 때문이다.

흐루시초프카의 역사는 1959년 모스크바의 체료무쉬키 지역에 비탈리 라구텐코의 설계로 콘크리트 판넬로 만든 5층짜리 연립주택이 건설된 것과 함께 시작되었다. 이때부터 시작된 흐루시초프카의 건설은 1985년까지 계속되었고 모스크바를 중심으로 한 러시아의 도시들뿐만 아니라, 구소련의 다른 많은 도시들에서도 서민용 아파트로 널리 보급되었다. 한편, 흐루시초프카란 이름은 당시 공산당 서기장이었던 니키타 흐루시초프가 2차 세계대전 이후 심각해진 주택난을 해결하기 위한 목적으로 기계로 찍어내듯이 대량으로 지어 보급했던 데서 유래한다.

5층짜리여서 '피야치에타쉬카' (piatietazhka)라고 불리기도 하는 흐루시초프카 주택은 천장 높이가 2.5미터이고 적게는 1개에서 많게는 3개까지 되는 방과 부엌을 갖고 있다. 각 공간 사이의 벽면은 방음이 너무 좋지 않아 옆방에서 나는 작은 소리까지도 다 들릴 정도이다. 그 밖에 욕실과 화장실, 세탁실은 하나로 합쳐져 있는데, 러시아 사람들은 이것을 '사누젤,' 즉 보건위생시설이라고 부른다. 이처럼 안과 밖 모든 면에서 흐루시초프카는 아무런 특색도 개성도 없을 만큼 천편일률적이어서 소비에트 시절에 지어진 정형화된 주택의 대명사로 통한다.

그런데 이런 흐루시초프카가 최근에 하나씩 사라지고 있어서 화제이다. 적어도 모스크바 시내에서는 이제 과거의 흐루시초프카를 찾아보기 어렵게 되었고, 페테르부르크에서도 앞으로 그렇게 될 것으로 전망된다. 왜냐하면 몇 년 전부터 모스크바에서는 오래되고 낡아빠져 도시 미관에도 썩 좋지 않은 흐루시초프카에 대한 대대적인 재개발 작업이 이루어져 왔기 때문이다. 어떤 것은 아예 철거되어

전형적인 흐루시초프카

그 자리에 현대식 고층 아파트가 들어서고 있고, 남아 있는 것도 내부를 현대식으로 고치는 리모델링 작업을 하고 있다. 하지만 남아 있는 흐루시초프카도 모스크바 시장 루쉬코프의 말대로 '문명적이지 않은' 것으로 간주되어 2009년까지 완전히 철거될 예정이다. 또한 흐루시초프가의 철거가 완료되면 그 다음 단계로 오래된 9층짜리 아파트들도 철거 작업에 들어갈 예정이라고 한다.

이런 식으로 머지않아 모스크바에는 소비에트 시절에 지어졌던 흐루시초프카를 포함한 획일적인 양식의 낡은 주택들이 완전히 사라지고 새로운 시대에 맞게 개성을 강조한 근사한 모습의 현대식 아파트가 세워질 것이다. 그렇게 되면 모스크바의 모습은 지금보다도 훨씬 더 많이 달라져 있으리라.

라승도

제 4 장

기지개를 켜는 시베리아

시베리아, 주변에서 중심으로

광활한 시베리아 땅 아래에는 지금까지 알려진 세계 석탄 매장량의 2/3, 천연가스 매장량의 1/3 이상이 묻혀 있다. 시베리아에 매장돼 있는 석유는 세계 전체의 1/4 가량을 차지한다. 또 시베리아는 광활한 타이가 숲의 산림자원과 바이칼 호수의 수자원을 갖고 있다. 그 밖에 시베리아의 아름다운 산과 들, 강 아래에는 다이아몬드, 금, 철광석, 구리 등이 묻혀 있다. 시베리아가 동토의 땅이면서도 자원의 보고인 까닭이 여기에 있다.

이런 시베리아에 다시 한 번 세계의 관심이 집중되고 있어 우리의 흥미를 자극한다. 한때 국가파산 상태까지 갔던 러시아가 오늘날 사우디아라비아에 이어 세계 2위의 산유대국으로 떠올라 세계 경제의 새로운 강자로 군림하게 된 것도 시베리아에 매장된 풍부한 천연자원 덕분이기 때문이다. 또한 푸틴 대통령이 러시아 국민들 사이에서 높은 인기를 구가하며 탄탄한 정치적 입지를 강화할 수 있었던 것도, 국제정치 무대에서 강한 자신감을 바탕으로 잃어버린 세계열강의 지위를 회복해 나가고 있는 것도 많은 부분 시베리아에서 나오는 천연자원 덕분이다.

한마디로 시베리아는 소련 붕괴 이후 러시아가 꼴찌 나라로 전락했다 어느새 세계 초강대국으로 재도약하고 있는 배경의 원천이 되고 있다. 지금으로부터 250년 전 유명한 시인이자 과학자였고 1755년 국립 모스크바대학교 창설의 주역이기도 했던 미하일 로모노소프가 '러시아의 부는 시베리아에 의해 증대될 것이다' 라고 했던 말이 현실로 나타나고 있는 것이다.

얼마 전 동시베리아에서 발견된 대규모 금광에서도 알 수 있듯이, 러시아의 국부나 미래와 관련하여 무한한 가능성을 갖고 있는 시베리아는 요즘 다시 러시아 국내에서뿐만 아니라, 국외에서도 깊은 관심의 대상이 되어 왔다. 아닌 게 아니라, 최근 러시아에서는 푸틴 대통령을 위시하여 정부, 정당(예를 들면, "통합 러시아당"), 언론 등이 서로 경쟁이라도 하듯 시베리아 (자원)개발에 박차를 가할 것을 촉구하고 나선 바 있다.

이 과정에서 얼마 전 러시아 일간 〈이즈베스티아〉는 "시베리아를 유행 지역으로 만들자"라는 제하의 기사를 내보내면서 시베리아 개발의 필요성과 시급성을 강하게 역설하고 나서기도 했다. 가장 최근에는 미국의 〈포춘〉 지가 시베리아의 심장 노보시비르스크에 위치한 러시아 과학의 산실 아카뎀고로도크의 변신에 주목하면서 러시아 IT 산업의 새로운 미래가 이곳에서 무르익고 있다고 소개한 바 있다. 이런 식으로 시베리아는 지금 러시아의 지리적 주변부에서 경제적 중심지로 한창 탈바꿈을 시도하고 있다.

노보시비르스크, 시베리아의 심장

1893년 오비 강을 가로지르는 시베리아횡단철도의 교량 건설 예정지로 도시의 역사를 시작했던 노보시비르스크는 20세기 초반에 시베리아를 중앙아시아와 카스피 해로 연결해주는 일명 '투르크시브' (Turksib)

로 불리는 투르크스탄-시베리아철도의 완성과 함께 그 중요성이 더욱 커지기 시작했다. 하지만 '새로운 시베리아'를 의미하는 현재의 노보시비르스크는 과거에 한 동안 다른 이름으로 불리기도 했다.

1893년에서 1925년까지 노보시비르스크는 제정 러시아의 마지막 황제였던 니콜라이 2세의 이름을 따라 노보니콜라예프스크로 불렸었다. 이후 노보시비르스크가 지금처럼 시베리아의 수도이자 심장으로 불리면서 시베리아 지역의 과학, 산업, 교육 중심지로 부상하게 된 것은 1943년에 소련 과학아카데미 시베리아 지부가 이곳에 문을 연 다음 1950년대 흐루시초프 시대에 들어와서 '작은 아카데미 도시' 아카뎀고로도크를 건설하면서부터였다.

오늘날 노보시비르스크 사람들이 모스크바나 페테르부르크 사람들 못지않게 자신들의 도시를 자랑스럽게 여기는 이유 가운데 한 가지는 무엇보다도 도시의 커다란 규모에서 찾을 수 있다. 실제로 노보시비르스크는 도시 규모와 인구 면에서 러시아 전체를 통틀어 모스크바와 페테르부르크 다음으로 큰 도시이며 우랄산맥 동쪽으로는 가장 큰 도시이다. 또한 러시아에서 네 번째로 긴 오비 강을 끼고 있는 노보시비르스크는 시베리아횡단철도에서 가장 큰 철도역과 시베리아 전체에서 가장 큰 규모의 도서관을 갖고 있다.

끝으로 노보시비르스크에는 러시아 전역에서 가장 큰 오페라-발레 극장이 있다. 1931년에 시작되어 1945년에 완성된 이 극장은 노보시비르스크의 대표적인 상징 건물로서뿐만 아니라, 거대하고 웅장한 규모를 자랑하는 1930~40년대 스탈린 시대의 신고전주의 건축양식을 대표하는 것으로도 유명하다.

오페라-발레 극장에서 짐작할 수 있듯이 노보시비르스크는 시베리아의 문화적 중심지이기도 하지만, 푸틴 대통령이 집권 이후 수직적 권력 구조를 강화하면서 마련한 7개의 대통령 전권대표 청사 가운데 하나가 위치해 있을 정도로 시베리아 지역 정치행정의 중심지이기도 하다. 실제로 노보시비르스크는 시베리아 연방관구의 중심인 동시에 노보시비르스크 주의 수도이다.

또한 시베리아의 수도라는 말에 걸맞게 노보시비르스크는 요즘 들어 시베리아 지역의 비즈니스 센터로도 각광을 받고 있다. 노보시비르스크는 지금 많은 시베리아 은행들의 주요 영업무대로서뿐만 아니라, 주식과 물류교환의 거점으로도 기능하고 있기 때문이다. 그래서인지 최근에 들어와서 노보시비리스크는 번화한 도심에 아파트와 사무용 빌딩이 새롭게 들어서는 등 시베리아의 다른 어떤 도시보다도 경제적으로 생기와 활력이 넘치는 도시임을 알 수 있다. 하지만 노보시비르스크가 요즘처럼 시베리아의 심장으로서 힘찬 박동을 치고 있는 것은 무엇보다도 아카뎀고로도크에 힘입은 바 크다고 할 수 있다.

노보시비르스크 기차역과 시내 야경

시베리아의 실리콘 밸리, 아카뎀고로도크

노보시비르스크 시내에서 자동차를 타고 남쪽으로 30킬로미터쯤 가다 보면 자작나무와 소나무 숲으로 우거진 자그마한 타운 하나가 나온다. 러시아 과학의 요람 아카뎀고로도크다. 1958년 흐루시초프는 과학 연구에 집중할 수 있는 도시를 시베리아의 심장에 건설하도록 지시했다. 그러나 도시 설립의 원래 아이디어는 물리학자이자 수학자로 당시 소련 과학아카데미 시베리아 총지부장이었던 미하일 라브렌티예프 박사의 머리에서 나왔다.

그는 소련이 경쟁국인 미국을 따라잡기 위해서는 소련 내 천재 과학자들이 한데 모여 순수하게 과학 연구에만 집중할 수 있는 공간이 필요하다고 흐루시초프에게 건의했다. 이 건의가 마음에 들었던 흐루시초프는 라브렌티예프가 물색해 두었던 장소를 곧바로 방문하여 그 자리에서 이 계획의 실행을 선포했다. 이후 소련 각지의 유능한 인재들이 이곳에 몰려들면서 아카뎀고로도크는 명실상부한 시베리아의 상아탑이 되었다.

실제로 설립 이후 몇 년이 채 안 되어 아카뎀고로도크는 라브렌티예프의 계획대로 자유로운 지성의 전당이 되었다. 최대 20만 명까지 살기도 했던 1960년대 전성기에 아카뎀고로도크는 자유로운 분위기가 지배적이었다. 주로 젊은 과학자들 사이에서 파티가 자주 열렸고 보헤미안풍 카페에서 반체제 성향의 음유시인들이 나와 노래도 불렀으며 심지어 데모도 있었다. 물론 당국의 간섭이 있었지만, 그때마다 라브렌티예프가 나서서 젊은이들을 감싸주었다. 하지만 자유는 오래 가지 못했다. 흐루시초프의 실각과 함께 등장한 브레즈네프가 보수 성향으로 돌아서면서 이곳의 자유로운 분위기도 차갑게 얼어붙기 시작했던 것이다.

그 이후 아카뎀고로도크는 정체 속에 있다가 1991년 소련 붕괴와 함께 최대의 위기를 맞이했다. 그때까지 아카뎀고로도크의 연구소들은 국가예산으로 운영돼 왔다. 그런데 갑자기 시행된 가격 자유화로 높은 인플레가 발생했고 그로 인해 연구 시설과 재료에 필요한 비용도 폭등하면서 연구소들은 정상적으로 운영할 수 없는 상황에 빠졌다. 게다가, 그동안 국가로부터 특별대우를 받으며 주거에서나 식생활에서도 특권적인 지위를 누려왔던 과학자들은 인플레로 인해 빵 한 조각 가격이 5천배까지 치솟으면서 당장 먹고 사는 문제까지 걱정해야 할 판이었다. 이렇게 갑자기 열악해진 상황에서 더 좋은 연구 환경과 생활 조건을 찾아 어떤 사람은 모스크바나 페테르부르크 같은 대도시로 이주하고 어떤 사람은 유럽이나 미국 등 해외로 빠져나가면서 과학자의 수가 거의 절반이나 줄어들었다.

하지만 계속 이어지던 두뇌유출 상황도 남아 있던 과학자들을 중심으로 자구책이 모색되면서 차츰 진정되었다. 이들은 1990년대 중반부터 힘과 지혜를 모아 경쟁체제도 배우고 외국 기업의 투자도 적극 유치하는 등 현실에 조금씩 적응해 가면서 아카뎀고로도크에 새로운 바람을 몰고 왔다. 흥미롭게도 이들의 중심에는 아카뎀고로도크의 설립자 미하일 라브렌티예프 박사의 아들(아버지의 이름과 동일)이 있었다.

아카뎀고로도크 전경

아카뎀고로도크의 부활은 위기의 시기 동안에 프로그래머로 직업을 바꾼 과학자들이 1990년대 중반부터 외국 기업과 자본투자를 끌어들이면서 시작되었다. 아카뎀고로도크가 서서히 위기에서 벗어나기 시작하던 1997년 이곳에 투자된 외국자본은 1천만 달러에 달했다. 그로부터 9년이 지난 2006년에는 그보다 15배가 넘는 1억 5천만 달러 이상의 외국자본이 아카뎀고로도크로 유입되었다.

특히, 이곳 사람들은 아카뎀고로도크가 소나무 숲으로 둘러싸여 있어 미국 캘리포니아 주 산호세 지역의 실리콘 벨리를 연상시킨다며 이곳을 가리켜 '실리콘 타이가' 로 부르기도 하는데, 이런 환경과 풍부한 과학기술 인프라가 세계적인 다국적 기업들의 자본투자에 가장 매력적인 요소로 작용하고 있다.

아카뎀고로도크에는 이미 100여 개의 컴퓨터 및 소프트웨어 개발 업체들이 들어와 있고, 입주기업은 해마다 15%씩 늘어나고 있는 추세이다. 1990년대 초반 가장 먼저 이곳에 들어와 벤처기업 노보소프트와 합작법인을 세워 서버용 소프트웨어를 개발하기 시작했던 IBM은 물론이고 Intel, Microsoft, HP, Shlumburger 같은 세계 굴지의 기업들도 이곳에 사무실을 차렸다. 여기에 연구소를 세운 Intel은 현재 200여 명의 현지 프로그래머를 고용해 마이크로프로세서 기술을 개발 중이다. 여기서 짐작할 수 있듯, 아카뎀고로도크는 지금 러시아 IT(정보기술)의 메카로 떠오르고 있다.

이런 가운데 최근 러시아 정부도 아카뎀고로도크의 변신 행보에 적극적인 지원을 하고 나섰다. 아카뎀고로도크에서 불고 있는 하이테크 바람은 언제 한계를 드러낼지 모르는 천연자원에 지나치게 의존하는 러시아 경제에서 새로운 성장 동력을 제공해 줄 수 있기 때문이다. 원유 수출에 대한 지나친 의존이 미래의 러시아 경제에 위험천만하다는 것을 인식하고 경제 다각화 방안을 모색 중인 러시아 정부로서는 하이테크 산업의 발전이 호재가 아닐 수 없는 것이다.

이런 이유로 러시아 정부는 이미 아카뎀고로도크에 연구 산업 단지를 추가로 조성할 수 있도록 6억 5천만 달러를 편성하여 지원해 주었다. 더욱이 러시아 정부는 모스크바나 다른 대도시들에도 첨단산업단지들이 들어설 것으로 예상하고 여기에 사무실, 주택, 호텔이 입주할 수 있는 테크노파크를 건설하기 위한 자금으로 수백억 루블을 준비해 놓고 있다고 한다. 이와 함께 러시아 정부는 나노기술 지원금으로 7억 달러의 예산이 편성돼 있다고 발표한 바 있다.

저렴한 비용과 우수한 인력, 탄탄한 기초과학 기반과 풍부한 연구 경험을 갖추고 있는데다 정부의 적극적인 지원까지 받고 있는 아카뎀고로도크는 지금 러시아 IT 산업의 메카로서 이 분야에서 인도와 중국은 물론이고 미국 등 서방 선진국들까지도 따라잡을 기세로 빠르게 성장하고 있다.

네프테유간스크와 '시베리아의 중산층'

시베리아의 심장에 위치한 아카뎀고로도크가 정보기술 산업의 메카로서 러시아 경제의 먼 미래에 희망의 빛이 되고 있다고 한다면, 러시아 경제의 현재와 가까운 미래를 책임지고 있는 곳은 시베리아 서쪽에 위치한 유전 도시 네프테유간스크이다. 석유와 가스 산업은 러시아와 시베리아에 필요한 존재이다. 석유와 가스 산업이 러시아 국내 총생산의 25% 이상을 차지하고 있기 때문이다. 다시 말해 석유와 가스 산업은 러시아 경제의 원동력이다. 현재 러시아 국가 수입의 1/3이 석유와 가스 세금에서 나오고 있다.

러시아 대외 수출의 50%도 석유에서 나온다. 러시아 석유는 세계 전체에도 중요한 존재로 생산량이 사우디아라비아에 이어 세계 2위를 달리고 있다. 선택의 여지가 점점 좁아지고 있는 정유사들이 현재까지도 석유 미개척지로 남아 있는 시베리아의 문 앞에 줄을 서고 있는 이유가 여기에 있으며 그 중심은 시베리아 서부 오비 강 연안에 위치한 작은 도시 네프테유간스크가 차지한다.

네프테유간스크는 2007년 10월 16일 도시 창설 40주년을 맞이했다. 여기서 알 수 있듯 네프테유간스크는 다른 시베리아 도시들과 비교할 때 생긴지 얼마 되지 않는 아주 젊은 도시이다. 하지만 이 도시가 러시아 경제에서 차지하는 비중은 다른 어떤 도시와도 비교할 수 없을 정도로 크다. 현재 네프테유간스크 인근 지역의 유정에는 세계의 미개발 유정 가운데 최대 규모에 속하는 40억 배럴이 매장되어 있을 것으로 추정되고 있기 때문이다.

시베리아 최대의 유전 도시로서 네프테유간스크가 갖고 있는 면모와 위상은 이곳 지역이 온통 유전시설들로 가득 차있을 뿐만 아니라, 러시아 최대의 석유 재벌 가운데 하나였던 유코스의 본부와 유정이 이곳에 소재하고 있었다는 사실에서도 확인된다. 그러나 최고경영자 호도르코프스키는 2003년 10월 탈세 혐의로 체포되어 2년 뒤 2005년 5월 10년 형을 선고 받고 시베리아 치타 주 크라스노카멘스크 제13형무소에 수감되었고, 유코스는 올해 초 로스네프트로 넘어가면서 완전히 사라지게 되었다.

하지만 이렇게 역사 속으로 사라진 유코스가 네프테유간스크 지역에 불러일으킨 새로운 바람은 과소평가하기에는 너무나 큰 것이었다. 네프테유간스크에서 유전이 처음 발견된 것은 1961년이었지만, 유전 개발이 본격적으로 시작된 것은 그로부터 3년 뒤인 1964년부터였다. 그렇지만 네프테유간스크 지역에 묻혀 있는 석유가 지금처럼 대규모로 생산되기 시작한 것은 1993년에 네프테유간스크가스 사를 인수한 유코스가 최첨단 기술 개발에 엄청나게 많은 돈을 투자하면서부터였다.

비효율적이고 형편없는 기반시설을 물려받았던 유코스는 석유 자원의 효율적 생산과 관리를 위해서 첨단기술을 서둘러 도입했고 기업의 체질 개선을 위해서도 외국인 매니저를 과감하게 채용했다. 그 결과 유코스는 2000년 무렵부터 세계 1일 생산량의 2%까지 석유를 생산해 내면서 세계 유수의 석유 회사 가운데 하나로 탈바꿈했다.

비록 지금은 사라지고 없지만, 유코스가 네프테유간스크 지역의 유전지대에 몰고 온 새로운 바람은 석유 채굴방식과 관리체계에서뿐만 아니라, 이 지역 경제와 생활에서도 상당한 변화를 일으켰다. 네프테유간스크에서 석유는 1960년대부터 계속해서 생산돼 왔지만, 그렇다고 이 지역 사람들의 생활수준이 다른 지역 사람들의 그것보다 훨씬 더 좋았던 것은 아니었다. 하지만 유코스의 등장과 함께 석유 개발에 새로운 바람이 불면서 1990년대 말부터 이 지역 사람들의 생활수준도 높아지기 시작했다.

예를 들면, 유코스 사의 유정에서 일하는 숙련공의 월급은 700달러가 넘었는데, 이것은 러시아 전국 평균보다 세 배가 넘는 것이었다. 또한 유코스가 들어서면서 그 주변에 여러 가지 크고 작은 비즈니스가 새로 생겨났는데, 대부분이 유코스의 직원들을 주요 고객으로 삼는 것이었다. 빅토르 트카체프 시장의 말에 따르면, 네프테유간스크 직장인의 19%가 이런 업체들에서 일하고 있다고 한다. 나머지 81%는 유코스와 그 하청업체들에서 일하는 사람들인데, 이들이 소위 말하는 '시베리아의 중산층'을 형성한다.

실제로 네프테유간스크와 여기서 가까운 또 다른 유전 도시 수르구트에서는 석유개발 붐을 타고 2000년 전후로 중산층 가정이 눈에 띄게 많이 늘어났다. 이와 관련하여 국립 수르구트대학교 정치학과 교수 미하일 마르트이노프의 말에 따르면, 중산층 가정의 조건은 다음과 같다. 즉, 한 달에 적어도 500달러를 쓸 수 있어야 하고, 아파트와 자동차를 갖고 있어야 하며, 반드시 해외에서는 아니라도

오늘의 네프테유간스크

러시아 남부 어디에서라도 휴일이나 휴가를 보낼 수 있어야 한다.

실제로 최근 들어 이곳 거리에서는 벤츠, 볼보, 도요타 같은 외제 승용차를 몰고 다니는 러시아 사람들의 모습을 어렵지 않게 찾아볼 수 있다. 이뿐만 아니다. 값비싼 모피코트를 우아하게 차려입고 다니는 여성들도 자주 눈에 띈다. 최근 개장한 주류상점에는 외국산 포도주, 위스키, 코냑 등이 즐비하게 진열돼 있는 것을 볼 수 있다.

네프테유간스크에서 중산층은 도시 전체 인구의 25% 이상을 차지한다고 한다. 이런 비율은 모스크바의 중산층 비율에 육박하는 수준인데, 여기서 놀라운 점은 2004년 기준으로 네프테유간스크가 러시아 전체에서 수도 모스크바 다음으로 생활 지수가 높은 도시였다는 사실이다. 이러한 지수는 연간 시 예산 규모 안에 고스란히 반영되어 있었다. 2004년 네프테유간스크의 시 예산은 1억 1,200만 달러였다. 이 예산은 네프테유간스크 인구 한 사람당 1,052달러씩 나눠줄 수 있는 것으로 모스크바를 제외하면 러시아 전체 도시에서 가장 많은 금액이다. 다른 도시들의 연간 예산은 1인당 평균 70달러에서 210달러 사이에 머물러 있었기 때문이다.

이런 풍족한 예산과 생활수준 때문인지 네프테유간스크의 최근 모습도 상당히 달라져 있다. 이와 관련하여 흥미로운 것은 네프테유간스크 시의 공식 인터넷 홈페이지에 올라와 있는 도시의 과거와 현재 모습을 담은 사진들이다. 이 도시의 최근 모습에서 가장 눈에 띄는 것은 하나같이 화사한 색으로 단장하고 있는 아파트 건물들이다. 이러한 네프테유간스크 시와 시민들의 달라진 모습은 시베리아가 그 동안 잠자는 동토의 땅에서 깨어나 명실상부한 자원의 보고로 일어섰을 때 어떤 힘을 발휘할 수 있는지를 단적으로 보여준 대표적인 사례 가운데 하나로 꼽을 수 있다.

시베리아 최북단 노릴스크의 빛과 어둠

러시아 경제와 미래를 책임지고 있는 풍부한 자원의 보고로서 시베리아 땅이 갖고 있는 중요성은 시베리아 최북단의 영구동토 지대에 위치한 도시 노릴스크에서도 분명하게 알 수 있다. 현지 원주민어로 '질퍽질퍽한 강기슭' 이라는 뜻을 갖고 있는 노릴스크는 행정구역상으로 시베리아연방관구에서 가장 큰 크라스노야르스크 크라이에 속한 타이미르 자치구의 한 도시이다.

지리적으로 중앙시베리아 고원의 북서부와 타이미르 반도의 남쪽에 위치하는 노릴스크는 북극권 위에 있는 세계의 도시들 중에서 무르만스크 다음으로 가장 큰 도시이자 야쿠츠크와 더불어 영구동토 지대의 보기 드문 큰 도시이다. 또한 노릴스크는 현재 인구가 약 13만 명으로 인구 10만 명이 넘는 도시로서는 세계에서 유일하게 영구동토 지대에 위치한 도시이다.

이상에서 알 수 있듯이 노릴스크는 사람이 살기에 아주 열악한 자연조건 속에 놓여 있는 도시이다. 게다가 노릴스크는 니켈 제련소 '나데즈다' 를 중심으로 반경 48킬로미터 이내에 살아 있는 나무가 한 그루도 없을 정도로 세계에서 가장 오염이 심각한 10대 도시 가운데 하나라는 오명까지 갖고 있다. 하지만 1920년대 말 이곳에 정착촌이 처음 생긴 이래 지금까지도 노릴스크에는 많은 사람들이 끊이지 않고 있다. 주된 이유는 러시아 경제에서 석유나 가스 못지않게 큰 역할을 담당하고 있는 니켈, 구리, 코발트, 팔라듐 등 지하자원이 이곳에 대량으로 매장되어 있기 때문이다.

이곳에 본부를 두고 있는 세계 굴지의 러시아 광산 기업 노릴스크 니켈 사가 생산하는 니켈은 세계 니켈 총생산의 18.7%, 팔라듐은 51.5%를 차지한다. 또한 노릴스크 니켈 사는 세계에서 가장 큰 플라티늄 생산 기업이기도 하다. 특히 니켈은 자원 소비가 많은 중국 등지에서 수요가 급증하면서 가격이 계속 뛰고 있다. 이런 광물자원의 생산을 통해서 연간

70억 달러 이상의 매출액과 20억 달러의 순이익을 올리고 있는 노릴스크 니켈은 현재 러시아의 대외수출 비중에서 2% 이상을 책임지고 있다.

하지만 노릴스크는 러시아 국부의 주요 원천 가운데 하나로서 밝은 면을 갖고 있는 만큼이나 어두운 면을 동시에 갖고 있다. 니켈 광산 부근의 제련소들에서 끊임없이 흘러나오는 매연이나 유황산화물 등의 유해물질은 심각한 환경오염을 일으키면서 자연을 파괴하고 인체에 해를 끼치고 있다. 실제로 하늘에서 내려다본 노릴스크 시의 모습은 황량함 그 자체이고 큰 산불이라도 휩쓸고 간 듯한 도시 외곽의 자연은 폐허와도 같다.

노릴스크의 어두운 단면은 여기서 그치지 않는다. 어둠의 그림자는 도시 개발의 비극적인 역사에도 도사리고 있기 때문이다. 노릴스크는 시베리아 최북단 영구동토 지대에 위치하고 있는 도시답게 '얼음 위에 세워진 도시'로 불리곤 하는데, 도시가 얼음 위에 세워졌다는 말은 건설 과정이 그만큼 힘들었다는 사실을 반증해준다. 아닌 게 아니라, 노릴스크

노릴스크의 삭막한 겨울 풍경

에는 힘들고도 슬픈 역사의 흔적이 곳곳에 배어있다.

노릴스크에 정착촌이 생긴 것은 1920년대 말이었지만, 도시 설립 년도로 공식 기록되고 있는 해는 1935년이다. 이때부터 노릴스크가 광산 정착촌으로서 본격적으로 확장되기 시작했을 뿐만 아니라, 스탈린 시대의 악명 높은 강제노동수용소(GULAG) 가운데 하나로 자리 잡은 노릴라그(Norillag)의 중심지가 되었기 때문이다. 당시 소련 당국은 정치범들이었던 이곳의 죄수들을 주로 동원하여 노릴스크의 도시, 광산, 철도, 선착장 등을 건설했다. 작업 환경은 이루 말할 수 없이 열악했다. 살을 찢어내는 듯한 추위에도 불구하고 난방이 전혀 안 되는 막사에서 기거하면서 형편없는 장비로 신에게 버림받은 영구동토 지대의 땅을 파고 건물을 짓거나 갱도를 뚫는다는 것은 상상을 초월할 정도로 힘든 일이었다.

그리하여 건설 작업이 시작된 지 1년 만에 6,200명의 죄수들 가운데 절반가량이 이런 참혹한 환경을 견디지 못하고 목숨을 잃었다. 그 이후로도 수많은 사람이 병에 걸리거나 굶주려 죽었다. 당시 이곳에서 살아남았던 한 생존자의 말에 따르면, 건설 작업이 시작되고 3년이 지난 1938년에 이곳에서 사람이 얼마나 많이 죽어 갔던지 공동묘지 규모가 다른 도시의 백년 된 공동묘지만큼이나 컸다고 한다.

이후에도 1950년대까지 노릴스크의 강제노동수용소에는 정치범, 살인범, 전쟁포로 등 많은 수의 죄수들이 계속 수용되어 열악한 조건의 각종 건설 현장에 강제 동원되었다. 혹독한 작업환경과 생활조건을 견디다 못한 죄수들은 스탈린 사망 후 불과 두 달이 채 안된 1953년 5월 용감하게도 집단 파업을 결행했다. 이들의 요구 사항은 가족과의 연락, 노동시간 단축, 낙인 딱지 제거, 감시자 철수, 정치범의 사면복권 등이었다. 이들의 파업은 스탈린 집권 이래로 가장 큰 규모의 반정부 시위로서 55일 동안 계속되었지만, 곧이어 파견된 정예군대에 의해 무참하게 진압되었고 그 과정에서 1천 명 이상의 사람이 사망했다.

공식 기록에는 이런 식으로 1935년에서 1956년까지 노릴스크에서 죽어 간 사람의 수가 16,806명으로 나와 있지만, 실제로는 이보다 10배 이상의 사람이 더 죽었다고 한다. '얼음 위에 세워진 도시' 노릴스크가 동시에 '뼈 위에 세워진 도시' 로 불리는 이유도 여기에 있다. 노릴스크 시의 변두리 지역에서는 날씨가 풀리는 봄철이 되면 지금도 가끔씩 그때 죽어간 사람들의 뼈가 발견되면서 이곳 사람들에게 과거의 참상을 상기시켜준다고 한다.

동시베리아의 중심지 이르쿠츠크

동시베리아 이르쿠츠크 주의 남부에 위치하며 바이칼 호수를 끼고 있는 이르쿠츠크는 앙가라 강을 중심으로 발전했다. 강 서쪽으로는 공업지대를, 동쪽으로는 도심과 주거지역을 품고 있는 이르쿠츠크는 인구 70만의 도시로 시베리아에서 가장 오래된 도시이다. 이르쿠츠크는 1652년 부랴트 사람들로부터 모피 세를 징수하고 금을 거래하기 위해서 야코프 포하보프가 이곳에 막사를 설치한데서 시작되었다. 하지만 이르쿠츠크가 러시아 정부로부터 도시 권리를 얻게 된 것은 그로부터 34년 뒤인 1686년이었다.

1760년에는 이르쿠츠크와 모스크바를 잇는 최초의 도로 '시베리아 도로' (sibirskii trakt)가 건설되었고, 이 길을 통해서 금, 다이몬드, 모피, 목재, 비단, 차 등의 많은 물품들이 이곳으로 들어올 수 있었다. 이르쿠츠크가 오래전부터 시베리아 교통의 요지가 되었던 것도 이 길 덕분이었다. 이후 1898년에 시베리아횡단철도가 개통되면서 이르쿠츠크는 모스크바와 블라디보스토크를 잇는 중간 기착지로 기능하며 동시베리아 지역의 중심 도시가 되었다.

이처럼 시베리아에서 가장 오래된 도시인 이르쿠츠크는 일찍부터 이 지역에 러시아와 유럽 문화가 뿌리를 내릴 수 있었던 곳이기도 하다. 1900년에 이르쿠츠크가 '시베리아의 파리' 로 불리게 된 것도 19세기 초부터 이곳에 유럽 문화의 요소들이 들어와 있었기 때문이다. 1812년 나폴레옹과의 전쟁에서 승리한 뒤 파리에 갔다가 그곳에서 서유럽 문화와 사상을 세례받고 돌아온 젊은 장교들은 1825년 12월 14일에 러시아 사회의 후진성과 전제정치의 폐단을 시정하고자 황제가 보는 앞에서 혁명 봉기를 일으킨다. 하지만 성급하게 실행된 봉기는 단 몇 시간 만에 진압되면서 싱겁게 끝나고 만다. 곧이어 봉기 주모자들과 가담자들이 체포되고 시베리아 땅 이르쿠츠크에서 유형을 살게 되는데, 데카브리스트로 불리며 귀족이자 청년장교이며 지식인이기도 했던 이들을 중심으로 이때부터 이르쿠츠크에 유럽 문화의 씨앗이 뿌려지기 시작했다.

훗날 톨스토이의 대하소설 『전쟁과 평화』의 주인공 안드레이 볼콘스키 공작의 실제 모델이 되기도 했던 세르게이 볼콘스키도 그런 데카브리스트 가운데 한 사람이었다. 이르쿠츠크에 간직되어 있는 유럽 문화의 숨결은 "쉬베이크의 집에서"라는 시내의 한 맥주 바에서도 느낄 수 있는데, 이 맥주 바 이름이 1920년대 초 내전 당시 이곳에 잠깐 머물렀던 체코 출신의 유명한 소설가 야로슬라프 하쉐크가 쓴 소설 『병사 쉬베이크』에서 따온 것이기 때문이다.

이르쿠츠크는 동시베리아 지역에 찬란하게 뿌리내린 러시아 전통문화와 정신의 중심이기도 하다. 이 같은 사실은 아주 오래전부터 이 도시에 세워져 있는 러시아 정교회 사원과 성당들의 모습에서 찾을 수 있다. 1689년 목조로 건축되었다가 1762년 석조로 재건축되었고 내부가 화려한 금장의 성상들로 장식돼 있는 즈나멘스카야 교회, 17세기 모스크바와 야로슬라블의 교회 건축양식을 반영하고 있으며 러시아 전체에서 가장 큰 성당 가운데 하나로 소비에트 시절 파괴되었다가 1997년에 복원된 구세주 교회, 현현 교회 등이 대표적인 예이다.

이르쿠츠크 현현 교회

이 밖에도 이르쿠츠크 시내에는 19세기와 20세기 초에 지어진 러시아 전통 목조 가옥들이 잘 보존되어 있다. 또한 데카브리스트 볼콘스키와 트루베츠코이 공작이 유배생활을 하면서 살았던 집들도 보수공사를 거쳐 박물관으로 잘 보존되어 있는데, 이들은 몇 년 전 푸틴 대통령이 이곳을 방문하고 돌아간 뒤로 이르쿠츠크의 '데카브리스트 테마 관광' 코스 가운데 하나가 되었다.

하지만 바이칼 호수를 빼놓고 이르쿠츠크와 시베리아의 관광자원을 논할 수는 없다. 그만큼 바이칼 호수는 이르쿠츠크, 더 나아가 시베리아 전체를 대표하는 세계적인 관광명소이자 수자원과 생태계의 보고이기 때문이다. '시베리아의 진주' 나 '시베리아의 푸른 눈' 등의 별명을 갖고 있는 바이칼 호수는 총길이 656킬로미터, 최대너비 79킬로미터, 면적은 3만 1,500평방킬로미터로 남한 면적의 1/3에 해당한다. 또한 바이칼은 담수호로서 세계에서 가장 넓고 최대 수심도 1,742미터로 세계에서 가장 깊은 호수로 유명하다. 이곳에는 1,085종의 식물과 1,550종의 동물이 분포하고 있는데, 동물 중 80%는 오직 이곳에서만 서식한다. 특히 포카 시비리카(Phoca sibirica)라는 학명을 갖고 있는 바이칼 물개는 세계 다른 곳에서는 전혀 찾아볼 수 없는 호수 속의 희귀 포유동물이다.

이처럼 생태계의 보고로서 바이칼 호수는 1996년 유네스코에 의해 그 가치를 인정받아 '러시아의 갈라파고스' 로 불리며 세계문화유산으로 등재되기도 했다. 19세기 러시아 무정부주의 운동의 대표 이론가였던 표트르 크로포트킨이 이미 시베리아에서 갈라파고스의 가능성을 간파했던 것에 비하면 유네스코의 세계문화유산 지정이 뒤늦은 감이 없지 않지만, 어쨌든 바이칼 호수가 시베리아 관광 자원의 중요한 일부이자 인류

바이칼 호수의 올혼 섬

공동의 소중한 자산이라는 점은 분명한 사실이다.

시베리아 관광 자원의 중요한 일부로서 바이칼 호수는 이 지역 주변의 에너지 개발과 맞물리면서 경제 붐을 일으키고 있는 관광산업에도 상당한 기여를 하고 있다. 이르쿠츠크와 모스크바에 사무소를 두고 있는 관광 회사 "그랜드 바이칼"은 이 지역의 관광레저 산업을 이끄는 대표 기업으로 이곳에 3개의 호텔을 건설한다는 계획을 이미 발표했다. 이 계획이 실행되면 570개의 일자리를 창출하며 많은 고용효과를 낳을 것으로 전망된다. 또한 러시아 연방 원자력에너지기구(Rosatom)는 최근 바이칼 호수 지역에 2억 5천만 달러를 투자하는 연구실험실 설립 계획을 발표하기도 했다. 여기에 러시아 연방 정부도 가세하여 얼마 전 바이칼 지역을 경제특구로 지정했다.

하지만 천혜의 자연을 자랑하는 바이칼은 지금 환경오염의 위협에 시달리고 있어 환경론자들을 포함하여 이 호수를 아끼고 사랑하는 많은 사람들의 우려를 사고 있다. 바이칼 오염의 주범으로 호수 주변의 제지회사가 지목되고 있는데, 이 회사에서 엄청난 양의 오폐수와 폐기물이 호수로 직접 유입되면서 깨끗하기로 유명했던 바이칼의 수질이 점점 나빠지고 있다고 한다. 게다가 이곳을 찾는 관광객들이 생각 없이 버리고 가는 쓰레기도 바이칼의 오염을 부채질한다.

다행히 "바이칼 워치"나 "바이칼 웨이브" 같은 환경단체들이 호수 주변을 매일 감시하고 있고 최근엔 푸틴 대통령이 나서서 이 지역 환경보존을 주장하는 사람들의 손을 들어주기도 했다. 2005년 5월 푸틴 대통령은 바이칼 호수 북쪽 연안에서 1킬로미터 떨어진 곳을 경유하여 아시아로 이어지는 트란스네프트(Transneft)의 시베리아 송유관을 40킬로미터 밖으로 우회하여 건설하도록 직접 지시하면서 바이칼 경유 송유관 건설을 둘러싼 논란에 종지부를 찍었던 것이다.

그러나 러시아 연방 정부나 주 정부가 바이칼 호수 주변에서만이 아니라 다른 시베리아 지역에서도 에너지 개발 못지않게 중요하게 고려해야 되는 것이 점점 심각해지고 있는 환경오염 문제일지라도, 지금 당장은 시베리아의 자연보호보다는 이곳의 자원개발에 더 많은 노력과 자금을 투자하고 있는 것이 부정할 수 없는 현실이다. 〈러시아 석유〉의 2006년 4월호에 게재된 "바이칼 지역의 오일 붐"이라는 기사에서 타라스 본다르는 이르쿠츠크 지역의 송유관 인프라 건설이 2006년과 2008년 사이에 4억 5천만 달러를 끌어들일 수 있고 1만 개의 새로운 일자리를 창출할 수 있다고 말한 바 있다. 이것은 이 지역에서 자연보호 논리보다는 자원개발과 경제발전 논리가 훨씬 더 강하게 작용하고 있다는 것을 잘 뒷받침해준다. 하지만 머지않아 러시아는 시베리아 지역의 자연유산과 지하자원을 앞에 놓고 개발과 보존 논리 사이에서 심각한 고민에 빠질 수밖에 없을 것이다.

사할린, '슬픔의 틈새'에 비치는 희망의 빛

시베리아 곳곳에서 불고 있는 자원개발과 경제발전 열기는 저 멀리 극동의 동토지대 사할린 섬에서도 뜨겁다. 사할린에는 약 10억 배럴의 석유와 5,500억 입방미터의 천연가스가 매장된 것으로 추정된다. 그래서 요즘 사할린은 세계 각국의 에너지 기업들 사이에서 벌어지는 에너지 확보 전쟁의 전초기지가 되고 있다. 소위 말하는 '사할린 프로젝트'라는 말이 언론에 자주 보도되면서 우리에게도 낯설지 않게 된 것도 이런 배경에서이다.

이런 에너지 개발 붐과 함께 사할린 지역 경제도 때 아닌 활기를 띠고 있다. 여행기 『사할린』에서 안톤 체호프가 잘 묘사하고 있듯이 과거 사할린은 러시아 본토의 범죄자와 사상범들이 추방되어 살던 유형의 땅이자 '슬픔의 틈새'였다. 일제 강제징용의 역사를 간직하고 있는 사할린은 우리에게도 슬픔의 땅이었다. 하지만 지금 사할린은 희망의 땅으로 변화 중이다. 에너지 개발 붐을 타고 뭉칫돈들이 세계 각지에서 이곳으로 쏟아져 들어오고 있기 때문이다.

돈과 함께 외부 사람들도 밀려들고 있다. 이곳에서 진행되고 있는 유전 개발 현장을 중심으로 연간 5천 명이 넘는 외국인 노동자와 사업가들이 찾고 있다고 한다. 이와 더불어 많은 외부 건설업체들이 앞을 다투어 이곳으로 들어오고 있다. 외부인의 유입이 갑자기 증가하면서 생활공간이 턱없이 부족해졌기 때문이다. 그래서 요즘 유즈노사할린스크에서는 기존 아파트를 리모델링하거나 새로 신축하는 건설 공사가 눈에 띄게 늘었다. 주거 공간이 부족하다보니 아파트 임대료도 2년 전보다 3배 이상 올랐고 땅값이나 물가도 연일 오름세를 기록하고 있다고 한다.

이와 함께 유즈노사할린스크의 거리 풍경도 변화의 급물살을 타고 있다. 불과 몇 년 전까지만 해도 이곳에서 외제 자동차를 찾아보기란 쉽지 않았다. 하지만 근래에 들어서 이곳 거리에서는 일본산이나 한국산

유즈노사할린스크 야경

자동차뿐만 아니라, 최고급 벤츠도 자주 볼 수 있게 되었다. 그 중에는 외국 방문객들이 타고 있는 차도 더러 있겠지만 현지인들이 몰고 다니는 차도 적지 않다. 유즈노사할린스크-인천 노선 비행기는 유전 관련 분야 외국인 비즈니스맨들로 인해 비즈니스 클래스부터 먼저 예약이 마감된다는 얘기도 들린다. 그만큼 사할린과 그 주민들의 생활수준이 많이 달라졌다는 것인데, 오일 붐을 타고 네프테유간스크에 '시베리아의 중산층' 이라는 말이 생겨난 것처럼 이곳에도 '사할린의 중산층' 이라는 신조어가 조만간 유행할 것 같다.

라승도

제4부

소비하는 러시아

제1장 _ 세계 명품의 메카 모스크바

제2장 _ 카추샤와 마돈나

제3장 _ 보드카에 도전하는 맥주

제4장 _ 소비 시대의 러시아 문화

제 1 장

세계 명품의 메카 모스크바

소비의 도시

가난하고 물자난에 허덕이던 사람들이 텅 빈 상점이나 거리 간이매점 앞에 길게 줄을 서 있는 러시아 사람들의 모습은 아직까지도 우리의 기억 속에 선명하다. 과거 소비에트 시절 오랫동안 러시아는 생필품 부족에 허덕여야 했다. 당과 정부 관리의 든든한 후원이 없는 사람들은 생필품 확보 전쟁을 일 년 내내 치러야 했다. '모두가 평등하게 잘 사는 사회' 를 꿈꾸며 세계 최초로 사회주의 체제를 도입한 소련은 70여 년의 역사를 지난 시점에서 '모두가 평등하게 못 사는 사회' 라는 엄연한 현실을 인정해야만 했다.

하지만 1990년대 중반부터 가속화된 자본주의 물결은 이제 러시아를 세계에서 가장 극단적인 자유경쟁 체제의 소비사회로 탈바꿈시켜 놓았다. 이 과정에서 형성된 올리가르키들과 노브이 루스키들은 러시아의 고급 소비문화를 형성하고 주도하는 계층으로 등장했다. 이제 모스크바 중심가를 지나는 외국인이면 누구나 그 화려한 명품 상점들과 멋지게 차려입은 모스크비치들로 가득한 거리를 보고 이곳이 과연 15년 전만 해도 물자부족과 엄청난 인플레이션 속에 생활고를 호소하던 모스크바가 맞는지 어리둥절한 느낌을 갖게 된다. 오늘날 모스크바는 세계에서 물가가 가장 비싼 도시로 손꼽힐 뿐만 아니라, 최고급 명품 소비율이 가장 높은 도시로도 기록되고 있다.

머서 컨설팅사에서 200여 개의 상품과 서비스 가격을 조사하여 2006년 발표한 결과에 따르면, 모스크바는 이미 도쿄를 제치고 세계에서 가장 물가가 비싼 도시로 뛰어올랐다. 2005년 세계에서 물가가 비싼 도시 4위에 머물렀던 모스크바가 1년 새에 1위로 올라선 것을 보면, 모스크바의 인플레이션이 얼마나 극심한가를 알 수 있다. 모스크바 도심의 방 2개짜리 아파트 월세는 평균 3,000달러로 같은 수준의 아파트인 경우 월 2,975달러인 런던을 앞질렀고, 뉴욕 맨해튼의 평균 월세 3,497달러에 육박하고 있다. 머서의 조사에 의하면, 모스크바의 커피 가격도 세계 1위를 기록했는데, 커피 한 잔 당 평균 5.37달러로 거의 우리나라 호텔 커피 가격 수준이다.

머서의 통계치가 한정된 분야에서 이루어진데 반해, 거주민들의 생활비, 대중교통비와 생필품 비용을 종합하여 산출한 이코노미스트 인텔리전스 유니트(EIU)의 조사에서 2006년 모스크바는 뉴욕, 더블린과 공동으로 22위를 차지했다. 모스크바의 실제 거주민들이 체감하는 물가를 반영하기 때문에 보다 현실적인 이 수치는 2003년 35위에서 3년 만에 13위나 상승했으며, 외국인들뿐만 아니라 실제로 모스크비치들이 체감하는 생활물가 수준이 얼마나 높은지를 보여주는 결과라 할 수 있다.

러시아 국민 전체의 월평균 소득은 200달러에 머물고 있는데, 모스크비치들의 월평균 소득이 500달러라는 사실은 모스크비치들이 러시아의 다른 지역에 비해 월등하게 높은 임금을 받고 있다고 볼 수 있지만, 다른 한편으로 이것은 현대 러시아의 중앙과 지방의 불균형을 단적으로 보여주고 있다고도 할 수 있다. 특히 러시아에서 가장 돈이 많은 사람들은 현재 모스크바에 집중적으로 살고 있고, 모스크바는 '고급화'

외국 브랜드 매장이 즐비한 국영백화점 내부

소비 경향을 주도하며, 물가와 구매 수준이 서유럽의 어느 도시 수준보다도 높다. 모스크바는 지금 의류나 장신구 명품에서만이 아니라, 이제는 주거, 자동차, 통신, 여가, 외식, 보건 등 서비스 분야의 고급화를 추구하고 있다.

모스크바의 부자들은 그 수준이 상상을 초월한다. 우아하게 머리를 올리고 명품으로 장식한 럭셔리한 미녀들을 볼쇼이 극장이나 모스크바의 갤러리, 레스토랑이나 고급 부티크 등지에서 어렵지 않게 볼 수 있다. 모스크바 강변을 따라 즐비하게 늘어서 있는 호사스러운 명품 상점들 앞에는 BMW를 비롯한 각종 외제승용차들이 빼곡히 주차되어 있어 모터쇼 행사장을 방불케 하며, 주차장마다 무장 경호원들이 삼엄하게 경비하고 있는 모습은 이제 모스크바에서 더 이상 새로운 풍경이 아니다.

쇼핑몰의 전성시대

모스크바의 거리 풍경도 몰라보게 달라졌다. 수십 개의 하이퍼마켓과 쇼핑센터가 도시 곳곳에 들어서 있다. 과거 상점 앞에 늘어섰던 긴 대기행렬은 이제 주차장 근처에서나 볼 수 있게 되었다. 또한 영국을 비롯한 유럽 번화가에서 볼 수 있는 상점들도 모스크바 거리 곳곳에서 쉽게 찾아볼 수 있다. '막스-앤-스팬서'를 비롯한 명품 브랜드 상점들이 모스크바 거리를 속속들이 장악하고 있어, 아직까지 '막스-앤-레닌' 시절의 텅 빈 상점과 물자부족으로 고생하던 과거 사회주의의 수도 모스크바만을 떠올리는 외국 사람들은 이 새로운 현실 앞에 어안이 벙벙할 것이다. 더군다나 2000년대에 급속도로 확산된 최고급 쇼핑센터들은 고급 소비재를 넘어 세계 각국의 대표 명품들의 종합 진열장이 되었다. 이제 모스크바는 파리에도 결코 뒤지지 않을 뿐 아니라, 세계의 부유한 수도 그 어디에도 밀리지 않는 고급스럽고 화려한 도시로 거듭났다.

모스크바 심장부 크렘린 부근 마네쉬 광장 지하의 "오호트느이 랴드" 쇼핑몰은 모스크바 최초의 서구화된 고급 쇼핑몰이다. 지하 4층에 100개가 넘는 고급 매장들과 레스토랑, 은행지점, 환전소, 현금인출기 등을 두루 갖춘 이 쇼핑몰은 개장 후 한동안 모스크비치들의 나들이 장소로, 눈요기 거리를 톡톡히 제공하는 명소로 유명했다. 특히 2003년 4월 이 쇼핑몰에 들어선 켈빈 클라인 부티크는 세계 37번째 부티크 매장으로 기록되었다. 이러한 "오호트느이 랴드"가 불러일으킨 센세이션은 모스크바에 고급 종합쇼핑몰 건설 붐으로 이어졌다. 예를 들면, 터키계 건설사 엔카(Enka)는 1998년 "파벨레츠카야 플라자"를 건설하여 오픈했고 현재 파벨레츠키 기차역 광장 지하에 "오호트느이 랴드"를 능가하는 종합쇼핑몰을 건설 중이다.

하지만 모스크바 럭셔리 쇼핑몰의 대명사는 뭐니 뭐니 해도 2002년 모스크바 북서쪽에 문을 연 "크로쿠스 시티"의 쇼핑몰이다. 오픈 당시 세계에서 가장 큰 쇼핑몰 가운데 하나로 기록된 "크로쿠스 시티"는 '예술 같은 쇼핑' 철학을 고객에게 보장한다는 기치를 내걸고 최고급 고객들을 대상으로 VVIP 마케팅을 벌였다. 총면적 300만 제곱미터에 달하는 규모의 비즈니스 센터와 2층짜리 쇼핑몰에는 최고급 시계와 값비싼 보석매장부터 명품의류와 잡화매장, 희귀도서매장과 화랑 등이 들어서 있으며, 스파에서 리무진 서비스까지 제공된다.

'크로쿠스 시티'라는 이름이 대변하고 있듯이, 이곳은 단순히 물건을 사고파는 것이 아니라, 모스크바 부자들이 한 번 오면 모든 생활을 영유할 수 있을 정도로 '도시 속의 도시' 기능을 갖추고 있어 지갑을 모두 비우게끔 하는 곳이다. 그런 판매 전략은 쇼핑몰의 단장에서도 드러나는데, 추운 곳의 대명사인 모스크바에서는 찾아보기 힘든 열대 야자수와 희귀식물들이 늘어서 있고, 인공호수와 분수에 매미소리까지 울려 퍼지는 공원을 방불케 하는 실내는 '상류사회 도시'의 이미지를 만들어 내기에 모자람이 없다.

크로쿠스 그룹으로 발돋움하고 있는 이 쇼핑 회사는 "크로쿠스 시티" 몰을 비롯하여 "크로쿠스 은행," 무역박람센터 "크로쿠스 엑스포," 하이퍼마켓 "트보이 돔," 요트 클럽과 레스토랑, 최고급 호텔과 콘도 "아칼라로프 하우스" 등을 소유, 운영하고 있다. 또한 이 회사는 종합 엔터테인먼트를 제공하기 위해 카지노, 스포츠센터, 헬스클럽, 대규모 연회장 등 갖가지 부대시설도 갖추고 있다.

"크로쿠스-시티" 내부

특히 "크로쿠스 시티" 몰의 차별성은 바로 이렇게 최고급 고객들을 대상으로 한 VVIP 마케팅과 스

타 이미지를 이용한 명품 광고 전략으로 가능한 것이었다. 이 쇼핑몰은 제니퍼 로페즈의 브랜드 'J. Lo'가 최초로 해외 부티크를 연 곳이 바로 여기라는 사실을 강조하는 동시에, 미국과 유럽의 모든 명품 브랜드가 다 모여 있다고 자랑스럽게 선전한다. 이곳에는 2003년 3월 14일 파커슨

"크로쿠스-시티" 패션쇼

부티크가 새로 문을 열었고, 명품 패션매장이 문을 열 때마다 화려한 패션쇼가 함께 진행되어 축하행사를 대신한다.

이런 고급 쇼핑몰들이 모스크바에서 성행할 수 있는 이유 가운데 한 가지는 고급 소비시장을 독점하고 있는 재력가들이 모스크바에 집중되어 있기 때문이다. 현재 모스크바는 세계적 비즈니스맨들과 갑부 거주자들의 도시라는 명칭을 얻고 있다. 2007년 3월 미국 경제전문지 〈포브스〉는 세계 억만장자 리스트에 1위 미국 415명, 2위 독일 55명, 3위 러시아 53명의 억만장자를 올려놓았다. 하지만 러시아 부자들의 씀씀이는 미국 부자들도 기를 질리게 하는 수준이다. 부유한 노브이 루스키들의 취향은 상상을 초월할 정도로 사치스럽고, 세계 어느 갑부도 무색하게 만들 정도로 통이 크다.

2007년 11월 기네스북 대회에서 골프장까지 갖춘 세계 최대 규모의 초호화 주택건설 기록을 갱신하며 막강한 재력을 과시한 것도 모스크바의 갑부이다. 모나코 왕국을 포함한 프랑스 전역에서 1년 간 150,000달러가 넘는 디럭스 급의 승용차는 600여 대가 판매되었지만, 동급의 승용차는 모스크바에서만 2007년 한해 동안 1,200여 대가 판매되었다. 이에 앞서 2003년 2월 20일에는 모스크바에 벤틀리 매장이 문을 열었고 이에 따라 러시아 재력가들은 세계 명차 가운데 하나인 벤틀리를 소유할 수

벤틀리 모스크바 매장

있는 기회를 갖게 되었다. 하지만 이런 명품 자동차들을 소유할 수 없는 대부분의 모스크비치들은 그나마 거리에서 이런 최고급 자동차들을 눈동냥이라도 할 수 있는 기회에 만족해야 했다.

노브이 루스키는 무엇(을)으로 사는가?

"크로쿠스 엑스포"는 네덜란드에 이어 세계에서 두 번째로 2006년 10월 이곳에서 '백만장자 박람회'를 열면서 세계의 이목을 사로잡았다. 모스크바 백만장자 전시회 소식은 세계에서도 톱뉴스였으며, 그만큼 모스크바에서도 일대 사건이었다. 러시아 돈으로 1천 루블(약 37달러)짜리 티켓을 구입하면 박람회장에 입장할 수 있는데, 홀에 들어서자마자 신선한 굴과 캐비아에 샴페인이 제공되었고, 거품 목욕을 즐기고 있는 금발 미녀들이 관람객들에게 유혹의 손짓을 보냈다. 곳곳에는 화려한 잡지 속에서 막 걸어 나온 듯한 모델들이 천연대리석에서 피겨 스케이팅을 하고 있거나 고급스런 아칼-테케 경주마들의 목에 매달려 요염한 자태를 뽐내기도 했다. 푸틴 대통령이 생일날 투르크메니스탄 대통령으로부터 선물을 받은 것과 동종인 투르크메니스탄 흑마는 한 마리에 100만 달러를 넘는 것이었다.

백만장자 박람회의 골드비쉬 휴대폰

카리브 해에 있는 빌라는 말할 것도 없이, 모스크바 부자들이 수백 킬로미터 떨어진 곳으로 사냥이나 낚시를 즐기러 갈 때 이용하는 250만 달러짜리 자가용 전용 헬기, 러시아 부자들을 위해 특별히 고안된 금과 120캐럿의 다이아몬드로 만들어진 120만 달러의 골드비쉬 휴대폰, 23캐럿 다이아몬드가 박힌 120만 달러의 몽블랑 만년필, 40,000달러짜리 향수 등이 매물로 나오기가 무섭게 팔려나갔으며, 어떤 부자는 1,000만 달러짜리 파나마 섬을 통째로 매입하기까지 했다. 전시 가격만 해도 22만 2,000유로였던 벤틀리는 행사 하루 만에 3대가 팔려나갔다.

칵테일과 에스프레소 커피를 마시며 이곳저곳을 찾아다니는 백만장자 전시장의 고객들은 하나같이 매끈한 피부에다 명품으로 치장한 여유 있는 여자들이 대부분이었다. 세 명의 자녀와 남편을 대동하고 박람회장을 찾은 30대 중반의 한 여성은 모스크바 부자들은 박람회에 출품된 물건들을 이미 다 가지고 있다고 잘라 말하고, 그래서 특별할 것이 없는 이런 박람회는 '거리의 평범한 사람들' 을 위한 것일 뿐이라며 맘껏 허세를 부려댔다. 백만장자 박람회의 마지막 날 저녁 폐회식에는 뮤지컬 "캐츠"가 중앙무대에서 공연되었는데, 이것은 박람회가 단순한 전시판매회가 아니라 모스크바 부자들의 기호에 부합하는 이벤트임을 보여주는 것이었다. 고급문화의 소비도 모스크바의 노브이 루스키들이 독점하고 있기 때문이다.

하지만 백만장자 박람회를 바라보는 일부 빈곤층과 일반 대중들의 시선은 따갑기만 한다. 그래서 일부 빈곤층 사람들은 박람회 참가자들 중에는 정직하게 돈을 번 사람이 거의 없기 때문에 이들이 '기생충 같다' 고 말하면서 이들을 모두 총으로 쏴 죽여야 한다는 극언도 서슴지 않았다. 또 어떤 사람은 온갖 고급 명품으로 치장하고 박람회에 나온 사람들이 과거에 화장지 배급을 받기 위해서 줄을 섰던 것을 생각하면 기가 막힐 지경이라고 말하기도 했다. 러시아 인구의 약 20%가 빈곤층에 해당하고 대다수 러시아 사람들의 연간 소득이 5,000달러에 불과한 상황에서 이런 박람회는 분명 사회적 지탄의 대상이었다.

그런데도 재력에서는 세계 누구도 부럽지 않은 신흥 재벌들이나 노브이 루스키들은 여기서 한 걸음 더 나아가 러시아의 신귀족으로 신분 상승을 꿈꾸고 있다. 그리하여 뼈대 있는 가문의 족보도 돈으로 살 수 있음은 물론이고, 19세기 러시아 귀족들의 생활문화 양식이 다시금 부활하고 있다. 요즘 이들은 사교춤을 추는 법이나 포크와 나이프를 제대로 사용하는 식사법을 배우러 다니느라 바쁘다. 신사들은 어떤 장소에서는 베르사체 옷보다 말쑥한 턱시도가 더 적합하다는 것을 배우고, 숙녀들은 하이힐이나 망사스타킹이 꼭 고급 패션만은 아니라는 것을 깨닫고 있다. 파티에서는 19세기 풍의 드레스가 유행하고 있는데, 심지어 '알겠

노브이 루스키 풍자화

습니다, 공주님' 이라고 하는 말들도 유행하고 있다. 더욱 가관인 것은 평범한 모스크비치들까지도 이런 파티 의상을 구매하고 착용할 기회를 호시탐탐 엿보고 있다는 것이다.

2003년 7월 모스크바 루쥐니키 거리에서는 1963년 이후 출시된 자동차 박람회가 개최되었다. 이 박람회에서는 거의 모든 세계 자동차들을 볼 수 있었다. 특히 니키타 흐루시초프가 그토록 타고 싶어 했지만 소유하지 못했던 카브리올레의 모든 모델이 선을 보였고, BMW가 출시한 첫 번째 카브리올레 BMW Dixi도 전시되었다. 요새는 롤스로이스 매장도 모스크바에서 성황을 이룬다.

또한 최고급 프랑스제 크리스털 제품들, 스위스제 시계들, 갑부들이나 가질 수 있는 화려하고 비싼 액세서리들로 특화된 상점들은 요즘 재력을 과시하려는 러시아 부자들로 문전성시를 이룬다. 러시아 크리스털을 대표하는 바칼로비치 크리스털 매장에는 하나에 500달러를 호가하는 물 컵, 10만 달러를 훌쩍 뛰어넘는 샹들리에들이 날개 돋친 듯 팔리고 있다. 이런 매장들은 모두 가능한 한 자신들의 사치스러움을 과시하고 싶은 노브이 루스키들의 구미에 잘 들어맞는 곳들이다. 특히 세계적으로 유명한 모제르 크리스털은 모스크바 매장에서는 같은 제품이라도 프라하에서 판매되는 것보다 세 배나 비싼 가격에 판매되고 있다.

노브이 루스키들은 이렇게 보통 사람의 한 달 월급을 훌쩍 넘고도 남는 금액을 주고 '하찮은' 물건들을 구매하면서, 자신들의 재력과 능력을 은근히 과시하고 싶어 한다. '썩 괜찮은 양복을 사게 되었군. 고맙소, 옆 부티크에서 1,500달러에 샀었는데. 이런 바보, 저 코너 옆에서는 3,000달러인데!' 등과 같은 말들은 러시아 고급 의류 매장들에서 흔히 듣게 되는 소리이다. 요즘 러시아 사람들이 즐겨하는 우스갯소리 중에서 가장 자주 하는 것은 대강 이런 것이다. 어느 노브이 루스키가 최신형 벤츠 600을 샀다고 자랑한다. '이거 40만 달러에 샀다네. 아이구, 이 바보. 나는 그 모델 50만 달러에 샀는데. 뭐라구! 이런... 그러게 좀 더 알아보고 샀어야 했는데...'

와일드 오키드 매장

노브이 루스키들에게는 더 싸게 사는 것이 미덕이 아니라, 더 많은 거금을 주고 사는 것이 미덕이라는 소비행태를 꼬집은 이 우스갯소리는 러시아 신흥 부유층의 소비력이 어느 정도인가를 여실하게 보여준다. 이렇게 지금 러시아는 비싸고 희귀할수록 잘 팔리는 극단적인 베블런 효과가 나타나고 있다.

더욱 재미있는 것은 평범한 모스크비치들도 명품 바람이 들어서 명품 하나쯤은 갖고 있어야 한다며 어떻게든 고급 상품을 소유하려고 한다는 것이다. 아직까지 평균 국민소득으로 볼 때, 잘사는 선진국이라고 하기 어려운 러시아에서 화려한 명품들의 가격과 그 소비량은 러시아 전체 국민의 평균 소비에 비교해 볼 때 충격적인 부조화 현상을 보여준다. 모스크바 "러시아" 호텔 근처에 자리한 박람회장 고스친느이 드보르에서는 매년 봄가을 두 차례에 걸쳐 '와일드 오키드' 패션쇼가 진행되는데, 2003년 9월 행사에서는 크리스챤 디올의 모스크바 부티크 오픈 5주년을 기념하여 디올 제품을 소지한 모든 사람들을 입장할 수 있도록 했다. 그 결과 모스크바에 디올 제품을 가진 사람들은 헤아릴 수 없이 많다는 것이 다시금 입증되었다.

모스크바의 베르사체

2003년 10월 "러시아" 콘서트홀에서는 고급유행문화제가 열렸다. 문화제의 오픈 행사는 베르사체 매장에서 담당했다. 행사 시작 이틀째 되는 날에는 지아니 베르사체의 형인 산토 베르사체가 직접 모스크바에 와서 기자회견을 열었다. 산토 베르사체는 자유는 곧 문화이며 용기라고 말했지만, 그 자유란 재력이 뒷받침할 때 가능한 것이라는 점은 모두가 알고 있다.

이렇게 러시아는 더 퇴폐적이고, 더 화려하고, 더 잘 소비하려는 소비의 전성시대가 절정에 다다른 상태이다. 일례로 지아니 베르사체가 사망했던 1997년 7월 러시아에서는 모든 일간지와 뉴스에서 그의 죽음이 톱뉴스로 헤드라인을 장식했다. 고급 소비시장이 지금처럼 그렇게 크게 형성되지 않았던 그 당시에도 모스크바의 국제공항이나 도심에서는 베르사체 제품으로 치장하지 않은 사람을 쉽게 찾을 수 있을 정도였다. 그만큼 베르사체 제품은 러시아에서 가장 인기 있는 명품이었다.

수천 달러에 육박하는 실크 스커트, 베르사체의 이니셜이 새겨진 반짝반짝 빛나는 벨트가 달린 흰 바지, 양말을 신지 않은 채로 신는 로퍼화 등은 모스크바 명품족들의 패션코드가 되어 있을 정도이다. 명품을 소유할 재력이 없다 하더라도 모스크비치들은 이러한 명품 패션을 따르면서 그들의 재력을 포장하여 자기최면에 빠지기 일쑤이다.

모스크바에 있는 베르사체 부티크에서는 가장 싼 실크베게마저도 500달러를 호가하지만, 이곳은 빳빳한 신권 100달러 지폐를 지갑에 불룩하게 가득 담은 고객들이 언제나 넘쳐난다. 그들은 거의 신용카드를 사용하지 않는데, 현금 보유상태를 과시하는 것으로 재력을 보여줄 수 있다고 여기는 풍조가 만연한 탓이다. 이렇듯 베르사체 부티크들은 러시아 부자들에게 부를 마음껏 자랑할 수 있는 대표적인 명품 창구가 되었다.

모스크바가 화려한 명품시장만이 아니라, 전반적으로 자본주의 문화의 첨단을 걷고 있다는 것은 각종 유흥문화에서도 드러난다. 모스크바의 중심부 트베르스카야 거리에나 아르바트 거리에 있는 대형 카지노들은 화려한 네온사인으로 밝혀진 간판 아래 자동소총으로 무장한 경비들이 지키고 있으며, 테이블 당 최소 판돈은 500달러를 상회한다. 그럼에도 밤마다 카지노를 찾는 것은 비단 부자들이나 외국 관광객만이 아니라, 일확천금을 꿈꾸는 모스크비치들도 부지기수이다.

한편, 모스크바의 나이트클럽들에서는 입장료만 100달러가 넘고, 제공되는 서비스나 쇼에 따라 등급도 세분화되어 있다. 남자가 나체로 수족관에서 수영을 하고 다니는 해산물 레스토랑-클럽이나 파격적인 스트립쇼가 펼쳐지는 플래닛 할리우드, 베르사체 액세서리를 맨몸에 휘감은 남자들이 무대에서 춤추는 레즈비언 클럽 등은 모스크바가 명품의 도시일 뿐만 아니라, 퇴폐적인 '밤 문화'가 절정에 달한 향락 도시임을 잘 보여주는 장소들이다.

하지만 명품 쇼핑몰의 출현과 호황은 기존의 상점들을 긴장하게 만들고 위축시키기에 충분했다. 세계의 명품 도시로 거듭나려는 모스크바 시의 노력은 재래시장들과 소규모 노천시장들을 일제히 통합 몰로 몰아넣었고, 이제 모스크바 거리에는 무질서한 판매상들의 모습은 자취를 감춘 지 오래이다. 하지만 통합 몰 안에 갇힌 재래시장들은 대규모 하이퍼마켓들의 위력 앞에서 고객들을 힘없이 빼앗기고 있는 실정이다.

이런 가운데 모스크바에서뿐만 아니라, 러시아 전체에서도 가장 오랜 역사를 자랑하는 국영백화점도 난국을 타개하기 위해 매장들을 현대

아르바트의 나이트 클럽 "메텔리짜"

식 쇼핑몰로 새롭게 단장하는 것은 물론, 2003년 6월 개점 110주년을 기념하여 3,550킬로그램의 대형 케이크를 만들어 방문한 모든 고객들에게 나누어주는 행사를 마련하기까지 했다. 이렇게 고객을 유치하기 위한 매장들의 노력이 눈물겨운 한편, 최신식 박람회장들이 연이어 모스크바에 등장하면서 기존의 전시장들은 도매시장으로 전락하는 사례도 빈번하게 일어나고 있다.

베데엔하의 변신

베데엔하(VDNKh)는 스탈린에 의해 계획된 국민경제달성 박람회장으로서 모스크바와 러시아 전체의 박람회를 대표하던 장소였다. 1959년 문을 연 베데엔하는 세계제품박람회장으로서는 물론이고, 테마공원들과 특화된 전시관, 분수대, 놀이기구, 휴양공원 등을 두루 갖춘 모스크바와 러시아인들의 꿈동산이었다. 또한 이곳에는 구소련 시절 연방을 구성하던 우크라이나, 라트비아, 카자흐스탄, 우즈베키스탄 등의 공화국전시관들이 각각의 특색을 살려 따로 마련되어 있었다.

이외에도 수십 개의 산업관들, 원자력관, 우주개발관, 해양개발관, 축산자동화관 등이 소련의 산업을 전시하고 자랑했다. 전체적으로 100여 개가 넘는 전시관 중 30여 개의 전시관은 대규모의 첨단시설을 자랑하는 소련의 자부심이었다. 본관 뒤로 있는 커다란 금장 '민족우정' 분수대에는 소련의 각 공화국 민족 고유의 복장을 입은 조각상들이 둘러서 있다. 날씨가 좋은 여름날이면 모스크바 주민의 절반가량이 베데엔하로 향하곤 했고, 자연과 기술이 어우러진 베데엔하는 모스크비치들이 여가시간을 흡족하게 보낼 수 있는 곳이자 소련의 단결과 발전의 상징이었다. 지금도 베데엔하에는 많은 사람들로 넘쳐 나고 있지만, 사람들이 이곳을 찾는 이유는 과거에 그랬던 것과는 전혀 다른 것이다.

베데엔하는 얼마전에 '전 러시아 박람센터' 로 명칭을 바꾸고 비즈니

'민족우정' 분수대

스센터를 갖춘 국제 수준의 종합무역센터로 재단장했다. 아직도 모스크비치들 사이에서는 베데엔하라는 예전 명칭이 그대로 사용되고 있고 지금도 주말이면 수천 명의 인파가 이곳을 찾고 있다. 하지만 이들이 이곳을 찾는 이유는 예전처럼 휴양공원을 찾거나 소련 건축물을 관람하기 위해서가 아니라 쇼핑을 하기 위해서이다.

원자력관은 기술전시실이 건물 한쪽 어디론가 옮겨졌고, 그 자리에 주방용품 전시판매관이 들어섰다. 무선기술관은 독일제 토스터나 마이크로 오븐을 판매하는 매장들로 가득 메워졌고, 우주개발관은 토요다, 니산, 시보레, 포드 같은 외제승용차로 가득하다. 입구에 전시돼 있던 TU-154 제트기는 소니 워크맨, 아이와 붐박스, 필립스 CD 플레이어 등으로 온통 둘러싸여 있다. 유리 가가린이 탑승했던 세계 최초의 유인우주선 보스토크나 스푸트니크, 소유즈 우주선 등은 가전제품들과 나란히 전시되어 있어 가정용 AV용품, 퍼스널 컴퓨터 등에 관심을 빼앗기고 있다.

이렇게 수많은 외제상품 사이에서 그나마 주목받는 러시아 제품으로는 호박 같은 보석류나 러시아 전통 목재 보석함 슈카툴카 같은 사치품들이 있다. 여기서 짐작할 수 있듯이 베데엔하는 과거처럼 러시아의 기술경제 성과를 자랑하는 곳이 아니라, 외제품을 소비하는 곳으로 변했다. 베데엔하 지하철역에서 에스컬레이터를 타고 내려오는 사람들은 하나같이 커다란 TV나 오디오, 전자레인지 박스를 손에 들고 있다. 돈을 모아 서유럽이나 미국 가전제품을 사는 것은 일반 대중들에게 나름대로의 호사를 누릴 수 있는 유일한 방법 가운데 하나이다. 소련의 경제력을 세계에 자랑하려는 원대한 포부 아래 계획되고 건설된 베데엔하가 오늘날 이렇게 서방 자본주의 경제의 종합전시장이 된 것을 본다면 과연 스탈린이 무슨 말을 할지 자못 궁금해진다.

게다가 1년 전 2006년 11월 4일과 5일 이틀 동안 베데엔하에서 개최된 세계게임박람회는 이제 모스크바치들이 모든 면에서 세계 소비시장

'전 러시아 박람센터' 중앙입구

의 중심에 있다는 사실을 증명해 주었다. 러시아 최초로 개최된 세계게임박람회는 입장권이 삽시간에 팔려나갔을 정도로 이틀 동안 전시장 전체가 방문객들로 발 디딜 틈조차 없었다. 자본주의의 거센 물결이 밀려들어온 이후, 국민경제의 상징이었던 베데엔하가 서방 상품들로 가득 채워진 것도 모자라 이제는 국제 온라인 게임시장마저도 모스크바라는 무한 시장을 잠식해오고 있다.

모바일 러시아

러시아의 소비혁명을 대표하는 모스크바의 쇼핑센터들은 주말마다 인산인해를 이룬다. 고급쇼핑몰을 방문하는 사람들이 모두가 부자나 유명인, 권문세가 출신인 것은 아니다. 대부분은 그저 식료품이 필요하고, 최신 DVD와 컴퓨터 게임을 구입하는 정도에 그치는 일반 사람들이다. 하지만 이들은 자신들도 명품을 소유함으로써 '구별되는' 계층으로 상승하기를 꿈꾼다. 이들의 '구별짓기' 욕구는 고급 소비시장이 모스크바에서 급속하게 확산되고 있는 주된 원인이 되고 있고, 명품뿐만 아니라 다른 사치품까지도 소비하게 만드는 풍조를 조장하고 있다.

일례로 최근 몇 년간 러시아에서 엄청나게 증가한 휴대폰 구매량은 바로 이러한 소비자들의 욕구를 반증하는 것이다. 휴대폰의 급속한 구매 증가는 세계 유수의 이동통신사들의 치열한 러시아 시장 쟁탈전으로 이어졌다. 한 보고서에 의하면 2004년 러시아의 휴대폰 보유인구는 25%에 머물렀지만, 2년이 채 지나지 않은 2006년 초반에 와서 벌써 60%를 넘어섰다고 한다. 이제 러시아인들에게 없어서는 안 되는 필수품을 세 가지 꼽으라면 음식과 물, 그리고 휴대폰을 거론할 정도이다.

신생 자본주의 국가로 규정할 수 있는 러시아는 끊임없는 역동성과 유동성을 갖고 있다고 할 수 있는데, 이런 점에서 '유동성'을 보장하는 모바일폰은 러시아 사업가들이나 젊은 층에게 필수품이 되었다. 또한 서구의 젊은이들 못지않게 러시아 젊은이들도 인터넷이나 통신에 접속하려고 하는데, 이런 상황은 요즘 거의 강박적이다. ACM 컨설팅 그룹의 통계에 의하면, 2005년 한 해 동안 러시아에서 휴대폰 보급률은 53.9%에서 88.3%로 상승했다. 이는 1년 동안 휴대폰 가입자가 7,800만 명에서 1억 2,800만 명으로 늘어났다는 것을 보여주는 수치이다.

하지만 러시아에서 급증한 휴대폰 소유는 단지 경제대국으로 향하기 위한 소비 활성화를 넘어서 '구별짓기'의 한 현상으로 나타나 모바일 마니아 계층을 탄생시켰다. 구매능력이 되는 사람들은 최고가의 휴대폰, 때로는 구매능력보다 훨씬 더 고가의 휴대폰을 소유하려 한다. 한 여론조사에 의하면, 러시아 사람들은 평균 월급 300달러 중에서 165달러를 휴대폰에 소비한다고 밝혀졌다. 유행에 민감한 사람들은 대략 3~6개월 주기로 휴대폰을 업그레이드하며, 중산층은 휴대폰에 약 400달러 정도를 소비하기도 한다. 미국에서 일반적인 무료전화 제도는 러시아에 없다. 유럽과 유사하게 러시아의 이동통신사는 분 단위 선불 시스템을 채택하기 때문에 휴대폰 구입과 사용 금액은 구매자가 전부 지불해야만 한다.

휴대폰 광고

게다가 최신형 단말기를 가진 러시아인들은 문자메시지(SMS)를 제외한 다른 기능은 사용하지 않는 것으로 조사 결과 나타났다. 러시아 사람들 가운데 단 10%만이 휴대폰을 통한 무선인터넷 접속으로 기상정보나 환율시세,

별자리 운세 등의 서비스를 이용하고 있으며, 문자메시지를 규칙적으로 사용한다고 답한 사람들 가운데 2/3이상이 24세 이하로 90%를 차지했다. 이동통신사들은 이점을 이용하여 SMS 게임, 포털데이터 등을 유료서비스로 제공하는데, 이를 잘못 사용한 몇몇 이용자들은 문자메시지 이용대금으로 1,000달러를 지불하기까지 했다. 이런 현실에도 불구하고, 누구나 최신형 휴대폰을 선호하는 것은 휴대폰이 하나의 사치품으로 자리 잡고 있는 풍조 때문이다.

연방관세국장 알렉산더 자리코프에 따르면, 2005년 러시아의 전자제품 수입률에서 1위를 차지한 것은 휴대폰으로, 휴대폰 수입은 2004년에 비해 20배 이상 증가했다. 2005년과 비교할 때 2006년 러시아에 수입된 휴대폰의 수는 6배 증가했고, 이 중에서 약 1/3은 삼성제품이며, 나머지는 노키아(21.7%), 모토로라(19.8%) 제품이다.

이렇게 현재 러시아는 극단적인 고급 소비문화와 대중들의 사치풍조가 만연해 있다. 지금 러시아에는 8만 명 정도의 백만장자와 약 50여 명의 억만장자가 있으며, 이들을 상대로 한 전문 비즈니스 업체들도 성장세를 거듭하고 있다. 1억 4,300만 명 인구의 러시아는 오일 달러 유입과 시의적절한 비즈니스 아이템으로 부자들이 속출하고 있지만, 상위 10%의 중산층과 15%에 이르는 하위 빈곤층이 극심한 빈부격차 속에 살고 있는 나라이다.

이희원

제 2 장

카추샤와 마돈나

광택잡지의 범람

러시아의 정신문화에서 전통적으로 여성은 중요한 의미를 지닌다. 대지와 조국의 이미지는 어머니와 동일시되었고, 역사의 주요 고비마다 대중들의 애국심을 불러일으키는 원천은 바로 여성의 이미지였다. 현대 러시아 역사에서 대중의 역사적 기억에 깊이 아로새겨져 있는 2차 세계대전에서 독일에게 거둔 승리는 아직도 러시아 국민 모두에게 커다란 자부심이 되고 있다. 특히 이 힘겨운 전쟁에서 러시아 정신을 구현하고 러시아 여성상을 대표했던 카추샤의 이미지는 많은 사람들에게 러시아 여성의 고전적 이미지 가운데 하나로 각인되었다. 평범하지만 불굴의 애국심과 러시아적 정서로 가득한 카추샤는 인내와 구원의 여성성에 다름 아니었다.

하지만 카추샤의 이런 이미지는 현대 러시아에서 상품화된 여성의 이미지에 자리를 내주면서 점점 사라져가고 있다. 서구적 미모와 성적 매력이 강조된 여성들이 현대 러시아의 아름다움을 대표하는 미인들로 나서고 있는데, 이는 여성의 신체와 성도 소비의 주요 대상이 되고 있는 러시아 사회의 가치 변화를 단적으로 반영한다.

러시아의 성 인식과 관련하여 요즘 러시아 사람들에게 '지난 20년 동안 성이 많이 변했습니까?' 라고 물어보면, '물론이죠, 소련시절에는 성이라는 것이 없었으니까요' 라는 대답을 흔히 듣게 된다. 하지만 이러한 견해에도 불구하고, 소비에트 초창기는 지난 세기 중에서 성에 대한 논쟁이 가장 활발하게 이루어졌던 시기였다. 가장 유명한 볼셰비키 성 이론가였던 알렉산드라 콜론타이는 '가사 노동의 사회화' 를 표방하면서 엥겔스의 사상을 차용했다. '가사 노동의 사회화' 란 새로운 소비에트 사회에서 육아는 탁아소나 보육원과 같은 사회 시설에서 전담해야 하며, 그 대신 여성들은 생산적 노동과 산업전선에 뛰어들어 남성들과 더욱 동등한 역할을 수행하면서 평등한 사회적 지위를 획득하게 한다는 것이다.

콜론타이는 핵가족이라는 가족시스템은 더 이상 사회의 기본 단위로서 존재할 필요가 없고, 출산을 가장 큰 목적으로 하는 섹스를 레크리에이션 프로그램이 대신할 수 있다고 생각했다. 하지만 출산에 대한 요구는 변함없이 계속되었고, 성에 있어서 혁명적이었던 콜론타이의 사상은 볼셰비키 당에서 주요 정책으로 채택되지도 못했으며, 1930년대가 시작하자마자 급격히 쇠퇴했다. 국가 전반에 걸쳐 소비에트 체제가 확립되면서 정권의 영향력이 커져감에 따라 정당 내의 보수적 인사들은 문화와 성 정책에서 더욱더 엄격한 잣대를 들이댔다. 동성애와 포르노, 낙태가 죄악시되었으며, 성 담론도 사회에서 거의 사라지다시피 했다.

하지만 오늘날 러시아 사람들은 사방으로부터 쏟아지는 성적 표현의 폭격 속에 놓여있는 상황이다. 소위 말하는 '성 혁명' 이 현대 러시아의 전통적인 가족관과 가치체계를 뒤흔들고 있는 것이다. 러시아에서 가장 많이 팔리는 주간신문 〈삶〉은 매주 220만 부 이상 발행되고 있는데, 지면은 모두 퇴폐적이고 음란한 성적 가십으로 가득 채워져 있다. 여기에 서방의 패션 잡지들도 성에 대한 관심을 공공연하게 만드는데 일조하고 있다. 패션 전문잡지 〈FHM〉과 〈코스모폴리탄〉의 2005년 10월호 헤드라인은 각각 '섹스 없는 삶, 당신은 살 수 있겠습니까?' 와 '수줍은 사람들을 위한 섹스' 였다.

불과 15년 전만해도 러시아에는 패션이나 미용전문 잡지는 전혀 존재하지 않았다. 하지만 지난 15년 사이 현대 러시아의 정기간행물의 50%가 TV, 여성, 연예, 패션 등과 관련된 대중잡지라는 통계 지표를 볼 때, 러시아 출판산업에서도 성 이미지의 판매가 얼마나 호황을 누리고 있는지를 가늠해 볼 수 있다. 이러한 잡지들을 통칭하여 '광택잡지'라는 신조어까지 생겨났을 정도이다. 이런 잡지들의 호황으로 인해 과거에 사회 비판 기능을 수행하던 많은 주간지들도 시류와 타협하며 광택잡지로 변질되었다는 비판도 일고 있다. 더구나 이런 광택잡지들은 패션과 몸을 아름답게 가꾸는 정보를 제공하며 신체 이미지를 상품화하는 기능을 할 뿐만 아니라, 성 담론을 무분별하고 공공연하게 확산시키는 역할을 하고 있다.

광택잡지

많은 러시아 사람들은 사회가 자유로운 분위기로 변한 것만큼 개인의 사고방식도 소련이 무너진 후 지난 15년 동안 눈에 띄게 변했다고 믿고 있다. 러시아판 〈FHM〉의 편집장 드미트리 구빈은 '우리 부모님 세대는 대부분 알몸이 되는 것을 꺼려했고, 심지어는 남편이나 아내 앞에서도 불을 끄고 옷을 벗었다' 고 말한다. 게다가 그는 '우리 조부모 세대의 반은 남편이나 부인의 벌거벗은 모습을 한 번도 본 적이 없고, 대부분의 조부모 세대는 오럴섹스가 무엇인지도 모르는 경우가 많았다. 하지만 지금은 상황이 달라졌다. 젊은 세대는 성적으로 대담해지는 것을 두려워하지 않고, 성에 대해 이야기하기를 꺼려하지 않는다' 는 말로 러시아의 성의식 변화를 설명했다.

인터걸의 후예들

현대 러시아 젊은 세대들의 성 개념은 예상 외로 파격적인 것으로 조사되었다. 2003년 34개국 15만 명을 대상으로 영국의 콘돔 제조사 듀렉스가 실시한 '글로벌 섹스 조사' 의 결과는 러시아 사람들의 성에 대한 놀랄만한 사실을 보여준다. 첫날밤 새로운 파트너와 잠자리를 하겠다고 말한 응답자 가운데 가장 많은 비율인 39%를 러시아 응답자가 차지하고 있었고, 가장 친한 친구의 파트너와 잠자리를 한 경험이 있다고 답한 경우도 18%로 나타났다. 또한 러시아는 첫 성경험 평균 연령도 가장 낮은 나라 중 하나이다.

오늘날 러시아에는 성이 분명 있고, 그것도 아주 많이 있다. 사실 성이야 어느 곳이나 있는 것처럼 여겨진다. 하지만 현대 러시아에서 성 문제가 발생하는 큰 원인 중 하나는 청소년 시기부터 성교육이 합리적이고 유용하게 이루어질 수 있는 가능성을 보수적, 종교적 집단들이 차단시키고 가로막고 있다는 것이다. 러시아 가족계획협회의 대표 잉가 그레베쉐바는 '학교에서 성교육을 한다면 문제는 간단해 진다' 고 말한다. 하지만 러시아 현실에서는 학교 내 성교육은 전혀 이루어지지 않고 있고, 몇 년 전 시도했던 일부 학교들에서 시행된 성교육도 그리 성공적이지 못한 결과에 머물렀다.

사실 러시아 정부단체들은 오랫동안 공식적인 성교육에 대해서 반대 입장을 견지해 왔다고 할 수 있다. 유네스코와 모스크바 교육부가 작성한 교육전략 문서는 성교육보다는 '윤리' 교육이 더 중요하다는 결론을 내리고 있다. 이 문서는 러시아의 성 현실을 전혀 고려하지 않은 듯한 문구로 장식되어 있다. '젊은이들에게 콘돔 사용법과 같이 성적 호기심을 부추기는 성교육을 행할 것이 아니라, 불특정 다수와 맺는 성관계의 부도덕성에 대해서 가르쳐야 한다. 규칙적으로 스포츠에 참여하는 것은 에이즈 바이러스에 대항하는 가장 큰 대책이다. 건강한 육체에 건강한 정신이 깃드는 것이다.'

콘돔 사용 캠페인

이렇게 성에 대한 교육과 정보 부족은 러시아에서 엄청난 성적 무지를 초래하는 결과로 이어졌다. 포커스-미디어 재단이 2005년 2월 러시아 10개 지역의 젊은이 4,000명을 대상으로 실시한 설문조사에 따르면, 왕성한 성생활을 하고 있는 응답자의 33%만이 지난 6개월 동안의 성 접촉에서 항상 콘돔을 사용한 것으로 나타났다. 22%는 오럴섹스가 성병 감염을 무방비로 만들고 위험하다는 사실을 모르고 있었고, 응답자의 1/4 이상은 만일 에이즈 바이러스에 감염될 운명이라면 콘돔은 아무 소용이 없다는 항목에 동의했다. 설문에서 밝혀진 바에 의하면, 러시아 젊은이의 95%가 안전한 섹스에 대해 더 많은 정보를 얻기를 원했다.

이에 더하여 모스크바를 비롯한 러시아에 보편적인 소득 불균형은 매춘 번성의 원인이 되고 있다. 듀렉스의 설문조사에 따르면 러시아는 유럽 국가 중에서 금전적 대가에 의한 성행위가 22%로 매우 높았다. 러시아 전역 어느 곳에서든 호텔 로비와 사우나에서 매춘부를 볼 수 있으며, 인터넷과 전화로도 매춘을 알선받기도 한다. 과거 소련 시절 외국인이 많은 호텔이나 카지노의 근처에서만 볼 수 있었던 콜걸들이나 매춘부들은 이제 모스크바 전역으로 확대된 것이나 다름없다.

매춘 사업의 고객들도 외국인에서 돈 많은 노브이 루스키들뿐만 아니라, 웬만한 중산층이면 누구나 매춘 고객의 가능성 안에 들어간다. 모스크바의 외곽순환도로 근처 고급 레스토랑들과 클럽들에서는 젊은 여성들이 노골적으로 자신들이 '서비스'를 제공할 수 있음을 밝히곤 한다. 아직도 매춘은 불법이지만, 단속과 규제의 한계로 형식적인 불법행위로 남아있을 뿐이다. 더구나 안전한 섹스에 대한 정보와 보건상담이 정책적으로 뒷받침되어 있지 않은 러시아 현실에서 성은 건강을 위협하는 요소마저 되고 있다.

이렇게 왜곡된 러시아 성문화의 더욱 심각한 문제는 이런 매춘이 일반인들과 대학생들 사이에서도 확산되고 있다는 점이다. 실제로 스포츠 바 같은 대중 술집들이 모스크바에 우후죽순처럼 들어서면서, 그곳에는 돈을 벌기 위해 몸을 파는 '비직업적' 매춘 여성들이 모여들고 있다. 모스크바대학교 근처에 있는 대중 스포츠 바에서는 스트립쇼와 함께, 스트립 걸을 접촉할 수 있는 정도에 따라 메뉴가 정해져 있다. 가장 비싼 메뉴는 200달러로 아가씨의 모든 서비스를 받을 수 있을 뿐만 아니라,

매춘 풍자화

함께 밖으로 나갈 수 있도록 허용하기까지 한다. 이 스트립 바에서 가장 예쁘장한 한 아가씨는 자신이 모스크바대학교 학생이고, 사고 싶은 것을 사기 위해서 아르바이트 중이라고 당당하게 밝히기도 했다.

이렇게 현대 러시아에서는 물질만능주의와 소비주의의 확산으로 자신의 소비 욕구를 충족시키기 위해 거리로 나서는 여성들이 부쩍 늘고 있다. 게다가 그 여성들 중에는 일반 직장인에서부터 대학생, 전문직 여성들까지 있다는 것은 충격적이다. 이제 러시아에서 성은 소중하게 지켜야할 전통적 가치가 아니라, 자신이 제공할 수 있는 노동력의 일부이자 수입을 만들어주는 하나의 수단으로 여기는 풍조가 만연하게 되었다.

이와 함께 동성애에 대한 러시아 사람들의 태도도 조금씩 변하고 있다. 소련 시절 여성 동성애자는 정신병원에 수용시켰고, 남성 동성애자는 최고 5년의 징역형에 처해졌다. 아직까지는 러시아가 동성애를 혐오하는 나라이기는 하지만, 최근 러시아에는 여성처럼 패션이나 자기관리에 민감하게 반응하는 남성들인 메트로섹슈얼 층이 점차 확산되어 가고 있다. 게다가 이제 매춘의 주인공은 더 이상 여성들만이 아니다. 모스크바의 고급 레스토랑들에서는 보다 섬세하고 주의 깊은 서비스를 제공한다는 명목으로 모든 웨이터들을 게이로만 고용하는 업소들까지 나오고 있다. 돈 많은 노브이 루스키 여성들에게 인기 있는 레즈비언 클럽들에서는 나체의 남자가 수족관을 수영하고 다니거나, 명품으로 치장한 건장한 남성들이 여성 고객들의 테이블 위에서 스트립쇼를 벌이기도 한다.

동성애 허용이 다른 유럽 국가들보다 뒤처지긴 하지만, 모스크바와 페테르부르크에서는 이미 오래전부터 게이클럽이 성행해왔으며, 십대부터 활동을 시작한 여성 팝 듀오 "타투"의 인기가 보여주듯이 여성 간 동성애를 지칭하는 '레즈비어니즘' 이라는 용어도 이제 더 이상 러시아인들에게 생소한 단어가 아니다. 레즈비언들이 정신병동에 갇히게 되었던 과거는 전설로 남았을 뿐만 아니라, 이제는 수백만 달러의 돈을 벌어들일 수 있는 고부가가치 문화 아이템이 되고 있다. 특히 오랫동안 지속되고 있는 "타투"의 인기는 레즈비언 문화를 확산시키는 동시에, 많은

러시아 여성 팝 듀오 "타투"

러시아 여성들이 모방하려 하는 스타 이미지의 아이콘이 되고 있다.

이렇게 오늘날 러시아에서는 과거 콜론타이와 엥겔스의 사상을 뒤엎으며, 〈플레이보이〉와 "타투"로 비롯된 비롯된 '제2의 성 혁명'이 일고 있다. 포르노그래피를 대표하는 〈플레이보이〉가 확산시키는 퇴폐적인 성문화와 "타투"의 파격적인 이미지들로 인해 성에 대한 담론은 더 공공연해지고 일탈적이 되었다.

예카테리나에서 '볼가 걸'까지

하지만 아직도 러시아 사람들의 행동과 주장 사이에는 엄청난 간극이 존재한다. 포커스-미디어의 설문조사에 따르면, 러시아 젊은이의 절반도 안 되는 수가 부모에게 성에 대한 이야기를 할 수 있다고 대답했을 뿐이며, 학교에서는 학생들에게 기본이 되는 건강한 성교육조차 이루어지지 못하고 있다. 러시아 연방 마약통제국에서 최근 발간한 간행물의 논설에서는 학교 성교육 도입을 '대량의 선정적 유인물을 아이들에게 나누어 주어 타락시키는 것과 마찬가지'라고 묘사했다.

그러나 정부의 이런 방침은 지방 학생들에게 특히 현실적인 문제를 야기한다. 모스크바의 학생들이나 젊은 층들은 각종 잡지나 인터넷 등에서 성에 대한 정보를 수집할 수 있는 통로가 많이 열려 있는 반면에, 다른 지역의 학생들과 젊은이들은 아직까지 성에 대해 제대로 알 수 있는 방법이 지극히 한정적이기 때문이다. 러시아 전역을 볼 때 압도적인 지방의 젊은이들에게 제대로 된 성교육을 제공하지 않으면, '성 혁명'을 겪고 있는 러시아 현세대의 보건상태는 위험한 상태에 이르게 될 것이라고 우려하는 목소리가 높아지고 있다.

게다가 이 '성 혁명'은 현재 러시아의 가족제도마저도 해체시키고 있을 뿐만 아니라, 러시아 여성들의 국제결혼, 나아가 해외 성 매매행위로까지 파급되고 있다. 세계에서 가장 아름다운 여성들로 소문난 러시아 여성들과의 만남을 꿈꾸는 외국 남성들의 심리를 이용한 사기범죄도 날로 증가하고 있다.

2006년 10월 미국 미니아폴리스 출신의 48세 제강업자 마이클 글란츠는 외로움을 참다 못한 나머지 야후에 가입했다. 사진을 올리자 며칠 만에 여성들이 그에게 글을 보내오기 시작했는데, 그 중 한 여자는 다른 여자들과 확연하게 달랐다. 그녀는 예카테리나 스미르노바라는 26살의 글래머 형 러시아 여성으로, 미국에 건너가 사랑을 찾기를 간절히 소망하고 있었다. 두 사람은 이메일을 통해서, 그리고 가끔은 전화통화로 연락을 주고받기 시작했다.

예카테리나는 자신의 사진을 꾸준히 보내왔고, 그 중에는 간혹 도발적인 포즈의 사진도 있었다. 그녀는 자신이 사기꾼이 아니라는 것을 증명하기라도 하듯 한 번은 이메일에 '나는 거짓말과 기만을 증오해요. 아이를 하나 낳아 미래의 남편과 함께 키우고 싶어요'라고 쓰기도 했다. 글란츠가 왜 그녀가 미국으로 이주해오기를 바라고 있는지 물어보자 그녀는 '러시아 남자들은 무책임하고 거짓말쟁이며, 항상 보드카를 마시고 자기 여자를 돌볼 줄 모른다'고 준비한 듯한 대답을 하기도 했다.

글란츠는 단지 성적인 목적만으로 예카테리나와의 만남을 시작한 것이 아니었다. 그래서 그는 그녀에게 항공비와 비자비용으로 1,700달러를 송금하기로 했고, 러시아로 가는 여행도 계획했다. 그녀를 도울 수 있고 미네소타에서 그녀를 맞이할 수 있다는 것에, 아메리칸 드림에 젖어 있는 그녀에게 자신의 조국 미국을 보여줄 수 있다는 것에 글란츠는 행복해 했다. 예카테리나는 곧 다시 연락해왔다. 그녀가 조국을 떠나기 위해서는 관계기관에 2,700달러를 소지하고 있다는 것을 증명해야 한다는 것이었다. 그래서 그녀는 자기 여권이 여행사에 있고, 그녀 어머니의 여권도 재발급 중이기 때문에, 글란츠에게 그녀 삼촌의 알파뱅크 계좌로 돈을 송금해 달라고 요청했다.

그는 즉시 2,700달러를 송금했다. 그런데 곧 예카테리나가 눈물을 흘리며 전화를 해왔다. 말인즉슨, 은행에서 돈을 찾아 집으로 가는 길에 두 명의 남자로부터 습격을 받아 돈만 빼앗긴 것이 아니라, 머리에 부상까지 입어 7,500달러의 치료비가 필요하다는 것이다. 이 시점에서 글란츠는 의문을 품기 시작했고, 그녀에게 치료비는 자기가 부담해야 할 부분이 아니라고 말했다. 글란츠가 더 이상 현금을 제공할 수 없다고 하자 예카테리나는 바로 연락을 끊어버렸다. 예카테리나에게 전화를 하면 낯선 남자가 받았고, 예카테리나를 바꿔달라면 잘못 걸었다며 황급히 전화를 끊을 뿐이었다. 글란츠는 그녀와 다시는 연락할 수 없었고, 자신이 사기당했다는 사실을 뒤늦게 인정해야만 했다.

아직까지는 모든 사람들이 마이클 글란츠처럼 운이 없는 것은 아니다. 아직도 수천 명의 미국인과 유럽인들이 연애와 결혼을 위해 적극적으로 러시아 여성을 찾고 있다. 이들에게 러시아 여성들과의 만남을 알선해주는 많은 인터넷 사이트가 존재한다. 그 중 하나가 미국 켄터키 주 루이스빌에 위치한 "볼가 걸" 사이트이다. 이 사이트(http://www.volgagirl.com)는 러시아 톨리야티 지방의 볼가 시와 그 주변 지역의 러시아 여성 2,000명 이상의 정보를 보유하고 있다.

사기가 아니라는 것을 증명하기 위해 사이트는 '우리는 개별면접을 통해 정직한 여성들을 선발하고 있다' 고 강조하고 있다. 이 사이트를 통해 러시아 여성과의 만남을 알선받은 남성 고객들은 자신이 선택한 여성의 이메일 주소를 받아 로맨틱한 서신왕래를 할 수 있으며, 웹페이지를 통해 여성에게 선물을 보낼 수도 있다. 만일 원한다면 이제 막 17살이 된 소녀로부터 시작하여 66세의 과부와도 만남을 주선해 줄 수 있다고 한다.

현재 "볼가 걸"의 대표 데이비드 크나벨은 볼가 걸의 대표일 뿐만 아니라 그 자신이 이런 결혼을 한 사람이기도 했다. 미 공군에서 22년간 복무하고 난 후 그는 새로운 여성을 만나기 위해 톨리야티로 갔고, 그곳에서 무려 20년 이상 연하인 러시아 여성 엘레나를 만났다. 그들은 그해 12월에 결혼했다. 자신의 결혼에 매우 만족한 크나벨을 곧이어 회사를 설립하기로 결정했다. '러시아 여성들은 매우 똑똑하고, 평균적으로 미국 여성들보다 교육을 더 받았죠' 라며 크나벨은 자신의 일을 자랑스럽게 설명한다. 러시아 여성들은 서구 여성들보다 덜 공격적이며, 남편을 최우선으로 여기고, 자신의 일은 두 번째로 생각한다는 것이다.

이와 유사한 다른 인터넷 사이트 '사랑을 위한 기회'(www.chanceforlove.com)에서는 러시아 여성을 찾는 남성들에게 다음과 같은 조언

"볼가 걸" 사이트의 결혼 성공 홍보 사진

을 한다. '러시아 여성은 매우 여성스럽다. 그들은 자신을 숙녀로 대해 주길 바라며 자신들이 연약하다는 것을 알고 있다. 러시아 여성들은 미국에서와 같은 맹렬한 여성해방운동에 노출된 적이 없을 뿐만 아니라, 게다가 매우 아름답다.'

문제가 있다면 그것은 언어장벽일 것이다. 그러나 "볼가 걸"은 '진정한 사랑 앞에서 그 정도는 문제 되지 않는다'고 설득하는 동시에, 러시아 여성들에게 비자 준비와 함께 영어교육이 실시되고 있음을 강조한다. 또한 남성들에게 조언을 주는 인터넷 사이트 외에도 여성들에게 조언을 주는 곳도 있다. 이 사이트는 러시아 남성과 달리 미국 남성이 어떤 점이 뛰어난지를 설득하는 한편, 좋은 남자를 만나기 위해 가장 중요한 것은 잘 나온 사진이라고 충고하기도 한다. 속된 말로 '뽀샵'이 중요하다는 말이다.

미녀 스캔들

최근 러시아에서 일어나고 있는 새로운 성 현상들의 기저에는 전통문화의 상실과 성 상품화라는 시대적 흐름이 놓여 있다. 이제 러시아 여성들은 자신들의 경쟁력이 아름다운 외모에 있으며 성적매력이 인생을 바꿀 수 있는 수단이라고 생각한다. 아름답기만 하다면 세계적으로 유명한 모델이 되거나 돈 많은 노브이 루스키들과 연애할 기회도 얻을 수 있다는 생각으로 몸 가꾸기에 열심이다. 이른바 얼짱, 몸짱 열풍은 한국에서만이 아니라 러시아 여성들 사이에서도 선풍적이다. 이러한 추세에 발맞추어 모스크바에는 각종 스포츠 센터들과 피트니스 클럽들이 성행하고 있다. 1년 회원권이 수천 달러에 달하는 최고급 피트니스 센터부터 월 100여 달러 정도로 이용할 수 있는 일반 대중들을 위한 곳까지 러시아의 각종 피트니스 업체들은 아름다운 몸매를 가꾸려는 여성 고객들로 장사진을 이루고 있다.

특히 러시아 여성들의 아름다움을 세계에 알리는 동시에 상품화하고 있는 사람들은 각종 미녀대회에 출전하여 상을 수상하고 있는 러시아 여성들이다. 러시아는 매년 미스 유니버스를 비롯한 각종 국제미인대회에서 높은 성적을 거두고 있는데, 순식간에 세계의 신데렐라가 된 이 왕관의 주인공들은 러시아의 패션을 선도하는 아이콘이 되는 한편으로, 엄청난 사회적 파장을 불러일으키는 스캔들의 주역이기도 하다.

2002년 러시아 미녀 스캔들의 주인공은 미스 유니버스에 당선되고도 그 의무를 수행하는 것을 거부하여 4개월 만에 미스 유니버스 자리를 박탈당한 옥사나 페도로바였다. 미스 유니버스대회 운영위원회는 페도로바가 드물게 아름다운 여성이지만, 또한 드물게 제멋대로인데다가 하려는 것이 아무 것도 없는 응석꾸러기라며 노골적으로 비난한 것으로 알려졌다.

옥사나 페도로바의 바통을 이어받은 2003년 미녀 스캔들의 주인공은 마리아 스미르노바였다. 원래 러시아 미인대회 순위에 의하면 그해 미스 유니버스에 출전할 권리는 율리야 아혼코바에게 있었지만, 세계대회에 참가하기에 너무 나이가 어리다는 이유로 마리아 스미르노바가 대신 출전하는 행운을 갖게 되었다. 하지만 〈플레이보이〉 잡지에 반누드 촬영을 했던 경력이 있는 스미르노바는 미스 유니버스의 왕관을 박탈당했고, 페도로바보다 훨씬 큰 사회적 파문을 일으키고 말았다.

옥사나 페도로바

한편, 2005년 미스 유니버스 왕관의 주인공은 23세의 나탈리야 글레보바였는데, 부모님과 함께 12살 나이에 캐나다로 이민을 떠난 그녀는 비록 미스 캐나다의 타이틀을 달고 우승했지만, 러시아 여성의 미를 세계에 다시 확인시키면서 러시아 사람들을 흥분케 했다. 이렇게 국제대회에서 승승장구하는 러시아

미녀들은 러시아 고유의 아름다움을 세계에 알리는 '미의 사절단' 으로서 활동하기도 한다. 하지만 퇴폐적 상업문화의 산물이자 성 상품화의 절정을 보여주는 미인대회를 비판하는 시각도 만만치 않다. 이러한 미인대회들의 승자들은 러시아 여성들을 신데렐라의 꿈에 젖게 하면서 전통적으로 러시아 여성들이 갖는 미덕은 망각 또는 경시하게 만들기 때문이다.

'루블료프카 아가씨'

러시아 여성들이 세계에서 가장 아름다운 여성들 가운데 첫 손가락에 꼽힌다는 것은 많은 사람들이 고개를 끄덕이는 사실이다. 거기에 더하여 러시아 여성들은 지금 명품과 최신 패션으로 자신을 치장하는 것에 한껏 빠져 있다. 러시아 여성 패션 아이템의 모방 대상이 되는 것은 유명가수 알수 사피나나 테니스 코트의 요정 샤라포바 같은 스타들만이 아니다. 유명 정치인의 딸이나 '루블료프카 아가씨' 로 알려진 노브이 루스키들의 부인이나 애인 등 러시아 상류사회 여성들의 화려한 패션은 모두 러시아 일반 여성들의 모방 대상이 되고 있다.

다리야 주코바

예를 들면, 러시아 민간 석유 기업 신테즈 홀딩 소유주 알렉산드르 주코프의 딸이자 러시아 패션계의 성공적인 커리어 우먼으로도 유명한 다리야 주코바가 만드는 청바지 패션 브랜드 'Kova & T' 는 러시아 여성들만이 아니라 세계의 톱스타들도 즐겨 입는다. 또한 다리야는 러시아의 대표적인 신흥 재벌 로만 아브라모비치의 연인으로도 잘 알려져 있다.

그러나 그녀가 빠진 파티는 실패작이라는

말이 나올 정도로 모스크바 상류사회 모임에 단골손님으로 참석하고 러시아 최고의 부자들만 골라서 사귄다는 '루블료프카 아가씨'의 대명사는 페테르부르크 정치계를 대표했던 페테르부르크 전 시장 아나톨리 소브차크의 딸 크세니야 소브차크이다. 현재 민영방송 TNT에서 선정적인 리얼리티 쇼 프로그램 "집-2"를 진행하고 있는 크세니야는 금발머리와 팔등신 몸매의 뇌쇄적 미모를 자랑한다. 또한 그녀의 화려한 명품패션은 러시아 대학생들과 젊은 여성들에게 선망의 대상이 되고 있다.

크세니야 소브차크

2003년 4월은 모스크바에서 러시아 패션주간이 열렸던 기간이었다. 이 축제는 세계적으로 권위 있는 패션잡지 〈Fashion Now〉에도 소개된 러시아 유일의 패션 축제이다. 연일 문전성시를 이뤘던 이 행사는 이제 러시아에서 패션은 애호가들의 범위를 넘어서 전문 산업 수준으로 발전했음을 입증했다. 이 행사에 몰려든 수많은 모스크바 여성들은 자신의 아름다움을 '포장해 줄' 상품들을 찜해두느라 정신 없었다. 이제 러시아에서 '아름다움'은 정신적 가치에서 찾기보다는 돈으로 '구매'하는 물질적 가치에서 판가름되고 있다.

이희원

제 3 장

보드카에 도전하는 맥주

보드카의 위력

러시아 하면 가장 먼저 떠오르는 것이 추위, 털모자, 크렘린, 시베리아 등이다. 물론 보드카가 그 중 첫 번째 자리를 차지한다. 러시아어로 물을 뜻하는 '보다(voda)' 의 지소형에서 유래한 보드카(vodka)는 무색, 무취, 무미의 증류주로, 이전에는 다양한 도수로 존재했지만 저명한 러시아 화학자 멘델레예프가 보드카 도수는 40~50도가 가장 적절한 것으로 정의한 이후 40도 도수의 보드카가 가장 대중적이 되었다.

추위에 언 몸을 녹여주고, 고된 육체노동의 고통을 잊게 하며, 슬프면 위로해주고, 즐거울 때는 흥을 돋우는데 으뜸인 보드카를 러시아 사람은 친근감 있게 '보도츠카' 라고 부르곤 한다. 우리가 소주를 '쐬주' 라고 하는 것과 흡사하다. 아무튼 보드카 없는 러시아는 상상할 수 없다.

보드카에 관한 에피소드는 무궁무진하지만, '아침에 200그램 글라스로 한 잔 들이키면 하루가 자유롭다' 는 노동자들의 표현이나 '만약 바다가 온통 보드카라면 나는 잠수함이 될 거야' 같은 허풍 가득한 농담은 보드카가 러시아 삶에서 갖는 여러 의미를 가늠케 하고도 남는다.

비행기 안에서 마신 보드카 때문에 옐친 전 러시아 대통령이 샤논 공항에서 예정된 아일랜드 수상과의 면담 약속을 깨고 만취 상태로 모스크바로 향한 사건은 전설 같은 실화다. 저명한 소련 경제 전문가 알렉 노브(Alec Nove)는 독일 사람들이 일하는 것을 말릴 수 없듯이 러시아 사람들이 보드카 마시는 것을 막을 도리가 없다고 말하기도 했다. 이 술이 갖는 문화, 사회, 정치, 경제적 의미가 그만큼 중요하다는 의미일 것이다.

러시아 최초의 역사 기록인 『원초연대기』에는 기독교를 도입한 블라디미르 대공이 '음주는 루스(러시아의 옛 명칭)의 즐거움이며, 우리는 그것 없이는 지낼 수가 없다' 고 말했다는 기록이 있다. 러시아인의 이런 술 예찬론을 두고 혹자는 988년 키예프 루스가 이슬람과 그리스 정교 둘 사이에서 후자를 택한 것이 정교회가 음주를 허용했기 때문이라는 해석을 덧붙이기도 한다.

정성을 다한 대접의 표시로 빵과 소금을 쟁반에 들고 귀한 손님을 맞을 때도 보드카 50그램이 담긴 잔이 등장하며, 호방하기로 유명한 자포로지에 지방 카자크(보통 코사크로 알려져 있는) 민족은 긴 칼 위에 보드카 잔을 얹어서 소중한 손님을 맞는다. 이 독한 술이 일단 한잔 들어가고 나면 마시는 속도가 절로 붙는지라 카자크 사람들 사이에는 '보드카 첫 잔과 둘째 잔 사이는 총알도 뚫고 지나가지 못한다' 라는 기발한 표현도 있다.

순박하고 감성적인 러시아 정서의 원천인 보드카를 몇 잔 들이키면 어려운 일을 잊고 잠시 몽롱한 행복감에 젖을지 모르지만, 40도의 투명한 증류주가 갖는 정치, 경제, 사회적 의미는 간단치가 않다. 15세기 이반 뇌제 시기부터 최근에 이르기까지 국가의 전면적 독점과 사유화 과정을 번갈아 가며 계속된 러시아의 보드카 정책은 사회 상황, 국민 통치 전략, 국가 세수 확보 등 여러 문제들과 맞물린 복잡한 현상이다.

19세기 제정 러시아 시절에는 보드카 세금이 국가 조세수입의 40%, 보드카 판매는 국내 유통의 20%에 달했다. 다른 산업 부분의 세금이 세수의 7~8% 정도에 불과했던 것을 감안하면 보드카의 경제적 위상은 대단히 컸다. 1917년 혁명 이후에는 모든 보드카 생산 시설을 폐쇄하고 강력한 금주정책을 실시했지만, 1920년대 말 무렵에는 밀주(samogon)가 만연하면서 금주운동은 사실상 실패로 마감되었다.

금욕적이었던 레닌과 달리 술을 즐겨마시던 스탈린은 1930년대 후반부터 보드카 생산 시설의 대대적 확장을 지시했으며, 그 결과 1940년대에 모스크바 시내 보드카 가게 수는 식료품 가게 수를 추월했다. 1979년 기준으로 소련 전체 세수에서 보드카가 차지하는 비중이 무려 29%에 이르고, 국가 전체 예산의 9%에 달하던 것을 보면 국가 경제 원동력으로서 보드카의 위상이 어떠했는지 충분히 가늠하고 남는다.

보드카의 생산과 유통을 전적으로 관장했던 국가는 때로는 사회동원이나 통제의 수단으로 보드카를 활용하기도 했다. 2차 세계대전 중에는 사기 진작의 일환으로 독일군과의 접경 지역에 상당량의 보드카를 특별 배당했는데, 러시아 남자들의 무절제한 음주 습관은 이 시기의 영향을 받은 것이라는 주장도 있다. 실적 좋은 집단농장과 공장에도 인센티브로 보드카가 공급되기도 했다. 또한 시베리아의 특정 소수민족 거주지에 의도적으로 많은 양의 보드카를 공급하여 일부 민족의 인종적 퇴화를 암암리에 추진했다는 소문도 있다.

보드카로 인한 노동생산성 저하와 건강문제를 해결하기 위해 도입된 것이 1985년 고르바초프의 금주령이다. 사회개혁의 핵심과제로 러시아 전역에서 대대적으로 추진된 이 정책은 부정적 결과만 초래하며 고르바초프 정권을 위협하는 부메랑으로 돌아왔다. 그루지야의 포도 농장을 갈아엎고 보드카 생산을 급감하는 등의 조치가 취해지자 시민들이 만사 제쳐 놓고 보드카를 확보하기 위해 가게 앞에 줄지어 섰고, 불량 보드카가 극성을 부리거나 가격이 폭등했다.

1985년 11월 7일 러시아 혁명 기념일에는 모스크바 교외의 화학공장에서 대량의 공업용 메틸알코올을 도둑질해서 마시고 6명이 사망하기도 했다. 레닌주의 원칙으로의 복귀를 지향했던 고르바초프가 레닌의 금주 정책이 성공하지 못했던 이유를 충분히 검토하지 않은데서 기인한

뼈아픈 실패였다. 이후 시장경제체제의 도입과 함께 실시된 옐친 정부의 1992년 6월 보드카 생산과 유통의 완전 자유화 조치도 수많은 부작용을 야기하면서 1년 만에 이전처럼 국가 관리체제로 복귀했다.

소련 붕괴 이후 1990년대 초에는 러시아 외무부 건물 맞은편 "스몰렌스키 파사주"의 수입 식료품 매장 칼린카 스토크만에 가면 전통 러시아 상표 "스톨리츠나야," "모스코프스카야"가 외국 산 "핀란디아," "압솔루트" 등과 나란히 놓여있었다. 상표와 병 모양을 비교하면 러시아제는 도회지의 댄디 앞에 선 수줍은 시골 아가씨 같기만 했다.

이제는 러시아의 어느 식료품 가게에 가도 긴 매장 진열대의 한쪽 면을 가득 채운 수백여 종류의 보드카가 우리를 맞이한다. 그래서 어느 것을 골라야 할지 고민해야 할 정도이다. 보드카 전문 인터넷 사이트에 따르면 현재 생산되는 러시아 보드카 상표가 무려 3천 종을 넘는다고 한다. 오랫동안 박탈당했던 상품 선택의 자유를 한꺼번에 보상해주기라도 하듯 온갖 아이디어를 동원한 보드카 상표와 병 디자인에 눈이 휘둥그레진다. "스톨리츠나야 크리스탈," "루스키 스탄다르트," "유리 돌고루키," "플라그만," "토파즈," "슬라뱐스카야," "시비르스카야," "트로이카," "졸로토예 콜리초," "파를라멘트," "이스토크," "그델카," "알타이," "푸틴카," "지리노프스키," "터미네이터," "스미르노프," "차이코프스키," "베료즈카" 등등 끝이 없다.

보드카 "슬라뱐스카야"

상표와 병 디자인 면에서 볼 때 지금 러시아의 보드카는 소비에트 전통 고수, 외국 디자인 모방, 현대적 분위기 강조, 노스탤지어 자극 등의 몇 가지 방향성을 지니고 있다. "모스코프스카야," "스톨리츠나야"가 소비에트 분위기를 대표한다면, "차이코프스키"나 "트로이카"는 폴란드 산 보드카 "쇼팽"을 흉내 냈고, "파를라멘트"는 각진 모양의 단순한 디자

인 상표를 붙여 모던한 느낌을 준다. 러시아를 대표하는 나무 "베료즈카"는 순수한 민족 정서를 자극하는 상표이다. 곡물 집산지로 유명한 니즈니 노브고로드 산 "곡식의 눈물"(khlebnaia sleza)은 시적 분위기를 자아내기도 한다.

다양한 상표만큼 보드카마다 독특한 맛이 있는지는 의문이다. 상표만 다를 뿐 같은 회사에서 여러 종류를 생산하는 경우가 허다하기 때문이다. 맛으로 보자면, 알코올 원액에 물만 첨가한 정통파와 레몬이나 자작나무 수액, 각종 발삼이나 심지어는 고추 맛 등을 가미한 첨가파, 이렇게 두 종류로 구분되는데, 보드카의 품질을 결정하는 핵심 기준은 알코올 원액의 냄새와 불순물의 제거 상태이다.

프리미엄 보드카로는 보통 "루스키 스탄다르트," "플라그만," "파를라멘트" 등을 드는데 전문가가 아니고는 맛 구별이 쉽지 않다. "파를라멘트" 같은 경우 완벽한 불순물 제거를 위해 우유를 사용했다는 제조 비법을 상표에 표기하여 인기를 끌기도 했다. 전문가들의 견해를 참고하면, 지방 산 보드카 중에서 시베리아의 "알타이," 모스크바 남쪽 툴라 시의 "레브샤," 크라스노다르 부근 쿠반 시의 "쿠반스카야" 등이 수준급이라고 한다.

상표가 다양한 만큼 마시는 방법 역시 설이 분분하지만, 제대로 마시려면 냉동온도로 보관한 것을 꺼내 실온에 20분가량 노출시킨 상태, 즉 0도 가까운 상태에서 철갑상어알, 러시아식 양배추, 오이, 버섯, 혹은 토마토 절임을 안주로 하는 것이 으뜸이다. 러시아 사람들이 즐겨 찾는 청어 절임이나 우크라이나식 돼지비계 훈제 살로(salo)를 곁들이는 것도 별미인데 비위가 약한 사람한테는 권하기 쉽지 않은 안주이다.

세상이 변해 도시 사람들의 생활 리듬이 바빠지고 또 건강관리에 신경을 쓰게 되면서부터는 러시아 음주문화도 바뀌고 있다. 보드카를 절제해서 마시거나 아예 맥주로 주종을 바꾸는 현상이 그것이다. 사실 절제력만 있으면 러시아에서도 보드카를 적당히 마시는 일은 얼마든지 가능하다. 레스토랑에서 상표 이름을 대고 100그램이나 200그램 단위로 주문하면 화학 실험실에서 본 것 같은 유리병(carafe)에 정량을 담아 서비스하기 때문이다. 이와 반대로 가장 무모하게 보드카를 마시는 법은 맥주를 섞어 만든 러시아 폭탄주 '요르쉬' (yorzh)를 들이키는 것이다.

세계 시장을 넘보는 맥주 "발티카"

40도짜리 보드카에 익숙한 러시아에서 맥주는 술 축에 끼지도 못한다. 공식적으로도 주류로 분류되지 않아 보드카에 비해 세금도 훨씬 낮게 부과된다. 이렇게 가벼이 여기던 맥주가 개방 이후 가파른 성장세를 보이면서 국민주 보드카의 자리를 위협하고 있다. 한 통계에 따르면, 2001년 이후 현재까지 러시아 맥주시장은 약 60% 신장되었다. 2007년의 경우 전 달 대비 국내 맥주 생산량이 매월 15~20%씩 증가하고 있는 것으로 나타났다. 2006년 기준으로 러시아의 맥주 총 소비량은 유럽에서 독일 다음으로 2위를 기록했다.

게다가 2004년과 2005년 사이에 실시된 조사에서 러시아 사람들은 가장 선호하는 주류로 맥주를 선택했다. 이와 대조적으로 2000년 이후 보드카 소비는 매년 15%씩 감소했으며, 전문가들은 향후 매년 최소 3~5%의 감소 추세를 보일 것으로 예상하고 있다. 보드카에 대한 맥주의 거센 도전이 시작된 것이다.

이 같은 변화의 배경은 무엇일까? 우선 연령별로 볼 때 대학생을 비롯한 젊은 세대는 보드카보다 맥주를 절대적으로 선호한다. 보드카에 비해 가격이 저렴한 것도 요인이겠지만 더 중요한 것은 이들의 사고방식과 삶의 질이 달라졌다는 점이다. 보드카 마시는 것이 일종의 현실도피라면, 맥주는 잘 굴러가는 즐거운 삶을 대변한다. 그리고 경제적으로 여유가 생긴 중산층이 늘어나고 있는 것도 이 같은 음주문화 변화의 배경이 되고 있다. 아침 일찍 맑은 정신으로 출근해서 퇴근 때까지 부지런히 일해야 급여가 오르는 세상이 되었으니 전처럼 한가하게 보드카 잔을 기울일 여유도 없어졌다.

1993년 말 화제를 불러일으키며 등장한 "러시아 맥주 애호가 당"(Partiia Liubitelei Piva)의 강령 또한 변화하는 의식구조를 잘 보여준다. 1994년 정식 정당으로 등록하여 의회선거 후보까지 낸 이 정당은 '개인의 권리와 자유를 최우선 가치로 여기며, 집단과 사회 또는 국가의 이익보다 개인의 이익 신장을 위해 노력한다' 는 캐치프레이즈를 내걸었다. 당원이 되려면 일정 양의 맥주를 마실 수 있는 주량이 되어야 한다는 장난스런 요건도 제시하고 있지만, 소비에트 시대에 국가가 행사하던 자의적 권력에서 해방되어 개인 각자의 개성을 추구하는 매개체로 맥주를 정한 것은 흥미로운 발상이 아닐 수 없다. 또 이들이 개인의 권리신장을 상징하는 기호품으로 맥주를 선정한 것은 보드카가 내포하는 과거 러시아 전통과 결별하기 위해서였을 것이다. 1998년에는 정당 등록을 하지 않아 지금은 지역별 동호인 모임으로 운영되고 있지만 "맥주 애호가 당" 이 사회변화의 흐름을 정확히 진단하고 있었던 것만큼은 분명하다.

러시아 사람들의 세상을 보는 눈이 달라진 점에도 주목할 필요가 있다. 오랫동안 폐쇄된 사회였기 때문에 개방 이후 러시아에서 유행처럼 번진 것이 해외여행이다. 소득수준과 상관없이 조금만 여유가 생기면 외국여행을 떠나는 것이 유행이 되었다. 이를 통해 세계시민이 되기 시작한 러시아 사람들이 해외에서 목격한 음주문화는 러시아의 그것과 크게 달랐다. 유럽에 가서 이들은 맥주나 포도주를 마시고, 독주의 경우에도 보드카가 아닌 위스키나 코냑을 적당량 마시는 것을 보게 되었다. 맥주 안주로도 기름기 많고 비린내 나는 러시아 전통 안주 보블라(vobla) 대신에 칩이나 땅콩, 피스타치오가 인기를 끌게 된 이유도 여기에 있다. 세계화의 물결이 러시아 사람들의 음주문화를 바꾸기 시작했던 것이다.

맥주 시장의 폭발적 신장과 함께 러시아 대도시에서는 맥주 전문 레스토랑 숫자가 매년 배로 늘고 있다. 한 사람이 평균 10~15달러 정도의 비용을 지출하는 중산층을 겨냥한 맥주 판매 업소들도 성업 중이다. 이런 맥주의 인기를 반영하듯 페테르부르크에서는 크레스토프스키 섬에 건설 중인 6만 석 규모의 스타디움에 독일처럼 맥주 파이프라인을 설치하자는 논의도 진행되고 있다.

술이 아니라는 인식과 느슨한 법적 기준 때문에 보드카와 달리 맥주는 사실상 규제 없이 TV와 라디오 광고를 할 수 있었다. 이제는 아침 7시부터 저녁 10시까지 공중파 방송의 맥주 광고를 금지하고 있지만, 얼마전만 해도 프라임 타임 광고의 대부분을 맥주업체들이 차지했었다. 방송뿐만 아니라, 스포츠, 건강, 환경, 교육 관련 출판물에는 맥주 광고가 완전 금지되고, 지나친 음주의 부작용을 상품에 명기해야 하는 규정도 도입했지만 각종 통계는 당분간 러시아 맥주시장의 지속적 확대를 예측하고 있다.

초기에는 유럽이나 미국 브랜드가 압도적 우위를 차지하던 러시아 맥주 시장이었지만 현재의 대표 상표는 러시아 산 "발티카" 이다. 1990년 페테르부르크 공장 준공을 시발로 출발한 이 상표의 2007년 시장 점유율은 무려 36%에 달한다. 최근 3년간 점유율이 2배로 급성장한 결과이다. "발티카" 의 뒤를 잇는 "선 인터부로우," "하이네켄," "에페스,"

맥주 광고

"발티카 7"

"사브 밀러"의 4개 회사가 러시아 맥주 시장의 50%를 서로 나누어 갖고 있다. 2007년 처음 3개월 동안 "발티카" 판매량은 전년도 동기간 대비 42% 성장하여 판매고가 4억 9백만 유로에 달하는 기록을 세웠다.

알코올이 없는 "발티카 0"부터 도수가 가장 높은 "발티카 9 엑스트라"에 이르기까지 차별화된 여러 종류의 맥주로 러시아 시장을 장악한 이 회사는 수많은 기록을 갱신하며 러시아의 자존심을 세워준 대표적 국내 브랜드이다. 유럽 제2위의 매출, 러시아 해외수출 맥주의 70% 차지, 페테르부르크 외에도 남부 돈 강의 로스토프, 시베리아 첼랴빈스크 등 7개 도시에 생산 기지 구축 등의 실적을 자랑하는 "발티카"는 소규모 공장에서 출발해서 단기간에 국제적 브랜드로 도약한 흥미로운 성공 사례를 보여준다.

상표에 쓰인 숫자로 맥주 맛을 차별화하는 브랜딩 전략을 구사하는 "발티카"는 숫자에 따라 도수와 맛이 다르다. 예를 들어 "3"은 고전적인 맛, "7 export"는 맛이 부드러운 해외 수출용이다. 영어식 표현을 선호하는 청년층을 대상으로 얼마 전에는 숫자 대신 "쿨러"(cooler)라는 신제품도 선보였다. 최신설비 투자, 양질의 원료 확보, 성공적 마케팅 전략 등이 "발티카" 성장 동력의 주요인이지만, 넘치는 외국 브랜드의 홍수 속에서 품질 좋은 국산품을 구매하기 시작하는 러시아 사람들의 구매 행태 변화도 적잖이 기여한 것으로 보인다.

2001년 러시아 방문 중에 이 회사의 페테르부르크 공장을 찾은 김정일 북한 국방위원장은 "파르나스"와 수출용 "7"에 각별한 관심을 보였다. 이후 "발티카" 제조법에 따라 평양에서 생산되기 시작한 맥주는 "대동강 5"라고 명명되었다. 유럽 수출을 시작한 "발티카"는 러시아 맥주에 대한 서구 사람들의 호기심과 러시아 부호들의 유럽 축구단과 기업

인수 등으로 향상된 국가 이미지 덕분에 상당히 좋은 반응을 얻고 있다. 날개를 단 러시아 맥주 "발티카"의 비상이 어디까지 이어질지 두고 볼 일이다.

맥도날드 햄버거 1호점의 전설

1990년 1월 모스크바 중심부 푸쉬킨 광장 맞은편에 맥도날드 햄버거 캐나다 법인이 러시아 최초의 점포를 개설했다. 이곳은 번화가 트베르스카야와 운치 있는 츠베트노이 가로수 길이 교차하는 모스크바의 대표적 문화거리이다. 지금은 수많은 광고판 물결에 가려 눈에 잘 띄지 않지만, 맥도날드 개점 당시에는 우수에 잠긴 듯한 표정의 국민시인 푸쉬킨 동상과 패스트푸드점의 선명한 광고간판이 흥미로운 대조를 이루고 있었다.

1980년 제22회 모스크바 하계 올림픽을 계기로 펩시콜라가, 뒤이어 코카콜라가 러시아에 진출했지만, 외국 음식점의 러시아 진출은 냉전시대에는 정치 논리와 연결된 상당히 미묘한 사안이었다. 맥도날드 햄버

모스크바의 맥도날드 1호점

거 역시 1980년 올림픽 후원사로 일찌감치 러시아 진출 가능성을 타진했지만, 열악한 국내 식품산업 환경의 외부 노출을 꺼리던 당 간부들은 고개를 가로저었다.

그로부터 10년 뒤 맥도날드 햄버거가 모스크바에 마침내 입성했다. 개점 이전부터 이 다국적 패스트푸드 체인점은 장안의 화제가 되었다. 단 한 차례의 종업원 모집 신문 광고를 보고 630명 모집에 무려 2만 7천여 명이 지원했다. 제복을 차려입은 러시아 종업원들이 서비스하는 1호점은 1월 31일에 문을 열었는데, 개점 시간 전에 운집한 모스크바 시민이 5천여 명이나 되었다. 이날 매장을 찾은 사람은 총 3만 명을 기록했고, 한 나절 이상을 기다려 주문대 앞에 선 시민들은 예의 러시아식 구매 전통에 따라 다섯 개나 열 개씩 햄버거를 주문했다. 있을 때 사 두어야 하기 때문이다.

이 업소를 찾은 러시아 고객들을 놀라게 한 것은 한두 가지가 아니었다. 우선은 밝고 깨끗한 시설이었다. 회색 계열의 무미건조한 색깔에 익숙한 사람들에게 밝은 조명과 노랗고 빨간 원색의 맥도날드 로고는 가히 충격이었다. 종업원들이 밝은 표정으로 인사말을 건네는 것도 처음 겪는 일이었다. 가장 믿기지 않는 것은 제아무리 많은 사람이 몰려도 햄버거가 품절되는 법이 없다는 사실이었다. 자본주의와 시장경제의 원리를 피부로 느낀 순간이었다. 매장 앞에 길게 늘어선 줄에 아무리 오래 기다린다고 해도 햄버거와 콜라를 확실히 손에 쥘 수 있다니 짜증이 아니라 오히려 즐거운 기다림이었다.

게다가 마른 소시지나 햄을 얹은 빵 정도가 전부였던 러시아에서 촉촉한 빵 속에 야채와 고기, 감칠 맛 나는 소스가 곁들여진 맥도날드 햄버거는 러시아 사람들을 매료시키기에 충분했다. 이뿐만 아니었다. 당시 화장지 품귀 현상이 벌어졌던 러시아에서 가장 깨끗하고 항상 화장지가 비치되어 있는 2층 화장실 또한 모스크바 사람들에게는 필수 방문 코스였다.

고객 확보는 문제가 아니지만 기준에 부합하는 러시아 산 식료품 공

로스틱 매장의 로고

급이 문제였다. 이를 해결하기 위해 맥도날드는 초기에 4천 5백만 달러를 투자하여 원료 공급 공장을 완공했다. 러시아에서 외화 반출을 하지 않는다는 어려운 조건을 안고 시작한 맥도날드의 러시아 영업은 1993년을 기점으로 몇 개 점포가 손익 분기점을 넘어서면서 점진적으로 점포를 확대하기 시작했다. 현재 40개 도시에 180여 개의 매장을 운영 중인 맥도날드 러시아 법인의 점포 숫자는 인상적이 아니지만, 러시아 패스트푸드 시장 매출의 60% 이상을 차지하는 대표 브랜드로서의 위상은 확고하다.

맥도날드의 성공은 변화하는 시장 환경에 부응하려는 부단한 노력의 결과이다. 자가운전 시대 도래에 대비하여 교외의 다차 지역으로 가는 간선 도로 길목에 새 매장을 여는 한편 러시아 사람들에게는 낯선 드라이브인 매장도 선보였다. 이 판매 방식에 익숙하지 않은 러시아 고객들의 차가 긴 행렬을 이루면 여종업원들이 밖으로 걸어 나가 주문을 받는 등 러시아답지 않은 기동력을 발휘하기도 했다. 모스크바 시민들의 출근 시간이 빨라지자 현지인에게 익숙한 햄과 빵, 계란 중심의 아침 메뉴를 개발했으며, 손님이 뜸한 오후나 저녁 시간에는 매장 내에 개설한 맥카페와 이브닝 라운지로 고객들을 유인했다. 무료 무선인터넷 서비스를 제공 중인 총 9백 석 규모의 맥도날드 러시아 1호점은 현재 뮌헨 칼스 광장의 매장과 세계 최고의 매출 기록을 놓고 경쟁하는 점포로 성장했다.

브랜드 네임과 과감한 초기 투자, 시장 변화에 부응하는 탄력적 마케팅 전략, 철저한 분석에 기초한 점진적 점포 확장 등이 맥도날드의 성공 요인이었다면, 러시아의 대표적 치킨 브랜드 "로스틱"의 성장 과정은 이와 대조적이다. 베네주엘라 태생으로 1984년 러시아를 처음 방문했던 로스티슬라브 오르도프스키는 간이음식점이 전무한 것에 착안하여 1990년 스페인식 타파 음식점을 개설한 다음, 3년 후 자기 이름을 딴 "로스틱"(러시아 치킨이라는 뜻도 있음) 치킨 체인점을 개설했다. 현재는 KFC와 공동으로 125개의 매장을 운영 중인데, 4년 내에 300개 이상의 신규 점포를 개설하겠다는 야심찬 계획을 발표한 바 있다. 양질의 음식을 빠른 시간에 제공하는 것을 모토로 내건 "로스틱"은 러시아 중산층의 사랑을 받고 있으며, 머지않아 집에서 요리한 것과 동일한 새 메뉴들을 선보일 것이라고 한다.

도시락 라면

러시아 식료품 시장의 또 다른 성공 사례는 "도시락" 라면이다. 국내에서는 유가공 제품으로 더 잘 알려진 한국 야쿠르트의 팔도라면은 1990년대 초 극동에서 출발하여 시베리아 횡단철도를 따라 서진하면서 러시아 전체 라면시장의 70%를 장악하는 기적을 일궈냈다. 대부분의 해외 진출이 국내의 성공을 발판으로 이루어지는 것과 달리 "도시락"은 국내 인지도가 높지 않은 상품이 해외에서 유명브랜드로 자리 잡은 특별한 예에 속한다.

"도시락"은 라면이고, 나는 자크 시라크라니까!

부산에 출입하던 극동지역 러시아인들이 인스턴트 라면을 즐겨 구입하는 것에 대한 세밀한 관찰에서 출발한 "도시락" 라면의 러시아 진출 과정은 몇 가지 흥미로운 시사점을 갖는다. 중국, 일본, 한국에서 각각 다른 방식으로 전개된 라면 문화 중에서 유독 이 브랜드가 러시아 사람들을 사로잡은 이유는 무엇일까?

무엇보다도 우선 따끈한 국물이나 수프를 즐겨 찾는 러시아 사람들의 식성을 들 수 있다. 전통적으로 차를 즐겨 마시다 보니 가정이나 직장, 심지어는 기차 객차에서도 끓는 물을 쉽게 구할 수 있는 곳이 러시아다. 간식을 즐기는 사람들인지라 식사 대신 요기하기에 좋고, 가격 또한 저렴해서 입에만 맞으면 마다할 이유가 없다. 우리에게 인기 있는 매콤한 맛의 라면보다 부드러운 맛의 '도시락'이 러시아 사람들 입맛에 맞았던 모양이다.

포장 용기가 직사각형으로 푸짐해 보이면서 안정감이 있는 것도 장점이고, 상표에 등장하는 하얀 천을 머리에 두른 전통적 한국 미인의 모습에서는 위생적이라는 느낌과 함께 가족의 건강을 배려하는 어머니 이미지도 풍긴다. 상표 속 인물의 복장이 간호사와 닮았다 해서 러시아 사람들 사이에서 간호사 라면이라는 별명이 생겼다는 얘기도 들린다. 한글로 큼지막하게 '도시락'이라고 쓴 바로 밑에 있는 러시아어 표기 'doshirak'도 단연 흥미롭다. 들리는 바로는, 우리말 소리대로 'dosirak'으로 표기하려던 것을 현지 TV광고 촬영 중 러시아 배우가 발음상 '도쉬락'이 더 친근감이 있다고 해서 'doshirak'으로 결정되었다고 한다. 우리한테는 대수롭지 않은 차이지만, 러시아어로 'doshirak'은 자크 시라크(Jacques Shirac) 전 프랑스 대통령 이름과 비슷하여 이국적인 느낌을 주지만 'dosirak'은 정체불명의 소리로 들린다.

우수한 품질과 여러 다른 요인들이 이 상품을 라면 시장의 대표 상표로 만들었겠지만 우연한 계기에 선택한 브랜드 네임의 역할 또한 작지 않았다는 생각이 든다. "도시락" 라면 러시아 법인 코야(Koya)는 2004년 모스크바 교외 라멘스코에 지역에 생산라인을 건설하고 연간 3억 5천만 개의 라면을 생산하고 있다. 이 상품을 흉내 낸 저가 유사품들이 쏟아져 나오면서 경쟁이 치열해졌지만, "도시락"은 러시아 사람들의 입맛에 맞는 닭고기, 돼지고기, 새우, 버섯 등을 재료로 한 다양한 수프를 개발하면서 러시아 최고 라면의 아성을 굳건히 지키고 있다.

모스크바 최고의 레스토랑

도스토예프스키는 '러시아 사람들의 가슴이 너무 넓어서 탈이다. 조금이라도 줄일 수만 있다면...' 이라고 말한 적이 있다. 물론 러시아적 정신세계의 특징을 두고 한 얘기지만, 러시아 사람들의 삶의 방식에도 충분히 적용 가능하다. 상상을 초월하는 양극단의 삶이 공존하는 것이 러시아적 전통이다. 레스토랑 문화도 그렇다.

소비에트 시대의 고급 식당은 "프라하," "바쿠," "페킨"(베이징) 같이 사회주의권 국가와 연관된 명칭을 가진 대규모 레스토랑과 출입증을 가진 사람만 입장 가능한 작가동맹 산하 레스토랑 같은 클럽 하우스였다. 모스크바 시청 앞에 있는 그루지야 식당 "아라그비"에서 저녁식사를 하는 것도 큰 자랑거리였다. 이처럼 그때는 유명한 식당이 손에 꼽을 정도였다.

이제는 모스크바에서 가장 유명한 식당이 어디냐는 물음에 누구도 쉽게 대답할 수 없게 되었다. 고급 식당이 무수히 많은 이유도 있지만, 초호화판 식당들이 앞 다투며 새로 문을 열다보니 일일이 가보지 않으면 알 수가 없고, 매번 최고급 식당을 출입하는 것은 특별한 부자가 아니고는 불가능하다. 미리 가격을 확인해보지 않고 들어갔다가는 낭패 보기 일쑤이다.

러시아의 음식점들은 대략 맥주 바, 커피와 스낵 하우스, 중간 수준의 개인 음식점, 체인점, 패스트푸드 체인, 외국 음식점, 고급 음식점, 그리고 회원 전용 클럽 등으로 구분된다. 개방 초기 외국계 패스트푸드 체인과 키오스크 형태의 간이음식 판매대가 주종을 이루던 러시아 음식문화는 놀라운 속도로 차별화되고 분화되어 몇 달 간격으로 판도가 바뀌고 있다.

블린 체인점 "테레목"

외국계 패스트푸드 체인점 범람에 대한 러시아의 초기 반응은 러시아 전통 음식 체인점 개설이었다. 페테르부르크에서 시작한 러시아 전통 음식 블린 체인점 "테레목"은 키오스크 매장에서 저렴한 가격에 전통 음료와 블린을 제공하는 서민들의 상표로 자리 잡았고, 러시아 식 패스트푸드 "루스코예 비스트로"는 전통 군만두 피로그와 커틀릿 메뉴를 중심으로 고객들을 끌기 시작했다. 러시아 전통 음식을 제공하는 중급 레스토랑 체인으로는 "무-무"와 "욜키-팔키" 등을 들 수 있다. 전통 조리법으로 준비한 음식을 저렴한 가격에 판매하는 "무-무"나 목조주택 인테리어와 마차 위에 차려 놓은 샐러드 뷔페로 유명한 "욜키-팔키"에서는 전통 의상을 입은 종업원이 손님을 맞는다.

모스크바의 부유층이 찾는 고급 식당으로는 맥도날드 1호점 맞은편에 있는 바로크 풍 실내 장식을 한 "푸쉬킨," 혁명 직후 내전 당시 중앙아시아에서 일어난 유격전을 소재로 한 1970년대 인기 영화의 세트를 재현한 "사막의 하얀 태양," 19세기 귀족 음식을 재현한 "짜르스카야 오호타(황제의 사냥)," 최고급 식당이 즐비한 오스토젠카 거리의 그루지야 음식점 "게나츠발레," 1960년대 인기 코미디 영화를 테마로 한

"카프카스의 여자포로" 등이 있다. 이런 레스토랑들의 공통점은 음식도 음식이지만 특정 테마를 소재로 독창적인 인테리어와 고급스런 분위기를 연출하여 부유층 고객들을 끌어들이고 있다는 점이다. 고객의 기호와 허영심을 만족시키는 VIP 마케팅이 이 같은 식당들의 핵심 영업 전략이다. 요식업의 번성과 함께 레스토랑 재벌이라는 용어도 등장했는데 명사들과 호사가들이 즐겨 찾는 "짜르스카야 오호타"와 "카프카스의 포로"는 대표적 레스토랑 재벌 아르카디 노비코프가 소유하고 있다.

그 밖에도 시내에 이름 있는 음식점들이 무수하지만 치열한 경쟁에 밀려 옛 명성이 빛바랜 곳도 적지 않다. 겨울 저녁 창가에 앉으면 노보데비치 수도원 설경이 멋지게 펼쳐지는 그루지야 식당 "피로스마니"가 그런 예이다. 그루지야 출신 화가의 이름을 딴 이 음식점은 한때 저명인사들이 즐겨 찾는 모스크바의 명소였다. 클린턴 미국 대통령, 슈뢰더 독일 수상, 하시모토 일본 수상 등의 국빈급 인사들의 방문으로 유명세를 탔던 이 식당에 가면 '그루지야식 캐비지 샐러드, 치즈 빵 하차푸리, 양고기 구이, 적포도주 무쿠자니, 터키식 커피' 등으로 이루어진 미국 대통령 메뉴를 주문할 수 있다. 하지만 최근 들어 "피로스마니"의 분위기는 러시아의 그루지야 포도주 수입 금지 조치와 우후죽순처럼 등장하는 고급 레스토랑들의 홍수 속에서 예전에 비해 시들한 편이다. 러시아 고급 식당들의 경쟁이 그만큼 치열해지고 있다는 얘기다.

아르바트 거리의 그루지야 레스토랑

러시아 음식문화의 최근 변화 추이를 얘기하면서 빼놓을 수 없는 것이 일본 음식점의 등장이다. 등장 정도가 아니라 스시 레

스토랑 붐이 거세게 불고 있다. 10여 년 전부터 하나 둘 문을 열기 시작한 일본 음식점들은 이제는 모스크바와 페테르부르크를 거쳐 주요 지방 도시에까지 진출하고 있다. “야키도리야,” “스시의 행성,” “야포나 마마,” “작은 일본,” “사케 스시” 등 이국적 상호를 가진 일식 체인점들이 손님들로 가득한 것은 물론이고, 엘리트 고객 대상 정통 일식집들도 성업 중이다.

우리에게 “백학”이라는 노래로 널리 알려져 있는 가수 출신의 재벌급 갑부 이오시프 코브존 소유의 클럽형 일식집 “쥬스토”는 모스크바에서 가장 오래된 일식당 중 하나로 속칭 잘나가는 사람들의 사교장으로 유명하다. 일식 열기가 어느 정도인지는 메주드나로드나야 호텔 부근의 서방 외교관들이 즐겨 찾는 멕시코 음식점 “산타페”가 오래전부터 2층에 스시 코너를 운영하고 있는 것에서도 짐작할 수 있다.

정통 일식당 음식 값은 보통 사람들에게는 상당히 부담이 되는 액수지만, 대중적인 체인점에서는 15달러 정도에 1인분 식사가 가능하다. 이 정도 가격에 별로 부담을 느끼지 않는 사람들이 많이 늘었다는 얘기다. 일본 음식은 러시아 음식, 이태리 음식 다음으로 인기를 끌면서 최근 들어서는 러시아 사람들의 요리법에도 영향을 미치고 있는 상황이다. 레스토랑 재벌 노비코프가 최근 개점한 “가까운 동양”(Nedal' nii vostok)이 일본 요리와 러시아 메뉴를 결합한 퓨전 음식을 선보이고 있는 것이 그 예이다.

모스크바 일식집 “야키도리야”

러시아에서 최근 10여 년 사이 일본 음식점이 선풍적 인기를 끌고 있는 이유는 어디에 있는 것일까? 역사적으로 좋지 않은 감정이 있고 북방 4개 섬 등

예민한 문제로 두 나라 사이의 외교관계가 순탄치 않아 보이는 현실을 고려하면 일본 붐이 의아스럽게 여겨질 수도 있다. 그리고 러시아 진출에 일본보다 적극적이었고, 러시아의 경제 위기 때 대부분 철수한 일본 기업들과 달리 어려운 시기를 견디면서 러시아에서 자리 잡은 우리 기업들의 입장에서도 러시아에 부는 일본 바람의 원인이 쉽게 이해되지 않을 수 있다.

러시아 사람들이 젓가락을 사용해서 스시와 미소 수프를 먹고, 사케를 마시게 된 것은 여러 가지 요인들이 복합적으로 작용한 결과이다. 첫째 요인은 일본 음식이 건강에 좋다는 세간의 소문이다. 먹을 것이 부족해서 걱정하던 것은 옛날 얘기고 물건이 넘쳐 고민인 러시아 사람들이 기름진 고기 요리 대신 건강에 좋다는 담백한 일식 생선 요리에 시선을 돌리는 것은 당연한 이치이다. 부유층과 유력인사들이 일식집을 드나든다는 소문이 돌면서 호주머니 사정이 허락하는 중산층도 덩달아 중간 수준의 일식 체인점을 찾게 되었다. 그럴 형편도 안 되는 서민들은 건강에 좋다는 간장을 구입해서 무슨 귀한 소스나 되는 양 모든 음식에 뿌려서 먹는 진풍경도 등장했다.

두 번째 요인으로는 개방 이후 러시아에 들어온 서양 음식이 대중적인 패스트푸드점 위주였던 것과 대조적으로, 일본 음식은 모스크바에서 비싸기로 유명한 소수 음식점들을 중심으로 고급 브랜드 이미지를 구축한 다음 단계적으로 중산층이 접근 가능한 중급 체인점으로 확대된 점을 들 수 있다. 일본 음식은 건강에 좋고, 이국적인 분위기의 특별한 음식인데다, 고급스런 이미지까지 갖고 있으니 형편이 허락하는 사람은 스시 바로 걸음이 향할 수밖에 없었다. 게다가 중산층 사이에서나 회사원들 사이에서는 젓가락 사용이 능숙한 것은 생활수준이 높고 부유하다는 인식이 확산될 정도로 젓가락 사용 문화권의 음식들이 인기를 끌고 있다.

또 다른 요인은 일본의 치밀한 자국문화 수출 전략이다. 일본 문화가 러시아에 소개되기 시작한 것이 오래전 일이기는 하지만, 개방 이후 일본은 자신들의 생활문화를 러시아 주요 도시를 중심으로 소개하는 다양한 프로그램을 지속적으로 운영해왔다. 현지에 교사를 파견하거나 인터넷 사이트를 통해서 러시아 중소 도시에서도 꽃꽂이, 다도, 서예, 종이접기 등의 강좌를 개설했다. 지방의 주요 도시마다 일본 문화 애호가 클럽이 결성되어 있고, 우랄 남부의 오렌부르크나 시베리아의 중심 도시 노보시비르스크 등은 지리적 제약에도 불구하고 일본과 민간 차원의 활발한 문화교류 사업을 해오고 있다.

모스크바의 대형 서점에 가면, 아쿠타가와, 가와바다 같은 고전급 작가는 물론 인기 작가 하루키, 심지어는 일본 만화에 이르기까지 번역서들이 서가를 가득 채우고 있다. 러시아 내 일본 문학 번역가의 수가 수백을 헤아리고, 일본 문학 시리즈를 전문으로 내는 출판사도 페테르부르크의 "기페리온"을 비롯해서 10여 개에 달한다. 러시아에 부는 일식집 열풍은 우연한 결과가 아니라는 반증일 수도 있다.

푸틴 대통령이 젊은 시절 배워서 페테르부르크 챔피언 자리에 올랐다는 유도나 가라데 같은 무술도 일본 붐 형성에 기여하고 있고, 러시아 식자층 대다수에게 다다미, 푸통, 기모노 등은 이제 낯선 단어가 아니다. 푸틴 대통령의 딸도 페테르부르크 국립대 동방학부에서 일본어를 전공하고 있다. 그래서인지 이 대학 동방학부 학장은 2006년 일본에 초청되어 문화훈장을 받고 일본 천황을 알현하는 기회도 가졌다. 공격적인 러시아 진출로 일본보다 한 발 앞서 러시아 시장에 뿌리 내리는데 성공한 우리 기업들에게 러시아 전역에 불고 있는 일본 붐을 타고 추격전을 펼치고 있는 일본 경쟁 업체들이 결코 만만한 상대는 아니다.

노스탤지어 또는 민족주의

현재 러시아 사람들의 삶에서 발견되는 가장 두드러진 특징은 물론 서구화이다. 가까운 친구가 오면 부엌의 좁은 식탁으로 안내하여 소시

지나 치즈를 얹은 흑빵과 차를 나누면서 속에 있는 얘기를 나누던 시절은 아득한 옛날이 되었다. 차나 한잔 하자는 러시아 친구의 초대에 응하고는 굶을까봐 미리 요기를 하고 가면 차와 함께 식사에 버금가는 과분한 음식을 내놓아 물정 어두운 외국인을 당황하게 하던 러시아 사람들의 넉넉한 마음도 이제 모스크바에서는 보기 힘들다.

대신, 아파트에서 가까운 쇼핑몰에 가서 미국 팝송을 들으면서 영어와 러시아로 함께 적힌 국적 불명의 음식과 생맥주를 시켜 놓고 최근에 다녀온 외국여행이나 새로 산 자동차를 화제로 올리는 것이 요즘 모습이다. 은행이나 외국계 회사 같은 번듯한 직장에 다니는 친구 같으면 날렵한 외제차에 친구를 태우고 시내 고급 레스토랑에 가서 비싼 음식을 스스럼없이 주문하여 오히려 외국 사람을 기죽이는 세상이 되었다.

커피보다는 차를 선호하던 옛 전통도 바뀌어 시내 주요 길목에는 어김없이 커피 전문점이 자리 잡고 있다. "쇼콜라드니차," "커피 빈," "코페이냐," "젠 커피" 등과 같은 국내외 브랜드들이 경쟁하는 가운데 세계 최대 커피체인 스타벅스가 2007년 모스크바에서 첫 점포를 개설하고 러시아 시장에 뛰어들었다. 현지 러시아인이 갖고 있던 상표권 문제로 5년 이상 끌던 재판이 스타벅스의 승소로 끝났기 때문이다. 첫 점포의 위치는 모스크바 북부의 대형 쇼핑센터 "메가"로 선두 주자인 "쇼콜라드니차"와 "커피 빈" 등이 이미 매장을 운영하고 있는 곳이다. 기본 커피 메뉴 이외에 러시아 고객들의 취향을 반영한 버섯과 치즈 샌드위치, 허니케이크 등으로 시장을 공략하겠다는 스타벅스를 러시아 소비자들이 어떻게 받아들일지는 두고 볼 일이다.

모스크바와 페테르부르크의 수많은 커피 전문점에 손님이 붐비는 것은 커피 맛 때문이기도 하지만, 더 중요한 것은 다양한 케이크와 달콤한 스낵 류 과자들에 대한 고객들의 관심이다. 진열대를 가득 채운 깜찍한 모양의 각종 케이크들이 단 맛의 디저트를 유난히 좋아하는 러시아 사람들의 호기심과 입맛을 자극하는 것은 당연하다. 세련된 맛으로 러시아 최고 브랜드 자리를 차지한 우리나라 오리온 제과의 초코파이도 이런 러시아 시장의 특성을 잘 파악하고 현지화 마케팅에 성공한 모범 사례이다.

오리온 초코파이

서구화로 표현되는 시장개방 과정에서 러시아 소비자들이 외국 상품, 특히 외국 음식문화를 대하는 태도는 몇 단계 변화를 경험했다. 초기 단계에서는 러시아 제품과 외제 사이의 차이에서 오는 호기심이 소비행태를 결정했다. 초콜릿 고유의 맛과 향을 강조하던 러시아 제품에 익숙한 사람들에게 밀크 초콜릿에 땅콩을 섞은 미국식 과자는 신기하기만 했다. 허브 향이 나는 러시아 탄산음료 대신 펩시와 코카콜라를 마셔보니 이 또한 희한한 맛이었다. 이국적이고 신기한 것은 무조건 맛보고 싶은 욕구가 외국 제품 구매를 촉진하던 시대였다.

그 다음에는 외국 상품 모방 단계가 도래했다. "Finta 오렌지," "Redbok 운동복," "Oil of Olay 화장품" 등 짝퉁들이 나타났지만, 맥도날드에서 아이디어를 얻어 '서구의 최신 주방 기구로 만든 러시아제 햄버거'를 표방하고 나선 "페테르부르거"나 전통 러시아 음식을 저렴한 가격에 신속하게 제공하는 "루스코예 비스트로" 등은 서구 패스트푸드 문화를 러시아화 하려는 최초의 시도였다. 1995년 러시아식 만두와 수프 그리고 보드카까지 주문 가능한 "루스코예 비스트로" 1호점을 맥도날드 매장 바로 맞은편에 개설한 것은 이런 점에서 상징적 의미를 갖는다. 소련 붕괴와 함께 모습을 감춘 전통 발효음료 크바스를 1990년대 중반부터 오챠코보 사가 다시 생산하기 시작한 것도 콜라의 생산과 유통 방식을 본 딴 일종의 전통음료의 현대화 비즈니스였던 셈이다. 최근 들어 크바스 생산량은 맥주에 육박할 정도로 성장하여 음료 시장의 대표주자 자리를 차지하고 있으며, 코카콜라도 이 제품의 생산을 시작했다.

산업 분야마다 차이가 있겠지만, 적어도 식료품과 음식문화 영역에서 현재 러시아에서는 그 동안 서구 상품에 일방적으로 압도당하던 상황에서 벗어나 대대적 반격의 시기가 도래했다. 이 같은 변화는 1990년대 말부터 서서히 고개를 들기 시작한 러시아의 전면적 서구화에 대한 비판적 시각과 연관되어 있다. 미국산 제과 "스니커즈"에서 온 러시아어 "스니케리자찌야"(snikerizatsiia)는 러시아 시장을 잠식하는 서구 문물의 부정적 측면을 의미하는 단어로 널리 통용되기 시작했고, 크바스 생산업체 "니콜라"는 "콜라니자찌야"(kolanizatsiia: cola와 colonization를 결합한 신조어)에 반대하세요!' 라는 TV 광고를 하는 한편, 건강한 러시아 농부가 나치 장교나 미군 탱크로 상징되는 콜라 판매원과 대결하는 공격적인 내용의 웹사이트 게임 공간을 개설하기도 했다.

외국의 상품이나 사상, 심지어는 외국 사람도 러시아를 오염시키는 타도 대상으로 보면서, 이상적이고 순수한 러시아를 부르짖는 상업적 민족주의 경향이 대두되기 시작한 것이다. '전통에 따라 가공한,' '러시아 고유의 조리법에 따른,' '러시아의 청정 지역에서 생산된' 등의 상품 설명의 핵심은 러시아 산이 맛있고, 품질이 우수하며, 건강에 좋다는 일종의 신토불이 개념이다. 동시에 미국과 서구의 각종 패스트푸드와 식료품은 방부제나 화학조미료가 많이 들어있고 대부분 유통기간이 지난 것들이라는 소문도 나돌기 시작했다.

국가 기관들은 이런 정서를 활용하여 러시아 상품 구매권 선전전을 전개했다. 1999년 러시아 국세청은 '우리 아니고 누가 러시아를 도울 수 있나요! 국산 식료품 구입은 우리 자신을 돕는 일입니다' 라는 광고판을 모스크바 시내 곳곳에 설치했고, 버스 정류장 광고판에도 '국산품을 사줍시다! 러시아를 도웁시다! 러시아 생산자들을 지원해줍시다!' 같은 문구들이 등장했다. 우리 것(nash)과 남의 것(ne nash)을 엄격히 분리하면서 러시아의 정체성을 찾자는 이와 같은 민족주의 정서는 정치적으로는 NGO 성격을 띠는 전국 규모의 준 청년 정치조직 나시(nashi) 같은 푸틴을 지지하는 공격적 민족주의 운동을 탄생시키기도 했다.

기업들 역시 이런 분위기를 놓칠 리 없었다. 1997~8년 사이 코카콜라 광고에는 러시아 민담의 주인공들이 등장하기 시작했고, 맥도날드는 회사에서 사용하는 고기와 주요 식자재가 순수 러시아산이라고 광고했다. 우리 기업 중 삼성전자가 러시아 올림픽 대표팀을 후원하고, 오리온 제과가 러시아 유소년 아이스하키 리그 후원업체로 나선 것도 러시아의 자존심을 지키는 일에 외국 기업이 동참한다는 이미지를 현지 소비자들에게 심어주려는 사회 마케팅의 일환이다.

민족주의적 정서의 부활과 함께 노스탤지어 마케팅도 한 몫 하고 있다. 과거에 대한 향수를 불러일으키는 대표적 노스탤지어 브랜드로는 "표트르 대제" 담배, 17세기 농민 반란의 주동자 "스텐카 라진" 맥주, 소비에트 시대 영웅들의 모습을 배경으로 '내가 다시 돌아오면...' 이라는 멋진 카피를 내걸어 화제가 된 보드카 "이스토크," 농장의 젖소들을 배경으로 마음씨 좋은 할머니가 등장하는 "정든 시골 집"(Domik v derevne) 우유 등 이루 헤아릴 수가 없다. 심지어는 러시아 역사의 여러 시기, 이를테면 19세기 선술집, 사냥꾼의 숙소, 소비에트식 인테리어 등

"이스토크" 보드카의 광고 '내가 다시 돌아오면...'

을 함께 마련해놓고 고객 취향에 따라 공간을 선택하게 하는 레스토랑도 등장했다.

소비에트식 인테리어를 한 레스토랑이 아이러니컬한 노스탤지어를 불러일으킨다면, "붉은 10월" 이라는 이념적 명칭을 그대로 고수하고 있는 러시아 최대 초콜릿 회사가 모스크바 강변의 공장 벽면에 내건 초대형 광고 '알료나' 는 과거의 순박한 러시아 여자아이의 모습을 그대로 재현하면서 감성적 노스탤지어에 호소하고 있다. 또 다른 초콜릿 브랜드가 포장지 한가운데에 '러시아는 곧 너그러운 마음' (Rossiia-shchedraia dusha)이라고 적은 것도 동일한 맥락에서이다. 식료품점에 나온 러시아 산 치즈도 이제는 당당하게 '러시아제' (Sdelano v Rossii)라는 스티커를 달고 있고, 모스크바, 노브고로드, 코스트로마, 야로슬라블 등 생산지에 따라 맛과 품질이 다르다 해서 각기 다른 가격으로 거래되고 있다. 완전히 변화한 러시아 사회의 일면이다.

개방 후 몇 단계에 걸친 적응과정을 경험하면서 자생력을 확보한 러시아 식료품과 주류 산업이 보이고 있는 약진은 주어진 짧은 시간에 비

러시아 초콜릿 회사 "붉은 10월"

하면 눈부시다. 역사의 가속화 현상이 일어나고 있는 것이다. 러시아가 정치적, 경제적 안정기에 진입하고, 소비자들이 우리 것(nash)와 남의 것(ne nash)을 구별해서 따지기 시작하고, 또 실추된 강대국 위상 회복을 부르짖는 민족주의적 정서가 심화되고 있는 현재의 상황은 러시아를 세계에서 가장 까다롭고 경쟁이 심한 시장으로 만들고 있다.

김현택

제 4 장

소비 시대의 러시아 문화

문화의 상품화 시대

소련 시절 러시아 사람들이 물자부족에 허덕이며 가난하게 살면서도 줄곧 자존심을 잃지 않았던 이유는 그들이 잘 사는 서방 세계의 어느 국민과 비교해도 뒤지지 않는 높은 문화적 수준을 갖고 있었기 때문이다. 하지만 러시아 사람들의 높은 문화적 수준은 볼셰비키 정권이 신생 사회주의 국가 소련의 체제와 이념을 무지한 국민들에게 적극 홍보하고 교육시키면서 다양한 문화 매체들을 십분 활용한데서 비롯된 측면이 강하다.

예를 들면, 레닌이 '현재 몽매한 대중을 계몽시키기 위한 가장 강력한 수단은 영화이다' 라고 말한 이후로 영화는 소비에트 정권에 의해서 사회주의 체제의 장점과 소비에트 국가의 우월성을 효과적으로 알릴 수 있는 가장 적절한 문화적 선전 수단이 되었다. 그리하여 노동자, 농민 할 것 없이 많은 사람들이 도시의 문화클럽이나 농촌의 집단농장 등에서 영화를 쉽게 접할 수 있었다. 이 밖에 서커스, 연극 등도 많은 사람들의 대중문화 생활을 보장하는 수단으로 정부의 정책적 지원을 받으며 발전하게 되었다. 그 결과 소비에트 시절에 러시아 사람들은 국가의 적극적인 후원 아래 저렴한 가격으로 양질의 다양한 문화 활동과 여가생활을 누릴 수 있었다.

한편, 러시아 사람들이 세계 어느 나라 국민보다 책을 즐겨 읽고 또 순수문학에 대한 관심과 사랑이 각별했던 것은 그들이 문화를 대하는 특별한 태도도 원인이 되었지만 구조적으로는 책 이외의 매체를 접할 수 있는 기회가 적었기 때문이었을 것이다. 또한 부의 축적을 위해 경쟁적으로 뛸 일이 없으니 시간적 여유가 많았던 까닭도 있었을 것이다.

다른 한편으로는 체제에 대한 비판을 두려워하지 않는 양심적 지식인들 가운데 상당수가 작가여서 이들이 많은 러시아 사람들에게 신화적 인물로 여겨지고 있던 사회적 배경도 자리 잡고 있었다. 우리로 치면 진보적 경향의 본격 문예지인 〈노브이 미르〉의 발행 부수가 1990년대 초 무려 20만 부 이상에 달했고, 편집장 세르게이 잘리긴이 고르바초프와 언제든지 통화할 수 있는 직통 전화를 사무실에 구비하고 있었던 것은 이 무렵 러시아 문화계의 위상을 쉽게 짐작하게 한다.

하지만 소련 붕괴 직후 세상이 바뀌면서 새로운 현실에 적응하기에 바빠진 러시아 사람들에게 소설 책 읽고, 연극 관람하고, 고전음악 콘서트를 찾는 고급문화 향유는 사치스런 일이었다. 생존이 가장 시급한 문제였기 때문이다. 1990년대 초 모스크바 지하철 객차에서 목격할 수 있는 풍경은 책을 읽는 대신 크로스 워드 퍼즐 풀기에 열중하고 있는 승객들의 모습이었다. 세상이 혼란스럽고 머리가 복잡할 때 잠시 머리를 집중해 문제를 풀면서 시간을 보내던 일종의 서민들을 위한 오락이었던 셈이다.

그 다음 단계에서 러시아 사람들의 시선을 사로잡은 것은 서구에서 들어온 선정적 화보 잡지와 러시아 TV 채널에서 방영하는 중남미나 미국에서 제작된 연속극들이었다. 그 사이 금기시되던 포르노 잡지는 모스크바 지하철 가판대를 화려하게 장식하기 시작했고, 시내 곳곳에는 네온사인 간판이 번쩍거리는 도박장들이 들어섰다. 가판대 점원은 러시아 판 〈플레이보이〉라 할 수 있는 〈안드레이〉가 미국 것보다 더 재미있다고 너스레를 떨었고, 모스크바 중심가 푸쉬킨 광장의 오래된 영화관 1층에는 대규모 카지노가 문을 열었다. 러시아에 문화 소비의 시대가 도래한 것이다.

1991년 소련 붕괴 이후 러시아에 시장경제체제가 도입되고 국가의 재정적 지원이 끊기면서 러시아 문화계는 충격에 휩싸이게 되었다. 소련 시대 고급문화의 확산을 주도하며 러시아 사람들에게 자부심을 느끼게 하던 제도적 기반이 붕괴되었기 때문이다. 해외 활동을 통해 명목을 유지할 수 있었던 음악, 발레 등 일부 공연예술을 제외한 각 예술 장르의 활동은 사실상 정지되었다. 일부 저명 작가들은 후원자가 있는 서구로 떠나 대학에서 강의를 하며 이 위기의 시기를 넘기기도 했다. 그리고 표류하던 문화계에 새로 밀어닥친 물결은 경제 논리를 앞세운 상업화된 문화였다.

일반 대중들이 과거처럼 저렴한 가격으로 다양한 문화 영역을 즐길 수 있는 기회도 어렵게 되었다. 무엇보다도 체제이행 과정에서 일어난 극심한 사회적 혼란과 경제적 공황 상태가 이런 상황이 벌어지게 된 첫 번째 이유가 되겠지만, 보다 근본적인 원인은 시장경제체제가 정착되면서 이제는 문화도 자본과 소비의 관점에서 바라보게 된데서 기인했다.

이렇게 문화를 소비의 관점에서 바라보게 되면서 나타난 현상 중에서 가장 주목할 만한 것은 러시아 문화의 양극화 현상이다. 과거 소비에트 시절에는 대중문화와 고급문화의 경계가 그렇게 뚜렷이 구분되지 않았고, 대중들이 누릴 수 있는 문화 활동의 영역들도 비교적 넓었다. 하지만 소련 붕괴 이후 시장경제체제가 도입되고 문화마저도 상업주의의 막강한 영향 아래 놓이게 되면서 일반 대중들이 쉽게 향유할 수 있는 문화 영역들도 급속히 줄어들었고 어떤 영역은 향유할 '능력 있는' 사람들의 전유물이 되어 버렸다. 이와 함께 러시아가 뒤늦게 후기 산업사회에 진입하면서 포스트소비에트 시대 러시아 문화도 상업적 상품논리가 지배하는 문화산업의 형태를 띨 수밖에 없게 되었다. 러시아 사회의 근본적 문제, 인간의 본성 등에 대한 깊은 사유로 명성을 누리던 문학과 예술은 가장 조악한 형태의 자본주의 시장에 노출되면서 새로운 자기 정체성 탐색이라는 어려운 과제에 직면하고 있다.

TV 방송의 부상

과거 소비에트 시절에는 누구나 쉽게 볼 수 있었던 연극이나 영화도 이제는 옛 말이 된지 오래이다. 일반 서민들은 턱없이 오른 관람료 때문에 연극 공연장이나 영화관을 찾을 엄두조차 내지 못할 지경이 되었다. 현재 러시아 일반 서민의 월평균 소득은 200달러 정도로 추산되고 있는데, 이는 기본 생계만을 겨우 유지할 수 있는 수준 밖에 되지 않는다. 이런 상황에서 관람료가 20달러 이상을 호가하는 대형 영화관을 찾는다는 것은 조금 과장해서 말하자면 집안의 기둥뿌리를 뽑아내는 것과 다름없는 짓이다. 그래서 일반 서민들은 값비싼 영화관이나 연극 공연장을 찾는 대신에 안방극장의 텔레비전 앞에 앉아 문화적 갈증을 아쉽게나마 해소하고 있는 실정이다. 그나마 텔레비전이 러시아 대중들이 많은 새로운 문화 장르들을 처음으로 접할 수 있는 유일한 창구가 되고 있기 때문이다.

이렇게 값비싼 관람료 때문에 최신 개봉 영화를 볼 수 없는 러시아 사람들은 다른 한편으로 암시장에서 불법 복제되어 판매되는 DVD나 비디오를 구해 집에서 보면서 문화적 소외감을 조금이나마 만회하곤 한다. 실제로 러시아의 암시장에서는 공식적인 판매 경로를 거치지 않은 거의 모든 러시아 영화를 저렴한 가격에 구해서 볼 수 있다. 이뿐만 아니다. 개봉을 앞둔 할리우드 영화를 비롯한 외국의 최신 영화들까지도 불법 복제된 상태로 '미리' 감상할 수 있다. 특히 최근에는 한 장의 DVD 양면에 7~8편의 영화를 한꺼번에 수록한 제품들이 높은 인기를 끌며 날개 돋친 듯 팔려나가고 있지만, 정품이 아닌 까닭에 그만큼 불량품도 수두룩하다.

불법 복제된 비디오나 DVD는 이렇게 암시장을 통해서 유통되기도 하지만 인터넷 P2P 사이트를 통해서도 대량으로 보급되고 있다. 하지만 요즘 이런 상황은 비단 러시아에서만 벌어지고 있는 것도 아니고, 일반 대중들이 영화표 한 장 살 돈이 없어서 반드시 그런 것만도 아닌 것 같다. 인터넷 사이트를 통한 불법 복제물 유통은 요즘 러시아에서뿐만 아니라, 세계 어디에서도 비일비재하기 때문이다.

이런 경제적 상황과 사회적 특성으로 인해 많은 러시아 영화들은 영화 고유의 미학에 기반을 두기보다는 가정에서 텔레비전을 통해 시청하는 관객들을 염두에 두고 텔레비전 매체에 고유한 방식을 선택하는 경우가 많다. 기본적으로 영화와 텔레비전은 관객과 접촉하는 방식에서도 차이점이 있기 때문에, 영화 미학도 텔레비전 매체에 적용될 경우 일정한 변형을 겪게 마련이다. 영화보다 텔레비전은 관객과 더 쉽고 더 대규모로 접촉할 수 있다. 그래서 텔레비전이 지향하는 클로즈업 기법 같은 밀접한 소통을 형성하는 구도는 대중들에게 보다 자연스럽고 무의식적인 수용을 은연중에 강제하면서, 문화주체로서 대중들의 비판적 기능을 상실하게 할 우려를 낳고 있다.

텔레비전 매체가 일반 대중의 의식 형성에 미치는 영향력은 부언의 여지가 없지만, 특히 현대 러시아에서 텔레비전이 수행하는 문화적 역할은 지대하다. 최근 들어 러시아에서 유행처럼 번지고 있는 텔레비전 드라마들은 이러한 경향을 잘 보여주고 있다. 2000년대 들어 활발히 제작되고 있는 문학 작품의 텔레비전 시리즈는 영화제작에 버금가는 스케일이나 기술 수준을 보여주고 있지만, 실질적으로는 텔레비전 시청자들을 주요 소비층으로 삼아 제작 유포되고 있다. 이렇게 최근 러시아에서 많은 문학 작품들이 TV 전용 드라마로 제작되면서 러시아 문화의 흐름에도 상당한 파급 효과를 미치게 되었다. 실제로 이런 드라마가 대중들에게 많은 인기를 끌면서 원작 소설들의 판매가 급증하고 심지어는 절판되는 상황까지 벌어지고 있기 때문이다.

예를 들면, 묵직한 철학적, 종교적 주제 때문에 일반 독자들이 이해하기 쉽지 않은 것으로 정평이 나있는 도스토예프스키의 장편소설 『백치』가 2003년에 블라디미르 보르트코 감독에 의해 텔레비전 미니시리즈로 제작되어 전파를 탔다. 이 프로그램은 방송되자마자 의외로 시청자들의 많은 호응을 받으면서 문학 작품이 텔레비전 드라마로 제작된 첫 번째 성공 사례로 기록되었다. 총 10편으로 제작된 미니시리즈 『백치』가 큰 성공을 거두자 고전문학 작품들을 텔레비전 시리즈로 제작하는 사례들이 급증하게 되었다. 미하일 불가코프의 『거장과 마르가리타』와 보리스 파스테르나크의 『닥터 지바고』 등의 소설들이 잇따라 텔레비전 시리즈로 제작되어 성공을 거두었을 뿐만 아니라, 서점가에서 원작소설들도 덩달아 불티나게 팔려나가는 진풍경이 벌어졌다. 이는 오늘날의 러시아 문화에서 텔레비전이 차지하는 위상과 위력을 증명해주는 대표적인 사례라 할 수 있다.

이렇게 텔레비전이 포스트소비에트 시대의 러시아 문화에서 강력한 매체 가운데 하나로 급부상하며 일반 대중에게 커다란 영향력을 행사하자 러시아 민영 텔레비전 방송국에 대한 국가의 간섭과 참여도 눈에 띄게 늘어났다. 2000년대 푸틴 정부의 출범 이후 특히 현저하게 나타난 TV 매체에 대한 국가의 관여 현상은 정부가 보다 용이하고 효과적으로 국가정책을 선전하고 언론을 통제할 수 있는 수단으로 텔레비전의 중요성을 간파한데서 기인한다. 푸틴 대통령은 정권 출범 이후 강력하고 독립적인 국가통치 질서를 확립하는데 장애가 되는 올리가르키 출신 재벌들의 민영 방송국 운영에 전면적인 제동을 걸고 나섰다. 대통령 임기가 시작되자마자 2001년 한 해 동안 푸틴 정부는 민영 방송국 NTV의 소유주 블라디미르 구신스키와 TV6의 소유주 보리스 베레조프스키에 대한 전면적인 비리 조사에 착수했다.

TV 미니시리즈 『백치』의 한 장면

그 결과, 정부에 대한 날카로운 비판으로 높은 국민적 인기를 누려오던 NTV의 경영권은 2001년 4월 국영 기업인 가즈프롬으로 넘어갔고 방송국의 핵심 인물들 역시 NTV를 떠나야 했다. 또한 러시아의 마지막 민영 방송이었던 TV6도 정부에 의해 방송 송출이 강제로 중단되면서 2002년 1월 22일 자정을 기해 마비상태에 빠졌다. 이는 푸틴 정권에 대해 비판적이었던 언론들에 재갈을 물리고 길들이기 위한 정부의 극단적 조치에 다름 아니었다. 이렇게 푸틴 정부 출범 직후 세계의 이목을 집중시켰던 일련의 방송 사태들은 오늘날 러시아에서 텔레비전 방송이 차지하는 중요성을 다시 한 번 강조해주는 것이었다.

다른 한편, 국가가 적극적으로 참여하고 간섭하는 방송정책은 문화산업에도 반영되어 문화의 상업주의를 보다 활발하게 전파하는데도 고스란히 반영되어 나타났다. 예를 들어, 러시아 전역에서뿐만 아니라, 세계적으로도 큰 성공을 거둔 티무르 베크맘베토프의 연작영화 『나이트 워치』(2004)와 『데이 워치』(2005)는 러시아 최대의 국영 방송사인 1TV의 참여와 투자로 제작되었다. 대통령이 후견 이사회의 이사장을 맡고 있는 1TV가 참여한 문화 프로그램들은 국가가 추구하는 문화정책의 내용과 방향을 가늠해볼 수 있는 좋은 예가 되고 있다. 러시아 영화산업의 상업주의를 대표하는 이 영화들이 다름 아닌 국영 방송사의 적극적인 참여와 막대한 예산 투자로 제작되었다는 사실은 그래서 시사하는 바가 더 크다.

영화 『데이 워치』

이와 관련하여 "『데이 워치』에 관한 다섯 가지 테제"라는 글에서 토마스 캠벨은 러시아 국민들의 삶의 질 향상이 국가 정책의 핵심 이슈로 떠오르고 있는 과정에서 이 영화가 정부 참여의 국가 프로젝트로 제작되었다고 그 근거를 조목조목 제시하고 있어 흥미를 더한다. 한편, 『데이 워치』보다 한 해 먼저 나온 『나이트 워치』는 현대 러시아 영화에서 최고의 블록버스터로 기록됐을 뿐 아니라, 할리우드에서 리메이크가 계획되면서 러시아 영화의 세계화에 기여한 첫 번째 영화로도 기록되고 있다.

"노르드 오스트"

뮤지컬 "노르드 오스트"는 러시아 최초의 전통 뮤지컬로서 2001년 10월 19일 초연을 시작으로 2002년 10월의 비극적인 사건이 일어나기 전까지 1년간 거의 매일 성황리에 공연되며 연간 320회 이상의 공연과 35만 2천명 이상의 관객동원이라는 기록을 세웠다. 벤야민 카베린의 장편소설 『두 명의 대위』를 바탕으로 게오르기 바실레프와 알렉세이 이바쉔코가 만든 이 뮤지컬은 실제 전투기가 무대에 등장하기까지 하는 대규모 스케일을 자랑하며 러시아 뮤지컬로서 브로드웨이의 기술력과 공연규모를 능가하는 것으로 큰 화제를 모았다. 그런데 이 공연은 체첸 테러단이 2002년 10월 23일 모스크바 두브로프카 거리의 문화극장을 점령하고 3일간의 인질극이 벌어지면서 중단되었다. 이로 인해 관객과 공연팀 중 100여 명이 사망하는 비극적인 사태가 빚어졌고 공연도 한동안 불가능했다.

하지만 인질극 직전까지도 1,800석의 관객석이 꽉 들어찼고 100명 이상의 연극 스텝들이 동원되었을 정도로 "노르드 오스트"의 대중적 성공과 호응은 실로 대단한 것이었다. 이후 이 공연은 대규모 공연의 중앙집중화를 타개하기 위해서 크라스노야르스크, 옴스크, 노보시비르스크, 소치, 페름, 우파, 예카테린부르크, 카잔, 사마라, 사라토프, 니즈니 노브고로드 등 러시아 지방 각 도시를 도는 순회공연으로 러시아 전역에서 5년 동안 선풍적인 인기를 계속 불러일으켰다. 또한 이 공연은 국외 원정공연에서도 장기간 성황을 이루며 상연되었다. 뮤지컬 "노르드 오스트"가 현대 러시아 문화에서 주목받는 이유로 여러 가지 측면을 꼽을 수 있겠지만, 가장 중요한 측면 가운데 하나로는 이것이 중앙과 지방 사이의 문화 불균형 현상을 해소한 모범적인 사례였다는 사실을 들 수 있다.

"노르드 오스트"와 함께 현재 러시아에서는 새로운 '연극 부흥' 도 일어나고 있어 러시아 문화애호가들의 주목을 끌고 있다. 전통극의 상연에서뿐만 아니라, 각종 연극 페스티벌들의 개최를 통해서도 연극의 대중

"노르드 오스트"

화가 활발하게 일어나고 있기 때문이다. 올해로 7회를 맞이하는 '체홉 연극제'는 전 러시아의 연극축제로, 4회였던 2001년부터는 국제연극제로 확대되었고, 러시아에서 연극의 대중화와 러시아 연극의 국제화에 큰 기여를 하고 있다. 말르이 극장이나 므하트(MKhAT) 등과 같은 기존의 유명 극장에 비해 비교적 저렴한 관람료로 다채로운 연극을 관람할 수 있는 이 페스티벌은 다양한 연령층의 참여로 전국적인 연극축제가 되고 있다. 이 페스티벌에서는 특히 20~30대 젊은 연극인들의 실험성이 주목받고 있는데, 소위 말하는 '모스크바의 무서운 젊은이들'이나 '페테르부르크의 새로운 물결'을 형성하고 있는 사람들이 바로 이들이다.

이와 더불어 소극장들의 약진 역시 소수문화를 대중화시키는데 앞장서고 있다. 예를 들어, 연극의 실험적, 독립적 시도인 "doc 극단"이나 비전문 영화인들에 의해 다큐멘터리 독립영화의 대중화를 시도하는 "doc 영화관"의 약진은 성공적 사례로 기록된다. 특히 연극인들이 영화제작으로 전환하거나 다큐멘터리 영화인들이 극영화로 전환하는 현상은 예술 장르 간의 대화와 발전을 촉진시켰으며, 대중들의 관심을 성공적으로 자극할 수 있었다. 현재 연극에서 영화로 전환한 많은 감독들이 활발한 작품 활동을 펼치고 있는데, 그 중 대표적인 감독은 『나이트 워치』 등으로 세계적 명성을 얻은 티무르 베크맘베토프, 베를린 영화제에서 황금사자상을 수상하면서 일약 세계적 스타 감독이 된 『귀환』(2003)의 안드레이 즈뱌긴쩨프, 『도취』(2006)의 이반 브이르이파예프, 『아빠』(2004)의 블라디미르 마쉬코프 등이다.

"doc 영화관"은 현대 러시아의 암울한 현실을 고발하는 다큐멘터리 영화를 캠코더로 제작하는 동호인들의 모임이었다가 점차 전문적 영화인들의 단체로 발전해갔다. 특히 소외된 계층에 주목하고 실제 자연광 촬영 등의 기법으로 이탈리아 네오리얼리즘의 전통을 따르면서도, 현대의 영화 형식과 러시아적 주제를 표방하고 있는 이들의 영화는 상업주의 영화가 주류를 이루고 있는 러시아 영화계에 경종을 울리는 주제와 형식으로 신선한 충격을 던져주고 있다. 이 영화관 출신 감독들 중에서 보리스 흘레브니코프와 알렉세이 포포그레브스키는 데뷔 영화 『콕테벨』(2003)로 러시아 영화계에서 새롭게 주목 받는 감독들로 떠올랐다.

이들을 비롯한 "doc 영화관" 출신 감독들은 '작가주의 영화' 를 표방하면서 주류 상업영화들에 맞서는 동시에, 대중적 성공을 구가하며 자연스럽게 주류문화로 편입되고 있다. 이렇게 젊은 예술인들에 의해 진행되고 있는 극단적 실험문화의 대중적 편입 현상은 현대 러시아의 문화적 간극 해소에서 중요한 역할을 수행하고 있다. 여기서 무엇보다도 중요한 사실은 이런 현상이 문화 주체 스스로의 노력에 의해 이뤄지고 있다는 점이다.

하지만 상업영화들의 약진과 성공도 현대 러시아 문화를 형성하는 중요한 요소가 되고 있다. 베크맘베토프의 "워치" 시리즈의 연이은 성공과 국제적 진출은 세계 영화제에서 작품성으로 인정받았지만 대중의 폭넓은 호응을 받는 데는 그다지 성공적이지 못했던 러시아 영화를 대중에게 재미있는 볼거리로 다시 자리매김하게 해주었다. 이외에도 『9중대』(2005), 『열기』(2006), 『사랑-당근』(2006), 『피테르 FM』(2006) 등의 영화들은 러시아적 정서와 주제를 할리우드 형식으로 제작하면서 새로운 차원의 대중영화 시대를 열고 있다. 이 새로운 영화부흥의 주체들은 다른 예술장르에서와 마찬가지로 대부분 20~30대의 젊은 영화감독들이다. 특히 2003년 러시아 전국에서 큰 흥행을 거둔 영화 『부메르』의 감독 표트르 부슬로프(1976년 生)의 경우 당시 나이가 불과 26세였다.

그 밖에 현대 러시아 영화계에서 '기득권층' 이라 할 수 있는 '영화왕조' 가 형성되고 있다는 점도 주목할 만한 사실이다. 과거 유명 감독이나 영화인들의 아들들이 현재 러시아 영화감독으로 두루 활동하고 있기 때문이다. 이렇게 '영화왕조' 에 속해 두드러진 활동과 주목할 만한 작품을 발표하고 있는 젊은 감독들은 부지기수로 많다.

표트르 토도로프스키 감독의 아들 발레리 토도로프스키(1962년 生), 유명한 촬영감독 드미트리 메스히예프의 아들 드미트리 메스히예프-주니어(1963년 生), 안드레이 콘찰로프스키 감독의 아들 예고르 콘찰로프

영화 『9중대』

스키(1966년 生), 세르게이 본다르추크 감독의 아들 표도르 본다르추크(1967년 生), 영화배우 올레그 얀코프스키의 아들 필립 얀코프스키(1968년 生), 영화감독 안드레이 스미르노프의 딸 두냐 스미르노바(1969년 生), 영화감독 알렉산드르 프로쉬킨의 아들 안드레이 프로쉬킨(1969년 生), 영화감독 블라디미르 호티넨코의 아들 일리야 호티넨코(1972년 生), 애니메이션 감독으로 유명했던 안드레이 흐르자노프스키의 아들 일리야 흐르자노프스키(1975년 生), 영화감독 알렉세이 게르만의 아들 알렉세이 게르만-주니어(1976년 生) 등이 대표적인 감독들이다.

이들은 부모세대의 영화적 경험을 가까이서 보고 자라면서 스스로 영화의 길을 선택한 사람들로서 현재 러시아 영화계에 커다란 활력을 불어넣고 있다. 하지만 이들은 부모 감독들의 후광이나 유명세에 의존하지 않고 스스로 독창적인 영화세계를 펼치기 위해서 노력하고 있다.

동방에서 불어오는 문화 열풍

세계화 물결을 타고 현대 러시아 문화에 홍수처럼 밀어닥친 외래문화는 현대 러시아어에도 많은 영향을 끼치고 있다. 특히 러시아어의 '영어주의' 는 포스트소비에트 러시아 문화에서 현재 일어나고 있는 가장 심각한 외래문화 침투 현상 가운데 하나로 거론되고 있다. 많은 영어 단어들이 소리 나는 그대로 러시아어 철자로 표기되고 활발히 사용되고 있기 때문이다. 러시아어 표현이 있음에도 불구하고 영어식 표현이 그대로 사용되고 있는 것은 시장경제체제로의 이행 이후에 특히 두드러지게 나타난 현상이다. 영어식 표현의 예는 젊은 층의 인터넷 채팅 용어에서뿐만 아니라, 실생활에서 구사되는 현대 러시아어에서 수도 없이 많이 찾아볼 수 있는데, 이들은 이제 전문가들의 은어나 일부 특정 계층에서 사용되던 범위를 벗어나 일반 대중들의 일상생활에서도 광범위하게 사용되고 있다.

18, 19세기 동안 러시아가 문화 모방의 대상으로 삼았던 유럽 국가들의 언어, 특히 프랑스어가 러시아어에 끼친 영향이 엄청났고 프랑스어로부터 신조어가 많이 만들어졌다고 한다면, 21세기에는 영어에서 온 표현들이 러시아어에 새로운 변화를 가져오고 있다. 그러나 이것은 단순히 언어사용의 변화 차원에서 논의될 수 있는 것이 아니라, 정신문화의 근간을 이루고 있는 모국어의 변질로, 더 나아가 외래문화에 대한 무분별한 숭배를 보여주고 있는 것으로 해석할 수 있다.

그래서 일부 지식층들에서는 푸틴의 친미 외교정책과 할리우드 문화를 적극적으로 확산시키는 미국 문화 추종정책에 대한 비판과 우려의 목소리가 점점 높아지고 있다. 푸틴 대통령의 부인 류드밀라 여사는 '러시아어 지킴이' 로 불릴 만큼 순수 러시아어의 보존을 위해서 많은 노력을 기울이고 있지만, 이러한 노력도 러시아 고유의 문화가 보존되지 못하고 미국 문화의 막대한 영향 하에 놓여 있는 상황에서는 역부족인 것처럼 보인다.

현대 러시아 사회는 이렇게 서방세계로부터 거세게 밀어닥치는 미국산 문화의 물결에 무방비로 노출되어 있는 동시에 동방으로부터 불어오는 일본산 문화에도 깊이 빠져 있다. 올해로 두 번째를 맞는 '러시아 J-Rock 페스티벌' 에서 이러한 사례를 극명하게 찾아볼 수 있다. 이 축제는 일본 문화와 록음악에 열광하는 러시아 젊은이들을 위한 무대로, 여기에서는 일본 록음악과 애니메이션 코스프레 등이 펼쳐진다. 또한 2007년 8월 18일과 19일 이틀 동안 모스크바의 게이클럽 "심신(心身)"에서 개최된 페스티벌도 러시아의 일본 문화 마니아들 사이에서 대성황을 이뤘다.

하지만 현대 러시아에서 일본 문화에 열광하고 동경하는 사람들은 소수의 젊은이들만이 아니다. 러시아, 특히 모스크바 곳곳에 100미터가 멀다 하고 자리 잡은 스시 바와 일본 레스토랑들은 이제 러시아 외식문화의 대표 장소가 되었다. 또한 현대 러시아의 많은 연극과 영화 속에서도 일본 문화는 중심 모티프로 자리하고 있는 경우가 많다. 예를 들면, 키릴 세레브레니코프의 영화 『희생을 묘사하며』(2006)에서 스시 바와 일본 엔카는 영화 전체에서 가장 인상적이면서도 유일한 문화적 주제로 구현된다.

특히 현대 러시아에서 대중적으로 가장 인기 있는 작가 가운데 한 사람인 보리스 아쿠닌은 일본 문화 전파에서 중요한 역할을 담당하고 있다. 본명이 그리고리 치하르티쉬빌리 아쿠닌은 일본학을 전공하고 줄곧 일본 문학 번역가로 활발히 활동했다. 그러다 1998년부터 B. 아쿠닌이라는 필명으로 역사추리소설을 발표하기 시작했는데, 이름의 이니셜과 성만으로 구성된 그의 필명(B. Akunin)은 러시아 최초의 무정부주의자 바쿠닌을 직접적으로 연상시키기도 한다.

다른 한편으로, '아쿠닌' 이라는 필명은 작가 자신이 직접 밝힌 바 있는 것처럼 '악한' 또는 '악당' 이라는 의미의 일본 말에서 유래한 것이다. 그의 소설들은 러시아의 역사적 사실을 배경으로 하고 있지만 그 이면에서는 현대 러시아의 실제 사건과 인물들을 암시하고 있다. 특히 역사적 사실과 현대의 맥락을 놓고 벌이는 유희는 그의 소설들이 대중들에게 큰 호응을 받는 요인이 되고 있다. 그의 소설들을 통해 러시아 독자들은 실제로는 알려지지 않은 정치, 경제적 사건들의 뒷얘기를 추측해 낼 수 있는 것에 흥미를 느낀다. 또한 아쿠닌 소설에는 외국 문화, 특히 일본 문화의 요소가 두드러지게 나타나는데, 이는 러시아의 소비생활에서부터 정신문화까지 깊이 파고드는 외국 문화, 특히 일본 문화의 영향력이 어느 정도인지 알 수 있는 좋은 척도가 되고 있다.

코난 도일의 『셜록 홈즈의 모험』을 연상시키는 『에라스트 판도린의 모험』 시리즈를 1998년에 연달아 발표하며 대중적으로도 엄청난 반향을 얻은 아쿠닌의 작품들에서는 역사적 배경과 사건이 항상 이야기의 중심을 차지한다. 판도린 시리즈의 두 번째 『터키 갬빗』(1998)은 1877~78년의 러시아와 터키 전쟁을 배경으로 러시아군에서 암약하고 있는 터키 스파이를 찾아내는 판도린의 활약상을 그린 소설이다. 뒤이어 나온 『5등 문관』(1998)은 19세기 후반 혁명세력들의 테러활동을 밝혀내는 판도린의 모험을 담고 있는데, 작품의 중심 주제 가운데 하나가 바로 일본 문화이다.

현대 러시아 사회에서 문화적 자극제 역할을 가장 충실히 담당해내는 아쿠닌 소설의 인기에서 알 수 있듯, 러시아 문학은 이제 대중의 기호에 영합하며 상업적 성공을 목표로 해야 하는 상황에 처해 있다. 이런 점에서 아쿠닌의 작품들은 다시 한 번 주목할 만하다. 그의 소설들은 고전적 문체와 모험적 스토리, 해박한 역사적 지식과 현대적 맥락을 절묘하게 결합하여 현대 독자들의 취향에 가장 잘 부합하고 있기 때문이다. 특히 2006년에 베스트셀러가 되었던 소설 『F.M』은 러시아의 대문호 도스토예프스키의 이름과 부칭(표도르 미하일로비치)을 강하게 암시하면서 러시아 고전 문학과의 대화와 유희를 시도한다.

에라스트 판도린의 손자인 니콜라이 판도린의 모험을 담은 시리즈의 세 번째 편에 해당하는 이 소설은 19세기와 2006년 여름의 두 시간대를 배경으로 하면서 도스토예프스키가 쓴 소설 『죄와 벌』의 원본 추적을 주요 내용

에라스트 페트로비치 판도린

으로 담고 있다. 『F.M』에서 추적 대상이 되고 있는 『죄와 벌』의 원본 소설에서는 주인공이 라스콜리니코프가 아니라 탐정 포르피리 페트로비치로 설정되어 있는 등 가상적 역사성이 두드러진다. 특히 여기에서처럼 도스토예프스키라는 러시아 문학의 대표 아이콘이 현대 영화나 만화 속의 다른 캐릭터들과 비슷한 위치에 놓여 있다는 것은 러시아 고전문학의 견고한 성역이 현대 러시아의 문화 조류에 의해 무너지고 있음을 보여준다.

더구나 아쿠닌은 언제나 러시아 고전문학과의 유희를 통해서 러시아 민족의 무의식적 코드를 밝혀내고 있는데, 그 결과 러시아 사람들은 음울하며 그리 성공적이지 못한 민족이라는 관점이 공공연하게 드러난다. 판도린과 그의 화신들은 결과적으로 항상 패자의 위치에 놓이곤 한다. 소설 『F.M』에서도 문학적 비밀과 음모를 풀고자 하는 의지와 사람들에 대한 연민이 강하게 부각되어 있지만, 사색적이며 감성적인 측면으로 인해서 결국 그들은 정의롭고 실천하는 인물이기보다는 그저 나약하고 동정적인 인물에 그칠 뿐이다.

여기서 더욱 주목할 만한 사실은 과거 러시아 작가들에게 당연시되던 절대적 창조자로서의 성스러운 지위 역시 조금씩 붕괴되고 있다는 점이다. 문학 작가들은 더 이상 신비롭고 신성시되는 창조자도 민족적 방향을 제시하는 정신적 지도자도 더 이상 아니다. 그들은 이제 각종 문화프로그램 행사에서 활동하고 시류에 민감한 하나의 문화상품 이미지로 대중들에게 다가가고 있다. 이와 동시에 오늘날 적지 않은 작가들은 더 이상 문학 활동을 천직으로 여기지도 않고 문학에만 전문적으로 종사하지도 않는다. 그들은 텔레비전이나 영화 등의 대중매체로 활동 영역을 조금씩 넓혀가고 있다.

아쿠닌의 신작 『F.M』

소로킨과 아쿠닌

예를 들면, 고명한 문학 가문 출신임을 자랑하고 해박한 지식과 뛰어난 문학성을 인정받는 여류작가 타티야나 톨스타야는 텔레비전 토크 쇼 "악담 학교"를 진행하고 있는 동시에 국영 1TV 프로그램 "F.M" 운영위원으로도 활동하고 있다. 또한 러시아 포스트모더니즘 문학의 선두에서서 끊임없는 스캔들을 자아내고 있는 블라디미르 소로킨도 시나리오 작가로 활동하며 영화제작 분야에서 활발한 활동을 펼치고 있다. 작가 빅토르 예로페예프 역시 라디오 방송 등 언론 매체 활동에 적극적이다.

오늘날 문학에 대한 인식이 이렇게 변화한 것에는 물론 전 세계적으로 공통적인 영상과 시각 매체의 위력이 크게 작용한 사실을 부인할 수 없다. 앞에서 언급한 것처럼, 현대 러시아에서는 문학작품이 영상화되고 난 후에 문학작품에 대한 대중적 인기가 급상승하는 현상이 되풀이되고 있다. 하지만 이보다 근본적인 원인은 전통적 가치가 이제는 더 이상 러시아 대중들의 실생활과 문화 경험의 선별 기준으로 작용하지 못한다는 것이다. 이제 문화는 '돈으로 살 수 있는' 상품이 되었으며, 사회적 규준이 되고 집단적 공감대를 자아내는 가치보다는 개인적 만족을 주는 수준으로 충분하다는 것이다. 다시 말해, 이전 시대에 특징적이던 예술문화의 참여적, 계몽적 기능은 점점 상실되고, 문화 경험의 개인주의가 주된 현상으로 나타나고 있다.

이에 함께 러시아의 역사관 자체도 극심한 변화를 겪고 있다. 역사는 더 이상 미래의 방향을 제시해주는 거울로 여겨지지 않으며, 거대담론으로서 지위를 상실하고 말았다. 역사는 풍자와 조소, 혹은 전복과 유희의 대상으로 전락했다. 학문적 탐구의 대상으로서가 아니라, 대중정서를 파악할 수 있는 문화에 반영된 역사는 주관적으로 굴절되고 파편화되어 있다. 러시아 대중들은 더 이상 역사를 통해 배우려고 하지 않으며, 긍정적인 발전의 희망을 찾으려 하지 않는다. 그 대신 서구, 특히 미국 문화에 빠져들면서 정체성을 상실해가고 있다.

영화 『섬』

하지만 러시아 문화와 정체성에 암울한 전망만이 있는 것은 아니다. 일부 문화인들과 지식인들은 현대 러시아가 안고 있는 문제를 예리하게 진단하고 극복하고자 노력하고 있다. 특히 러시아 정신을 대표하는 정교의 부활 움직임은 상실된 러시아 정신과 가치를 회복시킬 수 있는 구심점이 되고 있다. 그 동안 분리되어 있던 국외 망명 정교회와 국내 정교회의 교단 통합 움직임도 든든한 정치적 후원을 등에 업고 가시화되고 있는 중이다.

이런 점에서 주목할 만한 것은 최근 러시아 영화에서 정교회와 성직자가 자주 등장하고 있다는 사실이다. 여기서 정교회는 오늘날 러시아 사람들이 당면한 문제들, 예를 들면, 민족적 갈등에 대한 해결 방안으로 암시된다. 체첸 문제를 다룬 영화 『살아남은 자』(2006), 소비에트의 반인간적 사회에 대한 고발과 참회를 다룬 영화 『화물-200』(2007), 개인과 역사의 구원 문제를 다루고 있는 영화 『섬』(2006) 등에서 러시아 정교는 러시아 구원의 유일한 대안으로 제시된다. 특히, 러시아 현실의 가장 민감하고 중요한 문제를 간파해내는 능력이 탁월한 파벨 룬긴의 영화 『섬』은 일종의 영화적 성자전으로 평가되고 있다. 감독은 러시아 문화의 본질을 상징하는 '이콘과 도끼' 중에서 정신적 부분을 대표하는 이콘을 회복시킴으로써 러시아 정신의 부활을 모색한다.

이희원

찾아보기 - 인물

【ㅂ】

【ㅅ】

【ㅇ】

【ㅎ】

찾아보기 - 주제

【ㅁ】

【ㅂ】

【ㅅ】

【ㅇ】

【ㅈ】

붉은 광장의 아이스링크
– 문화로 읽는 오늘의 러시아

초판 1쇄 발행 | 2008년 1월 10일
초판 2쇄 발행 | 2008년 8월 20일
초판 3쇄 발행 | 2012년 9월 20일
초판 4쇄 발행 | 2014년 9월 1일

지 은 이 | 김현택, 라승도, 문준일, 박정호, 이희원

발 행 인 | 김인철
발 행 처 | 한국외국어대학교 출판부
130-791 서울시 동대문구 이문로 107
전화: 02-2173-2495~7
팩스: 02-2173-3363
홈페이지: http://press.hufs.ac.kr
전자우편: press@hufs.ac.kr
출 판 등 록 | 제6-6호(1969. 4. 30)
편집·디자인 | (주)이환디앤비 02-2254-4301
인 쇄 · 제 본 | 현문자현 031-902-1424

ISBN 978-89-7464-465-9 03300 정가 18,000원

*잘못된 책은 교환하여 드립니다.

HU:INE 은 한국외국어대학교출판부의 어학 및 사회과학도서 Sub Brand이다. 한국외대의 영문명인 HUFS, 현명한 국제전문가 양성의 (International+Intelligent)의 의미를 담고 있으며, 휴인(携引)의 뜻인 '이끌다, 끌고 나가다'라는 의미처럼 출판계를 이끄는 리더로서, 혁신의 이미지를 담고 있다.